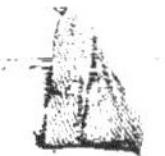

DOCUMENTS

DE

SCULPTURE FRANÇAISE

DU

MOYEN AGE

publiés sous la direction de

PAUL VITRY
Attaché au Musée du Louvre
Professeur à l'École Nationale des Arts Décoratifs

et

GASTON BRIÈRE
Attaché au Musée National
de Versailles

RECUEIL DE 140 PLANCHES CONTENANT 940 DOCUMENTS

de Statuaire et de Décoration

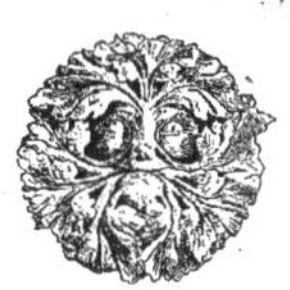

PARIS
ATELIERS PHOTOMÉCANIQUES
D.-A. LONGUET
250, Faubourg Saint-Martin

DOCUMENTS

DE

SCULPTURE FRANÇAISE

DU

MOYEN AGE

publiés sous la direction de

PAUL **VITRY**
Attaché au Musée du Louvre
Professeur à l'École Nationale des Arts Décoratifs

et

GASTON **BRIÈRE**
Attaché au Musée National
de Versailles

RECUEIL DE 140 PLANCHES CONTENANT 940 DOCUMENTS

de Statuaire et de Décoration

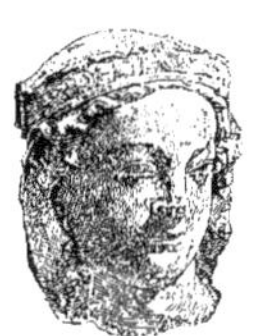

PARIS
ATELIERS PHOTOMÉCANIQUES
D.-A. LONGUET
250, Faubourg Saint-Martin

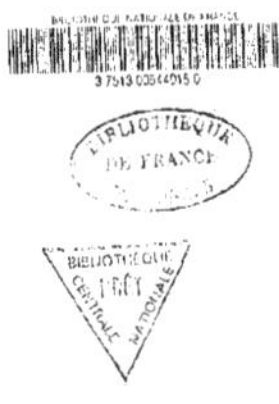

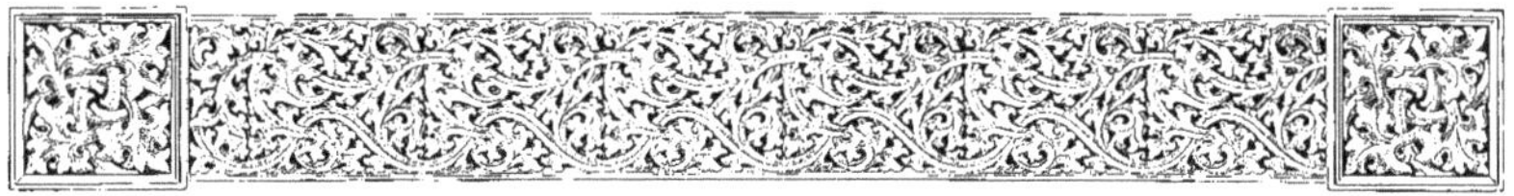

Avant-Propos

Le recueil de documents que nous présentons au public n'a pas la prétention de contenir la totalité des monuments de la sculpture française du Moyen âge, d'être, comme l'on dit en archéologie, un « corpus ». Les témoignages conservés de l'activité féconde de nos imagiers des XII⁰, XIII⁰, XIV⁰ et XV⁰ siècles sont heureusement beaucoup trop nombreux pour qu'un pareil ensemble puisse, à notre avis, être constitué de façon pratique. D'autre part, il est encore, à l'heure actuelle, beaucoup trop de monuments importants qui n'ont pas été étudiés de façon approfondie, classés à leur véritable rang, datés avec précision, ni souvent même photographiés, pour que l'on puisse affirmer avoir réuni tous les documents essentiels qui pourront un jour servir à constituer l'histoire définitive de notre grand art national après l'architecture.

Nous nous sommes efforcés seulement ici de grouper, par la reproduction, un grand nombre de morceaux, choisis parmi les plus caractéristiques de l'évolution de la statuaire et de la sculpture décorative en France, au Moyen âge. Nous les avons classés dans un ordre chronologique aussi rigoureux que les nécessités de la mise en pages nous l'ont permis, en les rapprochant dans chaque époque suivant leur provenance géographique ou leur nature. Nous nous sommes aperçus, ce faisant, par une expérience personnelle, de la difficulté de ce groupement, que nous voulions aussi méthodique et aussi complet que possible et, par suite, de l'utilité qu'il pouvait présenter, tant pour ceux qui s'intéressent à l'histoire que pour ceux qui s'attachent aux formes mêmes et aux qualités artistiques de notre sculpture française.

Nous devons reconnaître, tout d'abord, que l'exemple le plus approchant du groupement que nous voulions réaliser nous a été fourni par la collection de photographies réunie par notre maître Louis Courajod et léguée par lui à la Bibliothèque du Musée du Louvre. Nous nous en sommes servis dans une large mesure. Une grande partie de ces photographies font partie de la collection des Monuments Historiques ; quelques-unes avaient été exécutées pour Courajod, ou lui avaient été communiquées par des amis ou des élèves [1]. Nous avons puisé également dans les séries formées à la Sorbonne par M. H. Lemonnier pour l'usage des étudiants de la Faculté des lettres et dans celles rassemblées par M. André Michel pour ses cours de l'Ecole du Louvre.

Nous y avons ajouté un grand nombre de documents recueillis en ces dernières années, principalement par MM. Raymond Koechlin, Camille Enlart, Jean-J. Marquet de Vasselot et par nous-mêmes, au cours de voyages d'études archéologiques à travers la France ; une bonne partie de ces documents sont

---

1. Dans l'incertitude où nous nous trouvions sur leur provenance exacte, nous avons désigné simplement ces dernières dans la table sous la rubrique *Phot. Courajod*.

publiés ici pour la première fois. Nous devons enfin une mention toute spéciale à l'excellente collection de photographies archéologiques de M. F. MARTIN-SABON qui nous a fourni un concours abondant et précieux[1].

*
* *

La plupart des reproductions que l'on trouvera ici sont exécutées d'après des photographies prises sur les originaux mêmes. Nous n'avons eu recours qu'exceptionnellement à la photographie des moulages. Nous évitons ainsi de répéter les albums déjà parus sur le même sujet et constitués uniquement à l'aide des collections du Musée du Trocadéro. Nous pensons également donner des monuments une impression plus vraie que par la reproduction des plâtres ; bien que celle-ci soit souvent plus satisfaisante au point de vue graphique, elle offre un aspect beaucoup trop uniforme et trop différent parfois de la réalité.

Notre recueil est limité dans le temps aux monuments du Moyen âge, à ceux qui jalonnent le développement logique et continu de notre sculpture, de celle que l'on qualifie de *romane* et de celle que l'on qualifie de *gothique*, sans que l'on puisse, à vrai dire, établir de définition ni de limitation précise de l'une et de l'autre. Nous l'avons suivie depuis ses origines, vers la fin du XIe siècle, jusqu'au moment où les influences italiennes, vers 1510, 1525, ou même 1540, suivant les régions, en altèrent le caractère natif et donnent naissance à un art tout différent. La pénétration s'étant faite plus rapidement dans le domaine de la décoration, nous n'avons donné, pour ces premières années du XVIe siècle, que les spécimens d'ornementation qui se rattachent directement au système ancien, négligeant de parti pris tout ce qui, à côté de sculptures d'esprit traditionnel comme celles de l'école de Michel Colombe ou des ateliers troyens, n'est qu'imitation ou pastiche du décor italien.

Pour les siècles précédents, au contraire, nous avons fait une large part à la sculpture décorative : toute sculpture, à vrai dire, ou presque, est décorative au Moyen âge et l'union entre la statuaire et l'élément ornemental est plus intime qu'il n'a jamais été. Le pur décor lui-même offre, on le sait, une signification historique considérable, surtout pour la période des origines. De plus, qu'il s'agisse des ornements stylisés du XIIe ou des floraisons végétales du XIIIe siècle, c'est une des sources les plus fécondes d'inspiration et d'étude que l'on puisse proposer aux artistes modernes, et l'on ne saurait jamais trop en répandre les incomparables exemples.

Nous avons assez souvent cherché à donner des ensembles, permettant de se rendre compte, à côté des nombreux détails de figures ou d'ornements que nous publions, de la place et de la valeur de ceux-ci dans le monument auquel ils appartiennent. Mais souvent aussi, nous avons été forcés de nous borner à choisir, dans des séries qu'il eût été intéressant de publier intégralement, quelques fragments caractéristiques, qui serviront au moins d'indication pour qui voudra compléter notre enquête.

Nous n'avons pu toujours mentionner, à propos de ces ensembles, toutes les restaurations, dont certains d'entre eux ont été l'objet au cours du XIXe siècle. Quelques figures, quelques morceaux décoratifs même que nous publions, ont pu subir des réfections de détail qui nous ont échappé ou que nous n'avons pas jugé indispensable d'indiquer, surtout lorsque ces retouches n'altéraient pas le style général de l'œuvre. Nous avons cependant noté avec soin les principales réfections des portails de cathédrales (Paris, Laon, Senlis, etc.).

*
* *

Dans les légendes des planches, nous nous sommes bornés aux indications topographiques qui permettent d'identifier du premier coup d'œil le morceau reproduit : le nom du pays, (on trouvera le département dans la table), la désignation du monument et celle de la partie de ce monument, s'il y a lieu. Nous avons donné dans la table un certain nombre de renseignements complémentaires qui nous ont paru utiles : ainsi, le plus souvent, nous avons expliqué en quelques mots très brefs le sujet ou le personnage

---

1. Des raisons matérielles ont empêché d'imprimer sous chaque cliché le nom de l'auteur de la photographie ; on trouvera ce nom à la table.

représenté ; nous avons aussi fourni quelques indications historiques, dans la mesure où nous pouvions le faire en toute assurance, sur la date de l'œuvre ou sur son auteur. En effet, nous ne faisons pas ici œuvre d'érudition et nous avons évité autant que possible, là où il y avait matière à discussion, de prendre des partis qu'il aurait fallu justifier, soit par de nombreuses références, soit par de longs commentaires qui ne rentraient pas dans le cadre de notre publication.

On ne devra donc pas s'étonner de trouver quelques formules un peu vagues de moitié ou de quart de siècle, pour certains monuments qui ont été quelquefois datés d'une manière précise, mais avec plus ou moins de certitude. Ces dates, du reste, se rapportent généralement à des travaux d'architecture et nous ne sommes pas toujours sûrs que la sculpture ait été rigoureusement contemporaine de telle construction de portail ou de telle consécration d'église. Pour les noms d'artistes qui apparaissent avec le XIV⁰ siècle, nous les avons donnés seulement lorsqu'il existe des textes authentiques, permettant des attributions certaines.

En général, bien que nous n'ayons pas l'intention d'apporter ici des idées neuves, ni des recherches originales, nous nous sommes efforcés de ne rien affirmer au point de vue des dates ou des attributions, qu'après un examen attentif des œuvres elles-mêmes et des principaux travaux publiés à leur sujet.

Il ne rentrait pas dans notre plan de donner les références de notre travail ; nous devons cependant indiquer que nous avons suivi le plus souvent : pour les monuments conservés au Musée du Louvre, le catalogue sommaire établi par Courajod et complété par M. André Michel ; pour le XIV⁰ et le XV⁰ siècle, le catalogue raisonné du Trocadéro de Courajod et de M. Frantz-Marcou ; pour les principaux monuments du XII⁰ siècle les récents travaux de M. Robert de Lasteyrie. Nombre d'indications relatives au XII⁰ et au XIII⁰ siècle ont été recueillies au cours de M. André Michel à l'École du Louvre. Enfin, nous avons souvent eu recours aux conseils amicaux de MM. Camille Enlart et Raymond Kœchlin que nous sommes heureux de remercier ici, ainsi que tous ceux qui, par leurs avis ou leurs communications de documents, ont bien voulu nous aider dans cette entreprise.

*
* *

Nous espérons avoir fait œuvre utile en présentant ainsi classés et sommairement commentés, un ensemble de documents que l'on rencontrerait difficilement réunis ailleurs. Les artistes y trouveront un répertoire de formes qui pourront leur être d'un grand secours, soit en leur facilitant l'étude de l'art du passé, soit en leur fournissant des inspirations saines et fécondes pour leurs travaux modernes. Les historiens y rencontreront la plupart des monuments qui comptent au point de vue archéologique, datés aussi exactement que possible ; ils y trouveront aussi quantité de pièces de comparaison dont beaucoup sont inédites et dont le rapprochement et la mise en lumière pourront servir, sinon à résoudre définitivement, du moins à éclairer certains des problèmes que se pose encore la science archéologique.

Paul VITRY   Gaston BRIÈRE.

Juin 1904.

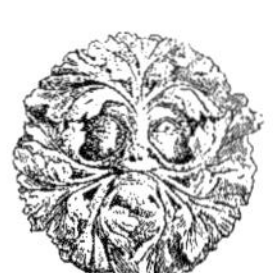

Corrections aux Légendes des Planches

Un certain nombre d'erreurs ou d'omissions se sont produites, au cours de l'impression, dans les légendes des planches. Ces erreurs se trouvent rectifiées dans la table, nous indiquons cependant ici les principales :

Planches

II,   *Au lieu de* XIe siècle, *lire* XIe et XIIe siècles.

II,   1, 2   »   Vézelay, » Caen, Eglise de la Trinité.

XVI,   »   XIIIe siècle, *lire* XIIe siècle.

XXVII,   3, 4 *Ajouter* (Moulage).

XXVIII,   4 *Au lieu de* Ganobie, *lire* Ganagobie.

XXXVII,   1 *Ajouter* (Moulage).

LXI,   2   »   (Moulage).

LXII,   2   »   (Moulage).

LXVI,   2, 3   »   (Moulage).

LXVII, 7, 8, 9   »   (Moulages).

LXXVII,   1, 4 *Au lieu de* (Ain), *lire* (Savoie).

LXXVII,   2   »   Portail sud, *lire* Portail nord.

Planches

LXXXIII,   4 *Au lieu de* Musée du Louvre, *lire* Musée de Cluny.

LXXXIX,   4   »   Troyes, *lire* Musée du Louvre.

LXXXXVII,   6 *Ajouter* (Moulage).

LXXXXVII,   7 *Supprimer* (Moulage).

CI,   2 *Ajouter* (Moulage).

CIII,   6 *Au lieu de* Louis, duc d'Orléans, *lire* Jean de Vienne (?)

CIV,   4, 5, 6 *Ajouter* (Moulages).

CVII,   *Au lieu de* XVe siècle, *lire* XIVe siècle.

CXX,   1, 3   »   Hôtel Jacques Cœur, *lire* Hôtel Lallemant.

CXXX,   2   »   Portail occidental, *lire* Transept sud.

CXXX,   4   »   Le Faoue, *lire* Le Faouet.

Table des Planches

INDICATIONS GÉNÉRALES

Nous avons désigné sous la rubrique *Phot. Mon. Historiques* les photographies dont les clichés appartiennent soit à la Direction des Beaux-Arts (Archives de la Commission des Monuments Historiques), soit à la Direction des Cultes (Edifices diocésains).

Nous donnons l'indication de la matière des originaux reproduits, toutes les fois que cette matière n'est pas la pierre.

Les mots *droite* et *gauche* doivent, dans ce texte, toujours être entendus dans le sens de la droite et de la gauche du spectateur.

Pour les séries de statues ou de bas-reliefs, les descriptions sont toujours ordonnées de la gauche à la droite du spectateur.

PL. LXIII

1 à 3. — REIMS. — Cathédrale. — Portail septentrional.
    1. Porte Saint Sixte. — Tympan : Scènes de la vie de Saint Nicaise et de Saint Rémi.
    2. Porte du Jugement. — Détail du tympan : les justes reçus dans le sein d'Abraham, vertus et docteurs, la résurrection des morts.
    3. Porte Saint Sixte. — Détail du tympan : martyre de Saint Nicaise ; au-dessus, scènes de la vie de Saint Remi.
    Milieu du XIII° siècle. *Phot. Mon. Historiques.*

PL. LXIV

1, 2. — REIMS. — Cathédrale. — Portail occidental.
    1. Porte gauche. — Ébrasement droit : compagnons de Saint Nicaise.
    2. Porte centrale. — Ébrasement gauche : la reine de Saba, le roi Salomon, la Présentation au Temple.
    2° moitié du XIII° siècle. *Phot. Mon. Historiques.*

PL. LXV

1, 2. — REIMS. — Cathédrale. — Portail occidental. — Porte centrale. — Statues décorant l'ébrasement droit.
    1. L'Annonciation.
    2. La Visitation.
    2° moitié du XIII° siècle. *Phot. Mon. Historiques.*

PL. LXVI

1 à 4. — REIMS. — Cathédrale. — Portail occidental.
    1. Porte centrale. — Trumeau : la Vierge et l'enfant.
    2. Porte centrale. — Ébrasement gauche : tête de la statue de Sainte Anne. (Moulage).
    3. Porte gauche. — Ébrasement gauche : un ange. (Moulage).
    4. Porte droite. — Ébrasement gauche : Saint Sixte et ses compagnons.
    2° moitié du XIII° siècle. *Phot. Mon. Historiques.*

PL. LXVII

1 à 6, 10. — REIMS. — Cathédrale. — Têtes décoratives placées aux contreforts ou aux tours des transepts.
    2° moitié du XIII° siècle. *Phot. Mon. Historiques.*
7, 8, 9. — SAINT-GERMAIN-EN-LAYE (Seine-et-Oise). — Château. Têtes décorant les clefs de voûte de la chapelle. (Moulages).
    Milieu du XIII° siècle. *Phot. S. Reinach.*

PL. LXVIII

1 à 7. — REIMS. — Cathédrale.
1 à 3, 5 à 7. Transept méridional. — Figures décorant le cordon extérieur de la Rose.
    4. Tête décorative.
    2° moitié du XIII° siècle. *Phot. Mon. Historiques.*

PL. LXIX

1 à 6. — REIMS. — Cathédrale. — Chapiteaux de piliers de la nef.
    Milieu et 2° moitié du XIII° siècle. *Phot. Mon. Historiques.*

PL. LXX

1, 2, 3. — AUBAZINE (Corrèze). — Eglise. — Tombeau de Saint Etienne.
    1. Ensemble. — Religieux et religieuses en prière devant la Vierge. *Phot. C. Enlart.*
    2, 3. Extrémités du tombeau. (Moulages).
    2° moitié du XIII° siècle. *Phot. Martin-Sabon.*
4, 5, 6. — REIMS. — Cathédrale. — Chapiteau d'un pilier de la nef, côté Sud. (Moulage).
    2° moitié du XIII° siècle. *Phot. Martin-Sabon.*

PL. LXXI

1 à 6. — REIMS. — Maison des Musiciens (rue de Tambour). — Statues de musiciens.
    Fin du XIII° siècle. *Phot. Martin-Sabon.*
7. — REIMS. — Cathédrale. — Façade méridionale. — Figure servant de support à la galerie supérieure. (Moulage).
    2° moitié du XIII° siècle. *Phot. Martin-Sabon.*

PL. LXXII

1 à 4. — BOURGES. — Cathédrale. — Portail occidental. — Porte centrale.
    1, 2, 3. Ensemble du tympan et des voussures. — Au tympan : le Jugement dernier. *Phot. Martin-Sabon.*
    4. Détails du tympan : la résurrection des morts, le pèsement des âmes.
    Fin du XIII° siècle. *Phot. Mon. Historiques.*

PL. LXXIII

1, 2, 3. — Fragments de l'ancien jubé de la cathédrale de Bourges.
    1. PARIS. — Musée du Louvre. — Le baiser de Judas. *Phot. Courajod.*
    2. BOURGES. — Musée. — Le crucifiement. *Phot. R. Koechlin.*
    3. PARIS. — Musée du Louvre. — Pilate et la servante. 2° moitié du XIII° siècle. *Phot. Courajod.*
    4. BOURGES. — Cathédrale. — Portail occidental — Porte Saint Etienne (à droite de la porte centrale). Tympan : Scènes de la vie de Saint Etienne et de son martyre.
    2° moitié du XIII° siècle. *Phot. Mon. Historiques.*

PL. LXXIV

1 à 6. — BOURGES. — Cathédrale. — Portail occidental. — Arcatures ornées de bas-reliefs, décorant le soubassement du portail.
    2. Partie entre la porte de la Vierge et la porte centrale.
    1, 4 et 6. Porte centrale, ébrasements droit et gauche. La création. Histoire d'Adam et Eve.
    3 et 5. Porte Saint Etienne, ébrasement droit. Histoire de Noé.
    2° moitié du XIII° siècle. *Phot Martin-Sabon.*

PL. LXXV

1 et 3. — AMIENS. — Cathédrale. — Façade occidentale. — Galerie des Rois.
    Milieu du XIII° siècle (sauf quelques statues restaurées en 1858 et le remplage de la Rose qui est de la fin du XV° ou début du XVI° siècle). *Phot. Martin-Sabon.*
    2. — CHARS (Seine-et-Oise). — Eglise. Rose au dessus des tribunes du chœur. Début du XIII° siècle *Phot. Martin-Sabon.*
4 à 6. — BOURGES. — Cathédrale
    4 et 6. Portail occidental — Décoration des deux baies de la porte centrale.
    Fin du XIII° siècle.
    5. Porche méridional.
    Fin du XIII° siècle. *Phot. Martin-Sabon.*

PL. LXXVI

1 à 7 et 9. — AUXERRE. — Cathédrale. — Soubassement du portail occidental.
    1, 3. Porte droite. — Personnages de l'ancien Testament. *Phot. A. Michel.*
    2. Porte centrale. — Episodes de la parabole de l'Enfant prodigue. *Phot. Mon. Historiques.*
    4 à 7 et 9. Porte gauche. — Histoire de la Création et du péché original.
    Fin du XIII° siècle. *Phot. A. Michel et P. Vitry.*
    8. — SENS. — Cathédrale. — Portail occidental. — Soubassement de la porte droite. — Figure de Vertu.
    XIII° siècle. *Phot. R. Koechlin.*

PL. LXXVII

1 et 4. — LE BOURGET-DU-LAC (Savoie). — Eglise. — Bas-reliefs placés autour du chœur. — La Cène. La descente de croix, les saintes femmes au tombeau.
    XIII° siècle. *Phot. Mon. Historiques.*
    2. — SEMUR-EN-AUXOIS (Côte-d'Or). — Eglise Notre-Dame. — Portail septentrional. — Tympan : Scènes de la vie de Saint Thomas.
    XIII° siècle. *Phot. Mon. Historiques.*
    3. — MOUZON (Ardennes). — Eglise. — Portail occidental. — Tympan : Scènes de la vie de la Vierge.
    XIII° siècle. *Phot. C. Enlart.*

PL. LXXVIII

1 et 3. — BORDEAUX. — Cathédrale. — Portail latéral Nord.
    1. Tympan : le Jugement dernier. *Phot. Mon. Historiques.*
    3. Ébrasement gauche et voussures.
    2° moitié du XIII° siècle. *Phot. P. Vitry.*
2 et 4. — BORDEAUX. — Eglise Saint-Seurin. — Portail méridional. Au tympan : le Jugement dernier.
    2° moitié du XIII° siècle. *Phot. C. Enlart.*

PL. LXXIX

1. — PARIS. — Musée du Louvre. Tête de Vierge provenant de Saint-Leu-d'Esserent (Oise).
    Fin du XIII° siècle. *Phot. Martin-Sabon.*
2. — PARIS. — Musée du Louvre. — Statue de Sainte Geneviève, provenant du portail de l'ancienne église abbatiale Sainte-Geneviève de Paris.
    Commencement du XIII° siècle. *Phot. P. Vitry.*
3. — PARIS. — Collection Albert Maignan. — Tête d'une statue de roi provenant de la cathédrale de Reims.
    2° moitié du XIII° siècle. *Phot. R. Koechlin.*
4 et 6. — LE MANS. — Eglise de la Couture. — Porche occidental. — Statues d'apôtres.
    2° moitié du XIII° siècle. *Phot. G. Brière.*
5. SENS. — Cathédrale. — Portail occidental. — Porte centrale. Au tympan : Scènes de la vie de Saint Etienne.
    Tympan : 2° moitié du XIII° siècle. *Phot. Mon. Historiques.*

PL. LXXX

1. — SAINT-DENIS. — Eglise abbatiale. — Tête de la statue funéraire de Clovis II. (Moulage).
    2° moitié du XIII° siècle. *Phot. P. Vitry.*
2. — JOUARRE (Seine-et-Marne). — Eglise. — Crypte. — Tombeau de Sainte Ozanne.
    2° moitié du XIII° siècle. *Phot. C. Enlart.*
3. — SAINT-DENIS. — Eglise abbatiale. — Tête de la statue funéraire de la reine Berthe. (Moulage).
    2° moitié du XIII° siècle. *Phot. P. Vitry.*
4. — JOIGNY (Yonne). — Eglise Saint-Jean. — Tombeau d'une comtesse de Joigny, provenant de l'abbaye de Dillo.
    Milieu du XIII° siècle. *Phot. P. Vitry.*
5. — SAINT-DENIS. — Eglise abbatiale. — Statue funéraire de la reine Constance d'Arles. (Moulage).
    2° moitié du XIII° siècle. *Phot. G. Brière.*

6. — SAINT-DENIS. — Église abbatiale — Statue funéraire de Robert-
le-Pieux. (Moulage).
2e moitié du XIIIe siècle. *Phot. G. Brière.*

7. — CARCASSONNE. — Église Saint-Nazaire. — Soubassement
du tombeau de l'évêque Radulphe.
2e moitié du XIIIe siècle. *Phot. Mon. Historiques.*

8. — AMIENS. — Cathédrale. — Tombeau de l'évêque Evrard de
Fouilloy († 1222). Bronze (Moulage).
1re moitié du XIIIe siècle. *Phot. Martin-Sabon.*

9. — AMIENS. — Cathédrale. — Tombeau de l'évêque Geoffroy d'Eu
(† 1236). Bronze (Moulage).
1re moitié du XIIIe siècle. *Phot. Martin-Sabon.*

PL. LXXXI

1, 2. — ROUEN. — Cathédrale. — Transept méridional.
Fin du XIIIe et commencement du XIVe siècle. (Construction
achevée vers 1310).
1. Ensemble (nombreuses statues restaurées).
2. Portail (dit de la Calende). — Au tympan : Scènes de la
vie du Christ. (Les statues des piédroits sont neuves).
Fin du XIIIe siècle.

3. — AUXERRE. — Cathédrale. · Portail méridional. — Au
tympan : Scènes de la vie de Saint Étienne.
Début du XIVe siècle.

4. — RAMPILLON (Seine-et-Marne). — Église. — Portail occidental. — Au tympan : le Jugement dernier, aux ébrasements, les douze apôtres.
Commencement du XIVe siècle. *Phot. Mon. Historiques.*

PL. LXXXII

1, 2. — LYON. — Cathédrale. — Portail occidental. — Décoration
des piédroits des portes. Médaillons quadrilobés décorés
de bas-reliefs.
1er tiers du XIVe siècle.

3. — ROUEN. — Cathédrale. — Portail septentrional. (Portail
des Libraires). — Décoration des piédroits de la porte.
Médaillons quadrilobés décorés de bas-reliefs.
1er tiers du XIVe siècle. *Phot. Mon. Historiques.*

PL. LXXXIII

1, 2. — LAON. — Église Saint-Martin. — Portail occidental. —
Anges placés des deux côtés de la porte centrale.
Commencement du XIVe siècle. *Phot. Mon. Historiques.*

3. — PARIS. — Musée du Louvre. — Ange provenant de l'abbaye de Poissy.
Fin du XIIIe siècle. *Phot. Martin Sabon.*

4. — PARIS. Musée de Cluny. — Ange provenant de l'abbaye
de Poissy.
Fin du XIIIe siècle. *Phot. R. Kœchlin.*

5. — PARIS. — Musée des Arts Décoratifs. — Ange, statuette
provenant de la région de Saint-Germer (Oise). Bois peint.
2e moitié du XIIIe siècle. *Phot. R. Kœchlin.*

6, 7. — PARIS. — Musée de Cluny. — Apôtres provenant de
l'église Saint-Jacques-l'Hôpital à Paris, exécutés de 1319
à 1327, et attribués à Robert de Launoy.
Phot. R. Kœchlin.

8, 9. — PARIS. — Musée de Cluny. — Apôtres provenant de la
Sainte-Chapelle du Palais.
2e moitié du XIIIe siècle. *Phot. R. Kœchlin.*

PL. LXXXIV

ART FRANÇAIS A L'ÉTRANGER

1. — VERCEIL (Italie). — Cloître Saint-André.
XIIIe siècle.

2. — CASAMARI (Italie). — Église. — Portail occidental.
Commencement du XIIIe siècle (1217).

3. — STAVANGER (Norwège). — Église. — Fonts baptismaux.
XIVe siècle.

4. — ASSISE (Italie). — Église supérieure de Saint-François.
XIIIe siècle.

5. — PARIS. — Musée du Louvre. — Tombeau d'un prince de Lusignan, provenant de Chypre.
XIVe siècle.

6. — NICOSIE (Chypre). — Église Saint-Nicolas. — Portail occidental.
XIVe siècle.

7. — FAMAGOUSTE (Chypre). — Cathédrale. — Portail occidental.
XIVe siècle (vers 1315).

8. — FOSSANOVA (Italie). — Cloître.
XIIIe et XIVe siècle. *Phot. C. Enlart.*

PL. LXXXV

1, 3, 4, 5. — MONT SAINT-MICHEL (Manche). — Ancienne abbaye.
Cloître. Décorations intérieures des galeries.
1re moitié du XIIIe siècle.
1, 3, 4, *Phot. Mon. Historiques.*
5, *Phot. C. Enlart.*

2. — BAYEUX (Calvados). — Cathédrale. — Porte intérieure.
Fin du XIIIe siècle. *Phot. C. Enlart.*

PL. LXXXVI

1. — LAON. — Cathédrale. — Transept méridional. — Chapiteau
d'une colonne du triforium. (Moulage).
1re moitié du XIIIe siècle. *Phot. Martin-Sabon.*

2. — CHARS (Seine-et-Oise). — Église. — Chapiteau du chœur,
début du XIIIe siècle. *Phot. Martin-Sabon.*

3. — ARCUEIL (Seine). — Église. — Chapiteau du bas-côté sud.
XIIIe siècle. *Phot. Martin-Sabon.*

4 et 6. — SEEZ (Orne). — Cathédrale. — Arcatures du chœur.
XIIIe siècle. *Phot. Mon. Historiques.*

5. — REIMS. — Église Saint-Rémy. — Chapiteaux.
XIIIe siècle. *Phot. Mon. Historiques.*

7. — ENNEZAT (Puy-de-Dôme). — Chapiteau déposé.
XIIIe siècle. *Phot. C. Enlart.*

8. — NOYON (Oise). — Chapiteau déposé dans le jardin de la
cathédrale.
XIIIe siècle. *Phot. C. Enlart.*

9. — CHÉRENG (Nord). — Église. — Fonts baptismaux.
Fin du XIIe siècle. *Phot. Mon. Historiques.*

10. — LIMEIL (Seine-et-Oise). — Église. — Fonts baptismaux.
XIIIe siècle. *Phot. Mon. Historiques.*

PL. LXXXVII

1. — BAYEUX (Calvados). — Cathédrale. — Transept méridional. — Rosaces de feuillages décorant le revers du portail.
Milieu du XIVe siècle. *Phot. Mon. Historiques.*

2 et 4. — PARIS. — Musée de Cluny. — Clefs de voûte.
XIVe siècle. *Phot. Mon. Historiques.*

3. — NORREY (Calvados). — Église. — Déambulatoire.
XIIIe siècle. *Phot. Mon. Historiques.*

5. — MONTHÉRENDER (Haute-Marne). — Église. — Clef de
voûte.
XIVe siècle. *Phot. C. Enlart.*

6. — DIJON. — Musée départemental d'archéologie. — Clef de
voûte.
XIVe siècle. *Phot. Poinssot.*

7. — PARIS. — Musée du Louvre. — Clef de voûte provenant
de la cathédrale de Troyes.
2e moitié du XIIIe siècle. *Phot. Martin-Sabon.*

8. — CAEN. — Musée lapidaire du vieux Saint-Étienne.
2e moitié du XIIIe siècle. *Phot. Mon. Historiques.*

9. — ROUEN. — Musée départemental d'archéologie. — Clef de
voûte.
XIVe siècle. *Phot. C. Enlart.*

PL. LXXXVIII

1. — MONTMAJOUR (Bouches-du-Rhône). — Cloître. — Chapiteaux de colonnes romanes refaits au XIVe siècle.
Phot. Mon. Historiques.

2 et 4. — CAEN. — Musée lapidaire du vieux Saint-Étienne. —
Chapiteaux de colonnettes provenant de Ouistreham.
Fin du XIIIe siècle. *Phot. Mon. Historiques.*

3. — BEAUMONT-DE-LOMAGNE (Tarn-et-Garonne). — Église.
Portail.
XIVe siècle. *Phot. C. Enlart.*

5. — AGNETZ (Oise). — Église. — Chapiteaux.
XIVe siècle. *Phot. Martin-Sabon.*

6. — CLERMONT-FERRAND. — Cathédrale. — Colonnettes
du triforium.
1re moitié du XIVe siècle. *Phot. C. Enlart.*

7. — MORET-SUR-LOING (Seine et Marne). — Église.
XIVe siècle. *Phot. Martin-Sabon.*

8. — NEVERS. — Cathédrale. — Chapiteau.
XIVe siècle. *Phot. Mon. Historiques.*

PL. LXXXIX

1,2,4,5. — PARIS. — Musée du Louvre.
1. Gargouille provenant de la cathédrale de Troyes.
XIVe siècle.
2. Corbeau d'arc boutant ou de gargouille, même provenance. — Chevalier endormi.
Fin du XIIIe siècle.
5. Corbeau d'arc-boutant ou de gargouille, même provenance. — Figure grotesque.
Fin du XIIIe siècle. *Phot. Martin-Sabon.*
4. Pinacle provenant de la cathédrale de Troyes.
XIVe siècle. *Phot. Mon. Historiques.*

3, 6, 8. — MANTES (Seine-et-Oise). — Église Notre-Dame. — Triforium. — Culs-de-lampe.
XVe siècle. *Phot. Martin-Sabon.*

7. — PARIS. — Musée du Louvre. — Masque d'homme autrefois
dit portrait de Suger.
XIIIe siècle. *Phot. Courajod.*

9. — TROYES. — Église Saint-Jean. — Gargouille.
XIVe siècle. *Phot. Mon. Historiques.*

10. — PARIS. — Musée du Louvre. — Tête d'homme décorant
un cul-de-lampe.
2e moitié du XIIIe siècle. *Phot. Courajod.*

11. — SAINT-LEU D'ESSERENT (Oise). — Église. — Tête
grotesque. (Moulage).
2e moitié du XIIIe siècle. *Phot. Martin-Sabon.*

12. — TROYES. — Musée archéologique. — Gargouille provenant
de la cathédrale.
XIVe siècle. *Phot. R. Kœchlin.*

PL. LXXXX

1 à 9. — PARIS. — Musée de Cluny.
  1 et 3. Statuettes de saintes. Marbre. XIVe siècle.
  2. Retable. — Scènes de la Passion. XIVe siècle.
  4 à 7. Retable provenant de la Sainte-Chapelle de Saint-Germer (Oise). — Scènes de la Passion et scènes de la légende de Saint Germer. 2e moitié du XIIIe siècle.
  8, 9. Retable. — Scènes de la vie de Saint Benoît. Commencement du XIVe siècle. *Phot. R. Kœchlin.*

PL. LXXXXI

1 à 4. — CARCASSONNE. — Église Saint-Nazaire. — Statues adossées aux piliers du chœur et du transept.
  1 et 4. Le Christ. *Phot. Mon. Historiques.*
  2 et 3. Les apôtres Pierre et Paul. *Phot. R. Kœchlin.*
  1er tiers du XIVe siècle.
5 et 7. — CARCASSONNE. — Église Saint-Vincent. — Statues d'apôtres placées au portail occidental. 1er tiers du XIVe siècle. *Phot. R. Kœchlin.*
6. — BEAUVAIS. — Musée archéologique.
  Tête d'une statue de Saint Jacques provenant de l'ancienne église Saint-Jacques de Beauvais. 1er tiers du XIVe siècle. *Phot. Martin Sabon.*
8, 9, 10. — TOULOUSE. — Musée des Augustins.
  Statues d'apôtres provenant de la chapelle du collège de Rieux à Toulouse. 2e quart du XIVe siècle. *Phot. R. Kœchlin.*

PP. LXXXXII

1,2,3. — PARIS. — Cathédrale.
  Clôture du chœur, partie méridionale : les apparitions du Christ après sa mort. — Hauts-reliefs commencés par Jean Ravy et achevés par Jean Le Bouteiller en 1351. Pierre peinte et dorée. 2e quart du XIVe siècle. *Phot. Mon. Historiques.*

PL. LXXXXIII

1. — PARIS. — Cathédrale. — La Vierge et l'enfant, statue placée à l'entrée du chœur. 1re moitié du XIVe siècle. *Phot. Mon. Historiques*
2. — PARIS. — Musée du Louvre. — La Vierge et l'enfant, provenant de l'église de Maisoncelles (Seine-et-Marne). 1re moitié du XIVe siècle. *Phot. Courajod.*
3. — SAINT-DIÉ (Vosges). — La Vierge et l'enfant, statue placée dans le cloître de la cathédrale. 1re moitié du XIVe siècle. *Phot. Mon. Historiques.*
4. — PARIS. — Musée du Louvre. — La Vierge et l'enfant, provenant de l'abbaye de Goulombs (Eure-et-Loir). Commencement du XIVe siècle. *Phot. Courajod.*
5. — NARBONNE (Aude). — Église Saint-Just. — La Vierge et l'enfant. XIVe siècle. *Phot. Mon. Historiques.*
6. — RONCEVAUX (Espagne). — Abbaye. — La Vierge et l'enfant. Bois recouvert d'argent. Commencement du XIVe siècle. *Phot. J.-J. Marquet de Vasselot.*

PL. LXXXXIV

1. — TAVERNY (Seine-et-Oise). — Église. — La Vierge et l'enfant. Bois. Commencement du XIVe siècle. *Phot. R. Kœchlin.*
2. — PARIS. — Collection L. Goldschmidt. — Ange. Marbre. 1re moitié du XIVe siècle. *Phot. R. Kœchlin.*
3. — PARIS. — Collection Doistau. — La Vierge de l'Annonciation, statuette provenant de Champagne. Marbre. Milieu du XIVe siècle. *Phot. R. Kœchlin.*
4. — ANVERS. — Collection Mayer Van Den Bergh. (Ancienne collection Micheli). — Le sommeil de la Vierge (?). XIVe siècle. *Phot. Courajod.*
5. — PARIS. — Musée du Louvre. — La Vierge et l'enfant. — Statuette provenant de l'ancienne collection Timbal. Marbre. 1re moitié du XIVe siècle. *Phot. Martin-Sabon.*
6. — VARANGÉVILLE (Meurthe-et-Moselle). — Église. — La Vierge et l'enfant. Marbre. XIVe siècle. *Phot. C. Enlart.*
7. — MAGNY-EN-VEXIN (Seine-et-Oise). — Église. — La Vierge et l'enfant. Marbre. 1re moitié du XIVe siècle. *Phot. J.-J. Marquet de Vasselot.*

PL. LXXXXV

1. — PALAISEAU (Seine-et-Oise). — Église. — La Vierge et l'enfant. Statue placée au-dessus du portail occidental. XIVe siècle. *Phot. Martin-Sabon.*
2. — BORNEL (Oise). — Église. — La Vierge et l'enfant. XIVe siècle. *Phot. Martin-Sabon.*
3. — MONTIGNY-LÈS-CORMEILLES (Seine-et-Oise). — Église. — La Vierge et l'enfant. XIVe siècle. *Phot. Martin-Sabon.*

4. — PUISEUX (Oise). — Église. — La Vierge et l'enfant (ce dernier refait). XIVe siècle. *Phot. Martin-Sabon.*
5. — PARIS. — Collection Edouard Corroyer. — La Vierge et l'enfant. Bois. Commencement du XIVe siècle. *Phot. R. Kœchlin.*
6. — SENS (Yonne). — Cathédrale. — La Vierge et l'enfant, statue placée en 1334. 1re moitié du XIVe siècle. *Phot. Courajod.*
7. — PARIS. — Musée du Louvre. (Ancienne collection Albert Bossy). Bois. Commencement du XIVe siècle. *Phot. R. Kœchlin.*
8. — PARIS. — Musée du Louvre. — La Vierge et l'enfant, provenant de Cîteaux. Pierre peinte. Milieu du XIVe siècle. *Phot. Martin-Sabon.*
9. — COUTANCES (Manche). — Église Saint-Nicolas. — La Vierge et l'enfant. Marbre. Milieu du XIVe siècle. *Phot. Martin-Sabon.*
10. — ÉCOUIS (Eure). — Église. — La Vierge et l'enfant. Marbre. Milieu du XIVe siècle. *Phot. P. Vitry.*
11. — PARIS. — Musée du Louvre. — La Vierge et l'enfant, provenant de Rigny-le-Féron (Aube). 2e moitié du XIVe siècle. *Phot. Martin-Sabon.*

PL. LXXXXVI

1. — LILLE. — Musée archéologique. — La Vierge. Marbre. XIVe siècle. *Phot. J.-J. Marquet de Vasselot.*
2. — LONDRES. — South Kensington Museum. — Saint Michel (provient de la collection Em. Peyre). Bois. XIVe siècle. *Phot. R. Kœchlin.*
3. — MORET-SUR-LOING (Seine-et-Marne). — Église. — Portail occidental. — Sainte Anne et la Vierge XIVe siècle. *Phot. Martin-Sabon.*
4. — TROYES. — Cathédrale. — La Vierge et l'enfant. 1re moitié du XIVe siècle. *Phot. Mon. Historiques.*
5. — LE PUY (Haute-Loire). — Musée Crozatier. — Groupe-applique représentant des religieuses. Marbre. 1re moitié du XIVe siècle. *Phot. R. Kœchlin.*
6. — LAON. — Chapelle de l'évêché (Palais de Justice). — Tête d'une statue de la Vierge. 1re moitié du XIVe siècle. *Phot. P. Vitry.*
7. — ANVERS. — Collection Mayer Van Den Bergh. (Ancienne collection Micheli). L'arrestation du Christ. Groupe-applique. Marbre. XIVe siècle. *Phot. J.-J. Marquet de Vasselot.*
8 à 11. — MANTES (Seine-et-Oise). — Église. — Statuettes provenant de la chapelle de Navarre. Marbre. 1re moitié du XIVe siècle. *Phot. Mon. Historiques.*

PL. LXXXXVII

1. — MACON. — Musée archéologique. — Tête de la statue tombale de Dorothée de Poitiers, chanoinesse de Mons († 1382), provenant du château de Pierre-en-Bresse. Marbre. 2e moitié du XIVe siècle. *Phot. P. Vitry.*
2. — PARIS. — Collection De Sainville. — Statue funéraire de femme. Bois peint. 1re moitié du XIVe siècle. *Phot. R. Kœchlin.*
3. — ANVERS. — Collection Mayer Van Den Bergh. (Ancienne collection Micheli). Tête d'enfant provenant d'une statue tombale. Marbre. 1re moitié du XIVe siècle. *Phot. J.-J. Marquet de Vasselot.*
4. — ARRAS. — Musée. — Tête de femme provenant d'une statue tombale. Marbre. 1re moitié du XIVe siècle. *Phot. Mon. Historiques.*
5. — TOULOUSE. — Musée des Augustins. — Tête de femme provenant d'un tombeau du couvent des Augustins. 1re moitié du XIVe siècle. *Phot. R. Kœchlin.*
6. — SAINT-DENIS. — Église abbatiale. — Tête de la statue tombale de Blanche d'Evreux, seconde femme de Philippe VI († 1398). Marbre. (Moulage). Fin du XIVe siècle. *Phot. Courajod.*
7. — PARIS. — Musée du Louvre. — Statue funéraire d'une enfant supposée fille de Charles IV, provenant de l'abbaye de Pont-aux-Dames (Seine-et-Marne). Marbre. 1re moitié du XIVe siècle. *Phot. Courajod.*
8. — TOULOUSE. — Musée des Augustins. — Tête de femme provenant d'une statue funéraire. Marbre blanc et noir. 2e moitié du XIVe siècle. *Phot. Courajod.*

PL. LXXXXVIII

1. — SAINT-DENIS. — Église abbatiale. — Tête de la statue tombale d'une princesse, appelée jadis Catherine de Courtenay et qui paraît être Blanche de Castille. Marbre noir. (Moulage). Fin du XIIIe ou début du XIVe siècle. *Phot. Courajod.*
2. — CORBEIL (Seine-et-Oise). — Église Saint-Spire. — Tête de la statue funéraire du Comte Haymon de Corbeil. Corps en pierre, tête et mains en marbre. (Moulage). 1er tiers du XIVe siècle. *Phot. Martin-Sabon.*

3. — SAINT-DENIS. — Eglise abbatiale. — Tête de la statue tombale de Robert d'Artois († 1317), provenant de l'église des Cordeliers de Paris, exécutée de 1318 à 1320 par Jehan Pépin de Huy et son atelier. Marbre. (Moulage).
Phot. Courajod.

4. — PARIS. — Musée du Louvre. — Statue funéraire d'un chevalier. Marbre.
1er tiers du XIVe siècle. *Phot. Mon. Historiques.*

5. — PARIS. — Musée du Louvre. — Statue funéraire de Blanche de Champagne († 1283), provenant de l'abbaye de la Joie près d'Hennebont (Morbihan). Cuivre.
Commencement du XIVe siècle. *Phot. Mon. Historiques.*

6. — PARIS. — Musée du Louvre. — Statue funéraire de femme. Marbre.
1er tiers du XIVe siècle. *Phot. Mon. Historiques.*

PL. LXXXXIX

1. — PARIS. — Musée du Louvre. — Fragment de la statue tombale de Jeanne de France, femme de Philippe d'Evreux († 1349), provenant de l'église des Jacobins de Paris. Marbre.
Milieu du XIVe siècle. *Phot. Courajod.*

2. — SAINT-DENIS. — Eglise abbatiale. — Tête de la statue du tombeau de Philippe III le Hardi († 1285), exécuté de 1299 à 1307 par Pierre de Chelles et Jean d'Arras. Marbre. (Moulage).
Phot. Courajod.

3. — PARIS. — Musée du Louvre. — Fragment de la statue tombale de Philippe, Comte d'Evreux, roi de Navarre († 1343), provenant de l'église des Jacobins de Paris. Marbre.
Milieu du XIVe siècle. *Phot. Courajod.*

4. — PARIS. — Musée du Louvre. — Statue funéraire de Philippe VI († 1350), provenant du tombeau de ses entrailles à l'église des Jacobins de Paris, exécutée vers 1365 et attribuée à André Beauneveu. Marbre.
3e quart du XIVe siècle. *Phot. Courajod.*

5. — SAINT-DENIS. — Eglise abbatiale. — Tête de la statue tombale de Jean II le Bon († 1364), exécutée en 1361 par André Beauneveu. Marbre. (Moulage).
Phot. P. Vitry.

6. — SAINT-DENIS. — Eglise abbatiale. — Tête de la statue tombale de Charles V (Voir le n° 8). (Moulage).
Phot. Courajod.

7. — PARIS. — Musée du Louvre. — Tête de la statue funéraire de Philippe VI (Voir le n° 4). (Moulage).
Phot. P. Vitry.

8. — SAINT-DENIS. — Eglise abbatiale. — Statue tombale de Charles V († 1380), exécutée vers 1364 par André Beauneveu. Marbre. (Moulage).
Phot. Mon. Historiques.

PL. C

1. — LA CHAISE-DIEU (Haute-Loire). — Eglise abbatiale. — Statue du tombeau du pape Clément VI († 1352). Marbre.
Milieu du XIVe siècle. *Phot. G. Brière.*

2. — PARIS. — Musée du Louvre. — Tête de la statue tombale de Guillaume de Chanac († 1348). (Voir le n° 7 de la pl. CII). (Moulage).
Phot. Courajod.

3. — EU (Seine-Inférieure). — Eglise Saint-Laurent. — Tombeau de Jean d'Artois, comte d'Eu († 1386). Marbre, fleurs de lys en bronze. (Moulage).
Fin du XIVe siècle. *Phot. Courajod.*

4, 5. — SAINT-BERTRAND-DE-COMMINGES (Haute-Garonne). — Eglise. — Tombeau de l'évêque Hugo de Castellione († 1352). Marbre.
2e moitié du XIVe siècle. *Phot. Mon. Historiques.*

PL. CI

1 et 4. — LIMOGES. — Cathédrale. — Tombeau de Bernard Brun, évêque de Noyon († 1349).
1. Le couronnement de la Vierge. — Bas-relief.
Phot. G. Brière.
4. Ensemble du tombeau. Milieu du XIVe siècle. *Phot. Mon. Historiques.*

2. — SAINT-PÈRE-SOUS-VÉZELAY (Yonne). — Eglise. — Porche occidental. — Bas-relief : Donateur et donatrice. (Moulage).
Fin du XIIIe siècle. *Phot. Mon. Historiques.*

3. — SOUVIGNY (Allier). — Eglise. — Le couronnement de la Vierge. Revers du dais de la statue funéraire de Louis II de Bourbon. (Voir le n° 7 de la pl. CXV). (Moulage).
Commencement du XVe siècle. *Phot. Courajod.*

5, 6. — NARBONNE. — Eglise Saint-Just. — Tombeau de Pierre de la Jugie, archevêque de Narbonne († 1376). Marbre blanc et noir.
5. Fragment du soubassement. *Phot. R. Kœchlin.*
6. Ensemble du tombeau. 2e moitié du XIVe siècle. *Phot. Mon. Historiques.*

PL. CII

1. — SAINT-DENIS. — Eglise abbatiale. — Tête de la statue tombale de Léon de Lusignan, roi d'Arménie († 1393). Marbre. (Moulage).
Fin du XIVe siècle. *Phot. Courajod.*

2. — SAINT-DENIS. — Eglise abbatiale. — Tête de la statue du tombeau de Bertrand Du Guesclin († 1380), exécuté par Thomas Privé et Robert Loisel entre 1389 et 1397. Marbre. (Moulage).
Phot. Courajod.

3. — SAINT-DENIS. — Eglise abbatiale. — Tête de la statue tombale de Jeanne de France, comtesse d'Evreux, reine de Navarre († 1349). Marbre. (Moulage).
Milieu du XIVe siècle. *Phot. Courajod.*

4. — SAINT-DENIS. — Eglise abbatiale. — Tête de la statue tombale du connétable Louis de Sancerre († 1402). Marbre. (Moulage).
Commencement du XVe siècle. *Phot. Courajod.*

5. — ECOUIS (Eure). — Eglise. — Statue tombale de Jean de Marigny, archevêque de Rouen († 1351). Marbre.
Milieu du XIVe siècle. *Phot. G. Brière.*

6. — PARIS. — Musée du Louvre. — Tête d'homme provenant d'un tombeau. Marbre.
Fin du XIVe siècle. *Phot. Courajod.*

7. — PARIS. — Musée du Louvre. — Statue tombale de Guillaume de Chanac, évêque de Paris († 1348), provenant de l'abbaye de Saint-Victor à Paris. Marbre.
Milieu du XIVe siècle. *Phot. Courajod.*

8. — AMBRONAY (Ain). — Eglise. — Tombeau d'un évêque.
XIVe siècle. *Phot. Mon. Historiques.*

9. — GRETZ (Seine-et-Marne). — Eglise. — Tombeau d'un chevalier.
XIVe siècle. *Phot. Martin-Sabon.*

10. — PONT-A-MOUSSON (Meurthe-et-Moselle). — Eglise Saint-Martin. — Tombeau d'un chevalier et de sa femme.
XIVe siècle. *Phot. C. Enlart.*

PL. CIII

1 à 8. — AMIENS. — Cathédrale. — Statues adossées aux contreforts de la tour septentrionale.
1. Charles V († 1380).
2. Jean Bureau, sire de la Rivière († 1400). (Moulage).
3. La Vierge. (Statue refaite par les frères Duthoit au XIXe siècle, d'après l'original mutilé, déposé alors au jardin du Musée archéologique, et depuis disparu).
4. Le Cardinal Jean de La Grange, évêque d'Amiens († 1402).
5. Le Dauphin, depuis Charles VI.
6. Jean de Vienne (?).
7. Tête de Jean Bureau. (Moulage).
8. Saint Jean-Baptiste. (Moulage)
Statues exécutées entre 1373 et 1375.
1, 3, 5, 6, *Phot. Mon. Historiques.*
4, *Phot. G. Brière.*
7, *Phot. Courajod.*

PL. CIV

1. — BORDEAUX. — Cathédrale. — Portail septentrional. — Statues d'évêques décorant l'ébrasement gauche de la porte.
1re moitié du XIVe siècle. *Phot. P. Vitry.*

2, 3. — SAINT-DENIS. — Eglise abbatiale. — Charles V († 1380) et Jeanne de Bourbon († 1377). Statues provenant du portail de l'église des Célestins de Paris, exécutées vers 1370.
(Ces statues ont été transportées au Musée du Louvre en juillet 1904).
2e moitié du XIVe siècle. *Phot. Fichot.*

4 à 6. — POITIERS. — Palais de Justice (ancien palais du duc Jean de Berry). — Statues décorant la cheminée de la Grande salle.
4. La reine Isabeau de Bavière (?)
5. Charles VI (?)
6. Jeanne de Boulogne, seconde femme du duc Jean de Berry (?) Statues exécutées entre 1388 et 1390 environ. (Moulages).
4e quart du XIVe siècle.

PL. CV

1, 2, 6 et 8. — BERNAY (Eure). — Eglise Sainte-Croix.
7. — BRIONNE (Eure). — Eglise. - Statues d'apôtres provenant de l'abbaye du Bec-Hellouin (Eure), exécutées entre 1390 et 1410.
Fin du XIVe siècle ou début du XVe. *Phot. R. Kœchlin.*

3. — ROUEN. — Musée départemental d'archéologie. — Statue de prophète provenant de la Cathédrale, transept méridional, portail de la Calende.
1re moitié du XIVe siècle. *Phot. C. Enlart.*

4. — TROYES. — Musée archéologique. — Statue de prophète.
1re moitié du XIVe siècle. *Phot. Ch. Masson.*

5. — BOURGES. — Musée. — Statuette de prophète provenant de la Sainte-Chapelle (?)
Fin du XIVe siècle. *Phot. Courajod.*

PL. CVI

1. — ORLÉANS. — Musée historique. — Vierge provenant de l'abbaye de la Cour-Dieu (Loiret). Marbre.
2e moitié du XIVe siècle. *Phot. P. Vitry.*

2. — BAYEL (Aube). — Eglise. — La Vierge et l'enfant.
Pierre peinte.
1re moitié du XIVe siècle. *Phot. R. Koechlin.*

3. — MARCOUSSIS (Seine-et-Oise). — Eglise. — La Vierge et l'enfant, statue donnée au couvent des Célestins de Marcoussis, par le duc de Berry en 1408. Marbre. Commencement du XVe siècle. *Phot. R. Koechlin.*

4. — SAINT-DENIS. — Eglise abbatiale. — Tête de la statue funéraire de Marie de Bourbon (✝ 1402), provenant de l'église des Dominicaines de Poissy.
Marbre blanc et noir. (Moulage).
Commencement du XVe siècle. *Phot. Courajod.*

5. — SAINT-DENIS. — Eglise abbatiale. — Tête de la statue de Jeanne de Bourbon. (Voir pl. CIV, n° 3).
(Moulage).
Phot. Courajod.

6. — MARCOUSSIS. — Eglise. — Tête de la statue de la Vierge. (Voir n° 3).
(Moulage).
Phot. Courajod.

7, 8, 9. — ROUEN. — Collection Gaston Le Breton. — Statuettes représentant le Dauphin, Charles V et Jeanne de Bourbon. Marbre.
Fin du XIVe siècle. *Phot. R. Koechlin.*

PL. CVII

1 à 4. — DIJON. — Ancienne Chartreuse de Champmol.

Portail de l'église. — A gauche, Philippe le Hardi, Duc de Bourgogne et Saint Jean; à droite, Marguerite de Flandre, duchesse de Bourgogne et Sainte Catherine, au trumeau, la Vierge: statues exécutées de 1387 à 1393 par Jean de Marville (✝ 1389) et Claus Sluter.
1. Ensemble. (Moulage).
2. Philippe le Hardi. (Moulage).
3. La Vierge. *Phot. Durand.*
4. Sainte Catherine. *Phot. Durand.*

PL. CVIII

1 à 5. — DIJON. — Ancienne Chartreuse de Champmol.

Puits de Moïse ou des prophètes, érigé jadis au centre du cloître, exécuté de 1395 à 1402 par Claus Sluter, Claus de Werve et leur atelier. Pierre peinte.
1. Ensemble. — Statues de Moïse et de David. (Moulage).
2. Tête de la statue de Daniel. (Moulage).
3. Tête de la statue de Jérémie. (Moulage).
4. Daniel et Isaïe. *Phot. Poinssot.*
5. Jérémie et Zacharie. *Phot. Poinssot.*

PL. CIX

1 à 4. — DIJON. — Musée. — Tombeau de Philippe le Hardi, Duc de Bourgogne (✝ 1404), placé originairement dans l'église de la Chartreuse de Champmol près Dijon. Commencé en 1383 par Jean de Marville (✝ 1389), continué par Claus Sluter (✝ 1404-1405) et achevé en 1412 par Claus de Werve (✝ 1439). Pierre et marbres.
2. Ensemble du tombeau. *Phot. Mon. Historiques.*
1, 3, 4. Statuettes de pleurants.
Phot. J.-J. Marquet de Vasselot.

5, 6. — DIJON. — Musée. — Tombeau de Jean Sans Peur, Duc de Bourgogne (✝ 1419), et de la Duchesse Marguerite de Bavière, placé originairement dans l'église de la Chartreuse de Champmol près Dijon. Commencé en 1443 par Jean de la Huerta, le monument fut terminé de 1461 à 1470 par Antoine Le Moiturier à qui appartient la statuaire des deux gisants. Pierre et marbres.
5. Ensemble du tombeau. *Phot. Mon. Historiques.*
6. Statuettes de pleurants. *Phot. J.-J. Marquet de Vasselot.*

7, 8, 9. — PARIS. — Musée de Cluny. — Statuettes de pleurants provenant des tombeaux des ducs de Bourgogne. Marbre.
Phot. Mon. Historiques.

PL. CX

1. — ANVERS. — Collection Mayer Van Den Bergh. (Ancienne collection Micheli). Statuette de pleurant. Marbre.
Milieu du XVe siècle. *Phot. J.-J. Marquet de Vasselot.*

2. — PARIS. — Musée du Louvre. — Tombeau de Philippe Pot, grand sénéchal de Bourgogne (✝ 1494), exécuté de 1477 à 1483 et placé dans l'abbaye de Cîteaux. Pierre peinte.
Phot. Courajod.

3. — LYON. — Musée archéologique. — Statuette de pleurant. Marbre.
Milieu du XVe siècle. *Phot. Courajod.*

4. — PARIS. — Musée du Louvre. — Pleurant du tombeau de Philippe Pot.
Phot. Courajod.

5. — PAGNY (Côte d'Or). — Chapelle du château. — Tête de la statue funéraire de Jean de Vienne, seigneur de Pagny (✝ 1435).
(Moulage).
Milieu du XVe siècle. *Phot. Courajod.*

6. — PARIS. — Ancienne collection Courajod. — Chevalier en costume de pleurant.
Milieu du XVe siècle. *Phot. Courajod.*

7. — DIJON. — Musée. — Tombe de Jacques Germain (✝ 1424), provenant de l'église des Carmes de Dijon.
1re moitié du XVe siècle. *Phot. Poinssot.*

8. — AUTUN (Saône-et-Loire). — Musée de l'hôtel Rolin. — Saint Jean-Baptiste.
2e moitié du XVe siècle. *Phot. P. Vitry.*

9. — BAUME-LES-MESSIEURS (Jura). — Eglise abbatiale. — Tombeau de l'abbé Amé de Chalon (✝ 1431). Soubassement orné de pleurants.
1re moitié du XVe siècle. *Phot. Courajod.*

10. — PARIS. — Musée du Louvre. — Saint Jean-Baptiste. Bois.
Milieu du XVe siècle. *Phot. Courajod.*

PL. CXI

1. — BAUME-LES-MESSIEURS (Jura). — Eglise abbatiale. — Saint Paul. Statuette.
1re moitié du XVe siècle. *Phot. Courajod.*

2. — ROUVRES (Côte d'Or). — Eglise. — La Vierge entre Saint Jean-Baptiste et Saint Jean-l'Evangéliste. — Statues décorant un retable d'autel.
2e moitié du XVe siècle. *Phot. Mon. Historiques.*

3. — LYON. — Musée archéologique. — Le patriarche Noé. Statuette.
1re moitié du XVe siècle. *Phot. Courajod.*

4. — BESANÇON. — Vierge placée dans le cloître de la cathédrale.
2e moitié du XVe siècle. *Phot. P. Vitry.*

5. — PARIS. — Musée du Louvre. — Vierge provenant de la rue Porte aux lions à Dijon. Pierre peinte.
1re moitié du XVe siècle. *Phot. Martin-Sabon.*

6. — PARIS. — Musée du Louvre. (Ancienne collection Courajod). Vierge provenant de Plombières-lès-Dijon.
Milieu du XVe siècle. *Phot. Courajod.*

7. — SAINT-JEAN-DE-LOSNE (Côte d'Or). — Hôpital. La Vierge et l'enfant.
2e moitié du XVe siècle. *Phot. Ch. Masson.*

8. — PARIS. — Musée de Cluny. — La Vierge et l'enfant.
Milieu du XVe siècle. *Phot. Courajod.*

PL. CXII

1, 2. — TONNERRE (Yonne). — Eglise de l'hôpital. — Saint Sépulcre, exécuté par Jean Michel et Georges de La Sonnette, mis en place en 1454.
Milieu du XVe siècle. *Phot. P. Vitry.*

3 et 5. — FÉCAMP (Seine-Inférieure). — Eglise de la Trinité. — Groupes de personnages en prière, provenant du Jubé (?)
Fin du XVe siècle. *Phot. G. Brière et P. Vitry.*

4. — SEMUR (Côte d'Or). — Eglise Notre-Dame. — Sépulcre.
Fin du XVe siècle. *Phot. P. Vitry.*

6. — TOULOUSE. — Musée des Augustins. — Fragment d'un sépulcre.
Fin du XVe ou commencement du XVIe siècle. *Phot. Courajod.*

7. — LOUVIERS (Eure). — Eglise Notre-Dame. — Sépulcre.
Fin du XVe siècle. *Phot. Mon. Historiques.*

PL. CXIII

1. — TOULOUSE. — Musée des Augustins. — Saint Michel et le démon. Statuette provenant de l'église Saint-Michel de Toulouse. Pierre peinte.
2e moitié du XVe siècle. *Phot. J.-J. Marquet de Vasselot.*

2. — TOULOUSE. — Musée des Augustins. — Tête de soldat gardant le tombeau du Christ.
2e moitié du XVe siècle. *Phot. P. Vitry.*

3. — TOULOUSE. — Musée des Augustins. — La Vierge et l'enfant.
2e moitié du XVe siècle. *Phot. R. Koechlin.*

4. — AIX-EN-PROVENCE. — Cathédrale. — Retable de la Tarasque (Sainte Anne et la Vierge, Saint Maurice et Sainte Marthe).
2e moitié du XVe siècle. *Phot. Mon. Historiques.*

5 à 8. — ALBI (Tarn). — Cathédrale. — Statuettes d'anges et de prophètes décorant la clôture du chœur.
Fin du XVe siècle. *Phot. P. Vitry.*

9. — AVIGNON (Vaucluse). — Eglise Saint-Pierre. — Chaire à prêcher (XVe siècle) décorée de statuettes rapportées, de saints et de prophètes, dont quelques-unes datent du XIVe siècle. *Phot. Mon. Historiques.*

PL. CXIV

1. — BOURGES. — Musée. — Anges provenant du groupe dit de Notre-Dame la Blanche à la Sainte-Chapelle de Bourges. Marbre.
Fin du XIVe siècle. *Phot. Courajod.*

2, 3. — PARIS. — Collection de M. le Marquis de Vogüé. — Statuettes de pleurants ayant orné le soubassement du tombeau du duc de Berry, exécutées par Etienne Bobillet et Paul Mosselmann; travail achevé vers 1457. Marbre.

5 — LISIEUX (Calvados). — Façade d'une maison à pans de bois.
Fin du XVe siècle. *Phot. Mon. Historiques.*

6. — MOZAT (Puy-de-Dôme). — Porte du cloître.
2e moitié du XVe siècle. *Phot. C. Enlart.*

7. — BOURGES. — Ancien Hôtel-de-Ville. — Détail du manteau de la cheminée de la grande salle.
Milieu du XVe siècle. *Phot. Martin-Sabon.*

8. — THIERS (Puy-de-Dôme). — Porte d'une maison.
2e moitié du XVe siècle. *Phot. C. Enlart.*

9. — BEAUVAIS. — Maison de chanoine, rue Philippe-de-Beaumanoir.
2e moitié du XVe siècle. *Phot. Martin-Sabon.*

10. — SAINT-SATURNIN (Puy-de-Dôme). - Fontaine.
Fin du XVe ou début du XVIe siècle. *Phot. C. Enlart.*

11. — CRAZANNES (Charente-Inférieure). — Château. Porte dans la cour intérieure.
2e moitié du XVe siècle. *Phot. P. Vitry.*

PL. CXXIII

1. — GISORS (Eure). — Eglise. — Corniche dans le transept Sud.
Fin du XVe siècle. *Phot. P. Vitry.*

2. — DREUX (Eure-et-Loir). — Ancien Hôtel-de-Ville. — Manteau d'une cheminée.
1er quart du XVIe siècle. *Phot. P. Vitry.*

3. — SAINT-MARC-LA-LANDE (Deux-Sèvres). Eglise. — Portail occidental. — Dais et voussure.
1er quart du XVIe siècle. *Phot. P. Vitry.*

4. — CARPENTRAS (Vaucluse). — Eglise. — Portail occidental.
2e moitié du XVe siècle. *Phot. Mon. Historiques.*

5. — AUCH (Gers). — Cathédrale. — Portail méridional.
1er quart du XVIe siècle. *Phot. C. Enlart.*

6. — SAINTES (Charente-Inférieure). — Musée archéologique. — Crochet de feuillage.
Fin du XVe siècle. *Phot. P. Vitry.*

7. — ROUEN. — Musée départemental d'archéologie. — Chapiteau.
Fin du XVe siècle. *Phot. C. Enlart.*

8. — EVREUX (Eure). — Cathédrale. — Façade Nord. — Détail d'un gâble.
2e moitié du XVe siècle. *Phot. Mon. Historiques.*

9. — PARIS. — Musée du Louvre. — Chapiteau provenant de Saint-Urbain de Troyes.
XIVe siècle. *Phot. Martin-Sabon.*

10. — GAILLON (Eure) — Ancien château. Chapelle basse. — Cul-de-lampe.
Début du XVIe siècle. *Phot. G. Brière.*

PL. CXXIV

1. — VENDOME (Loir-et-Cher). — Eglise de la Trinité. — Façade occidentale.
Fin du XVe siècle. *Phot. Mon. Historiques.*

2. — GUERN (Morbihan). Clocher.
Fin du XVe siècle. *Phot. Mon. Historiques.*

3. — VIENNE (Isère). — Cathédrale. — Portail occidental.
1er quart du XVIe siècle (vers 1515). *Phot. Mon. Historiques.*

4. — NANTES. — Cathédrale. — Portail occidental.
2e moitié du XVe siècle (vers 1480). *Phot. Mon. Historiques.*

PL. CXXV

1. — ROUEN. — Cathédrale. — Façade occidentale. — Tour de droite, dite « Tour de Beurre »; partie haute, élevée sur les dessins de l'architecte Jacques le Roux.
Fin du XVe et début du XVIe siècle (achèvement vers 1505).

2. — ROUEN. - Cathédrale. — Transept nord. — Escalier de la Librairie.
2e moitié du XVe siècle. *Phot. Mon. Historiques.*

3. — ROUEN. — Eglise Saint-Maclou. — Escalier de l'orgue.
1er quart du XVIe siècle (vers 1519). *Phot. Mon. Historiques.*

4. — ROUEN. — Cathédrale. — Façade occidentale. — Portail central et rose, construits sur les dessins des architectes Jacques et Roulland le Roux. Commencement du XVIe siècle (début vers 1507-1510). *Phot. Mon. Historiques.*

5. — ARGENTAN (Orne). — Eglise Saint-Germain. — Porche latéral.
2e moitié du XVe siècle. *Phot. Mon. Historiques.*

6. — ALENÇON (Orne). — Eglise Notre-Dame. — Gâble du porche occidental.
2e moitié du XVe siècle. *Phot. Mon. Historiques.*

PL. CXXVI

1. — ROUEN. — Musée départemental d'archéologie. — Clef de voûte.
Fin du XVe ou début du XVIe siècle. *Phot. C. Enlart.*

2, 3 et 6. — PROVINS (Seine-et-Marne). — Eglise Sainte-Croix. — Chapiteaux du bas-côté nord.
1er quart du XVIe siècle. *Phot. Martin-Sabon.*

4. — SENS (Yonne). — Cathédrale. — Transept méridional, élevé sur les dessins de l'architecte Martin Chambiges.
Fin du XVe siècle, (début en 1490). *Phot. Mon. Historiques.*

5. — RUE (Somme). — Chapelle du Saint-Esprit. — Nervures et clefs de voûte.
1er quart du XVIe siècle. *Phot. Martin-Sabon.*

7. — ARCUEIL (Seine). — Eglise. — Chapiteau du bas-côté nord.
Début du XVIe siècle. *Phot. Martin-Sabon.*

PL. CXXVII

1. — TROYES. — Cathédrale. — Transept septentrional. — L'architecture et la décoration de la galerie sont du XIVe siècle, le gâble et les balustrades du XVe (vers 1462-68).
Phot. Mon. Historiques.

2. — AVIOTH (Meuse). - Chapelle des Morts.
XVe siècle. *Phot. C. Enlart.*

3. — SAINT-ANDRÉ-LES-TROYES (Aube). — Eglise. Portail méridional.
1er quart du XVIe siècle. *Phot. Mon. Historiques.*

4. — GRENOBLE. — Cathédrale. — Chœur. — Tabernacle.
2e moitié du XVe siècle. *Phot. C. Enlart.*

5. — CHAUMONT (Haute-Marne). — Eglise Saint-Jean-Baptiste. — Transept méridional. — Escalier et galerie.
1er quart du XVIe siècle. *Phot. Mon. Historiques.*

PL. CXXVIII

1. — BOURGES. — Cathédrale. — Façade occidentale. — Gâble de la porte à l'extrémité gauche du portail.
Début du XVIe siècle. *Phot. Martin-Sabon.*

2. — PONT-A-MOUSSON (Meurthe-et-Moselle). — Eglise Saint-Martin. — Ancien jubé servant de tribune d'orgue.
Début du XVIe siècle. *Phot. C. Enlart.*

3. SAINT-WANDRILLE (Seine-Inférieure). — Cloître de l'ancienne abbaye. — Porte du refectoire.
Début du XVIe siècle. *Phot. C. Enlart.*

4. — BEAUVAIS. — Cathédrale. — Portail septentrional, achevé en 1537 par l'architecte Martin Chambiges.
1er moitié du XVIe siècle. *Phot. Mon. Historiques.*

5. — ABBEVILLE (Somme). — Eglise Saint Wulfran. — Portail occidental.
Début du XVIe siècle. *Phot. Mon. Historiques.*

6. RUE (Somme). - Chapelle du Saint-Esprit. — Crochet de feuillage.
Début du XVIe siècle. *Phot. Martin-Sabon.*

7. — ROUEN. — Cathédrale. — Clôture d'une chapelle du déambulatoire.
2e moitié du XVe siècle. *Phot. C. Enlart.*

PL. CXXIX

1. — SAINT-RIQUIER (Somme). — Eglise abbatiale. - Portail occidental. — Porte centrale. — Au tympan : arbre de Jessé; au dessus, statues des apôtres.
1er moitié du XVIe siècle. *Phot. Martin-Sabon.*

2 à 5. — RUE (Somme). — Chapelle du Saint-Esprit.

2, 3 et 5. Décorations intérieures.
4. Portail septentrional. — Tympan.
Début du XVIe siècle. *Phot. Martin-Sabon.*

PL. CXXX

1. — GISORS (Eure). — Eglise. — Portail septentrional.
Fin du XVe et début du XVIe siècle. *Phot. Mon. Historiques.*

2. — SAINT-RIQUIER (Somme). — Eglise abbatiale. - Transept méridional. Saint Antoine, Saint Sébastien et Saint Roch.
1er moitié du XVIe siècle. *Phot. Mon. Historiques.*

3. — AIX-EN-PROVENCE. - Cathédrale. — Portail occidental. — Portes exécutées par Jean Guiramand, de 1508 à 1510. Bois.
Phot. Mon. Historiques.

4. — LE FAOUET (Morbihan). — Chapelle Saint-Fiacre. — Jubé.
Bois.
Début du XVIe siècle. *Phot. Mon. Historiques.*

5. — VERRIÈRES (Aube). Eglise. — Portail occidental.
1er quart du XVIe siècle. *Phot. Mon. Historiques.*

6. — TONQUÉDEC (Côtes-du-Nord). — Chapelle de Kerfons. — Jubé.
Bois.
1er moitié du XVIe siècle. *Phot. Mon. Historiques.*

PL. CXXXI

1. — BEAUVAIS. — Cathédrale. — Portail septentrional. — Portes. Bois.
Début du XVIe siècle. *Phot. P. Vitry.*

2, 3. — LA CHAISE-DIEU (Haute-Loire). — Église — Stalles du chœur. Bois.
Fin du XIVe ou début du XVe siècle. *Phot. P. Vitry.*

6. — SAINT-DENIS. — Église abbatiale. — Stalle provenant de la chapelle du château de Gaillon. Bois.
Début du XVIe siècle. *Phot. Mon. Historiques.*

7. — EVREUX. — Cathédrale. — Clôture d'une chapelle du chœur. Bois.
Début du XVIe siècle. *Phot. Mon. Historiques.*

4, 5, 8, 9. — AMIENS. — Cathédrale. — Stalles du chœur, exécutées de 1508 à 1522 par Antoine Avernier, Jehan Trupin, Arnould Boulin et Alexandre Huet. Bois.
4, 5. Miséricordes. — Le sacrifice d'Abraham. (Moulages).
8. Joudes terminales.
9. Dossiers et couronnement.
1er quart du XVIe siècle. *Phot. Mon. Historiques.*

PL. CXXXII

1 à 13. — VENDOME (Loir-et-Cher). — Église de la Trinité. — Stalles du chœur. — Miséricordes et joudes terminales. Bois.
Fin du XVe siècle. *Phot. Martin-Sabon*

PL. CXXXIII

1, 4. — GASSICOURT (Seine-et-Oise). — Église. — Stalles du chœur. Bois.

3, 5, 6, 8, 9. — PRESLES (Seine-et-Oise). — Église. — Stalles du chœur. Bois.

7, 10. — SAINT-SULPICE DE FAVIERES (Seine-et-Oise). Église. — Stalles du chœur. Bois.

2, 11, 12, 13. — CHAMPEAUX (Seine-et-Marne). — Église. — Stalles du chœur exécutées en 1522 par Richard Falaise. Bois.
1er quart du XVIe siècle. *Phot. Martin-Sabon.*

PL. CXXXIV

1 à 5. — SOLESMES (Sarthe). — Église abbatiale. — Transept méridional. — Sépulcre du Christ (vers 1496).
1. Détail de la frise.
3. Ensemble du monument.
4. Une sainte femme. (Moulage).
5. Groupe de la Mise au tombeau. *Phot. de la Tremblaye.*
2. Statue de Saint Pierre.
Fin du XVe siècle. *Phot. P. Vitry.*

PL. CXXXV

1 à 8. — NANTES. — Cathédrale. — Tombeau de François II de Bretagne et de Marguerite de Foix, sa seconde femme, placé à l'origine dans l'église des Carmes, exécuté de 1502 à 1507, par Michel Colombe et son atelier, sur les dessins de Jean Perréal.
1. Statue de la Prudence.
2. Détail d'un gisant avec les trois angelots.
3. Statue de la Tempérance. (Moulage).
4. Statue de la Force (détail).
5. Ensemble du tombeau.
6. Statue de la Justice (détail).
7, 8. Apôtres du soubassement. Marbres.
Phot. P. Vitry.

9. — PARIS. — Musée du Louvre. — Saint-Georges combattant le dragon. — Bas relief provenant de la chapelle du château de Gaillon, exécuté par Michel Colombe en 1508. Marbre.
Phot. P. Vitry.

PL. CXXXVI

1. PARIS. — Musée du Louvre. — Vierge provenant d'Olivet. École de Michel Colombe. Marbre.
1er quart du XVIe siècle. *Phot. P. Vitry.*

2. — MESLAND (Loir-et-Cher). — Église — Vierge, statuette. École de Michel Colombe. Marbre.
1er quart du XVIe siècle. *Phot. P. Vitry.*

3. — PARIS. — Musée du Louvre. — Vierge provenant du château d'Écouen. — École de Michel Colombe. Marbre.
1er quart du XVIe siècle. *Phot. P. Vitry.*

4. — MALICORNE (Sarthe). — Église — Statue funéraire d'un sire de Chaources.
Fin du XVe siècle. *Phot. P. Vitry.*

5, 6. — PARIS. — Musée du Louvre. — Statue tombale de Roberte Legendre († 1520), femme de Louis de Poncher, provenant de l'église Saint-Germain l'Auxerrois à Paris; tombeau exécuté à Tours vers 1525, par Guillaume Regnault et Guillaume Chaleveau. Marbre.
1er quart du XVIe siècle. *Phot. P. Vitry.*

PL. CXXXVII

1. AUTUN (Saône-et-Loire). — Musée de l'hôtel Rolin. — Vierge (Ancienne collection Bulliot).
Fin du XVe siècle. *Phot. P. Vitry.*

2, 3. — PARIS. — Musée du Louvre. — Statues provenant du château de Chantelle (Allier), exécutées pour Anne de Beaujeu et attribuées à Jean de Chartres.
2. Sainte Anne.
3. Sainte Suzanne (Détail).
Début du XVIe siècle. *Phot. P. Vitry.*

4. — MOULINS (Allier). — Musée. — Vierge. Statuette.
Fin du XVe siècle. *Phot. R. Koechlin.*

5. — L'HOPITAL-SOUS-ROCHEFORT (Loire). — Vierge. Bois.
Fin du XVe siècle. *Phot. P. Vitry.*

6. — SOUVIGNY (Allier). — Église. — Sainte Madeleine. Statuette.
Fin du XVe siècle. *Phot. R. Koechlin.*

7. — SENS. — Cathédrale. — Statue de la Vierge faisant partie de la décoration du tombeau de Jean de Salazar.
1er quart du XVIe siècle. *Phot. P. Vitry.*

8, 9. — SAINT-GALMIER (Loire). — Église. — Vierge du pilier.
8 (Moulage). *Phot. Thiollier.*
1er quart du XVIe siècle. 9. *Phot. Brassart.*

10. — MOULINS. — Musée. — Vierge. Statuette. Marbre.
1re moitié du XVIe siècle. *Phot. R. Koechlin.*

PL. CXXXVIII

1. — BRIENNE-LA-VIEILLE (Aube) — Église. — Vierge.
1er tiers du XVIe siècle.

2. — TROYES. — Église Saint-Nicolas. — Donateur et saints.
1er tiers du XVIe siècle.

3. — TROYES. — Musée. — Vierge.
1er tiers du XVIe siècle.

4. — VILLENEUVE-L'ARCHEVÊQUE (Yonne). Église.
Sépulcre provenant de l'abbaye de Vauluisant, où il avait été placé en 1528.
1er tiers du XVIe siècle.

5. — TROYES. — Église de la Madeleine. — Sainte Marthe.
1er tiers du XVIe siècle. Pierre peinte.

6. — BAYEL (Aube). — Église. — Vierge de Pitié. Pierre peinte.
1er tiers du XVIe siècle.

7. — TROYES. — Église Saint-Urbain. — Vierge.
1er tiers du XVIe siècle. Pierre jadis peinte.

8. — TROYES. — Église Saint-Jean. — La Visitation.
1er tiers du XVIe siècle (vers 1520). Pierre peinte.

9. — PARIS. — Collection L. Goldschmidt. — Sainte Anne (les mains sont une restauration). Statue acquise par le Musée du Louvre en 1904.
1er tiers du XVIe siècle. *Phot. R. Koechlin.*

PL. CXXXIX

1. — GREZ-SUR-LOING (Seine-et-Marne). Église. — Vierge.
1er quart du XVIe siècle. *Phot. Martin-Sabon.*

2. — PARIS. — Musée du Louvre. — La nativité du Christ entre Saint Jean-Baptiste et Saint Jean-l'Évangéliste. — Bas-relief provenant de la Cathédrale de Chartres, attribué à Jean Soulas.
1re moitié du XVIe siècle. *Phot. Courajod.*

3. — SISSY (Aisne). — Église. — Portail. — Vierge.
1er quart du XVIe siècle. *Phot. P. Vitry.*

4. — ROUEN. — Cathédrale. — Tombeau des cardinaux d'Amboise. — Détail du soubassement. La Prudence et la Force. — Atelier de Pierre des Aubeaulx. Marbre.
1re moitié du XVIe siècle (vers 1525). *Phot. P. Vitry.*

5 et 7. — VERNEUIL (Eure). — Église Notre-Dame. — Croisée du transept.
5. Saint Christophe.
7. Saint Denis.
1er quart du XVIe siècle. *Phot. P. Vitry.*

6. — EU (Seine Inférieure). — Église. — Mise au tombeau.
1er quart du XVIe siècle. *Phot. G. Brière.*

8. — CHARTRES. — Musée. — Statuette. — École de Jean Soulas.
1re moitié du XVIe siècle. *Phot. R. Koechlin.*

9. — PROVINS (Seine-et-Marne). — Hospice. — Fragment de retable. — Donatrice agenouillée devant la Vierge.
1re moitié du XVIe siècle. *Phot. Martin-Sabon.*

10. — PROVINS (Seine-et-Marne). — Église Saint-Ayoul. — Sainte Cécile. Marbre.
2e quart du XVIe siècle. *Phot. Martin-Sabon.*

PL. CXL

1. — TROYES. — Église de la Madeleine.
Jubé exécuté par Jean Guilde aidé de Nicolas Haslin et Simon Maurov, de 1508 à 1517. Face regardant le chœur.
Phot. Mon. Historiques.

2 à 5. — BOURG (Ain). — Église de Brou, élevée et décorée de 1513 à 1532 sous la direction de Louis Van Boghem.
2. Portail occidental.
3. Jubé.
5. Tombeau de Marguerite d'Autriche.
Phot. Mon. Historiques.
4. Tombeau de Marguerite de Bourbon.
Phot. C. Enlart.

INDEX DES NOMS DE LIEUX

Les chiffres renvoient aux numéros des planches.

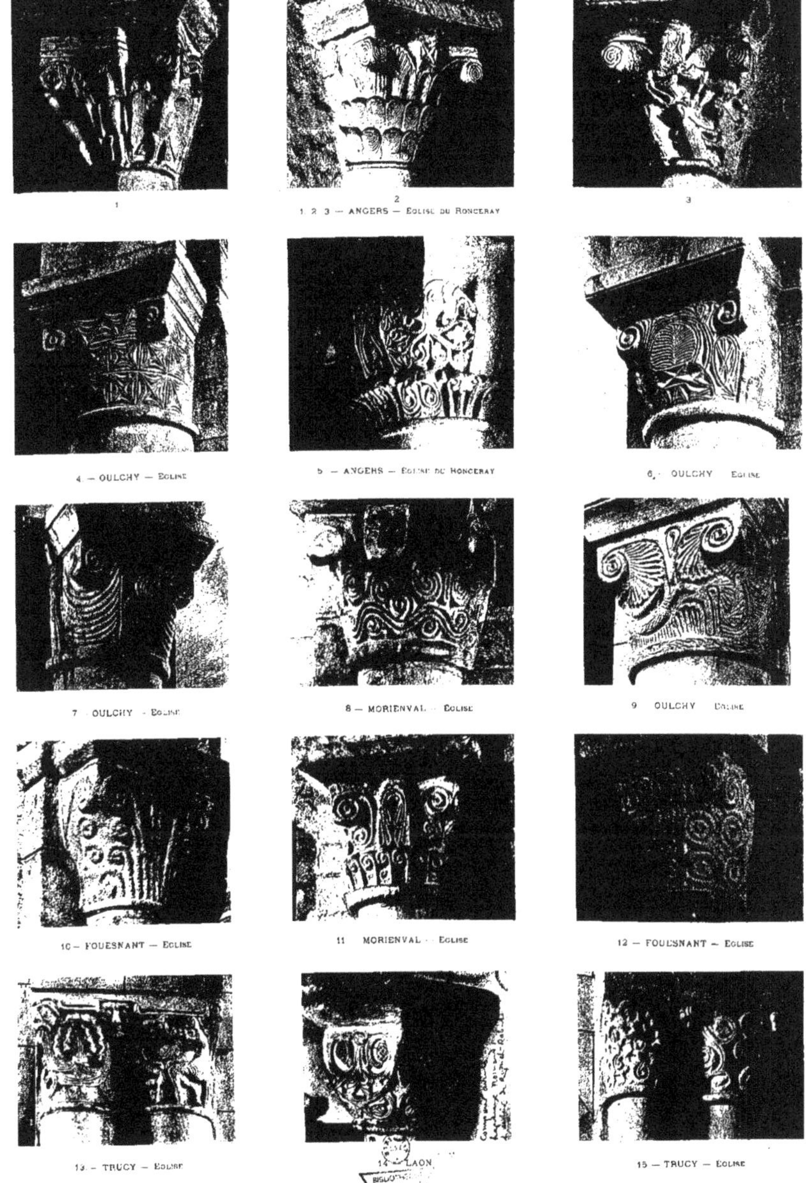

1

1. 2. 3 — ANGERS — Église du Ronceray

2

3

4 — OULCHY — Église

5 — ANGERS — Église du Ronceray

6. — OULCHY — Église

7 — OULCHY — Église

8 — MORIENVAL — Église

9 — OULCHY — Église

10 — FOUESNANT — Église

11 — MORIENVAL — Église

12 — FOUESNANT — Église

13 — TRUCY — Église

14 — LAON

15 — TRUCY — Église

Imp. Phot. D.A. LONGUET

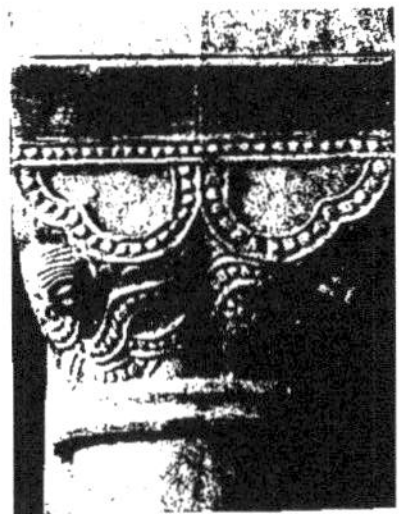

1 — VÉZELAY — Église

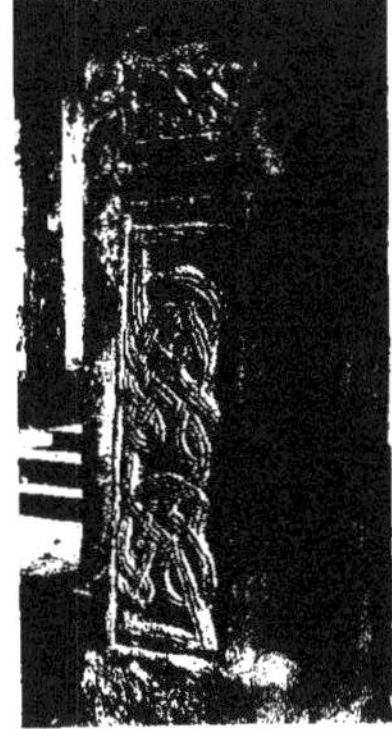

3 — CRAVANT — Église

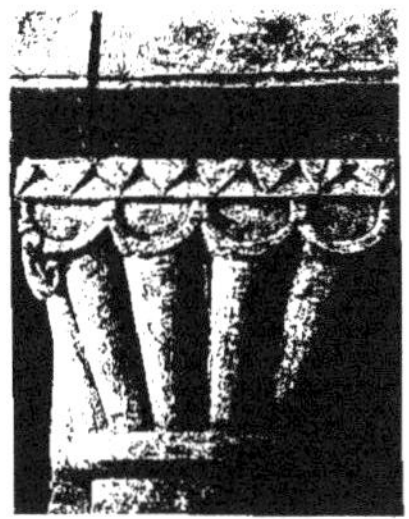

2 — VÉZELAY — Église

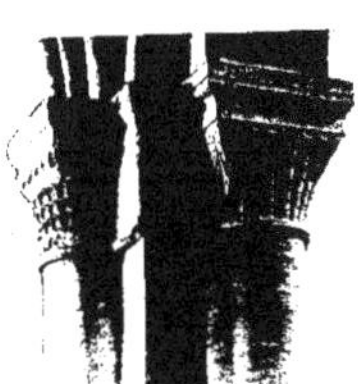

4 — GOURNAY — Église

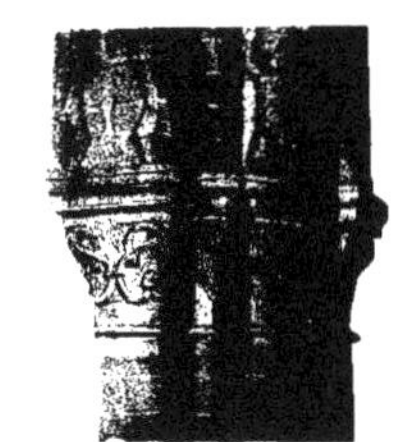

7 — BURY — Église

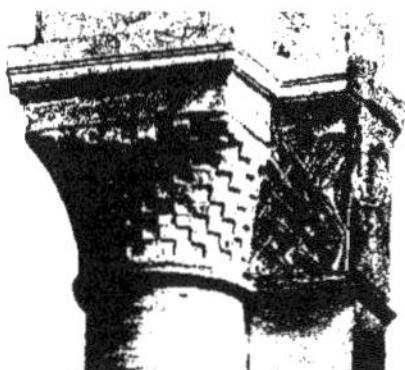

5 — GOURNAY — Église

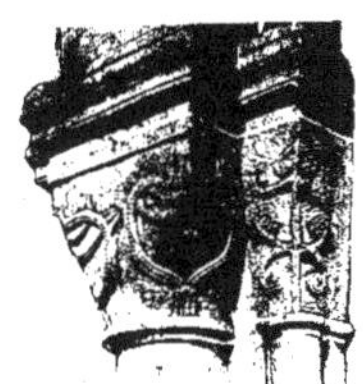

6 — BURY — Église

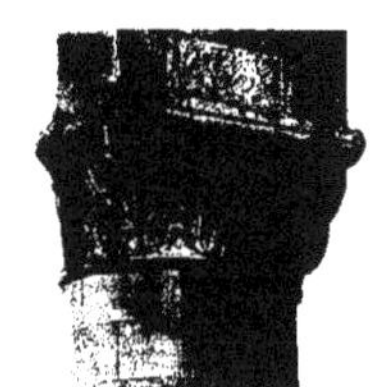

8 — GOURNAY — Église

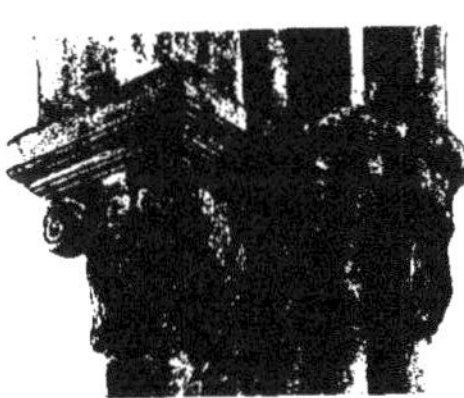

9 — CORMEILLES-EN-VEXIN — Église

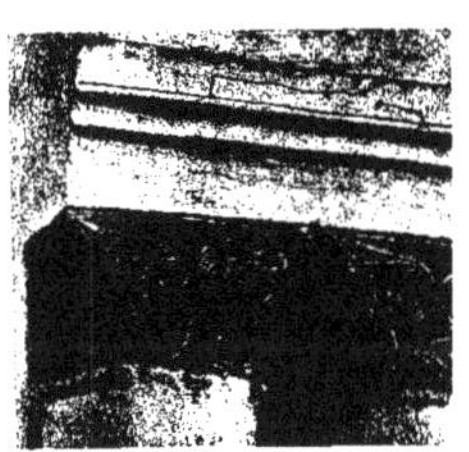

10 — CHIVY — Église

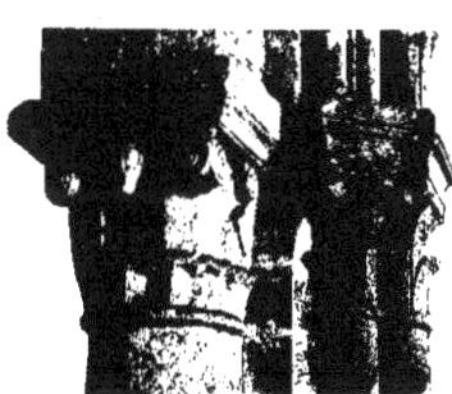

11 — CORMEILLES-EN-VEXIN — Église

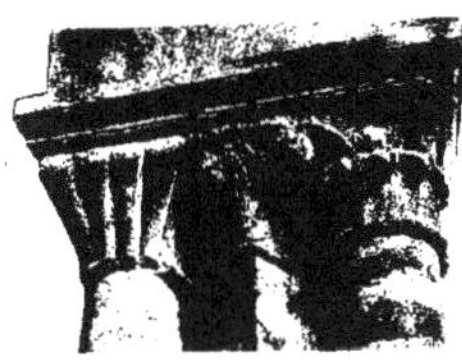

12 — CRÉTEIL — Église

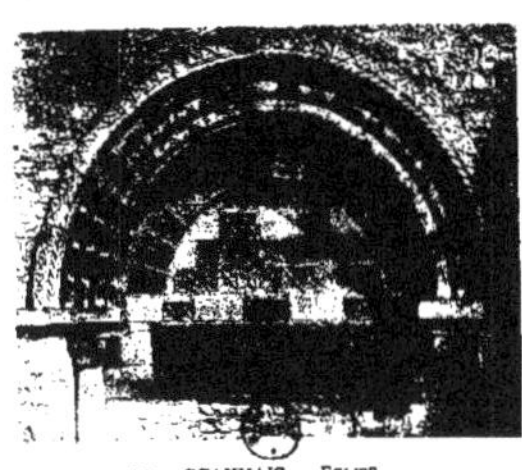

14 — BEAUMAIS — Église

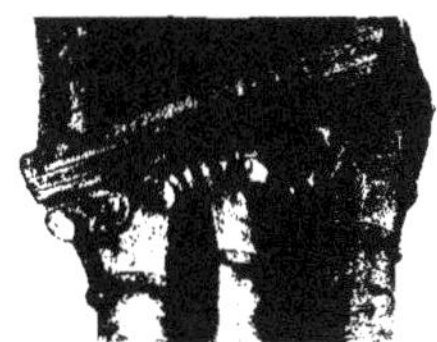

13 — CRÉTEIL — Église

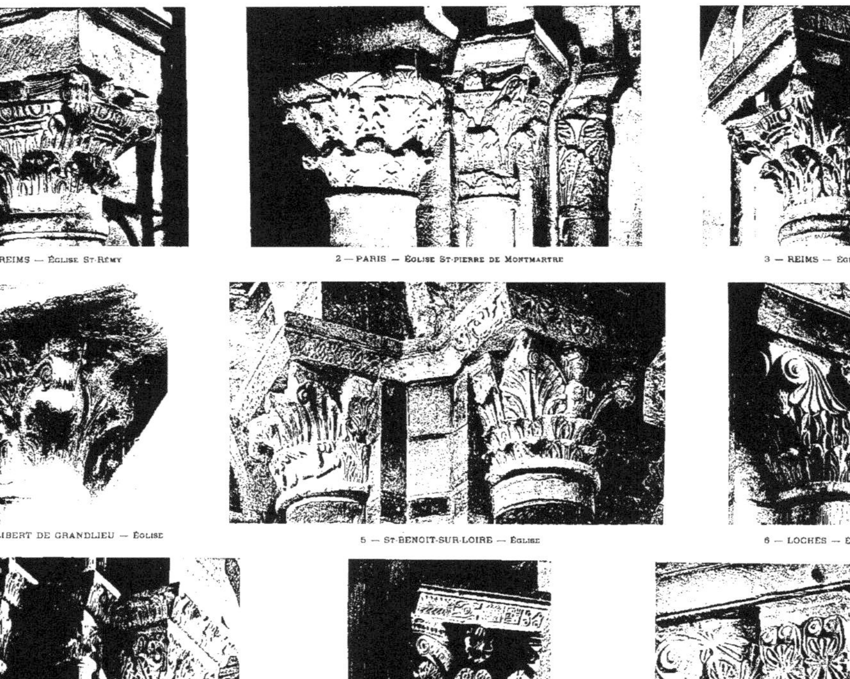

1 — REIMS — Église St-Rémy

2 — PARIS — Église St-Pierre de Montmartre

3 — REIMS — Église St-Rémy

4 — St-PHILIBERT DE GRANDLIEU — Église

5 — St-BENOIT-SUR-LOIRE — Église

6 — LOCHES — Église St-Ours

7 — LANGRES — Cathédrale

8 — St-PIERRE-LE-MOUTIER (Nièvre) — Église

9 — CAEN — Église St-Etienne

Imp. Phot. D.A. LONGUET

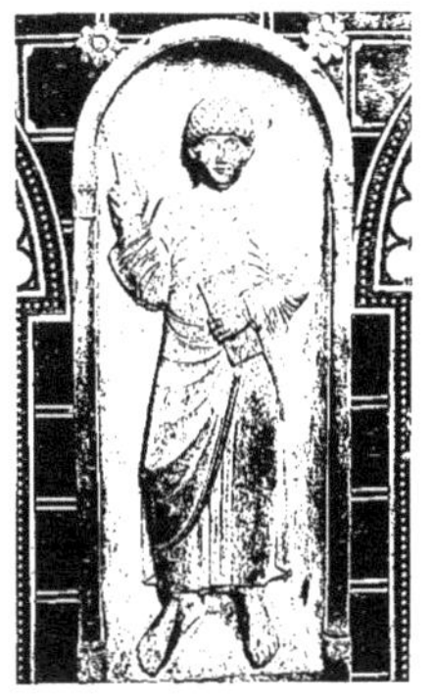
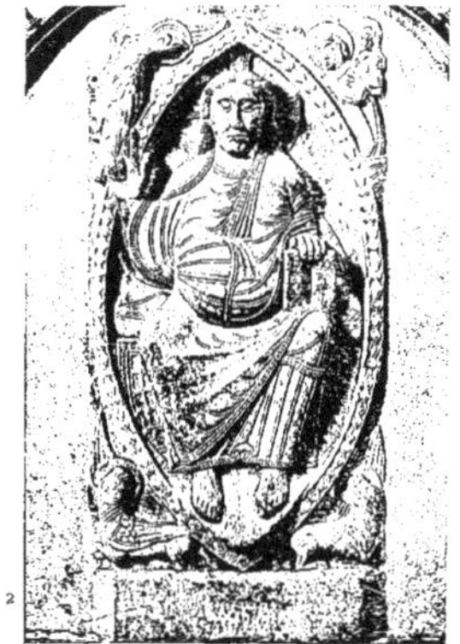
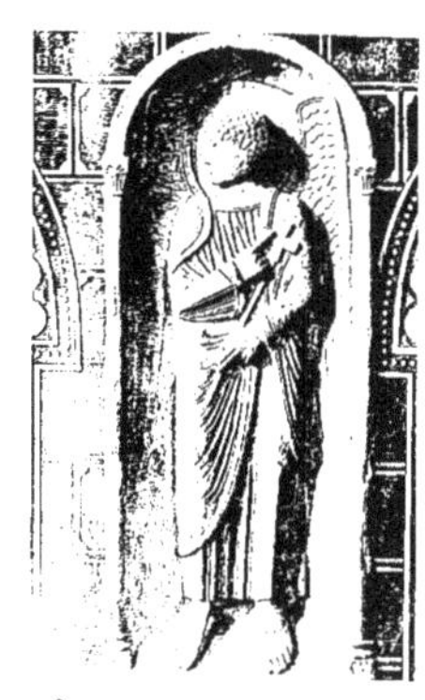

1, 2, 3 — TOULOUSE — Église St-Sernin

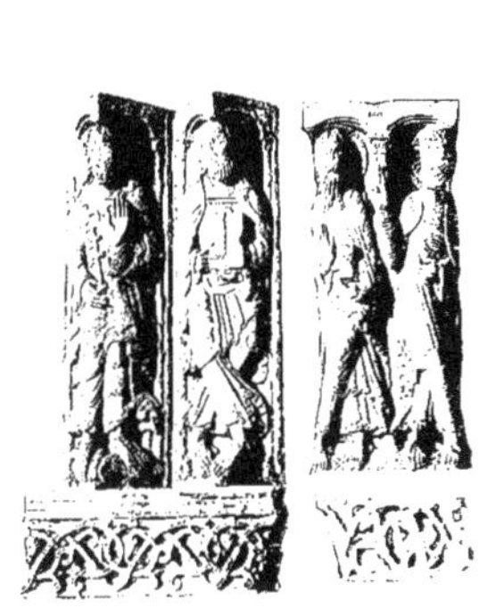
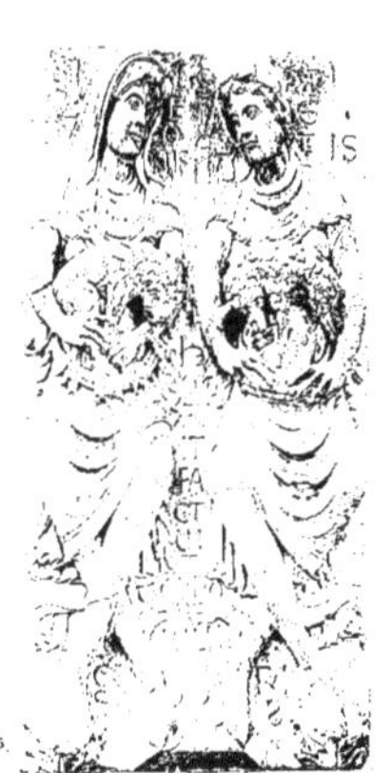
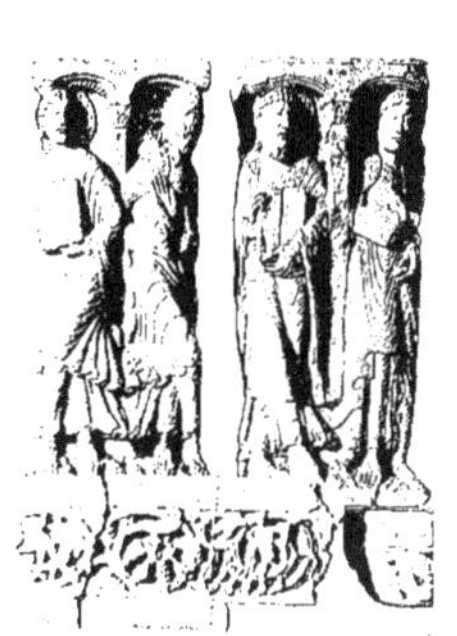

4, 5, 6 — TOULOUSE — Musée des Augustins

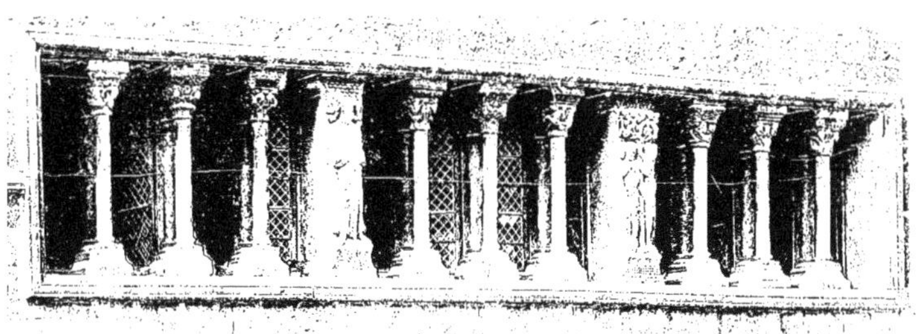

7 — SAINT-ANTONIN — Hôtel de Ville

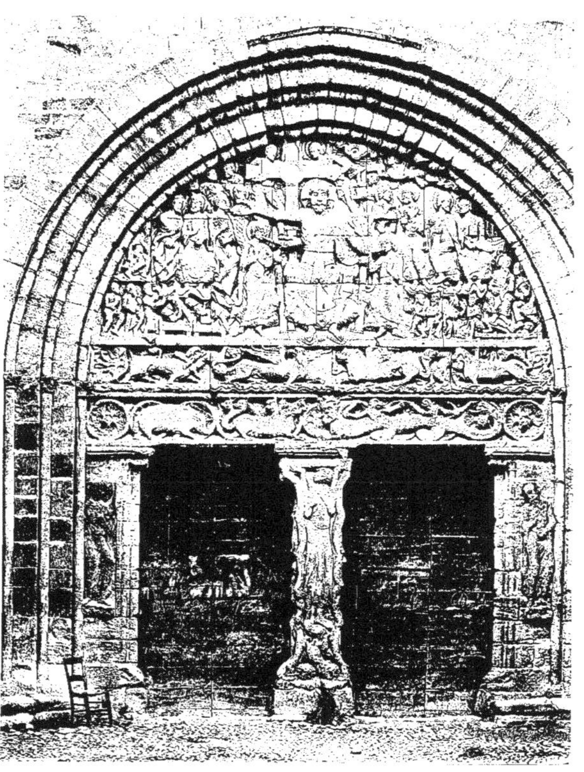

1 — MOISSAC - Eglise St-Pierre

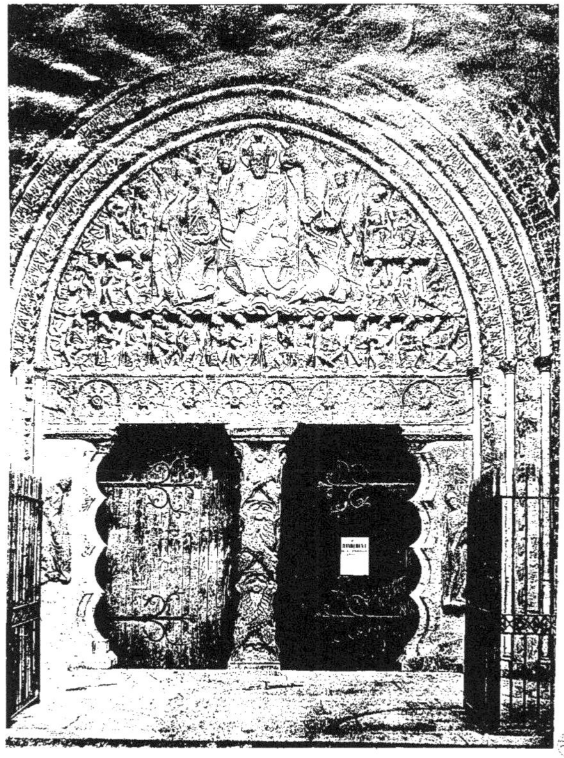

2 — BEAULIEU (Corrèze) — Eglise

Imp. Phot. D.A. LONGUET

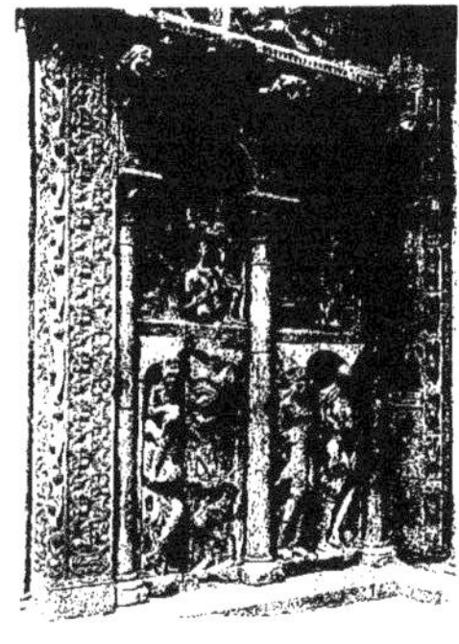

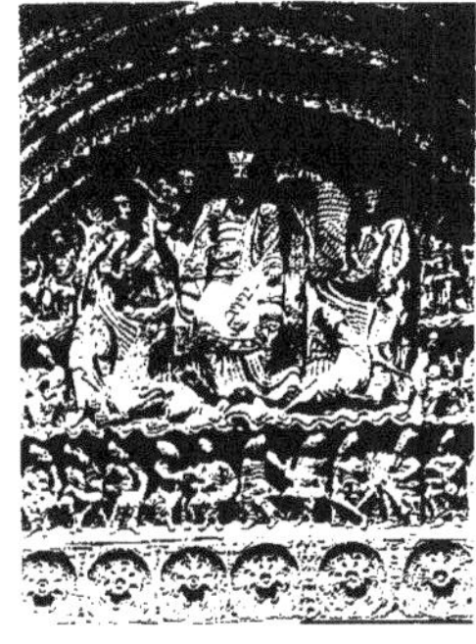

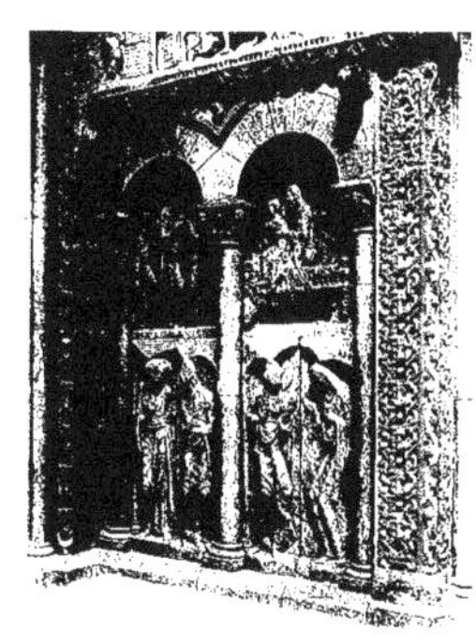

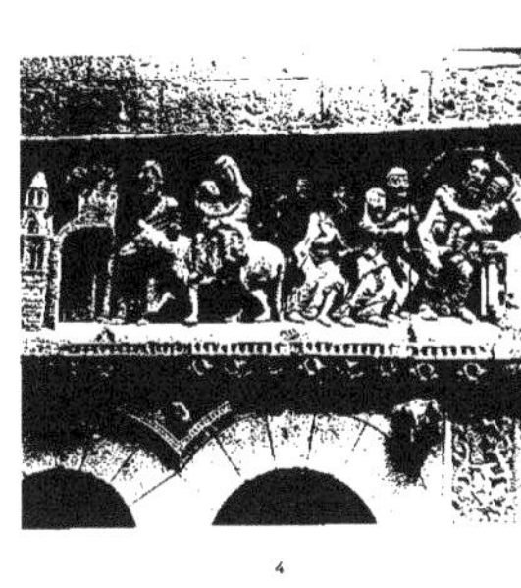

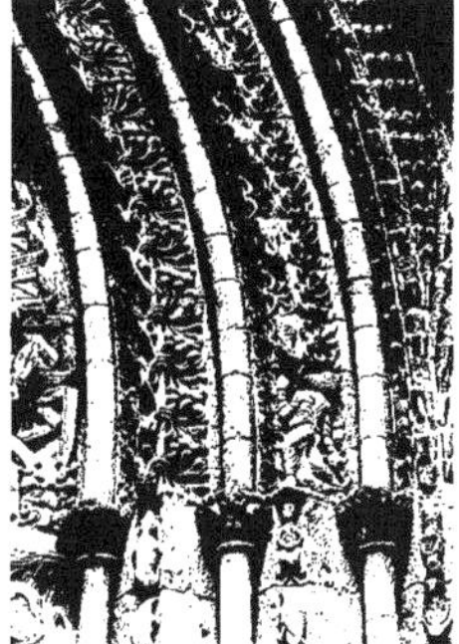

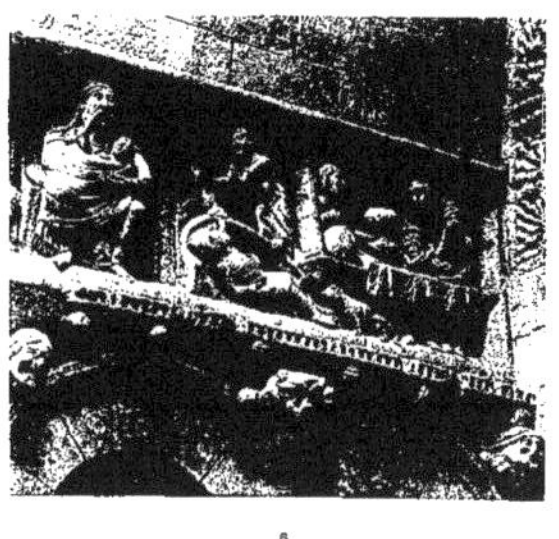

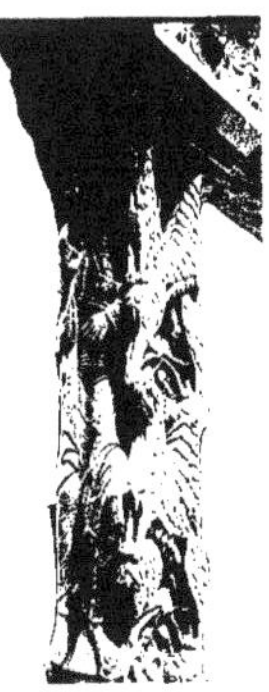

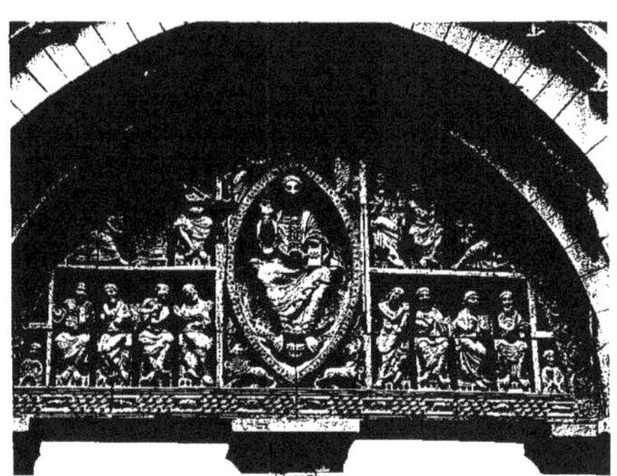

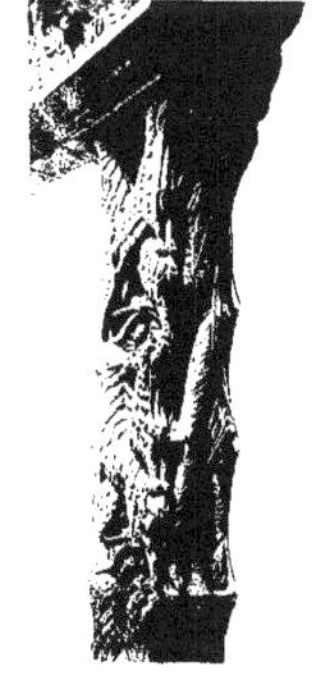

8 — CARENNAC — Église — Portail *Moulage*

1, 2, 3, 4, 5, 6, 7, 9 — MOISSAC — Église Saint-Pierre
Portail principal — Détails   *Moulage*

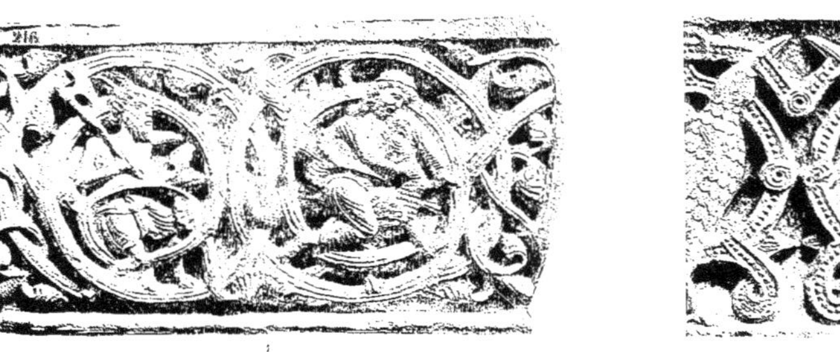
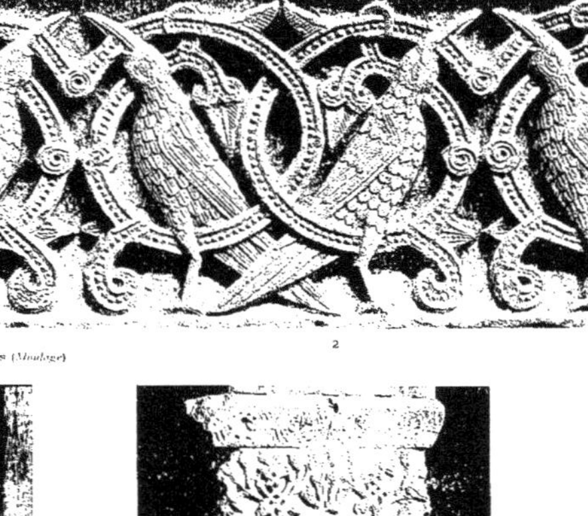

1 2 - TOULOUSE — MUSÉE DES AUGUSTINS (Moulage)

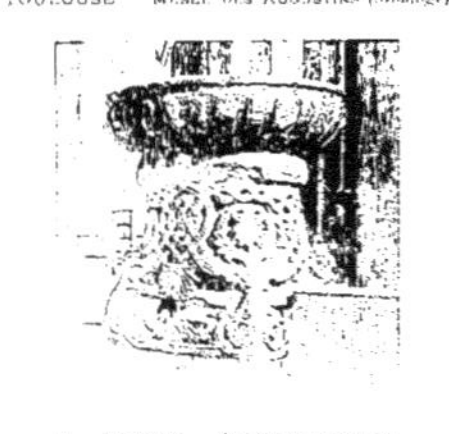
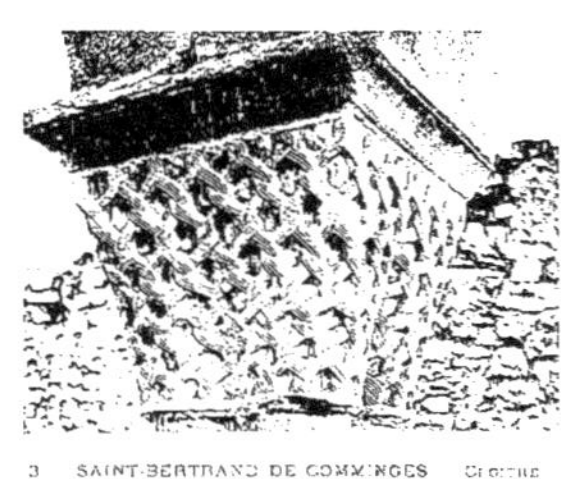
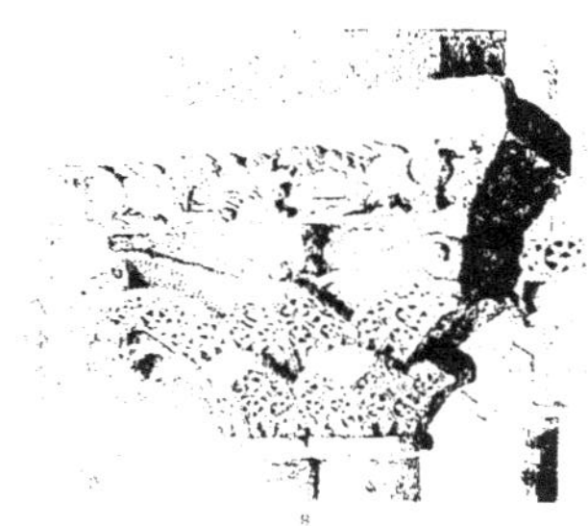

3 - SAINT-BERTRAND DE COMMINGES — Cloître

4 — FIGEAC — Église St Sauveur

5 - SAINT-BERTRAND DE COMMINGES — Cloître

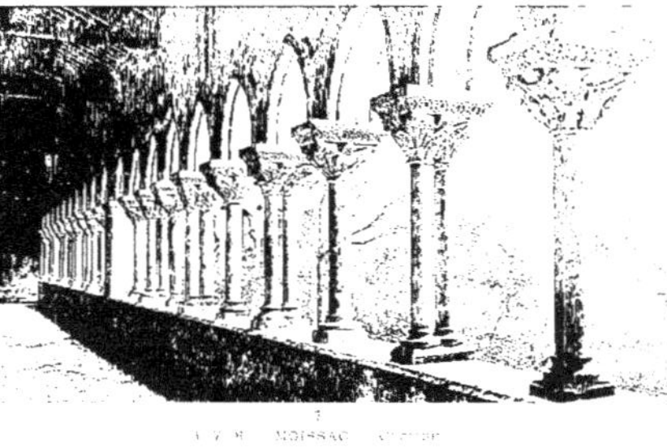
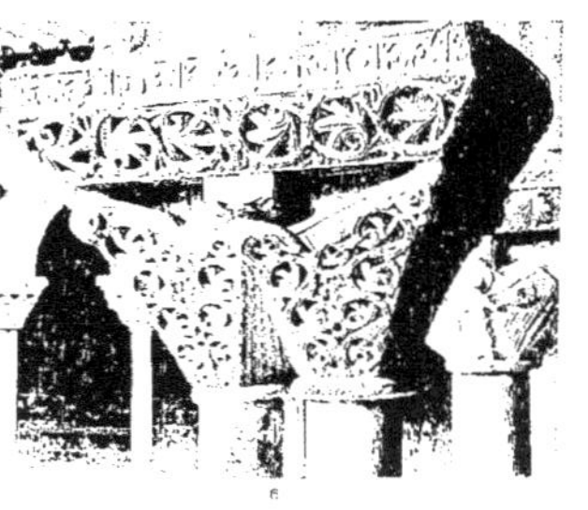

6 . 7 . 8 - MOISSAC — Cloître

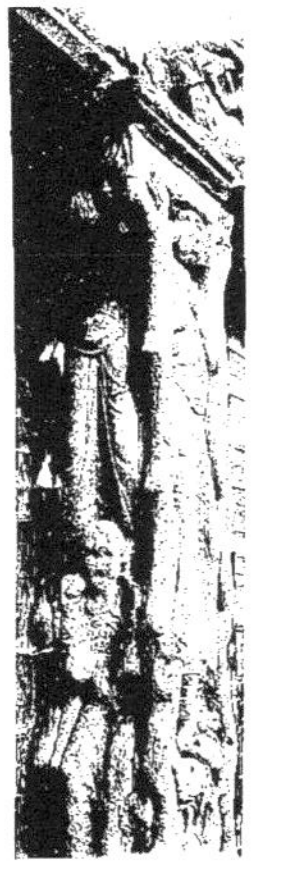

1 — CONQUES — Église — Portail occidental

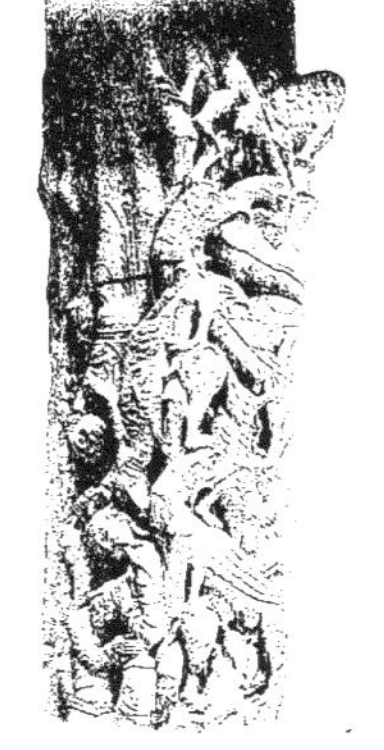

5 — BEAULIEU (Corrèze) — Église
Portail méridional

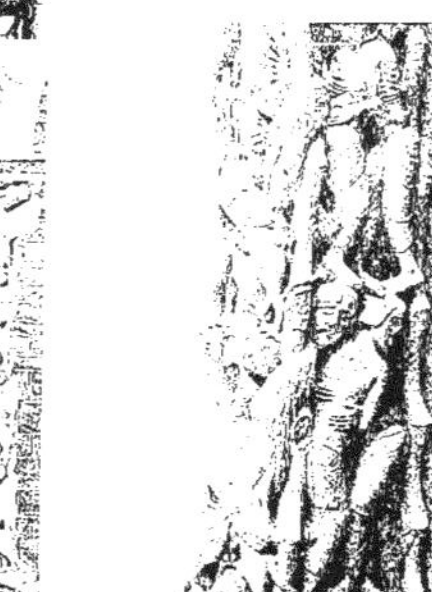

3 — SOUILLAC — Église (Moulage)

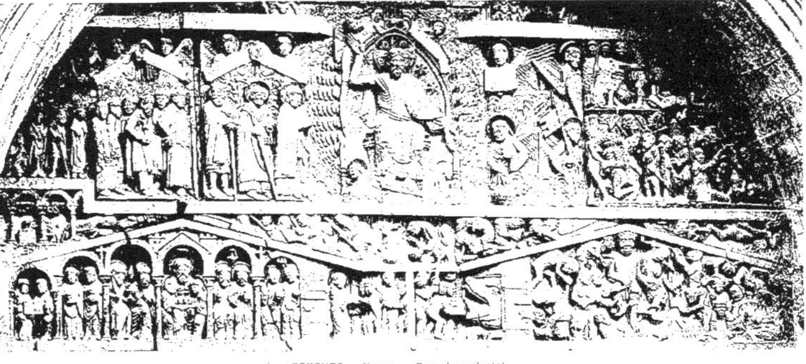

2 — SOUILLAC — Église

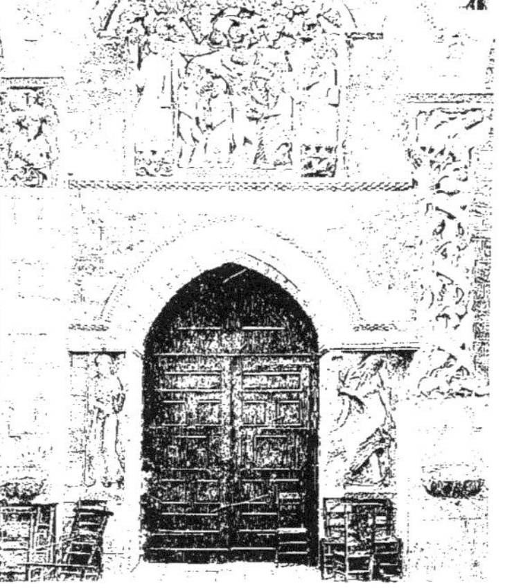

4 — SOUILLAC — Église (Moulage)

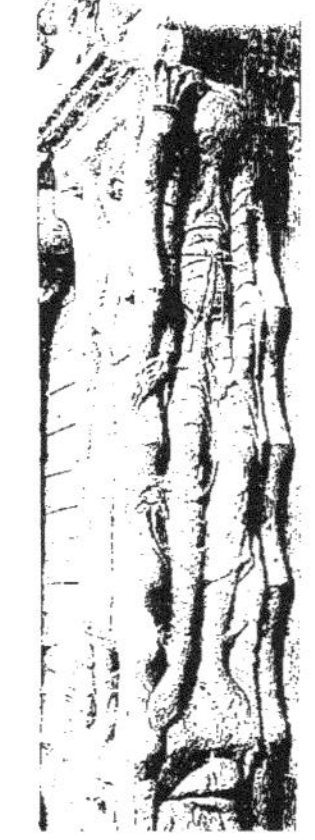

6 — BEAULIEU (Corrèze) — Église
Portail méridional

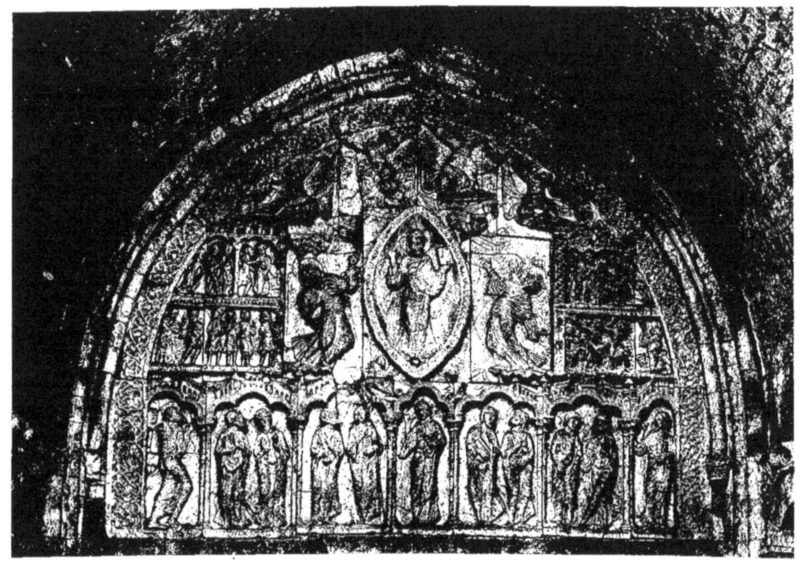

1 — CAHORS — CATHÉDRALE — Porche septentrional

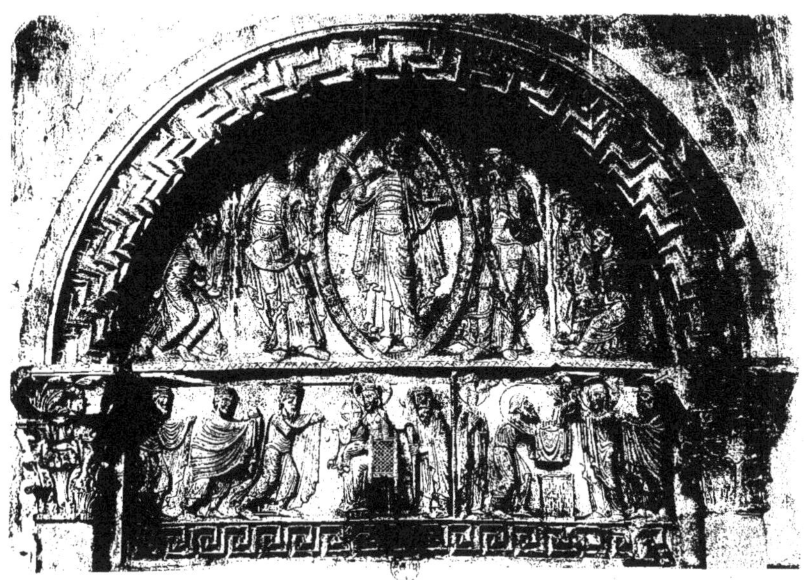

2 — LA CHARITÉ-SUR-LOIRE — ÉGLISE

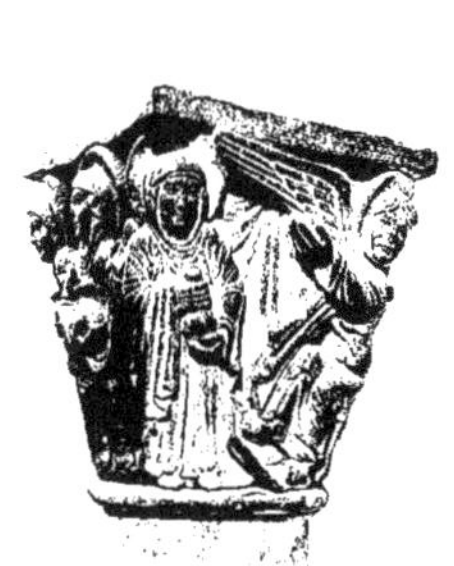

1 — MOZAT — Église

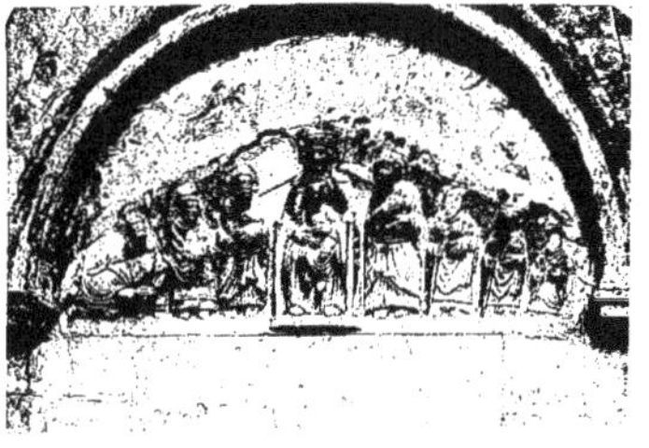

2 — MOZAT — Église — Portail occidental

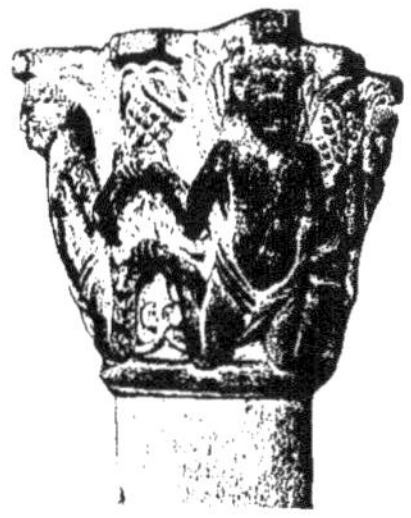

3 — MOZAT — Église

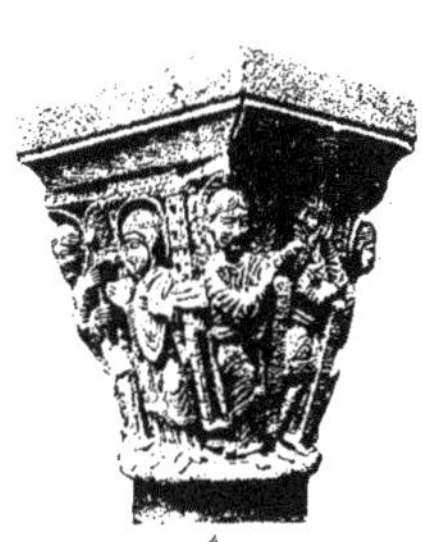

4
(Moulage)

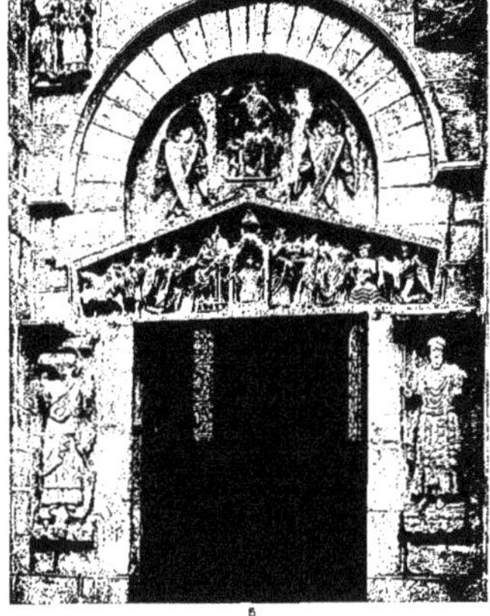

5

4.5.6 — CLERMONT-FERRAND — Église Notre-Dame du Port — Façade méridionale

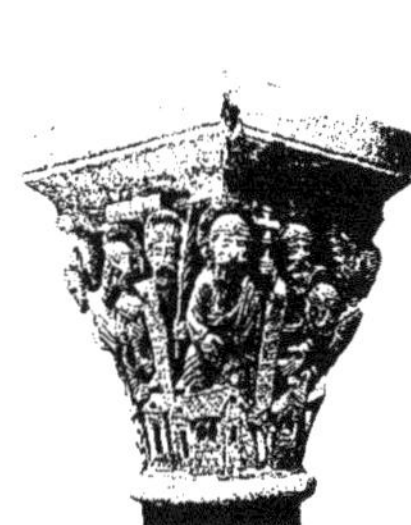

6
(Moulage)

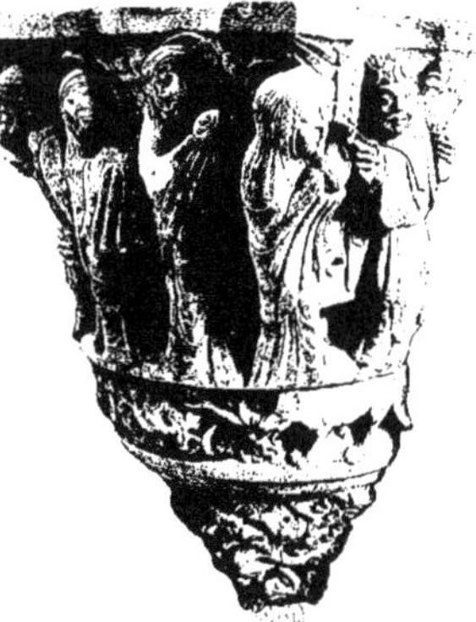

7 — SAINT-NECTAIRE — Église (Moulage)

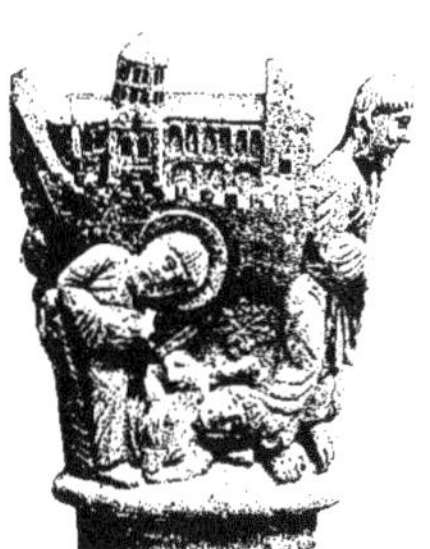

9 — SAINT-NECTAIRE — Église (Moulage)

8 — DREUX — Église St-Pierre

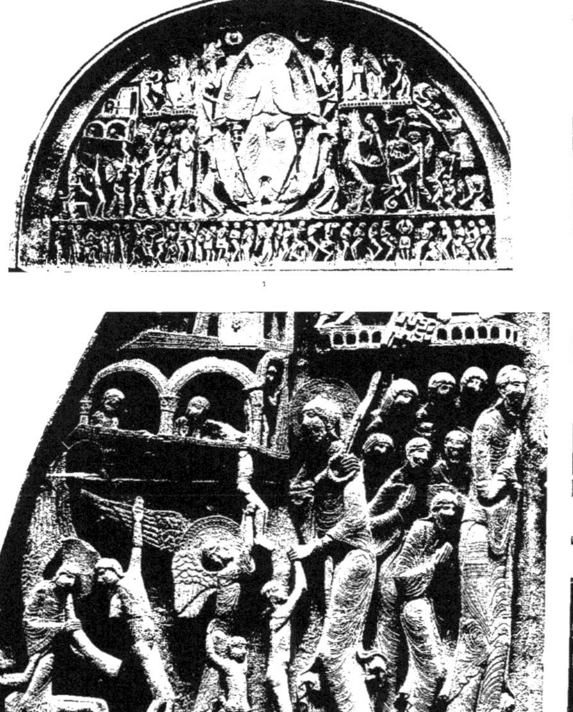
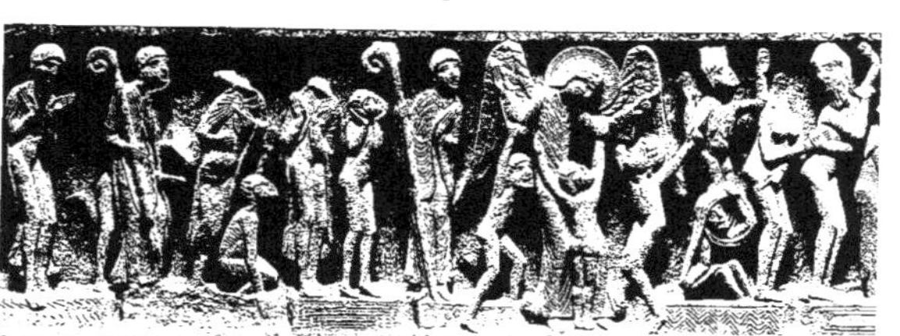

AUTUN — CATHÉDRALE — Porche occidental
Tympan de la porte centrale (Moulage)

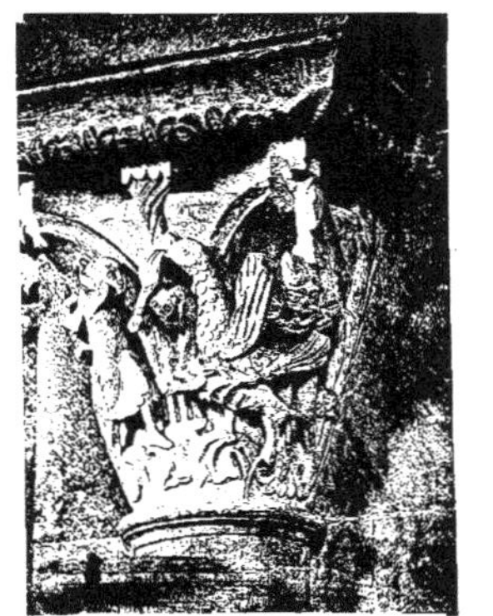

1

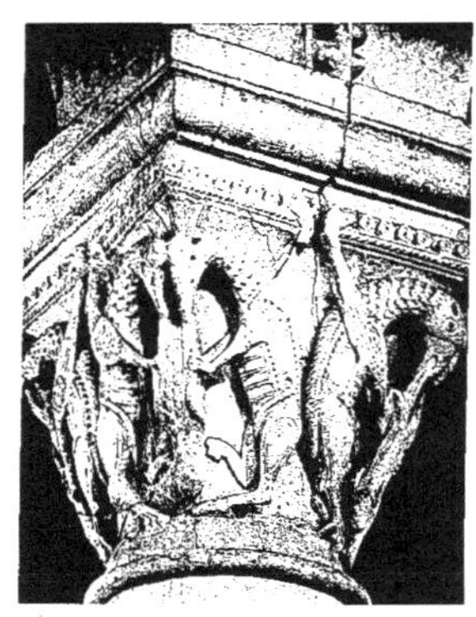

2

1, 2, 3 — VÉZELAY — Église de la Madeleine

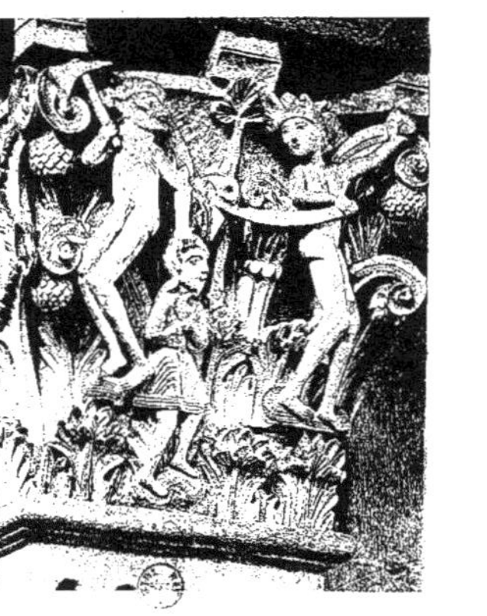

3

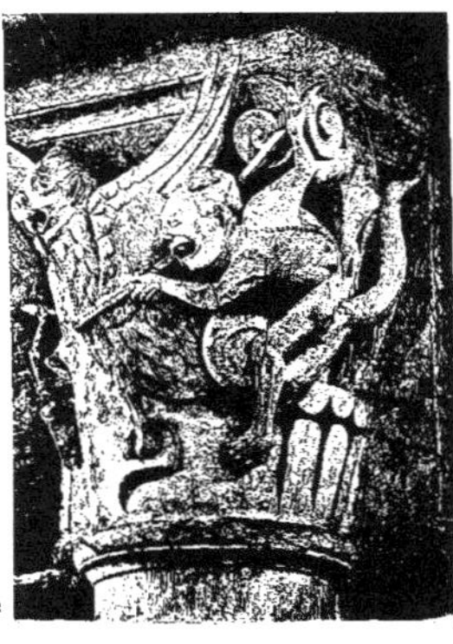

4 — VÉZELAY — Église de la Madeleine

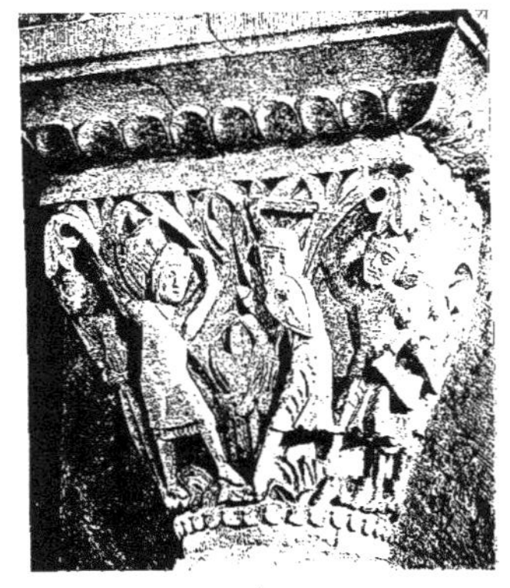

5 — AUTUN — Cathédrale

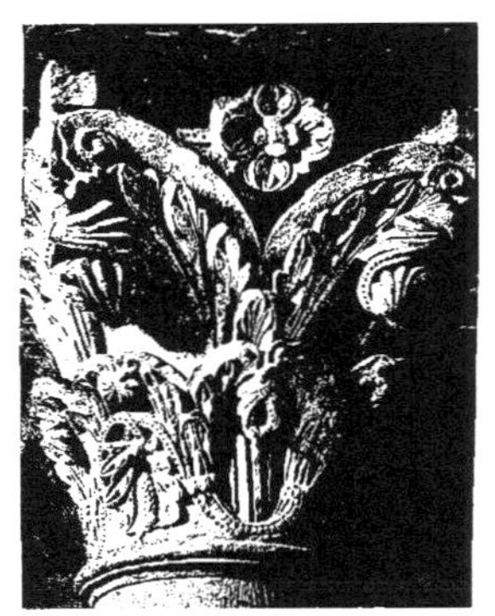

6 — LA CHARITÉ-SUR-LOIRE — Église

Imp. Phot. D.A. LONGUET

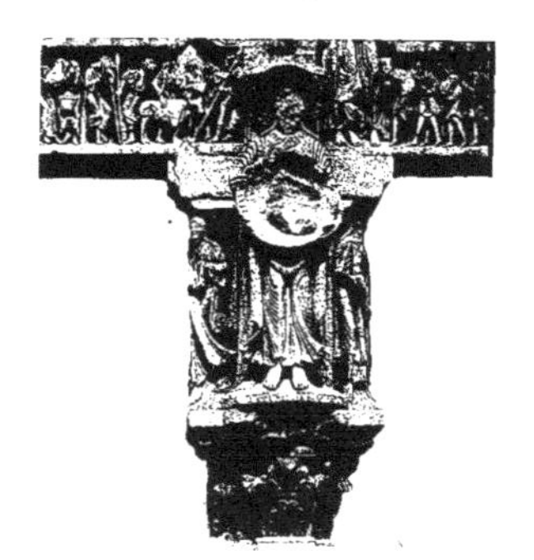

1

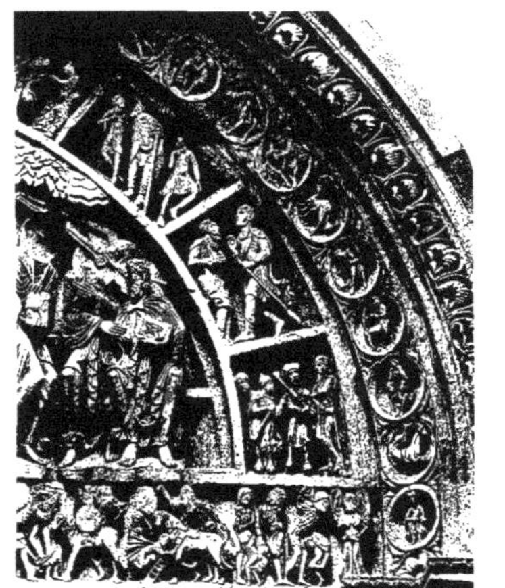

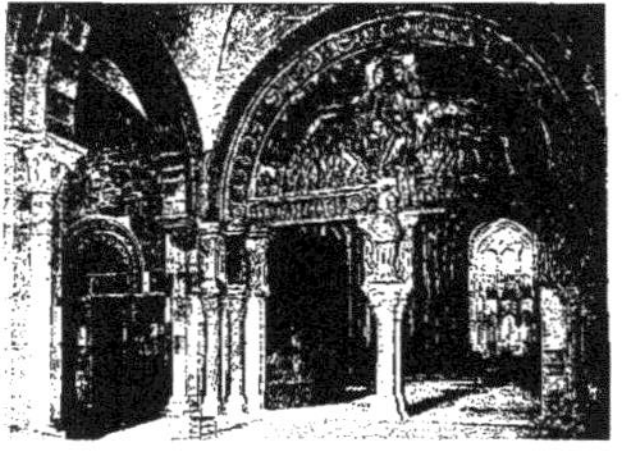

2 (Moulage)

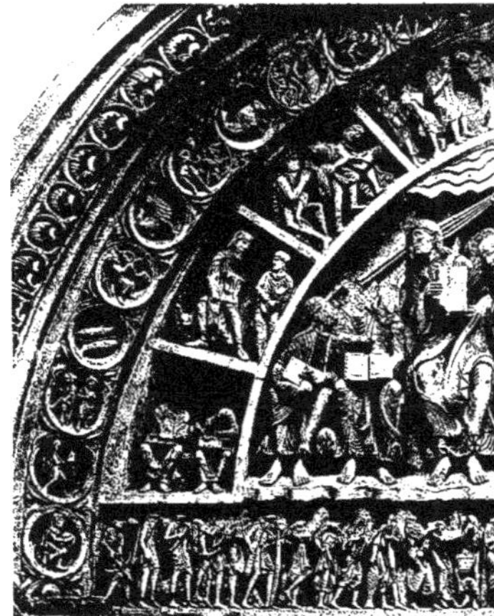

3 (Moulage)

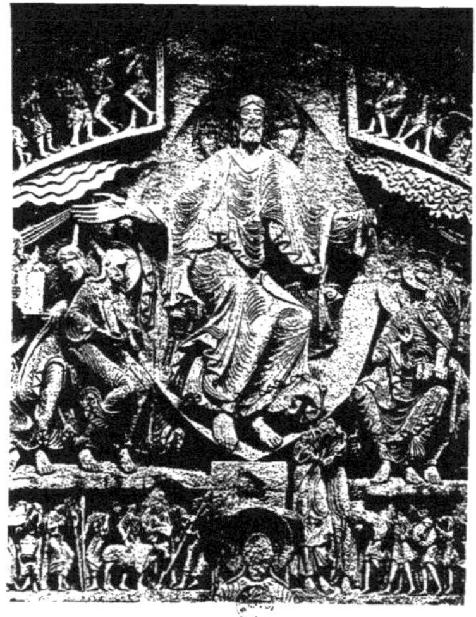

5 (Moulage)

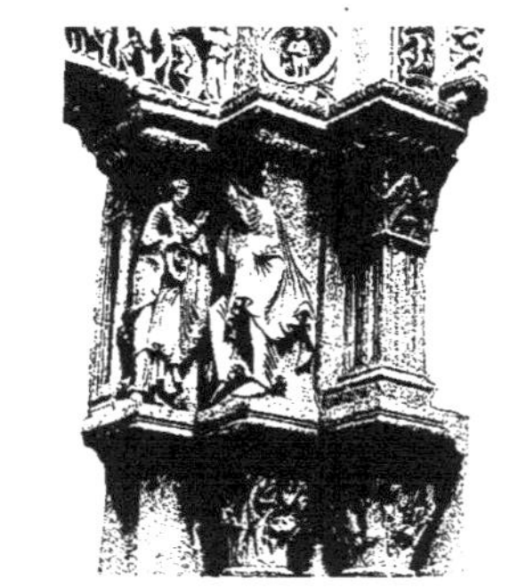

4 (Moulage)

6 (Moulage)

Imp. Phot. D.A. LONGUET

VEZELAY — EGLISE DE LA MADELEINE NARTHEX
Portail principal

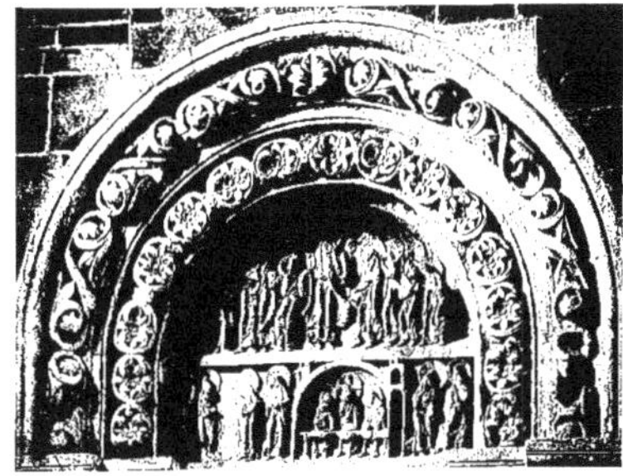

1 — VEZELAY — EGLISE DE LA MADELEINE
NARTHEX   Porte latérale

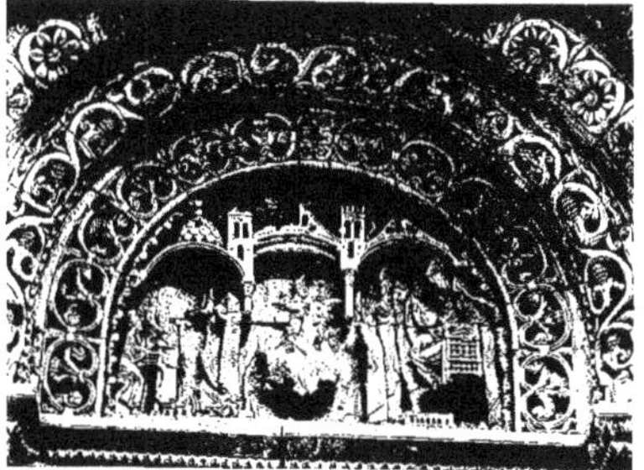

2 — AVALLON — EGLISE — Portail occidental *(Montage)*

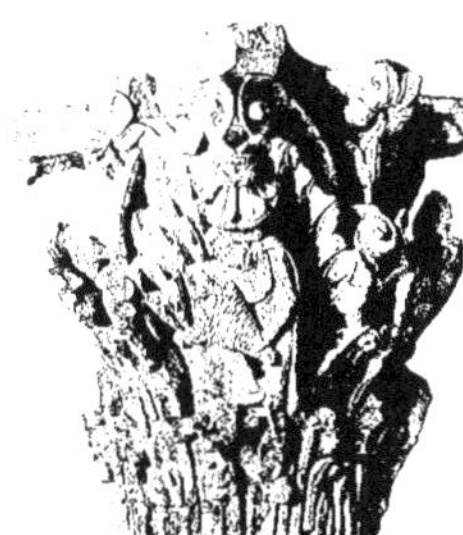

3 — CLUNY *(Saône-et-Loire)* — MUSÉE

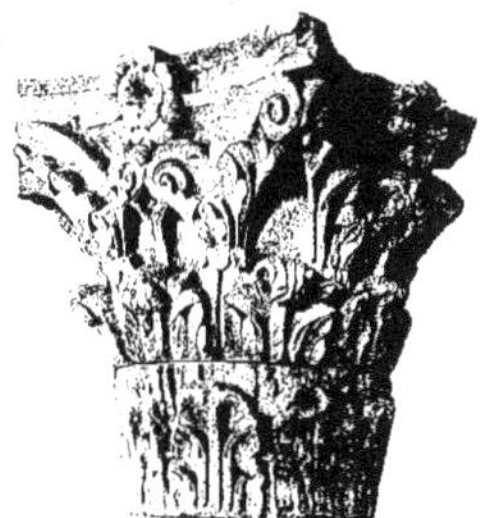

4 — CLUNY *(Saône-et-Loire)* — MUSÉE

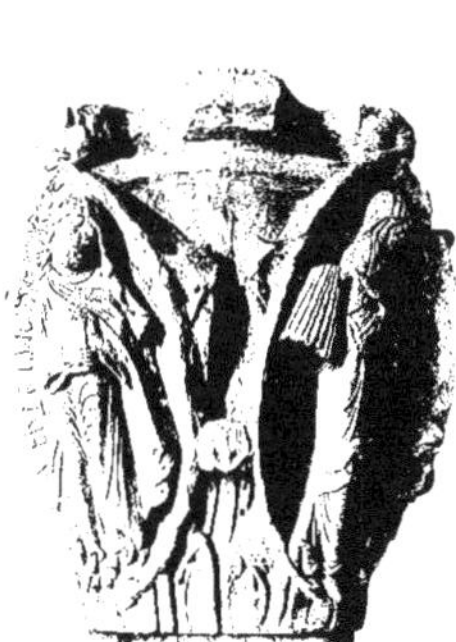

6 — CLUNY *(Saône-et-Loire)* — MUSÉE

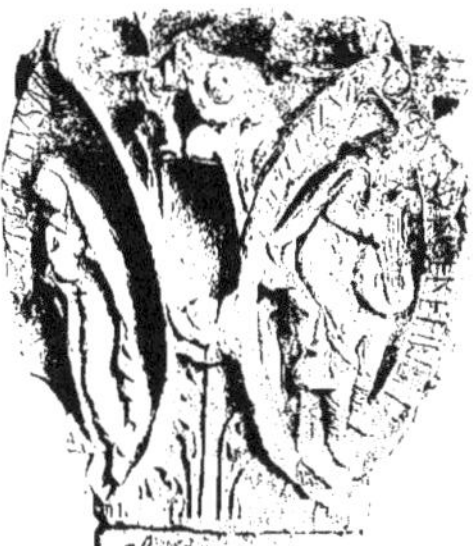

7 — CLUNY *(Saône-et-Loire)* — MUSÉE

5 — AVALLON — EGLISE — Portail occidental

XIIᵉ SIÈCLE

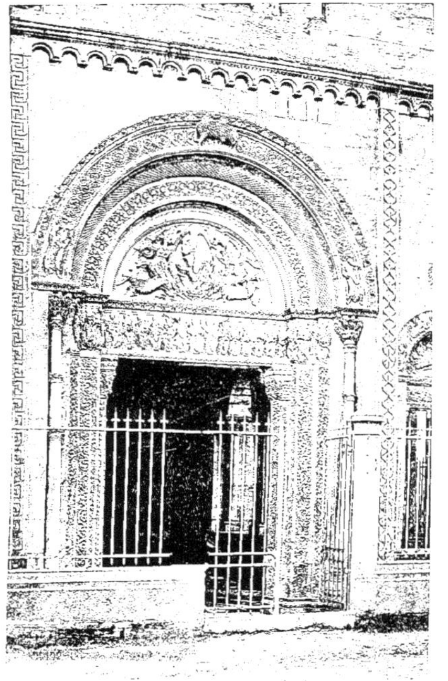

1 — Façade occidentale

1, 2 — CHARLIEU — Église

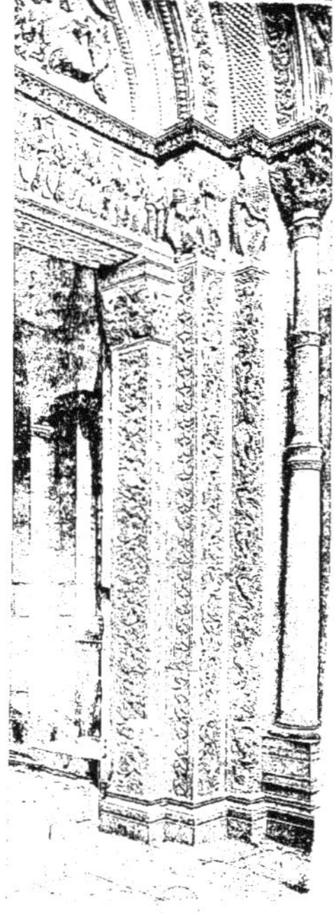

2 — Détails des piédroits de la porte

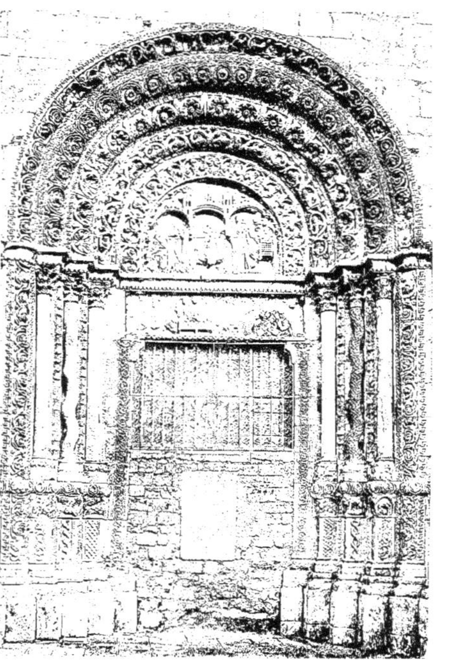

3 — AVALLON — Église St-Lazare — Façade occidentale
Porte droite

Imp. Phot. D. A. LONGUET

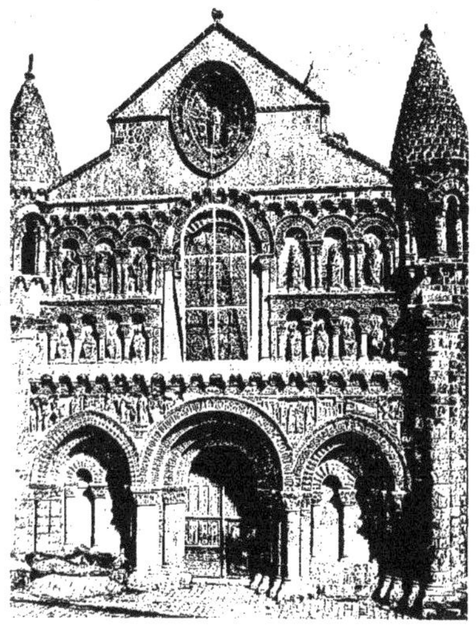

1 — POITIERS — Église Notre-Dame-la-Grande

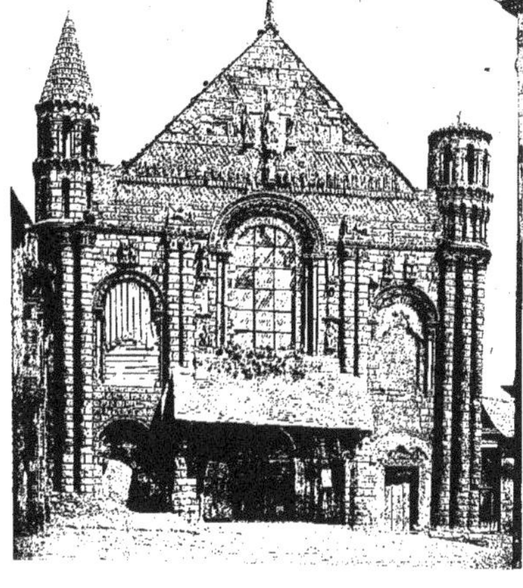

2 — SAINT-JOUIN-DE-MARNES — Église

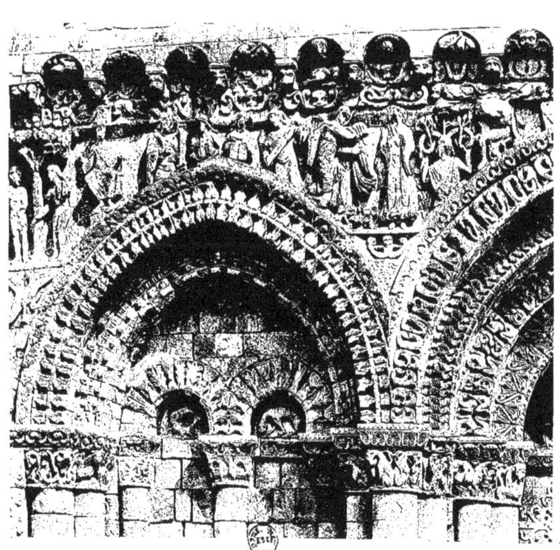

3 — POITIERS — Église Notre-Dame-la-Grande
Détails de la façade occidentale

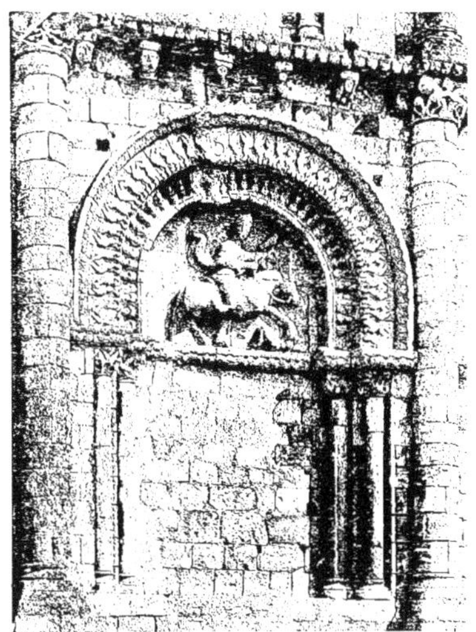

1 — PARTHENAY-LE-VIEUX — Église — Façade occidentale

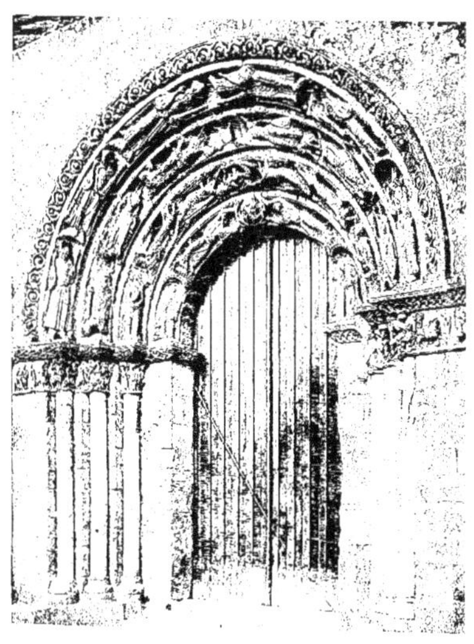

2 — PARTHENAY — Église Notre-Dame de la Coudre
Façade occidentale — Porte centrale

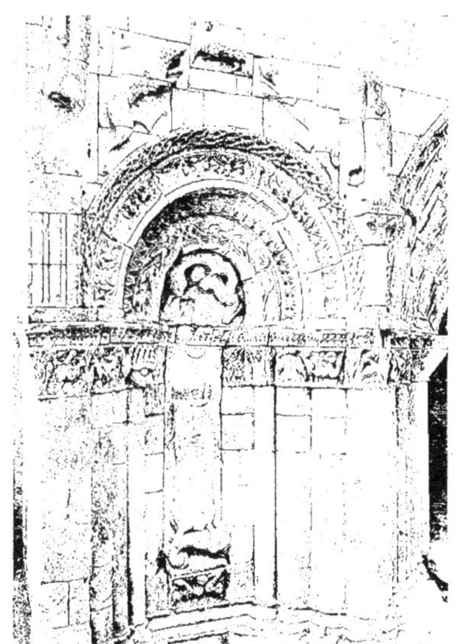

3 — CHADENAC — Église — Façade occidentale

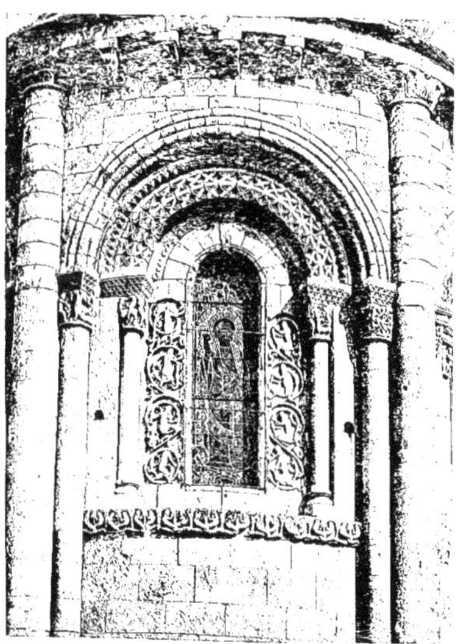

4 — AULNAY — Église — Fenêtre de l'abside

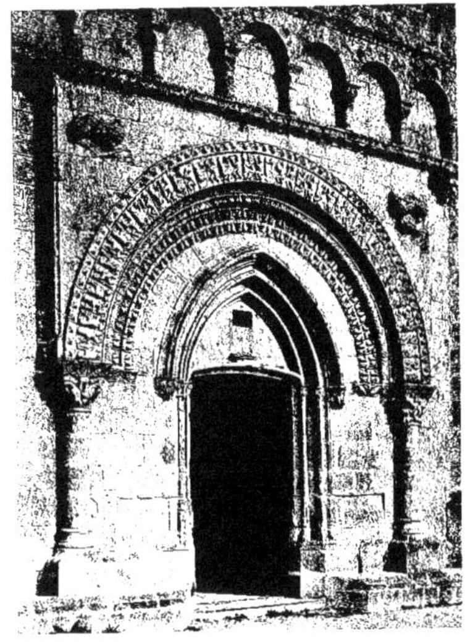

1 — NIEUL-LES-SAINTES — Église

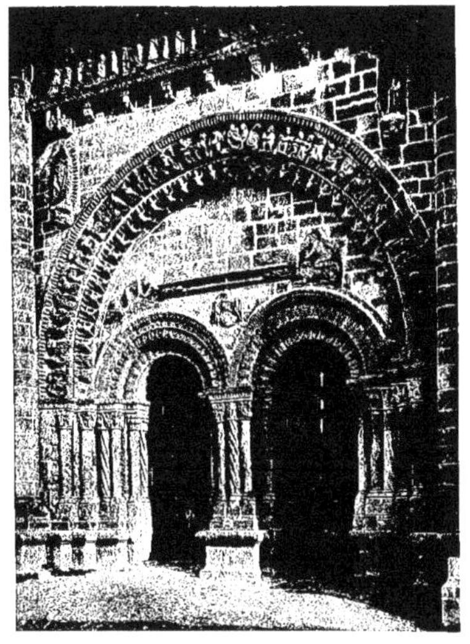

2 — VOUVANT — Église

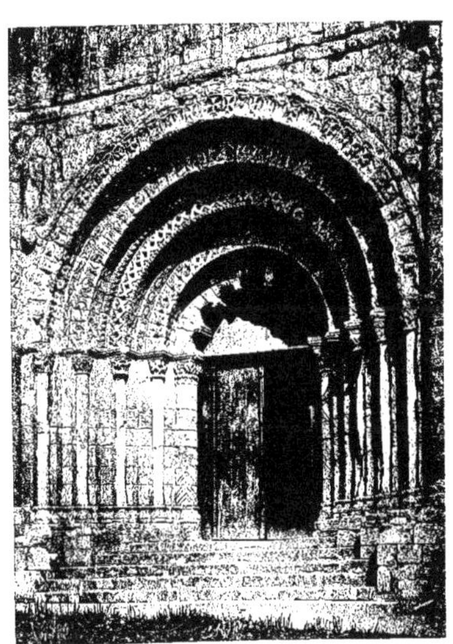

3 — CHALAIS — Église

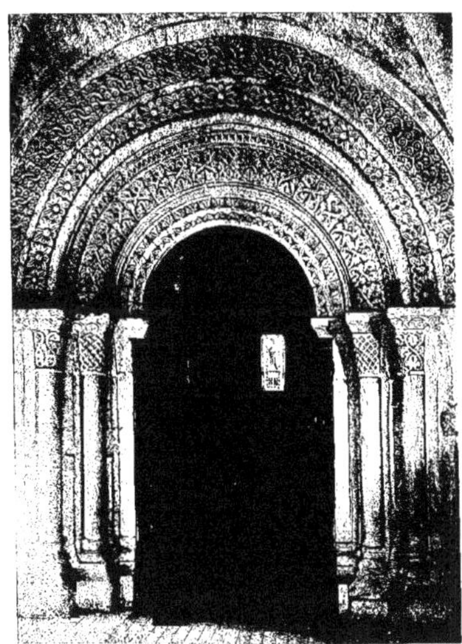

4 — SAINT-GEMME — Église

Imp. Phot. D.A. LONGUET

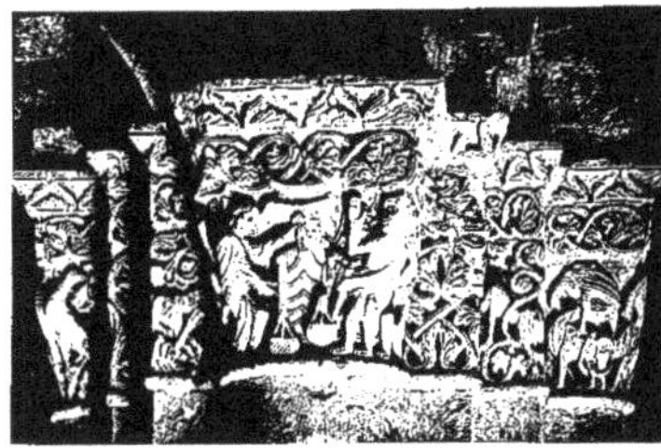

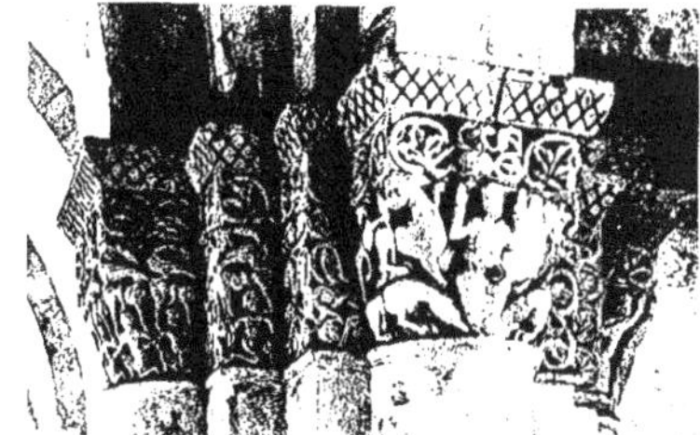

1, 2 — SAINTES — Église St-Eutrope.— Chapiteaux de la Nef

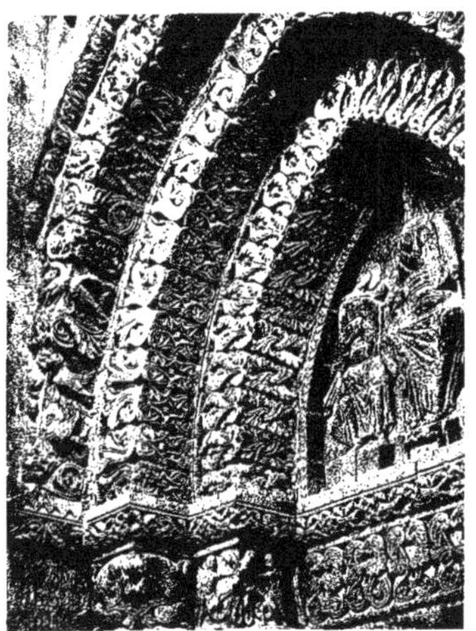

3 — AULNAY — Église — Portail occidental

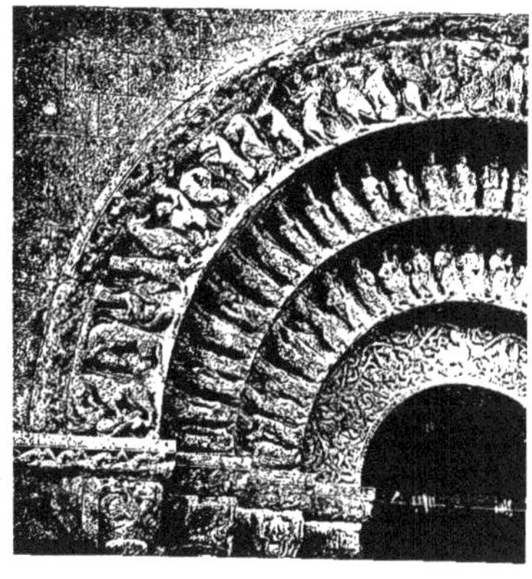

4 — AULNAY — Église — Porte latérale

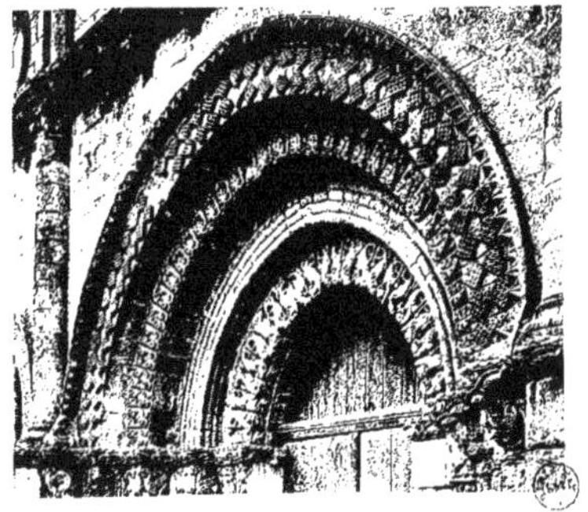

5 — MAILLEZAIS — Église

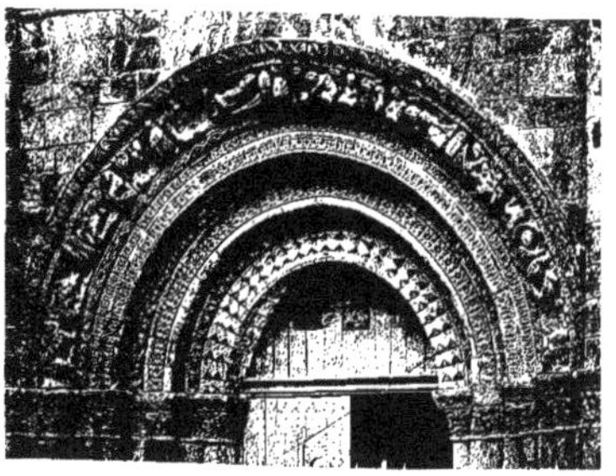

6 — COGNAC — Église St-Léger

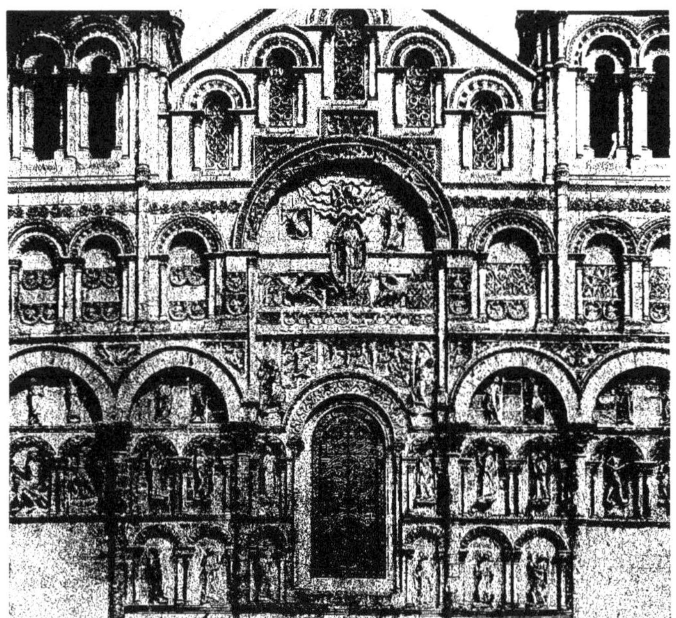

1 — ANGOULÊME — CATHÉDRALE — Façade occidentale

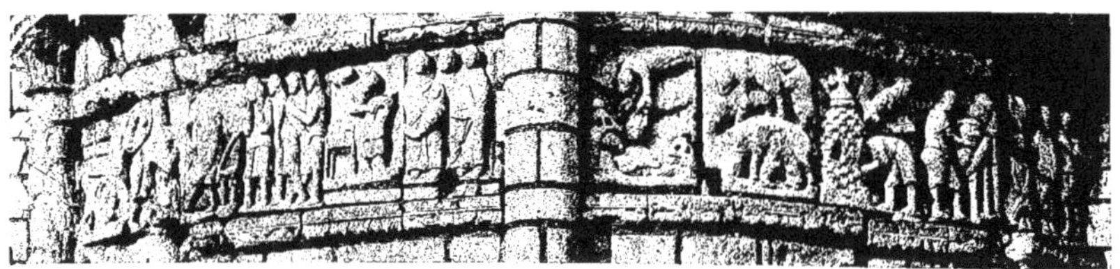

2 — SELLES-SUR-CHER — ÉGLISE — Abside

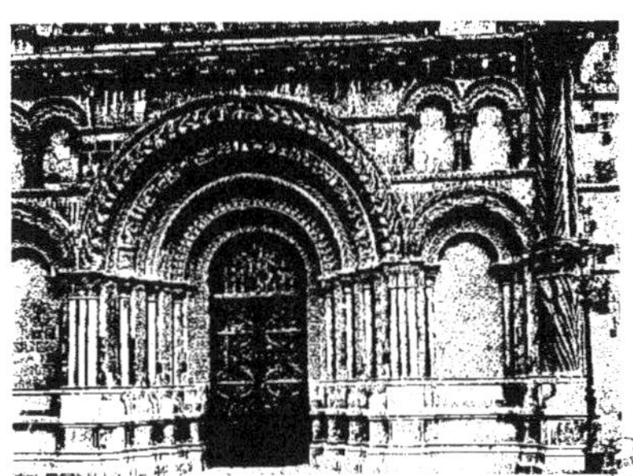

3 — BORDEAUX — ÉGLISE Ste-CROIX — Portail occidental

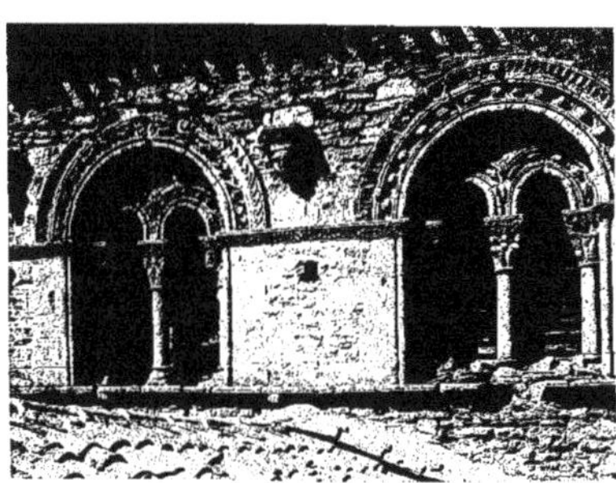

4 — BURLATS — PALAIS D'ADÉLAÏDE

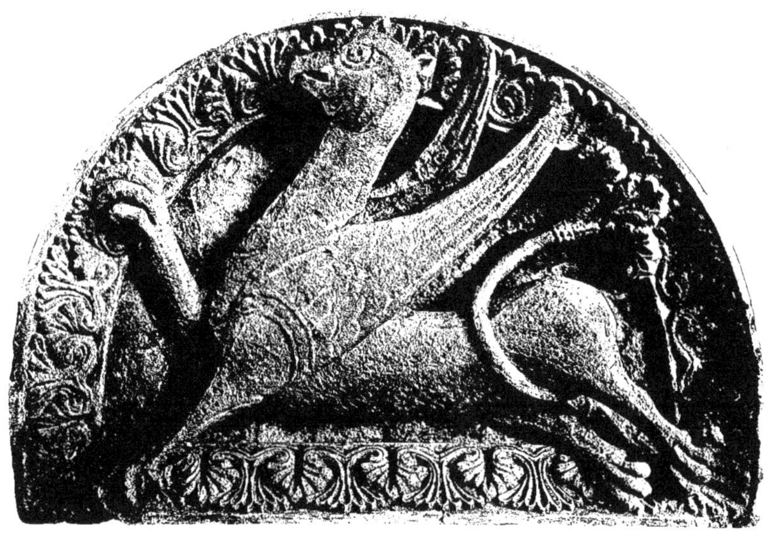

1 — ANGOULÊME — Musée Archéologique

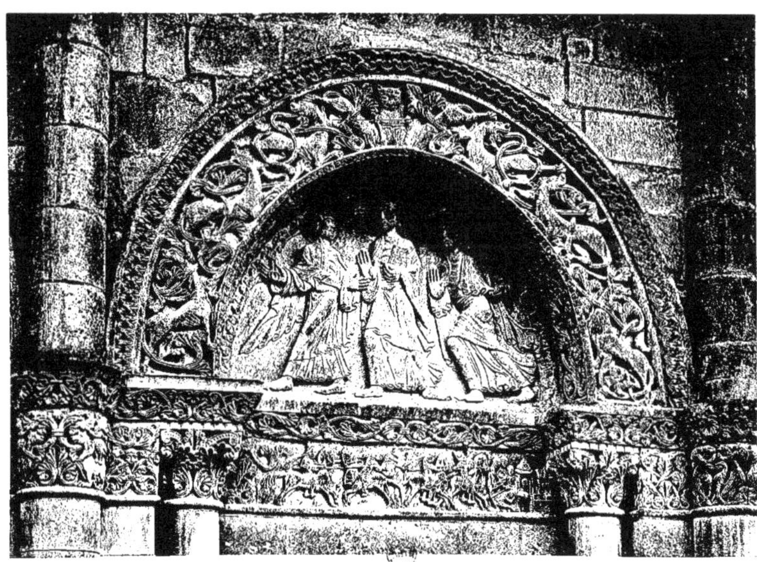

2 — ANGOULÊME — Cathédrale — Façade occidentale

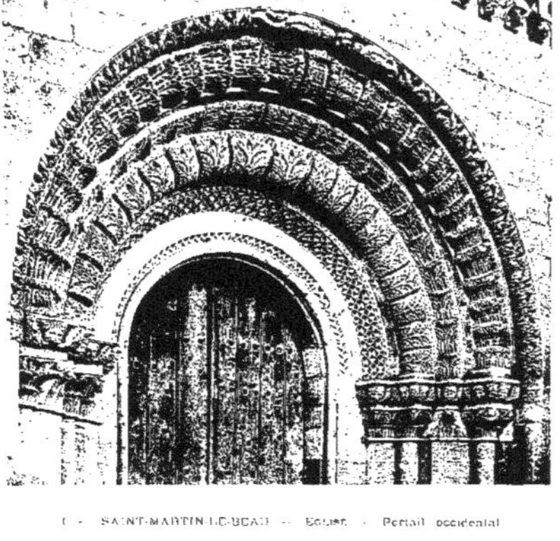

1 — SAINT-MARTIN-LE-BEAU — Église — Portail occidental

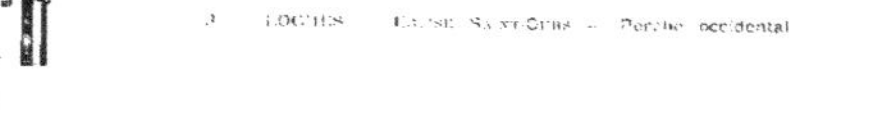

2 — TRICHATEAU — Église — Portail occidental

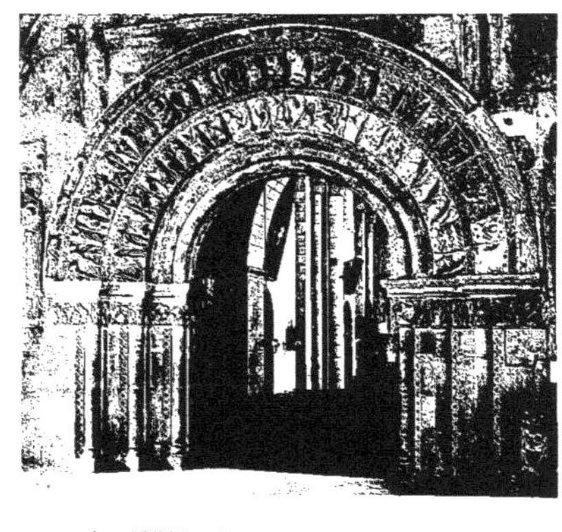

3 — LOCHES — Église Sainte-Oura — Porche occidental

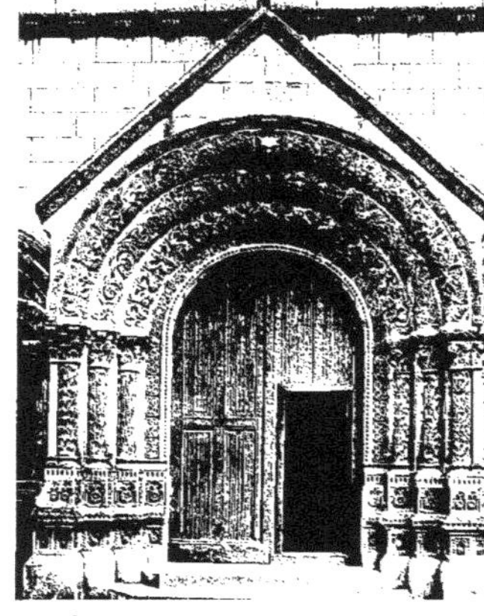

4 — ANGERS — Ancien cloître de l'Église St-Aubin

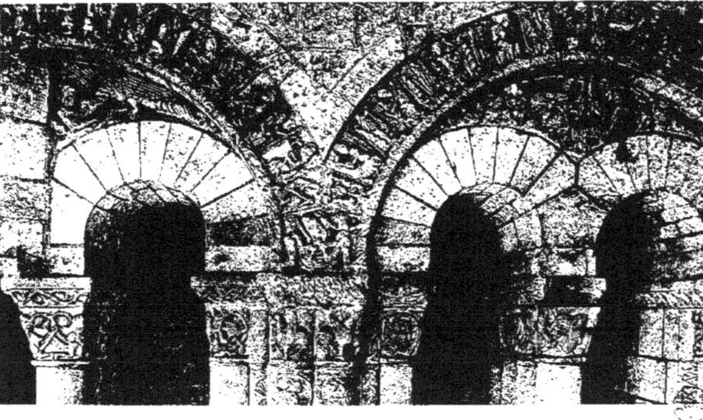

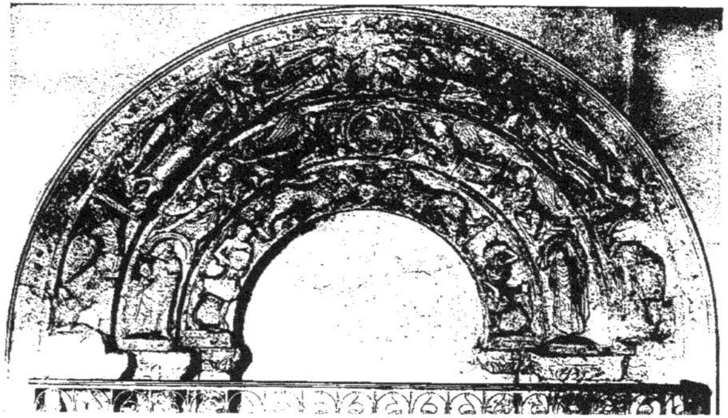

5 — ANGERS — Ancien cloître de l'Église St-Aubin

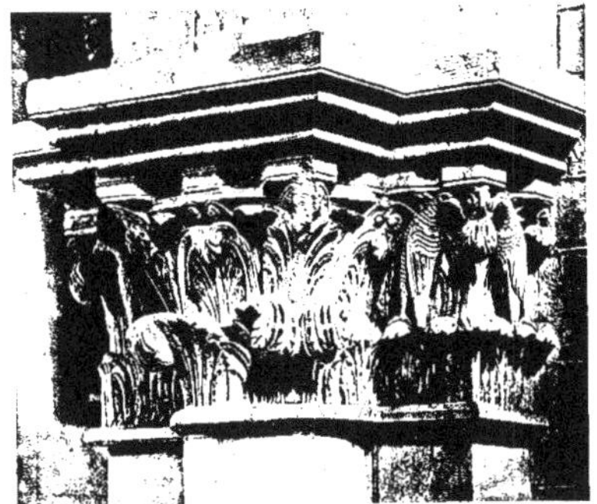

1 — St-AIGNAN — Église

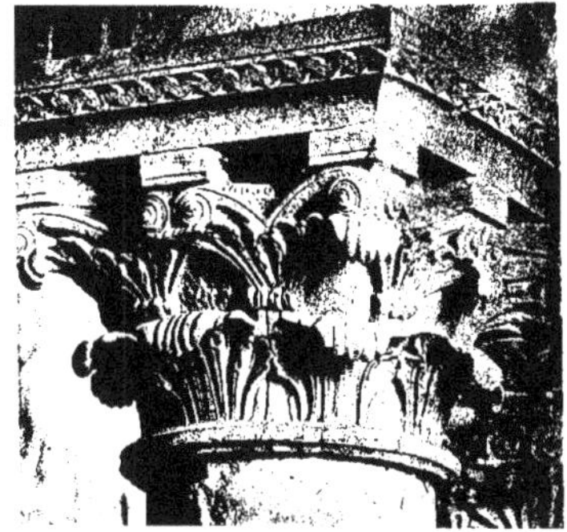

2 — BLOIS — Église St-Laumer

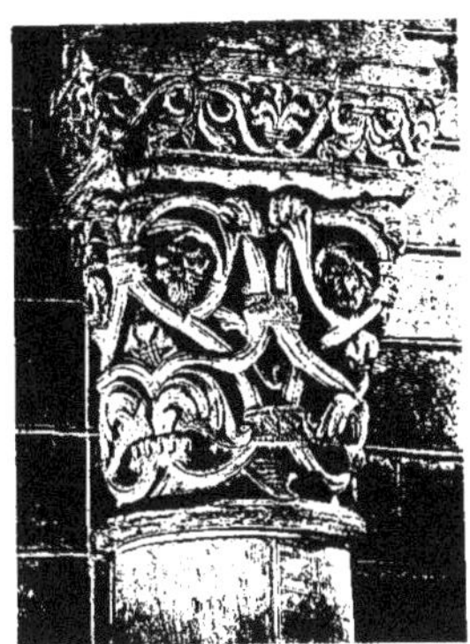

3

4

3, 4 — St-AIGNAN — Église

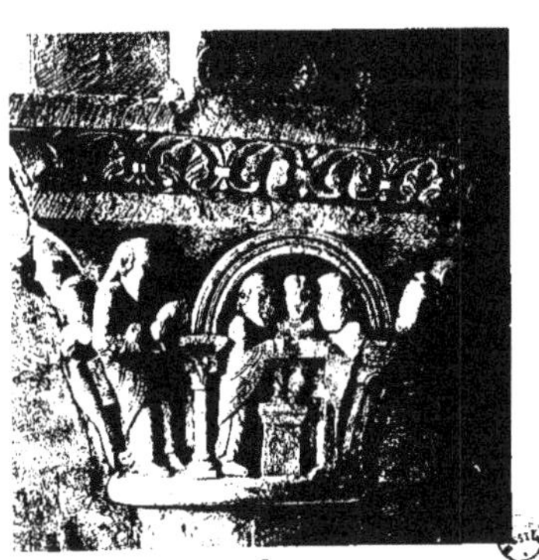

5

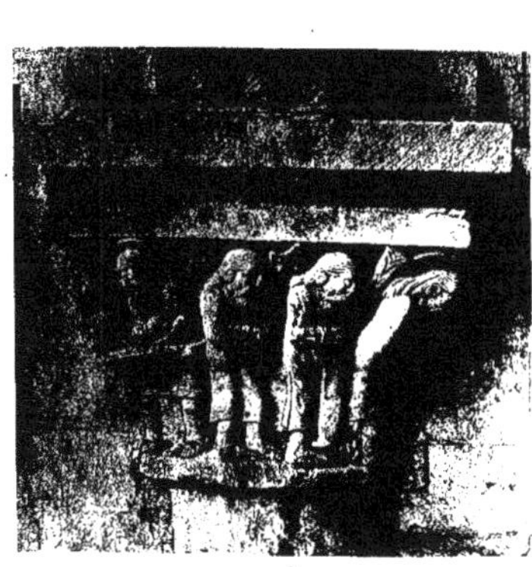

6

5, 6 — L'ILE-BOUCHARD — Ancienne Église St-Léonard

XII SIÈCLE

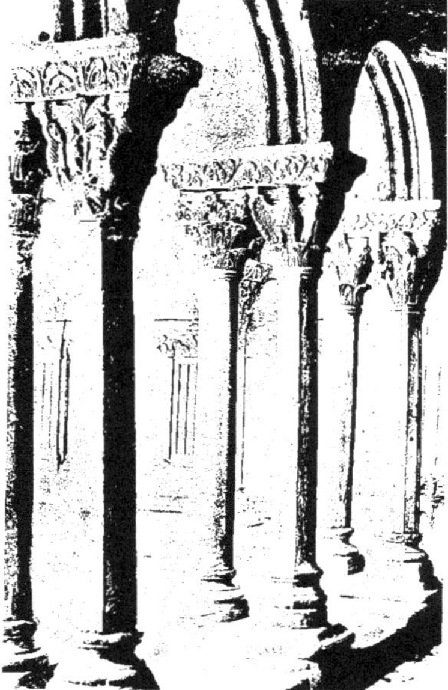

1 — ELNE — Cloître

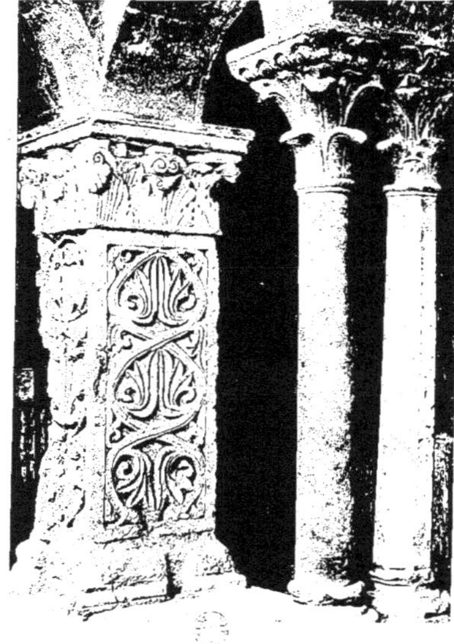

2 — AIX-EN-PROVENCE — CATHÉDRALE — Cloître

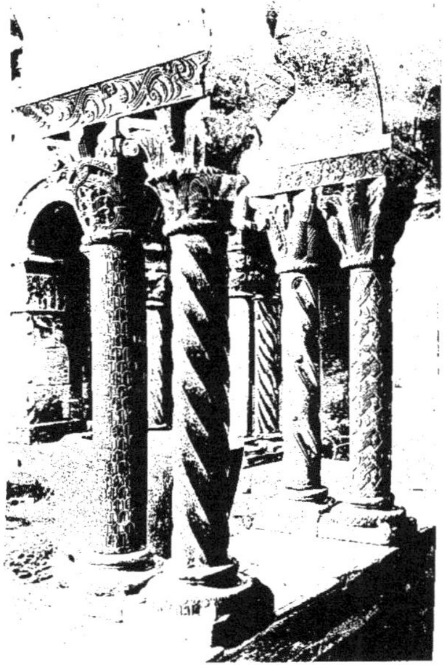

3 — ARLES — ÉGLISE St-TROPHIME

Imp. Phot. D.A. LONGUET

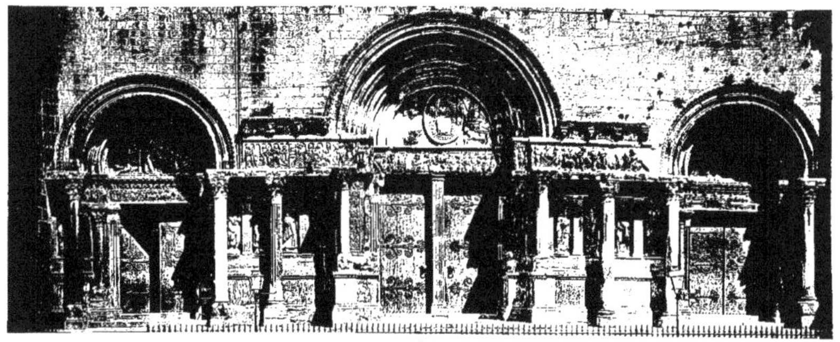

1

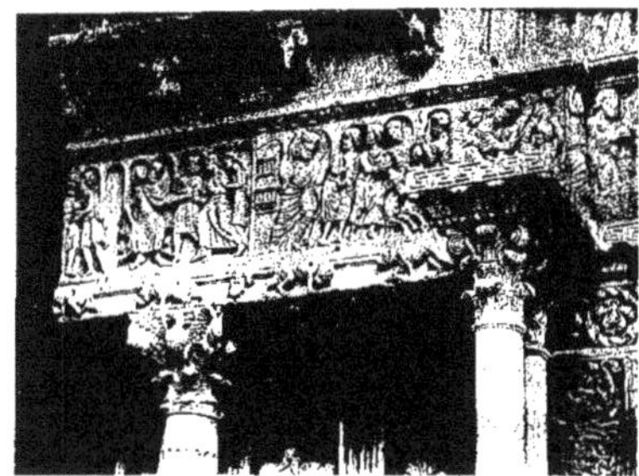

2
Moulage

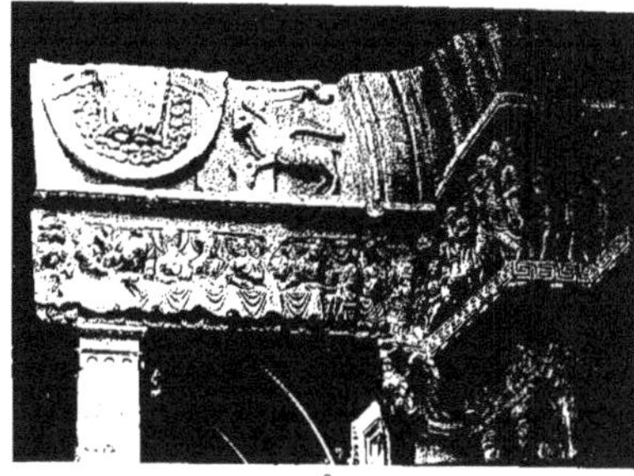

3
Moulage

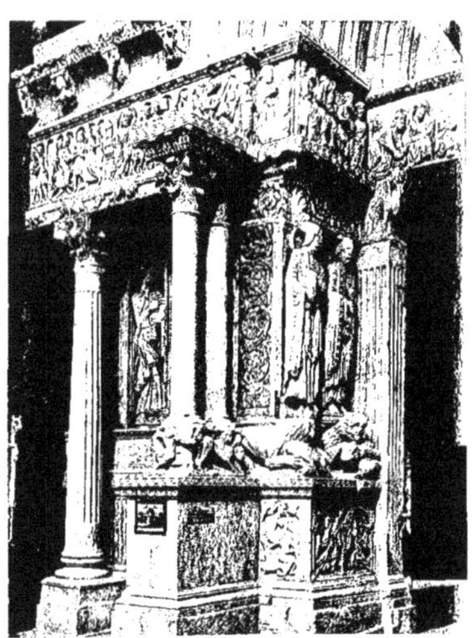

4
Moulage

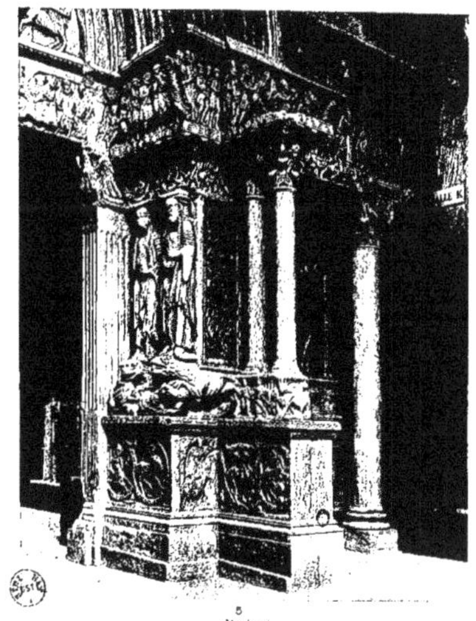

5
Moulage

SAINT-GILLES-DU-GARD — ÉGLISE — Portail occidental

XIIᵉ SIÈCLE

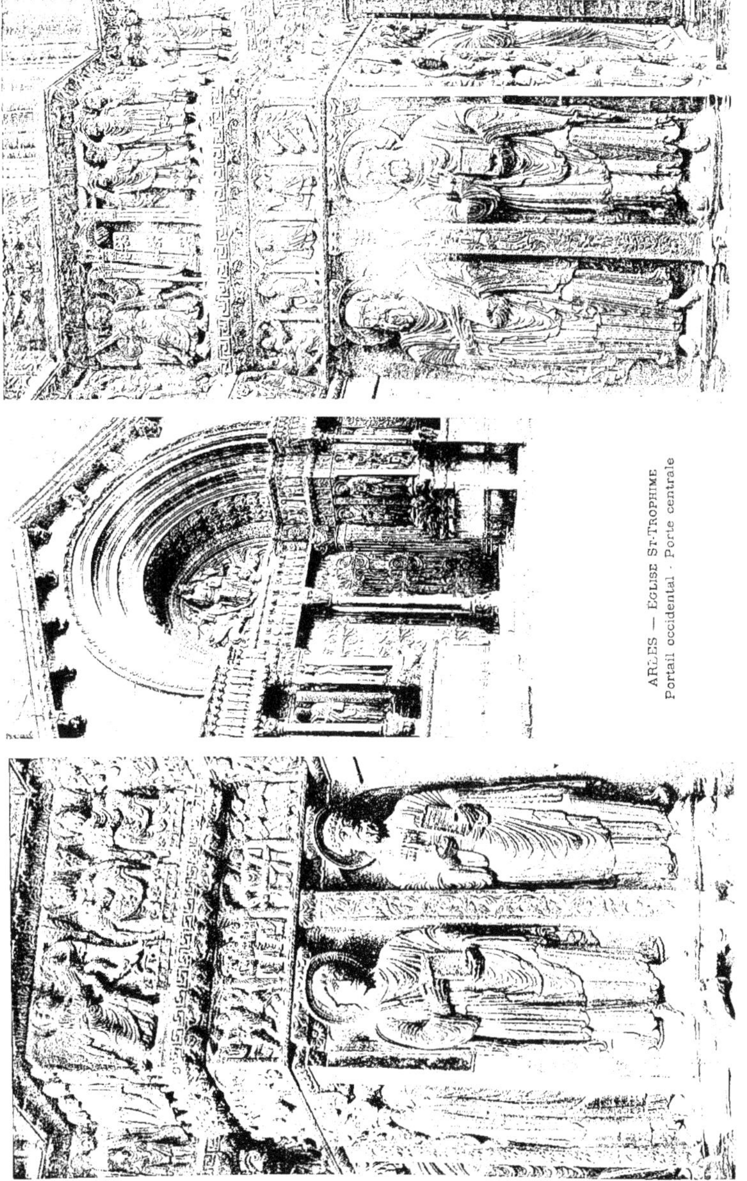

ARLES — EGLISE St-TROPHIME
Portail occidental - Porte centrale

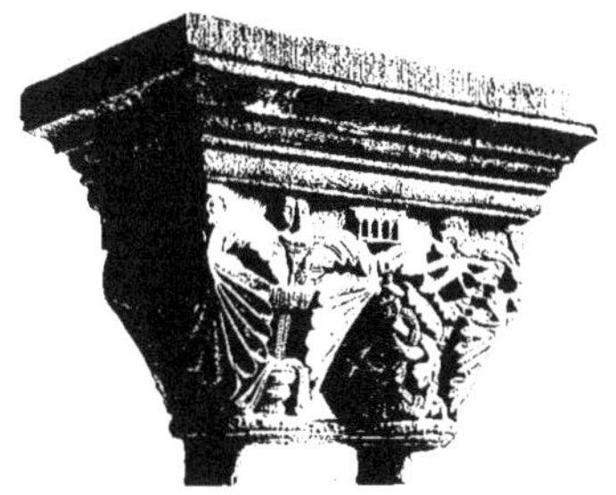

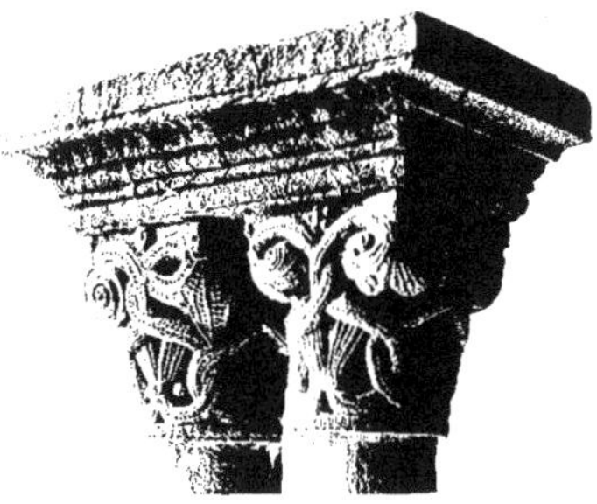

1, 2 — VAISON — Cathédrale — Cloître

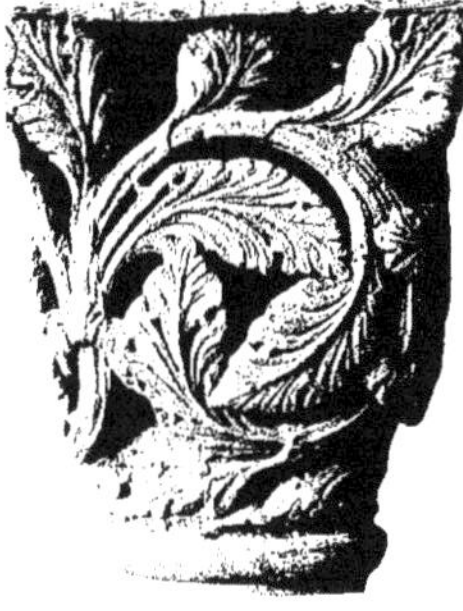

3 — ARLES — Église St-Trophime

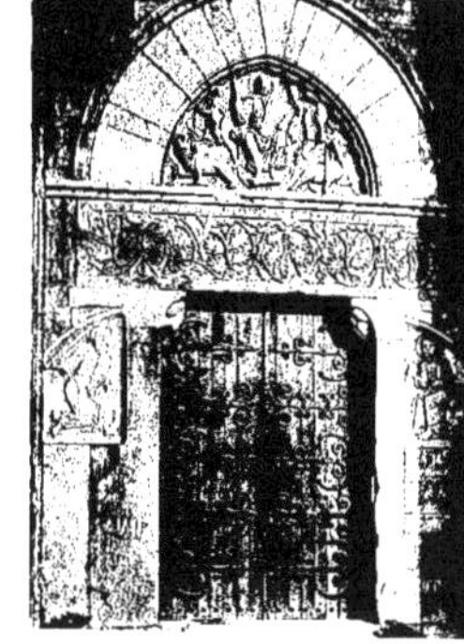

4 — ARLES — Église St-Trophime

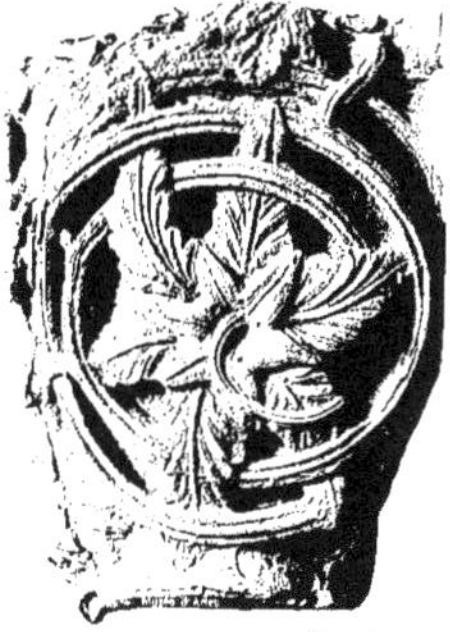

8 — MAGUELONNE — Ancienne Église St-Pierre

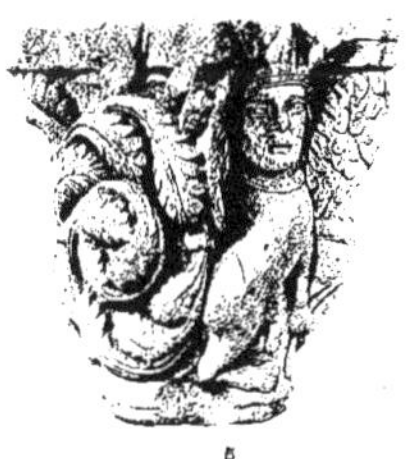

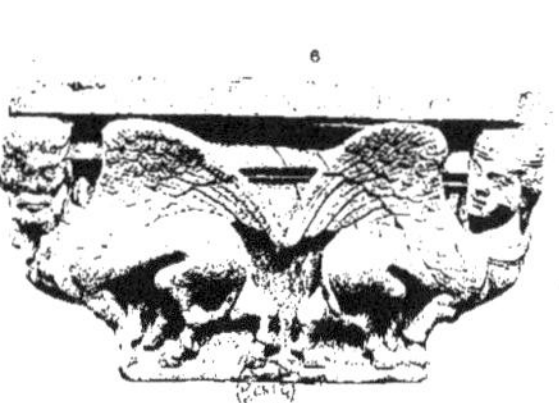

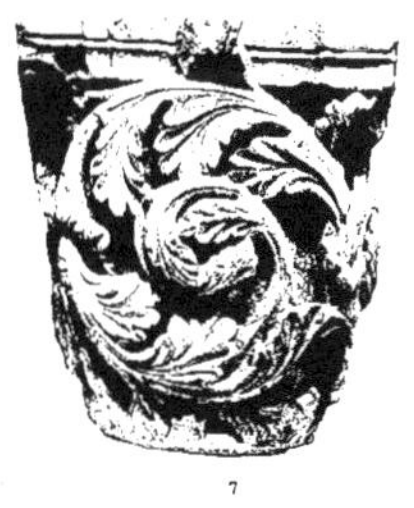

5, 6, 7 — ARLES — Musée Lapidaire

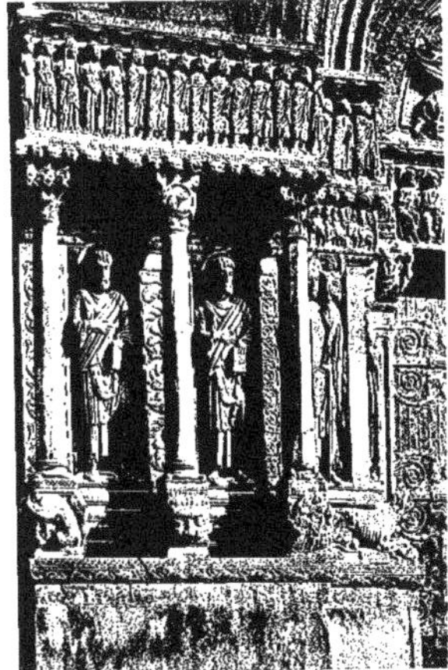

1 — ARLES — Église Saint-Trophime — Portail

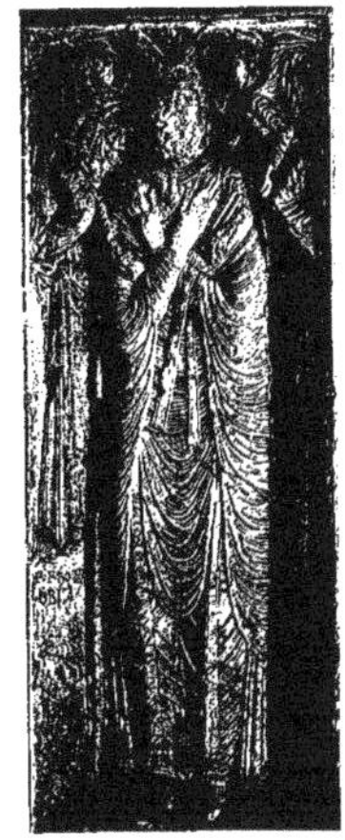

2 — ELNE — Cloître — Tombeau

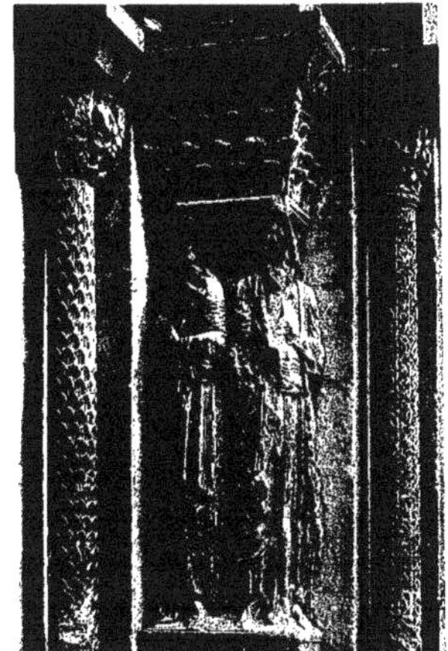

3 — ROMANS — Église — Portail

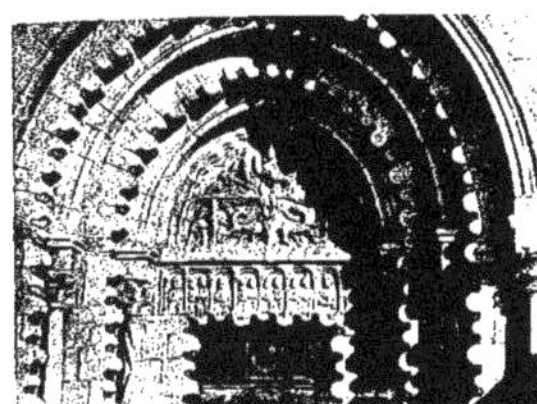

4 — CANOBIE — Église

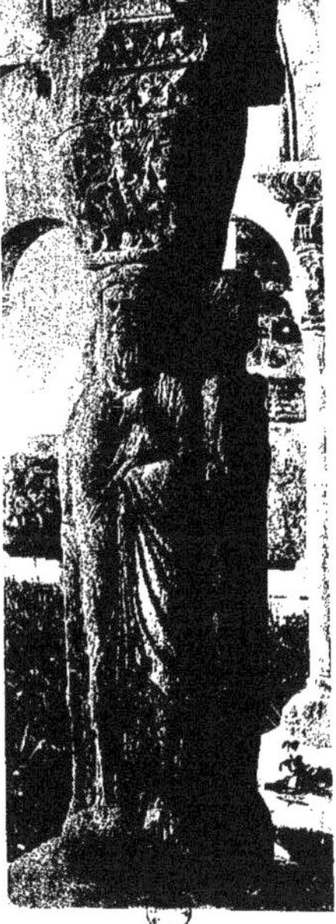

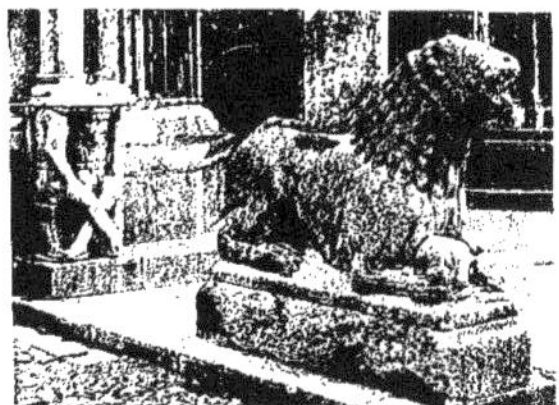

5 — EMBRUN — Église Notre-Dame — Portail

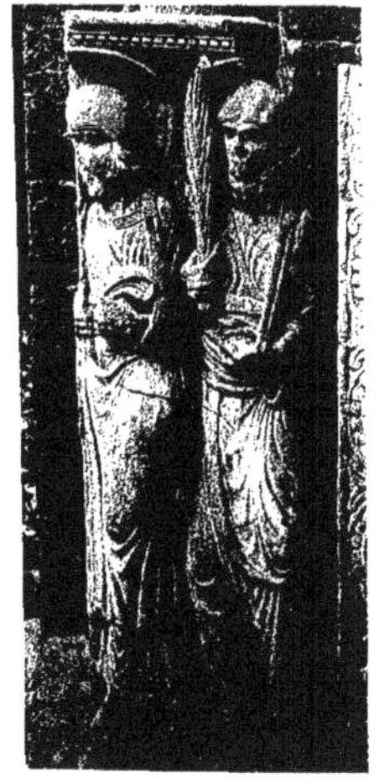

7 — SAINT-BERTRAND DE COMMINGES — Cloître

6 — VALCABRÈRE — Église

8 — SAINT-GUILHEM DU DÉSERT — Ancien cloître

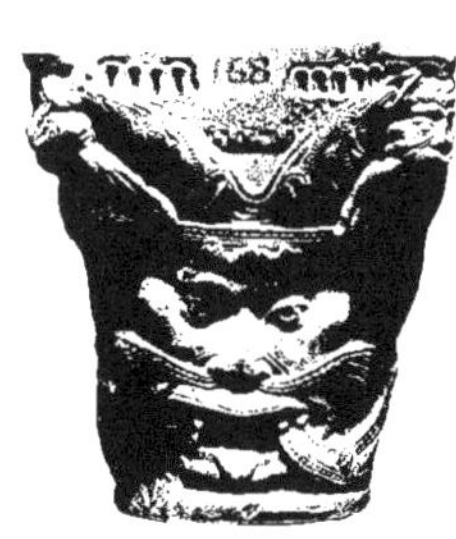

1 — AVIGNON — Musée Calvet

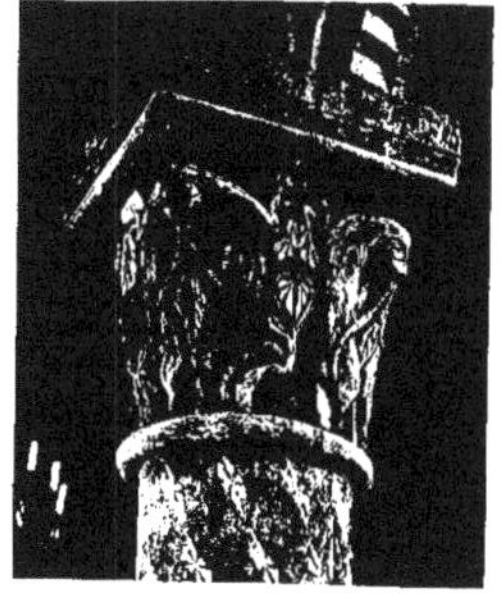

2 — POITIERS — Église Sainte-Radegonde

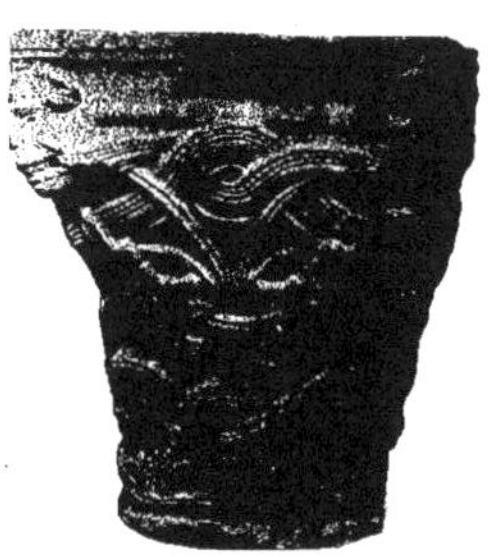

3 — AVIGNON — Musée Calvet

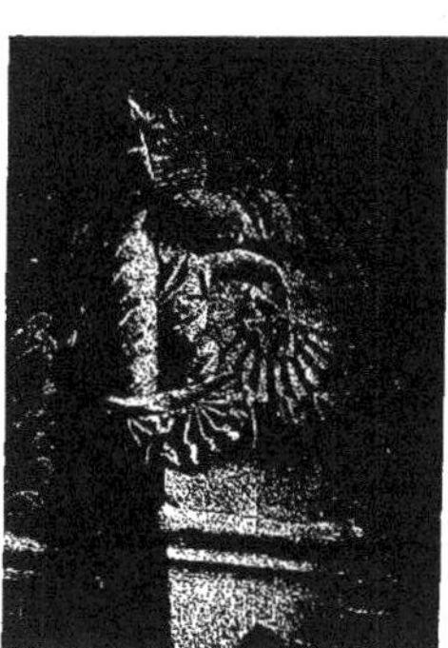

4 — LE PUY — Cathédrale

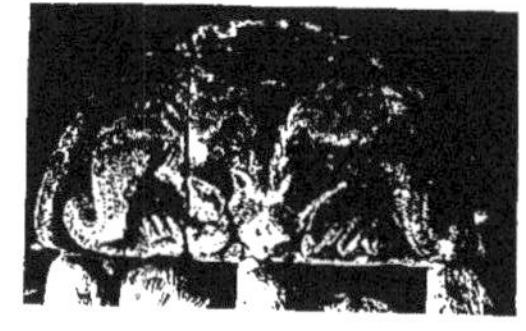

5 — BEAUVAIS — Musée Archéologique

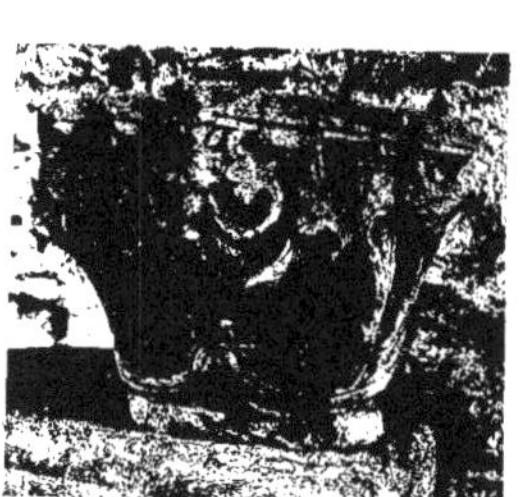

6 — PARIS — Musée de Cluny

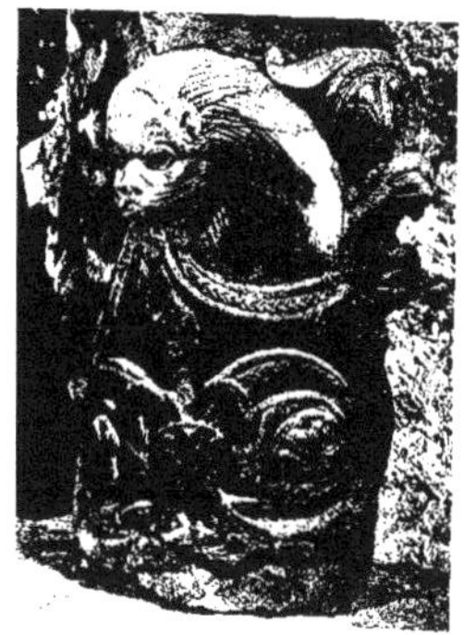

7 — PARIS — Musée de Cluny

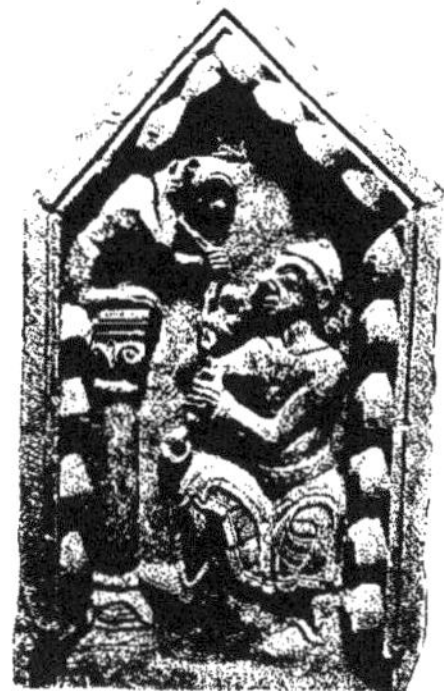

8 — BAYEUX — Cathédrale (Moulage)

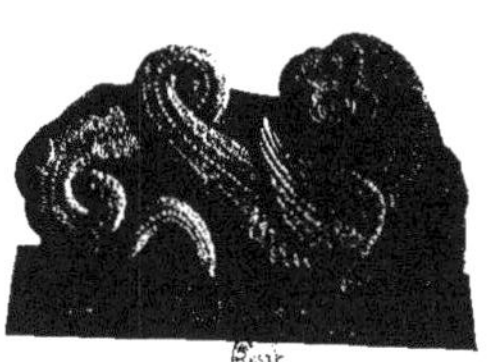

9 — MUSÉE DU LOUVRE

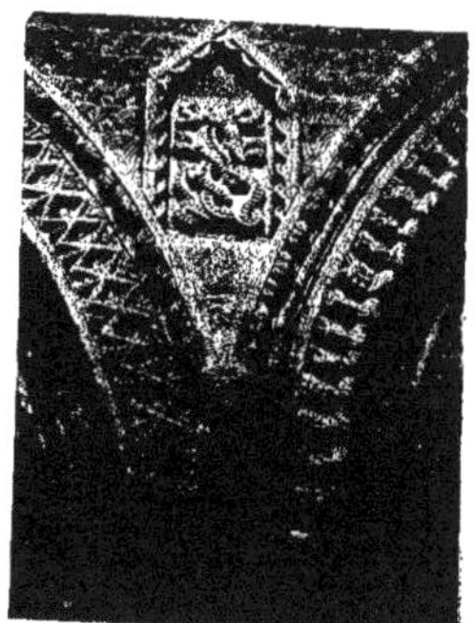

10 — BAYEUX — Cathédrale

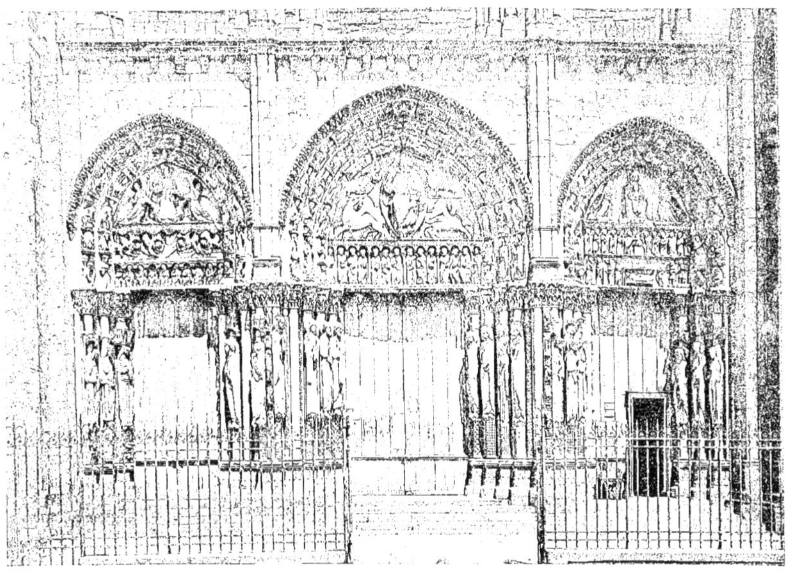

1 _ Ensemble du Portail

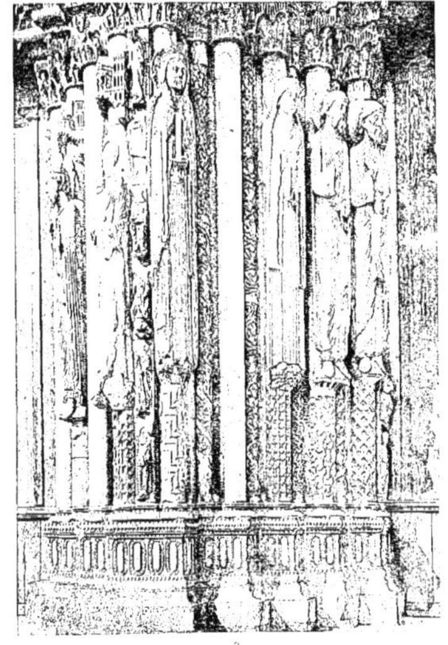

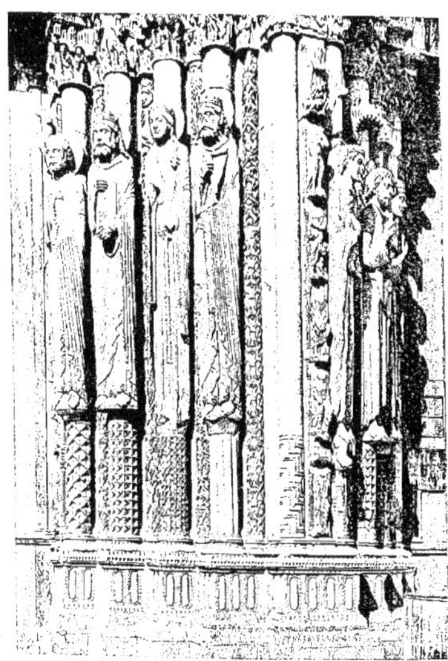

2, 3 _ Statues des ébrasements de la porte centrale

Imp. Phot. D.A. LONGUET

1, 2, 3 — CHARTRES — CATHÉDRALE — Façade occidentale

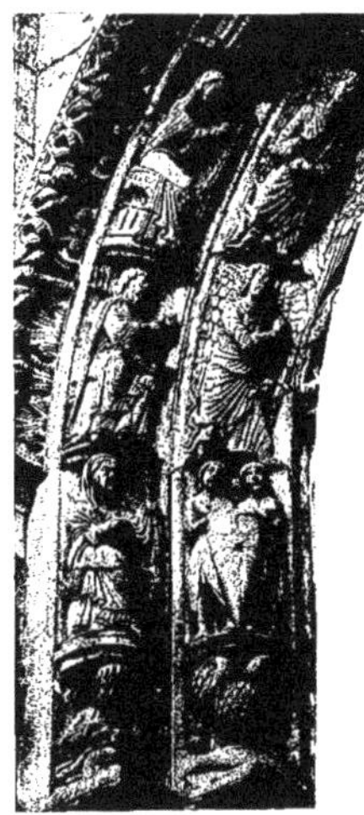

2 — Porte droite — Voussures

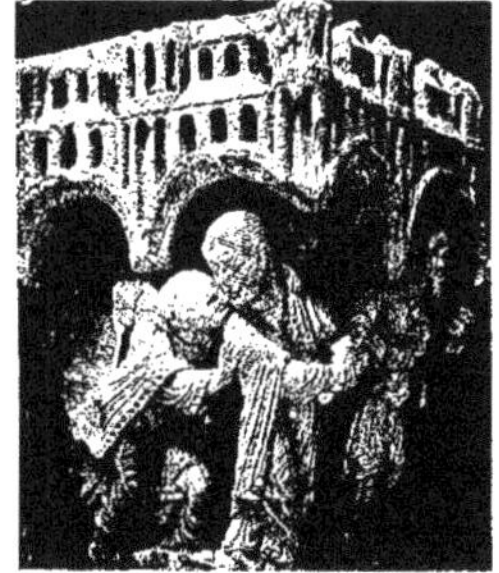

1 — Porte droite — Chapiteau

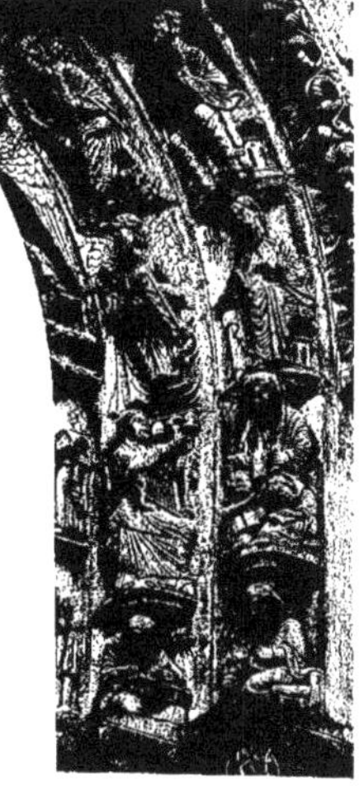

3 — Porte droite — Voussures

4 — Porte droite - Tympan

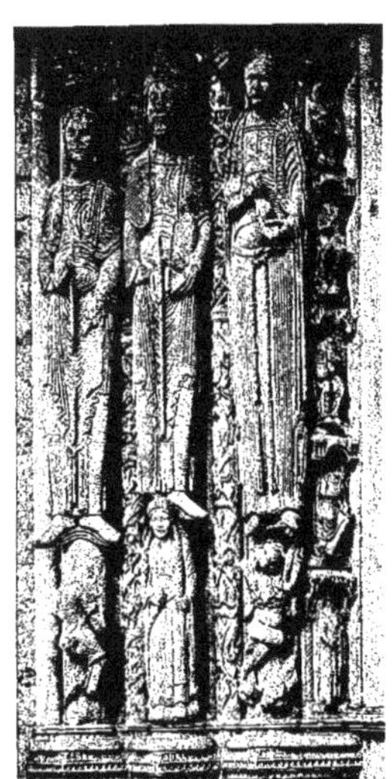

5 — Porte gauche — Ébrasement

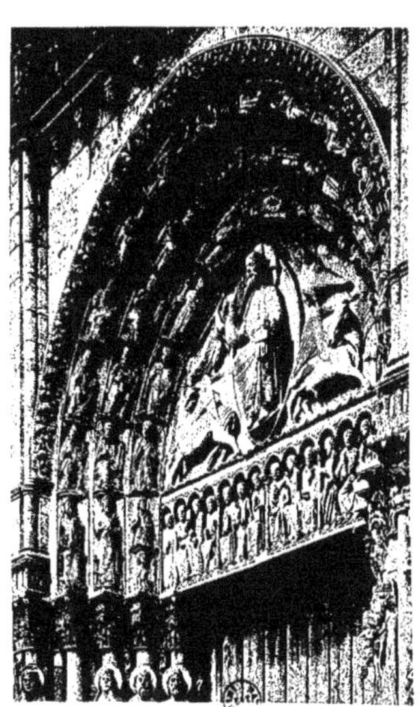

6 — Porte centrale - Tympan

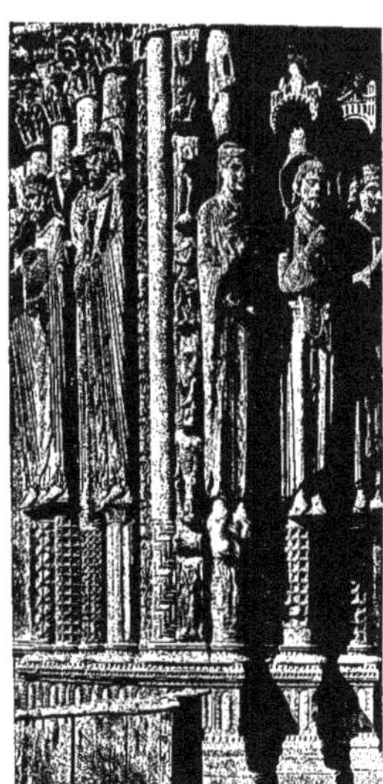

7 — Porte centrale et porte droite

Imp. Phot. D.A. LONGUET

CHARTRES — CATHÉDRALE — Portail occidental

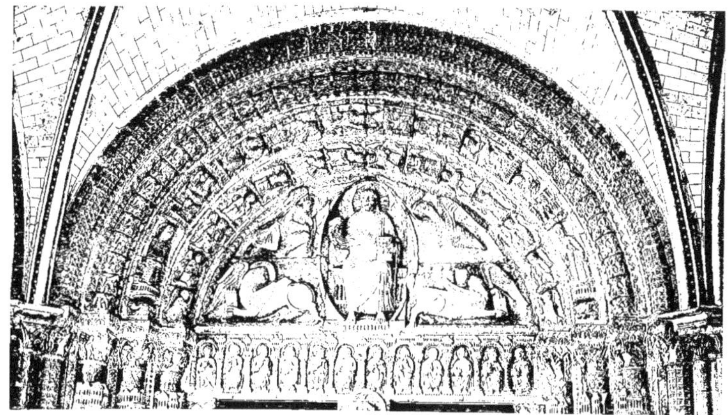

1 — Porte méridionale — Tympan

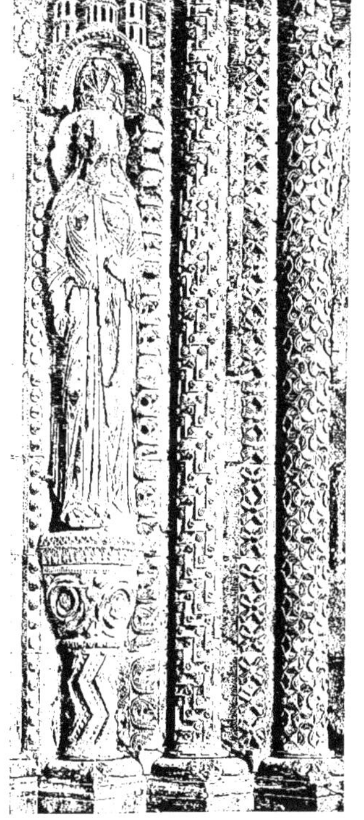

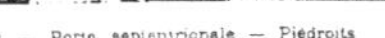

2 — Porte septentrionale — Piédroits

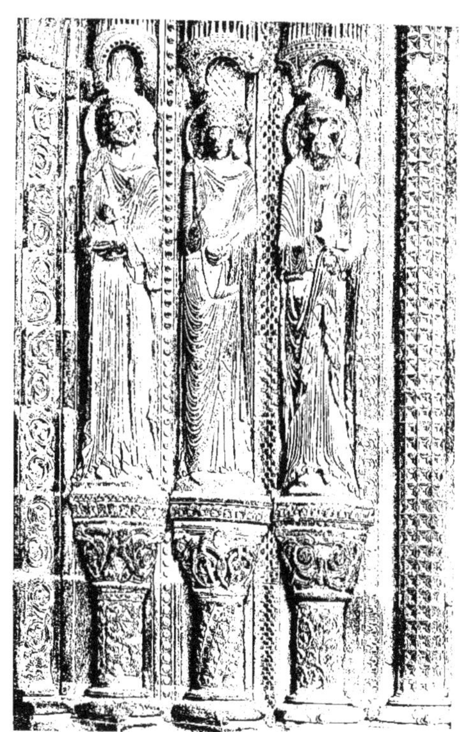

3 — Porte méridionale — Statues des piédroits

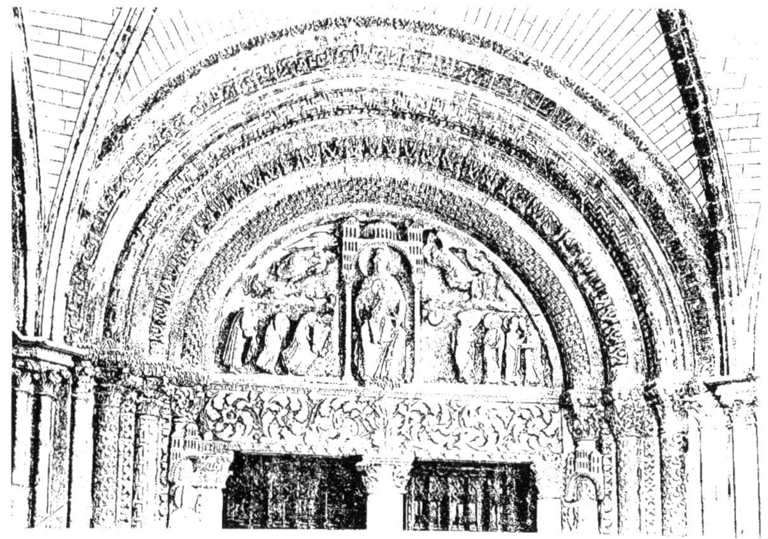

1 — BOURGES — CATHÉDRALE
Porte septentrionale — Tympan

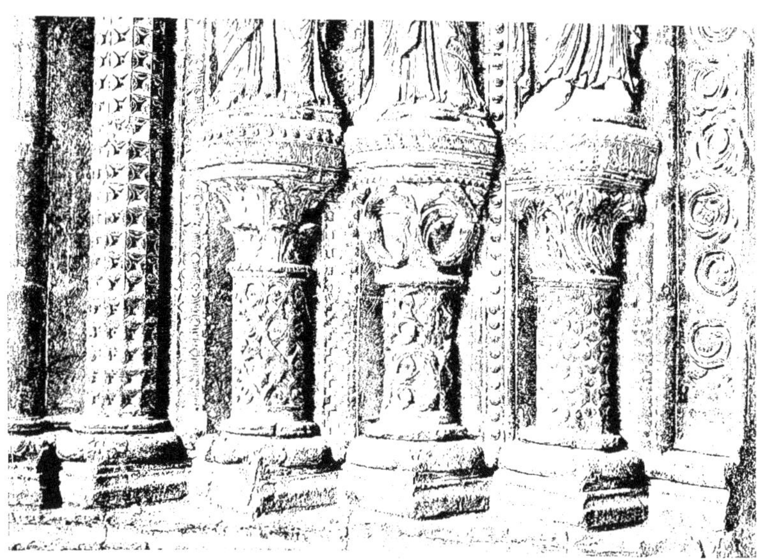

2 — BOURGES — CATHÉDRALE
Porte méridionale — Bases des statues des piédroits

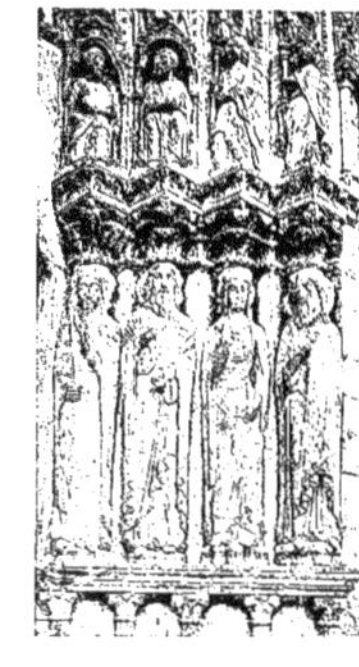

2 — ANGERS — CATHÉDRALE — Portail occidental

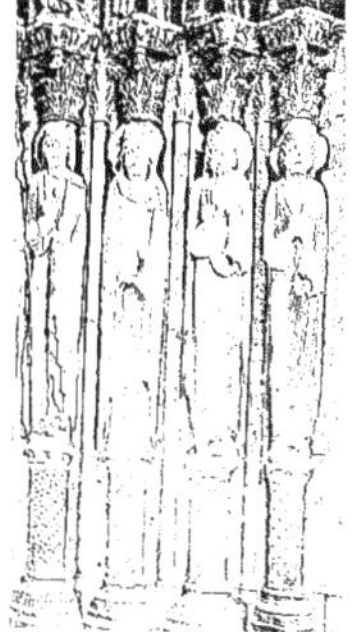

3 — LE MANS — CATHÉDRALE — Portail occidental

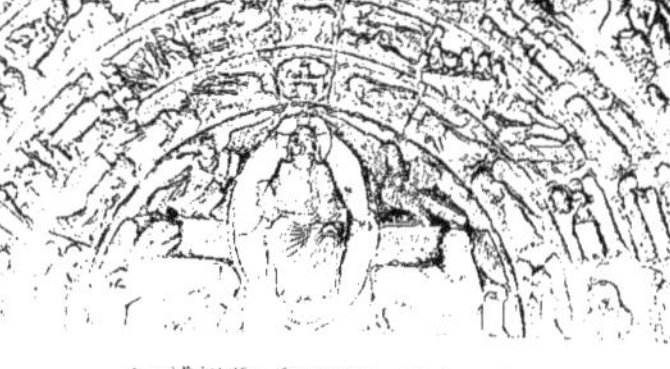

1 — ANGERS — CATHÉDRALE — Portail occidental

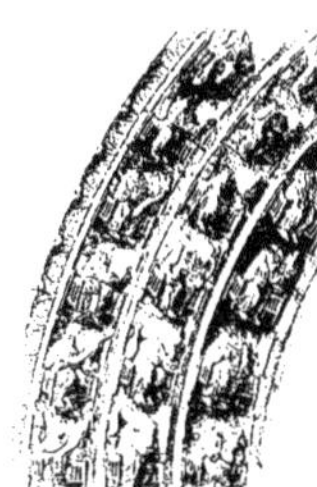

5 — ÉTAMPES — ÉGLISE NOTRE-DAME

4 — LE MANS — CATHÉDRALE — Porche méridional

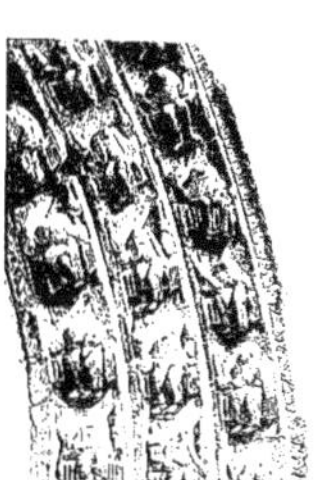

6 — ÉTAMPES — ÉGLISE NOTRE-DAME

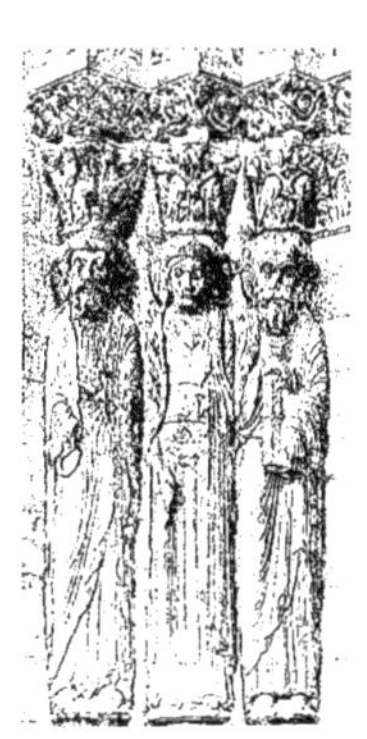

8 — ST-LOUP DE NAUD — ÉGLISE Porche occidental

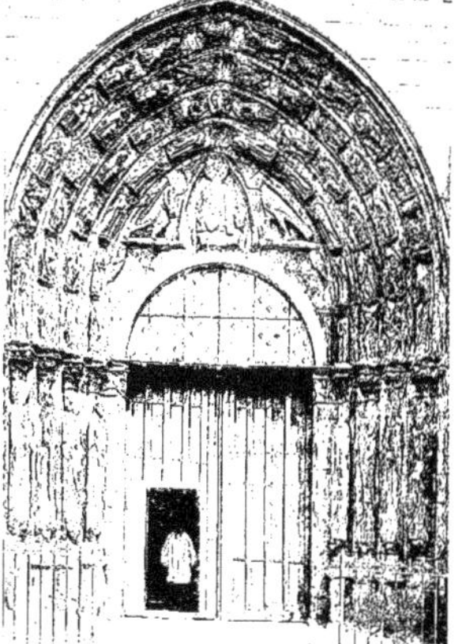
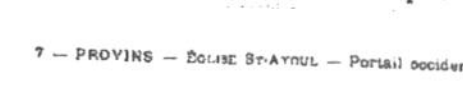

7 — PROVINS — ÉGLISE St-AYOUL — Portail occidental

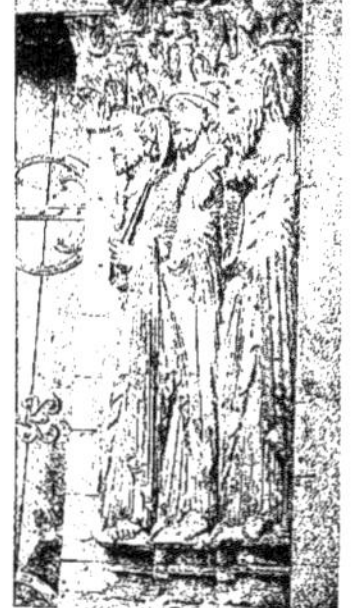

9 — ST-LOUP DE NAUD — ÉGLISE Porche occidental

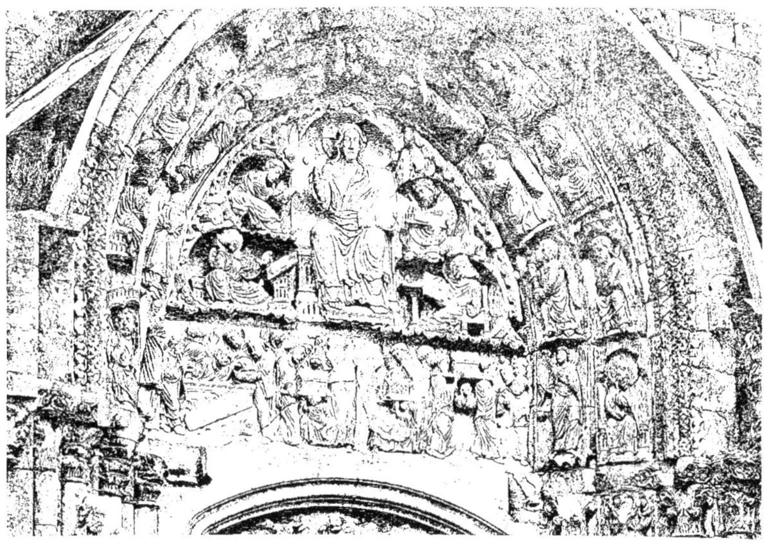

1 — St-BENOIT-SUR-LOIRE — Abbaye — Portail Intér.

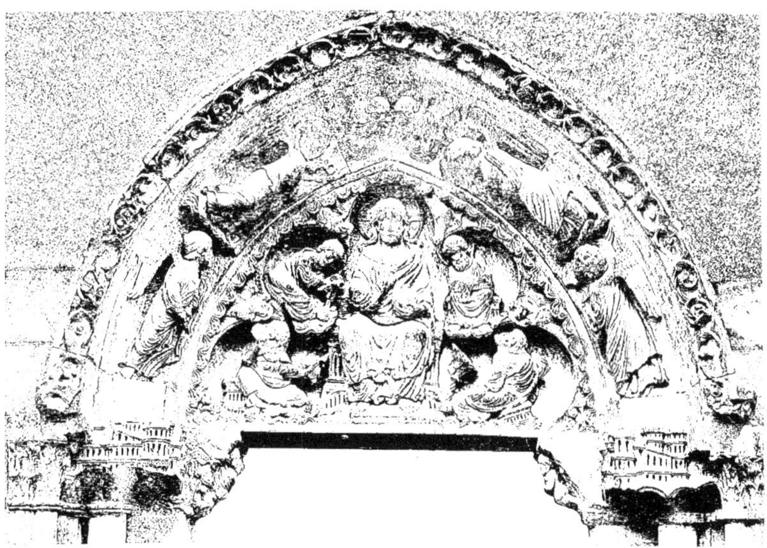

2 — St-PIERRE-LE-MOUTIER — Église — Portail Nord

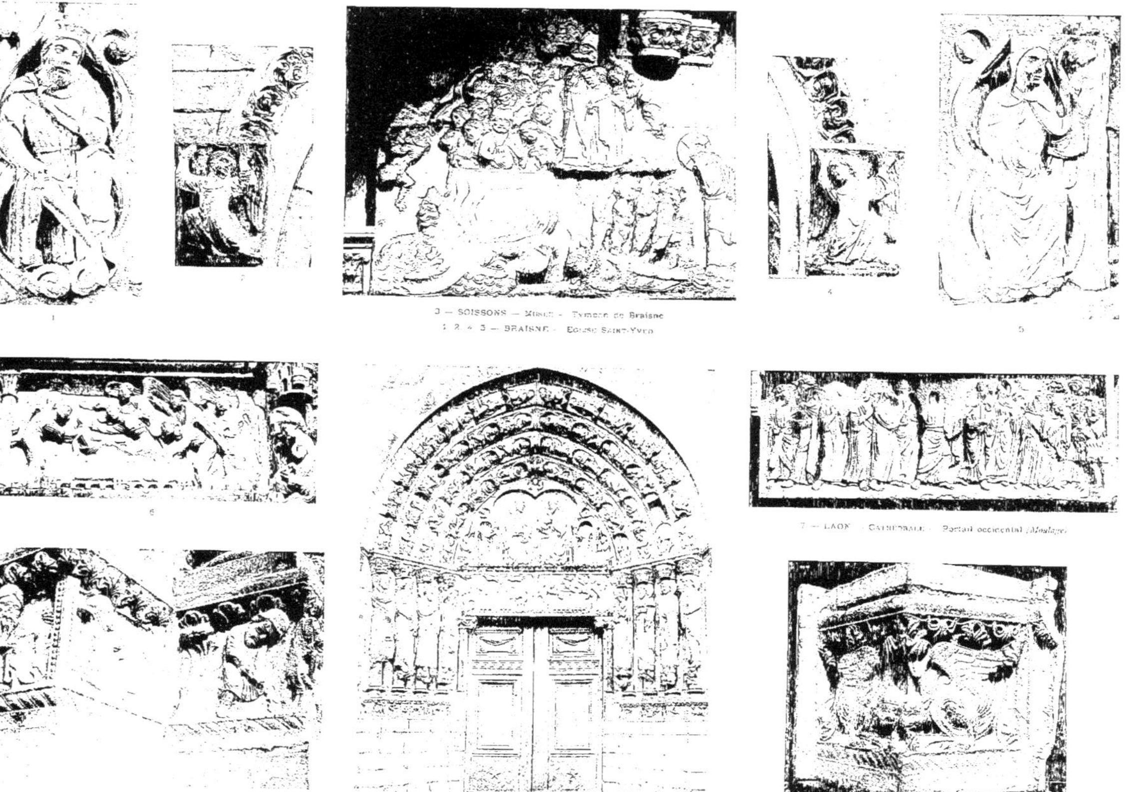

3 — SOISSONS — Musée — Tympan de Braisne
1, 2 & 3 — BRAISNE — Église Saint-Yved

7 — LAON — Cathédrale — Portail occidental (Moulage)

6, 8, 9, 10 — SENLIS — Cathédrale — Portail occidental

10, Moulage)

Imp. Phot. D. A. LONGUET

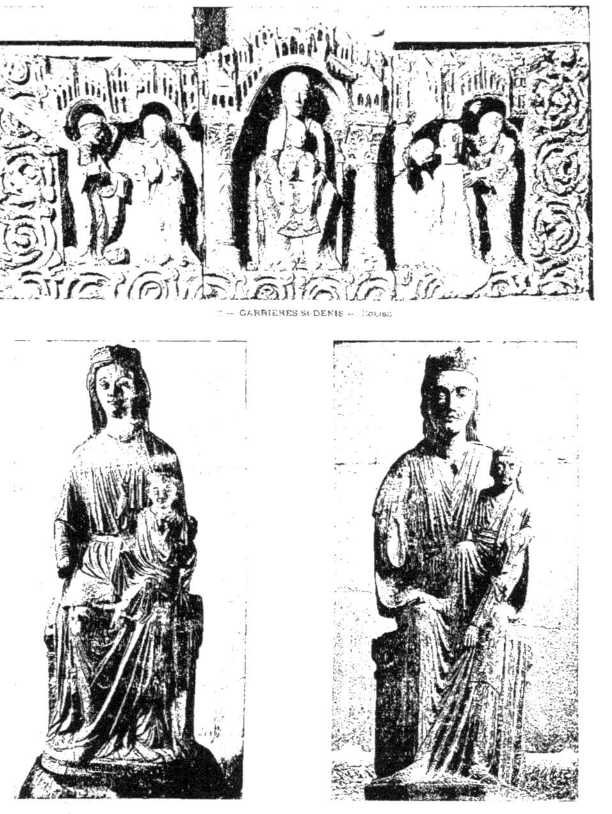

1 — REIMS — CATHÉDRALE — Porte dans le transept septentrional

2 — CARRIÈRES-ST-DENIS — Église

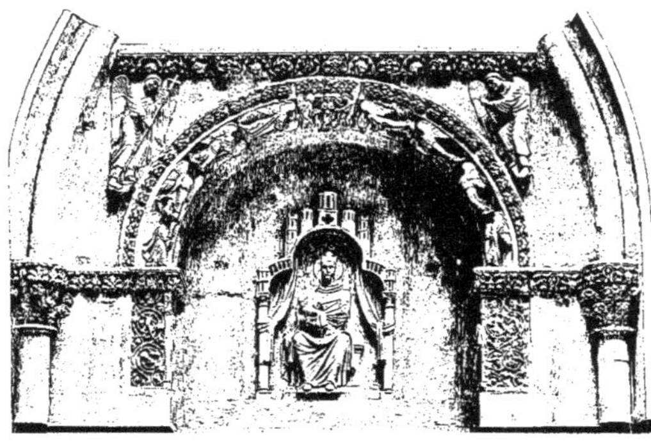

3 — MUSÉE DU LOUVRE

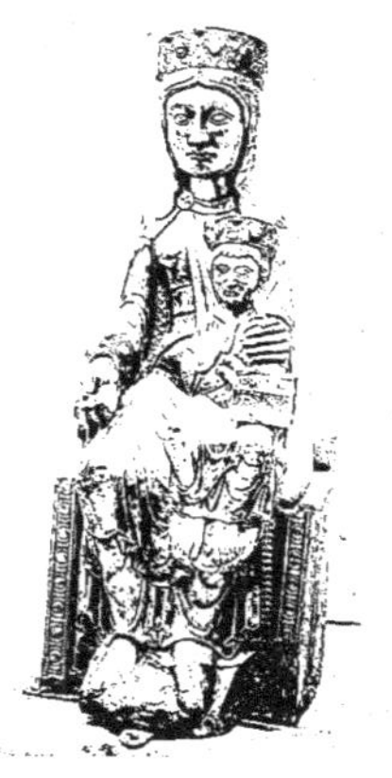

4 — BEAULIEU (Corrèze) — Église

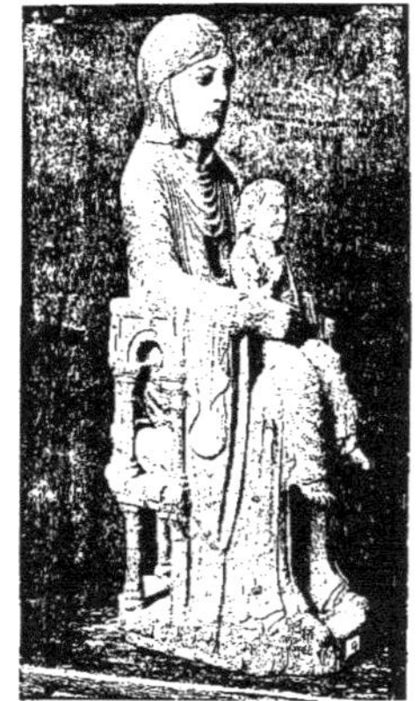

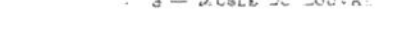

Imp. Phot. D A. LONGUET

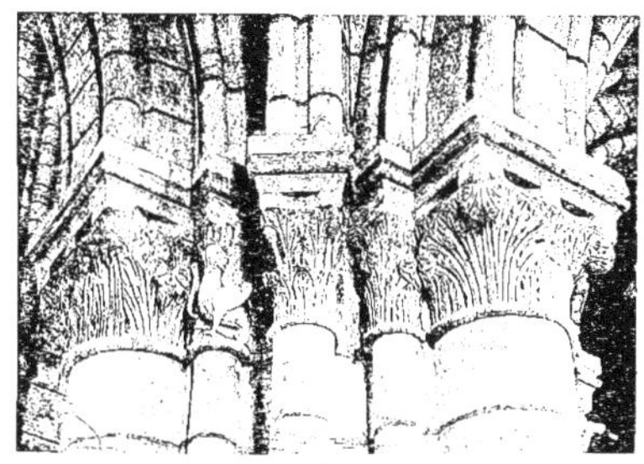 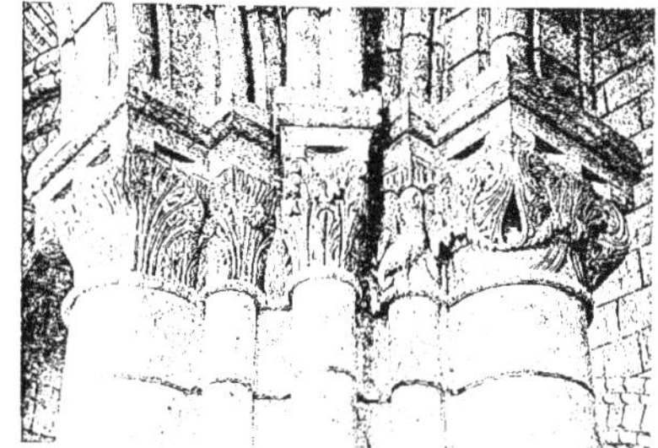

1. 2 — CHARS — ÉGLISE

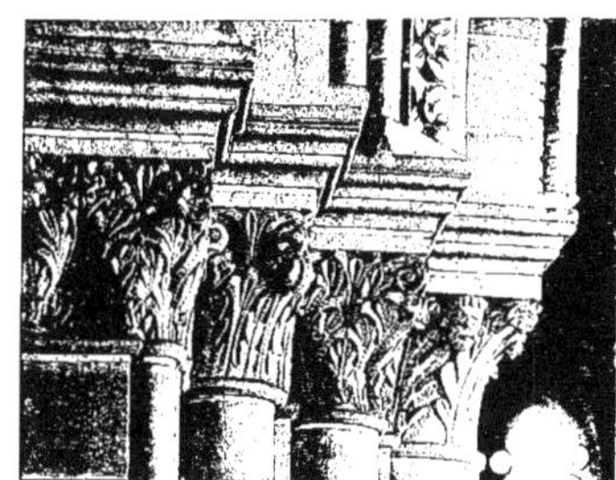 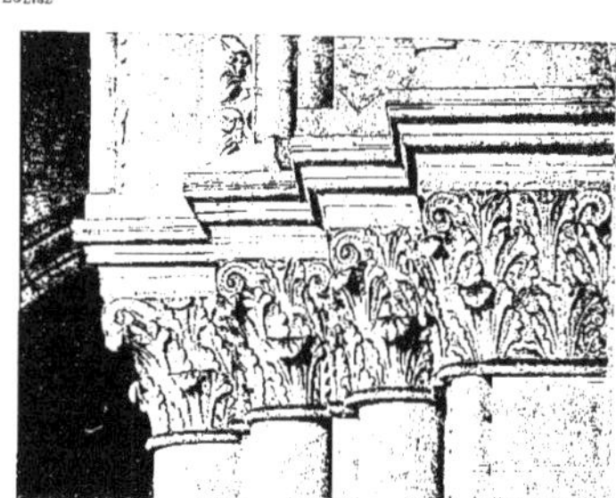

3. 4 — ANGERS — CATHÉDRALE

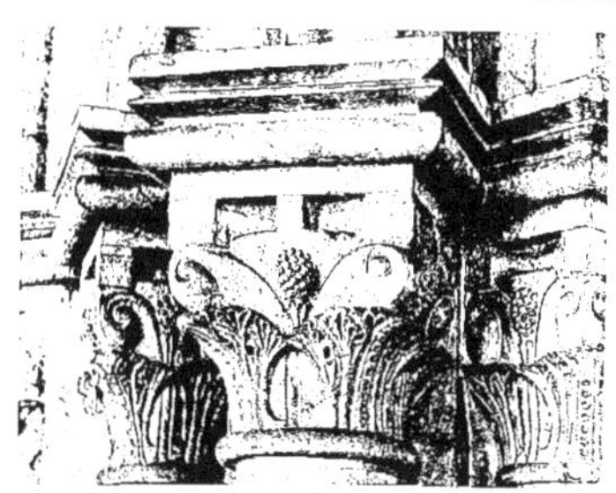 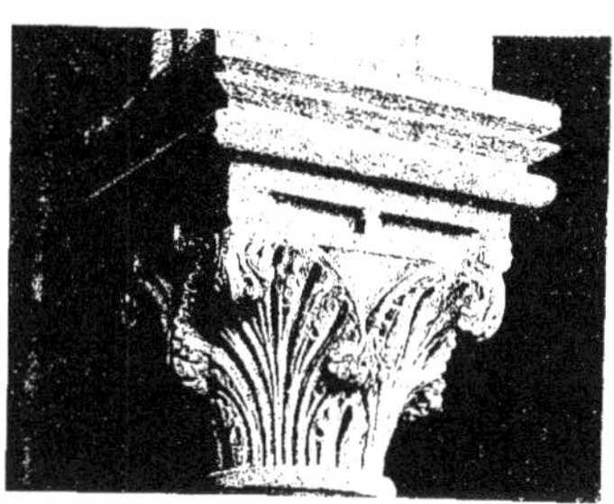

5. 6 — PARIS — CATHÉDRALE — Triforium

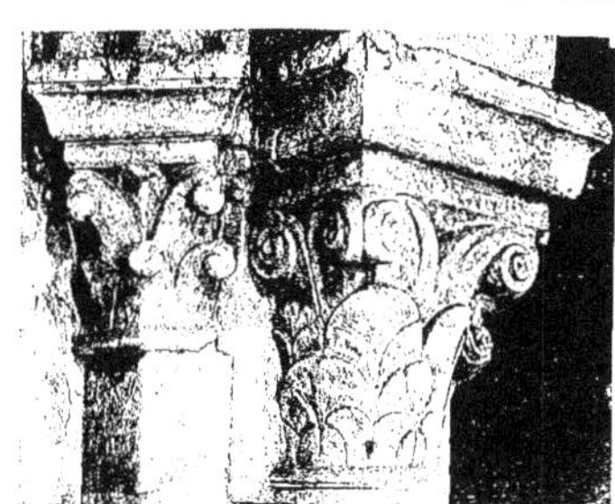 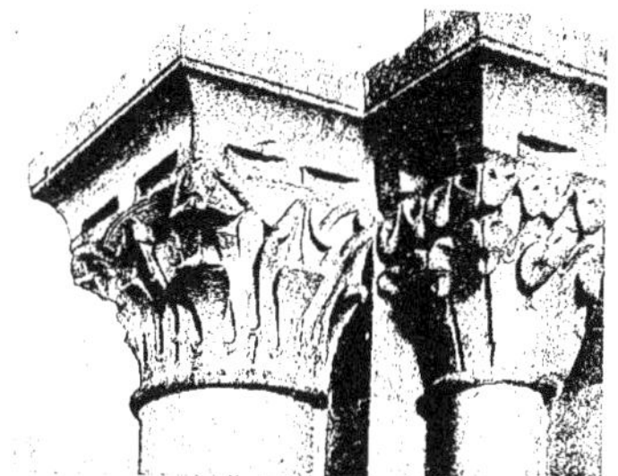

7 — NEVERS — ANCIENNE ÉGLISE St GENEST   8 — PARIS — ÉGLISE St PIERRE DE MONTMARTRE

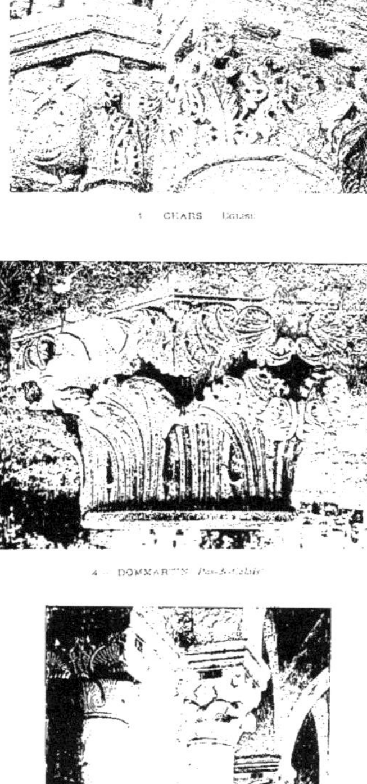

1 — CHARS — Église

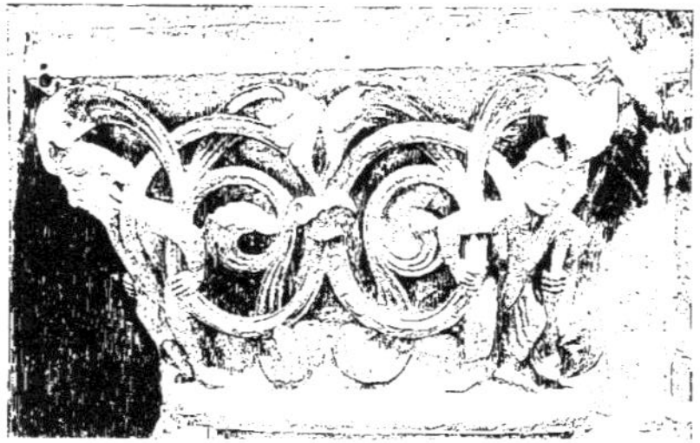

2 — LAON — Cathédrale — Montée

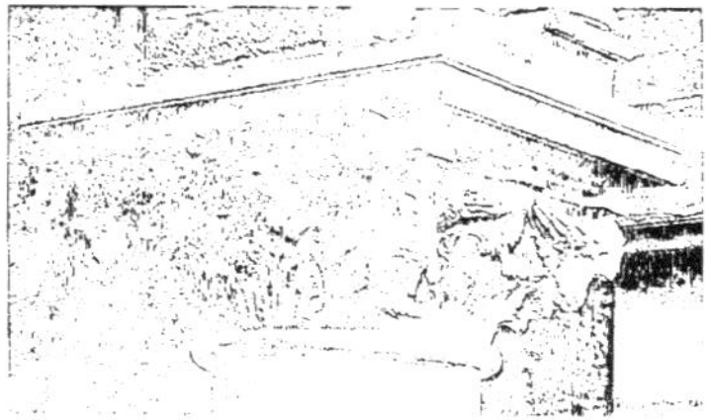

3 — PARIS — Église Notre-Dame-de-Sablon

4 — DOMMARTIN — Pas-de-Calais

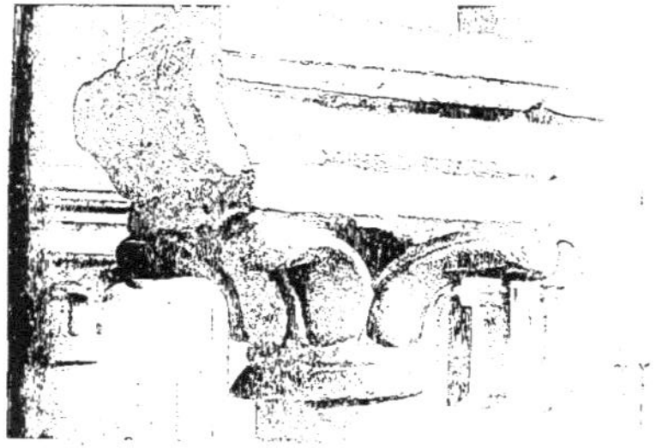

5 — BAGNEUX — Église

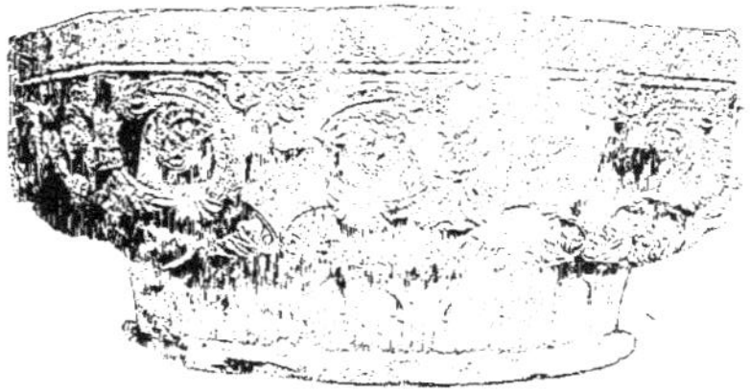

6 — DOMMARTIN — Pas-de-Calais

7 — SAINT-LOUP-DE-NAUD — Église

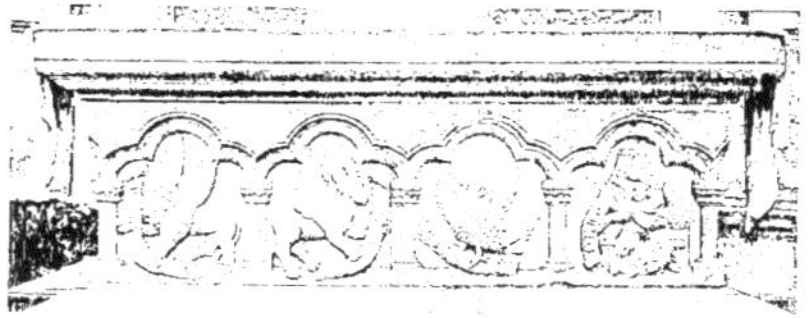

8 — AVIOTH — Meuse — Bénitier

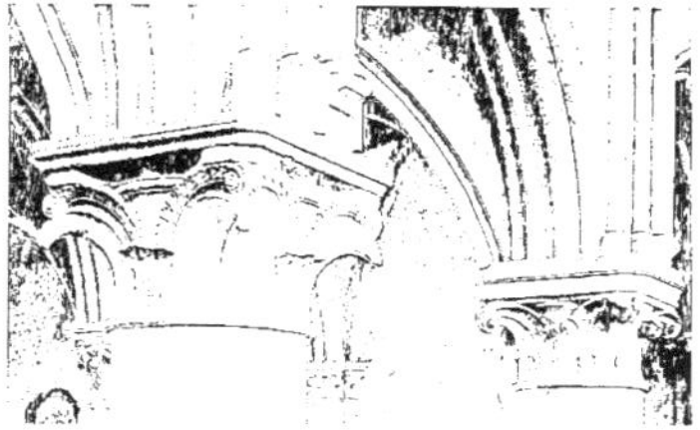

9 — REIMS — Église Saint-Remy

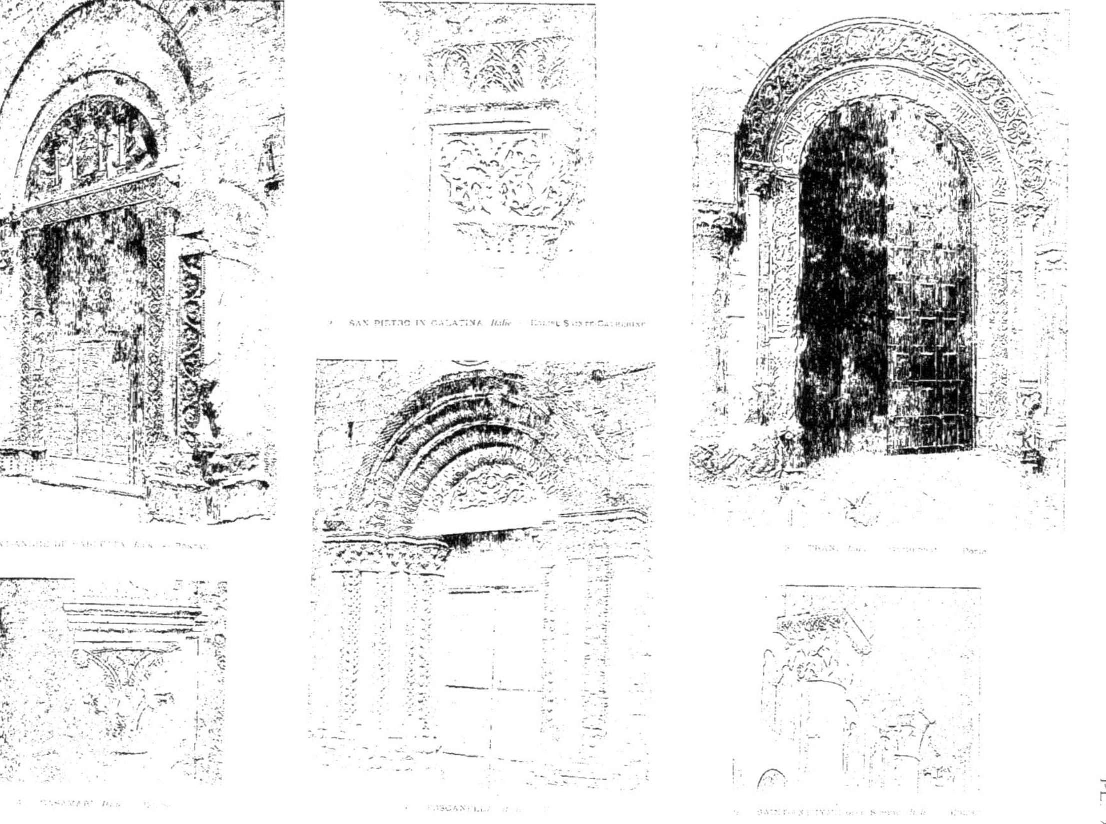

San Pietro in Galatina, Italie — Église Sainte-Catherine

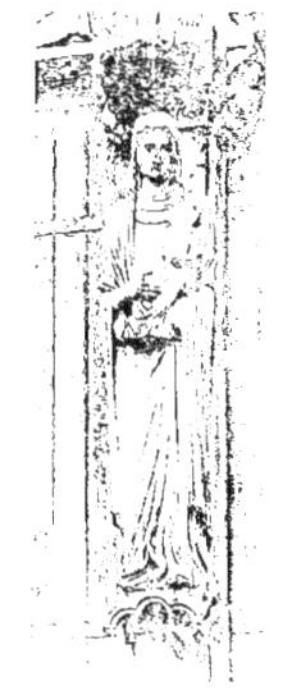

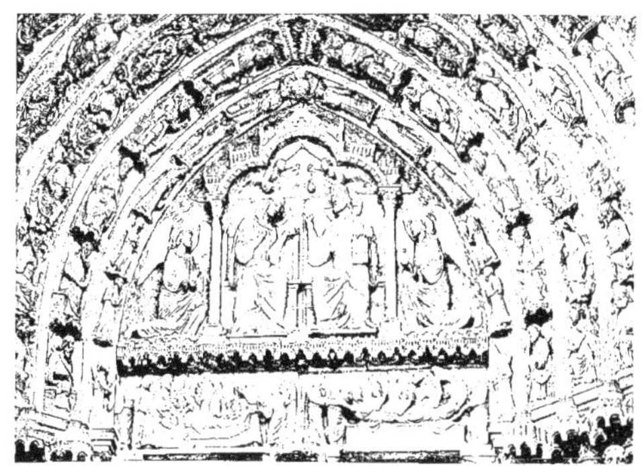

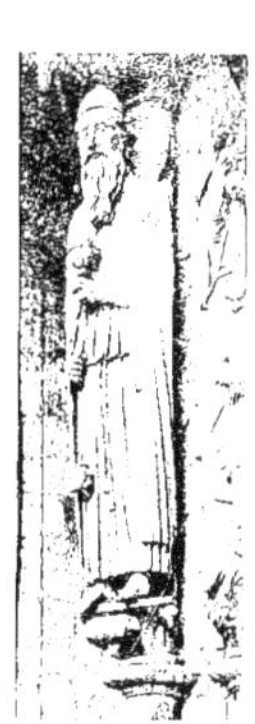

1 — Trumeau de la porte centrale — 2 — Tympan de la porte centrale — 3 — Porte centrale

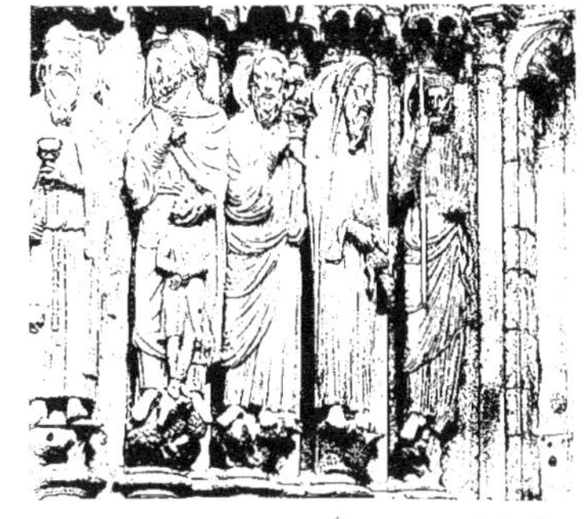

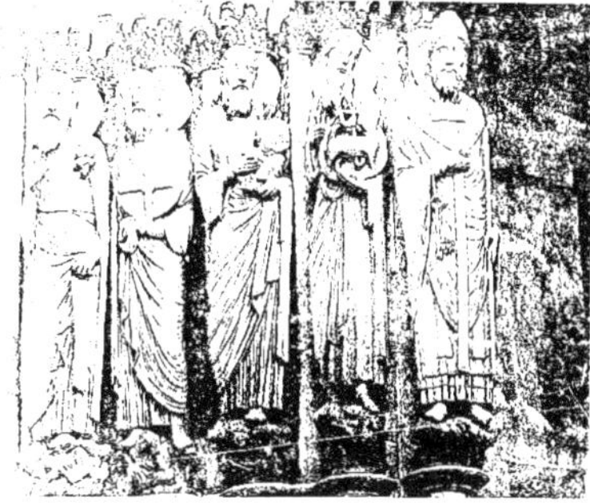

4. 5 — Ebrasements de la porte centrale

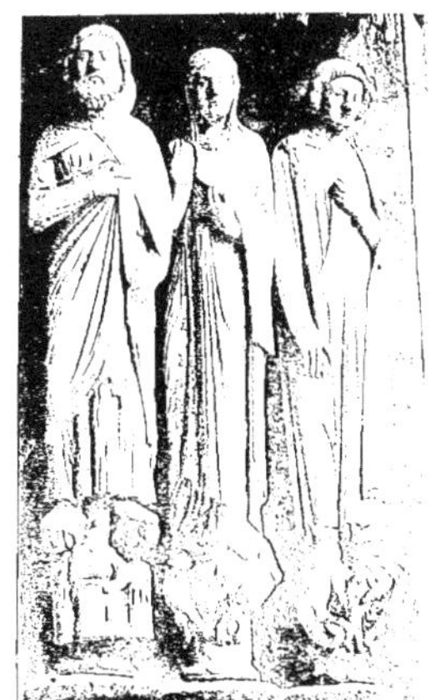

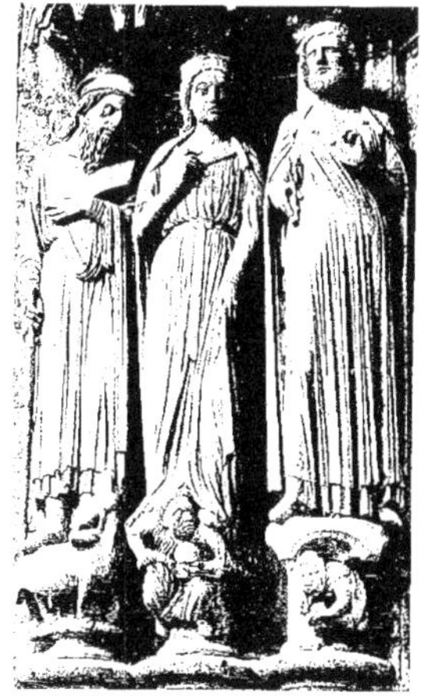

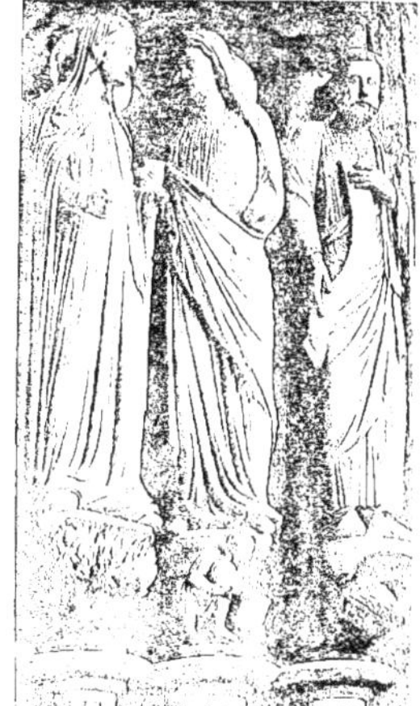

6. 7 — Ebrasements de la porte droite — 8 — Ebrasement de la porte gauche

CHARTRES — CATHÉDRALE — Porche septentrional

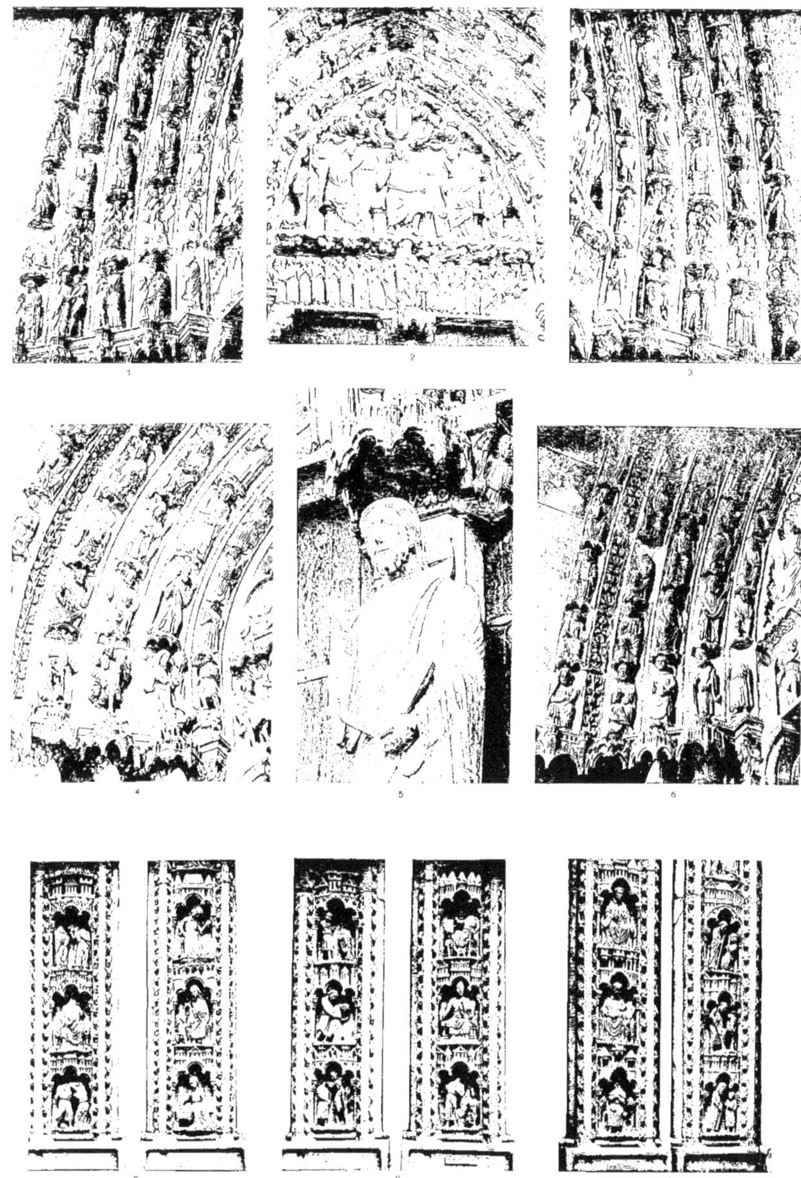

CHARTRES — CATHÉDRALE — Portail méridional

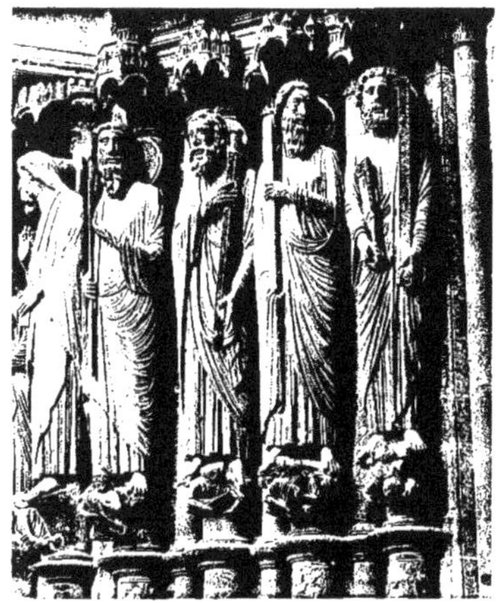

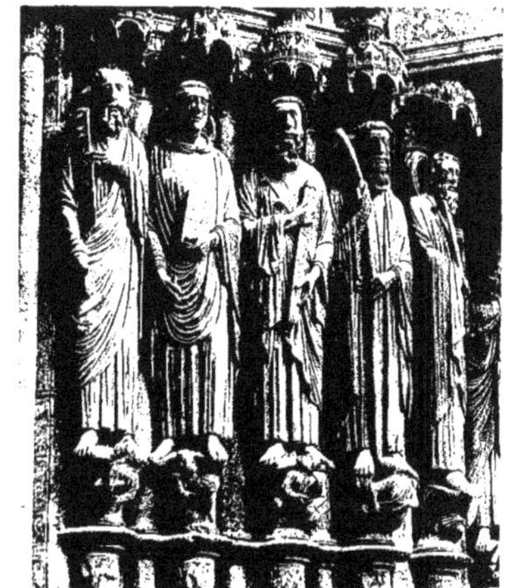

1. 2 — Porte centrale

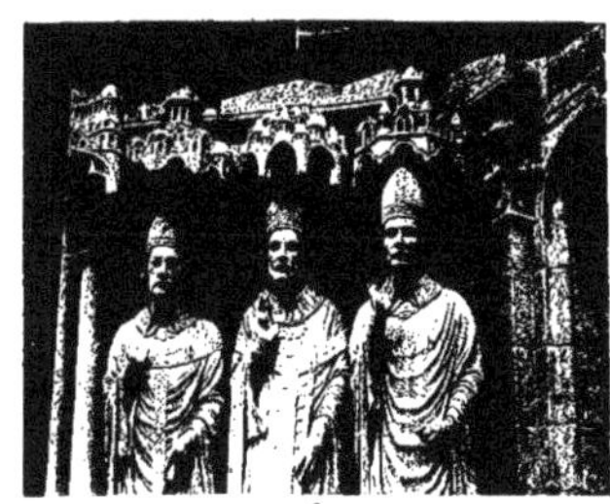

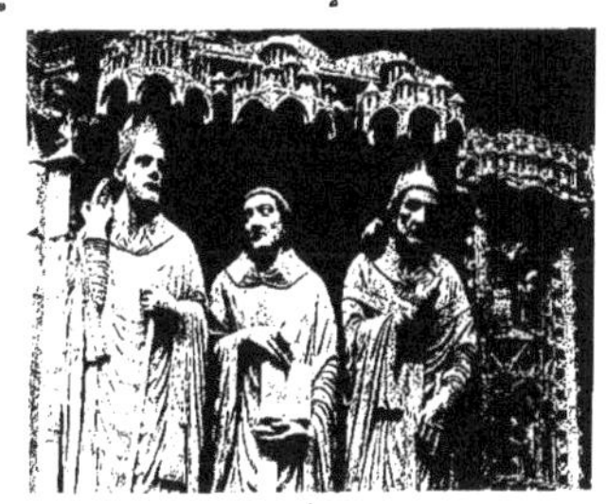

3. 4 — Porte droite

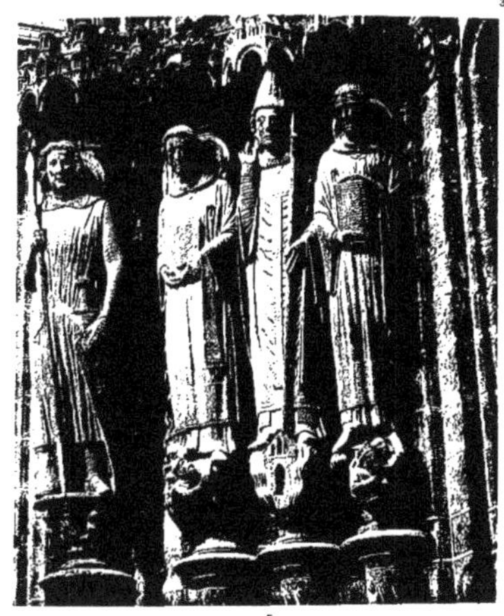

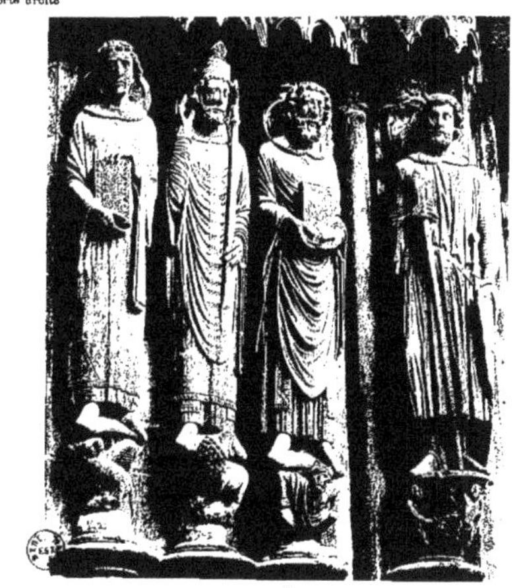

5. 6 · Porte gauche

CHARTRES — CATHÉDRALE — Portail méridional

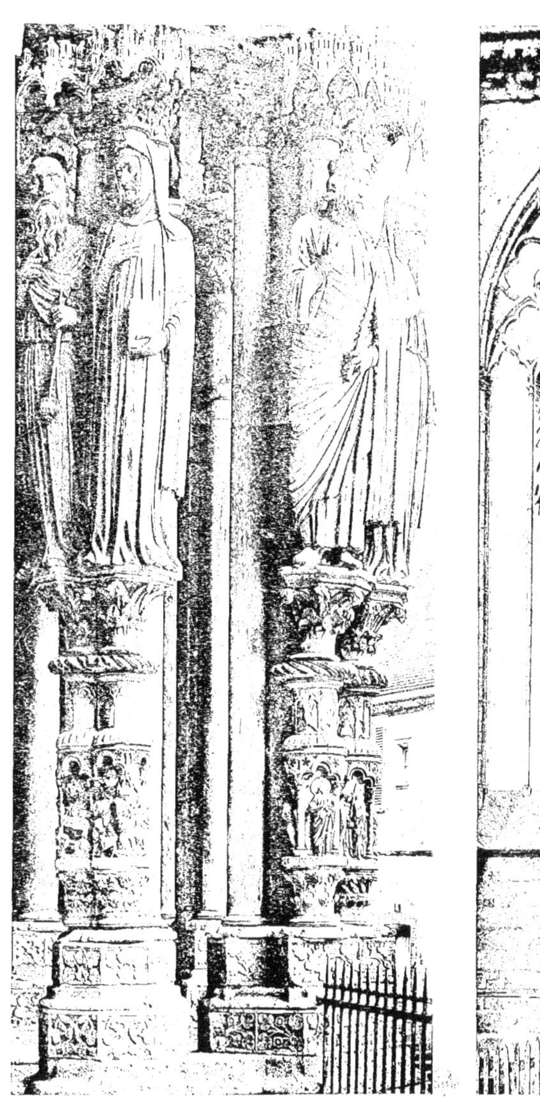

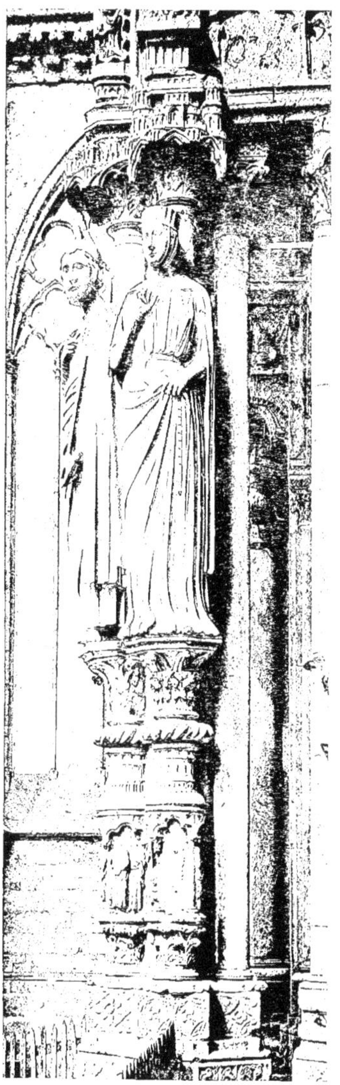

1. 2 — CHARTRES — Cathédrale — Porche Nord

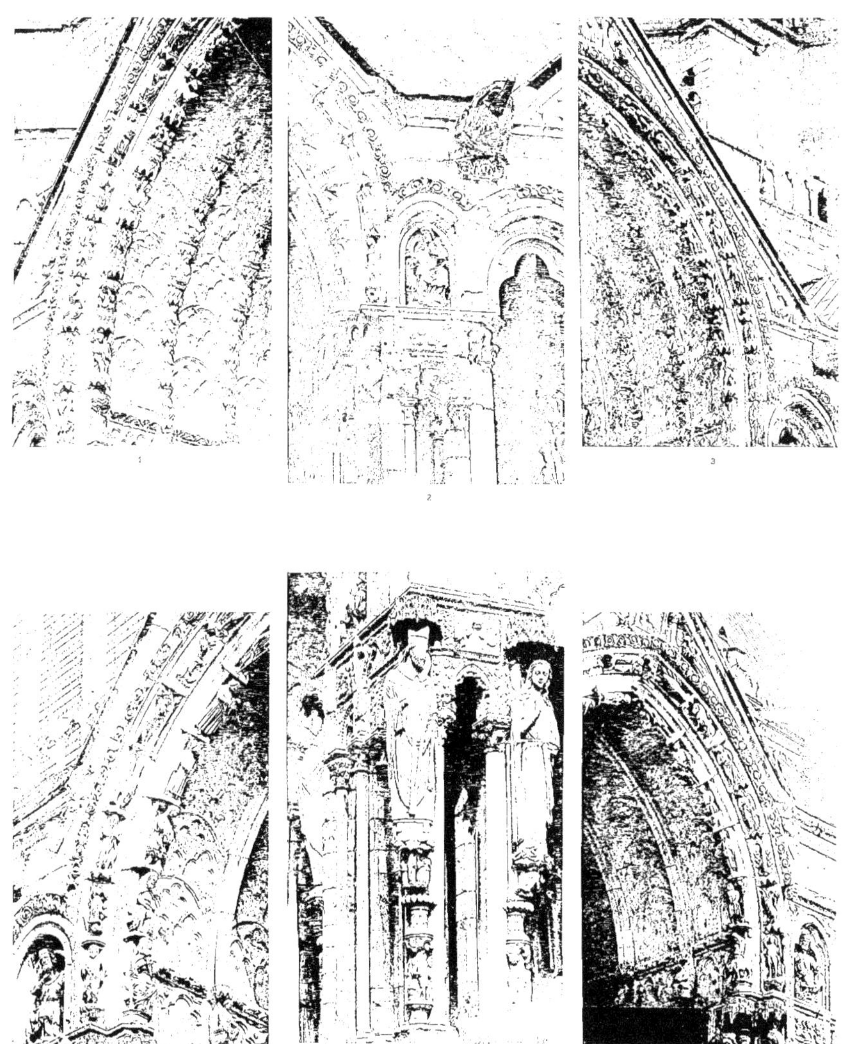

CHARTRES — Cathédrale — Porche septentrional

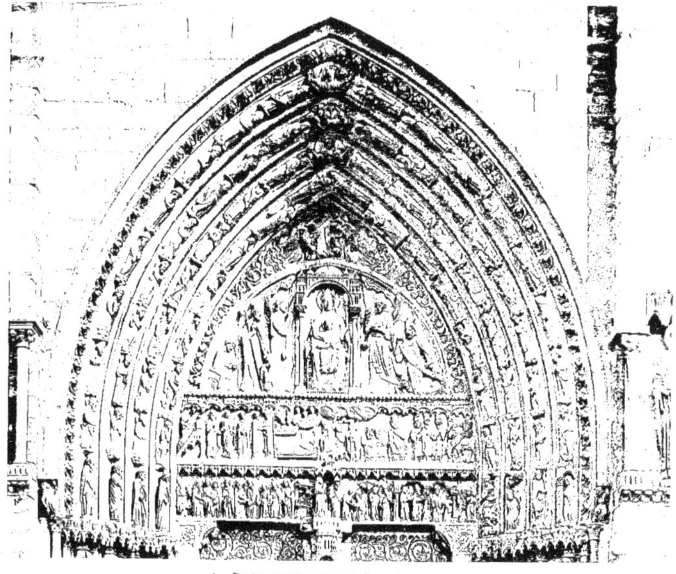

1 — TYMPAN ET VOUSSURES DE LA PORTE SAINTE-ANNE

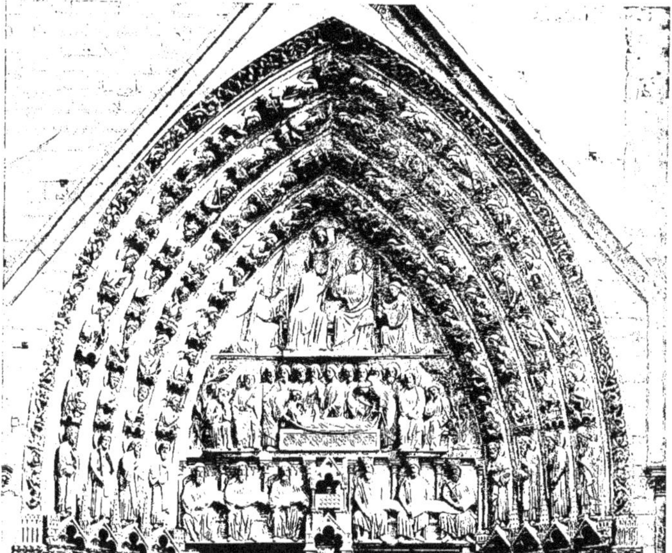

2 — TYMPAN ET VOUSSURES DE LA PORTE DE LA VIERGE

Imp. Phot. D.A LONGUET

PARIS — CATHÉDRALE — Portail occidental

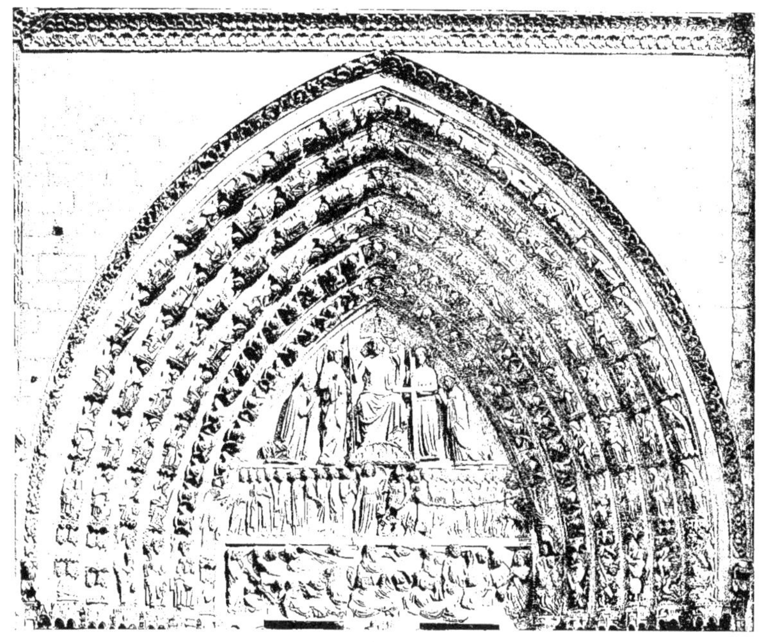

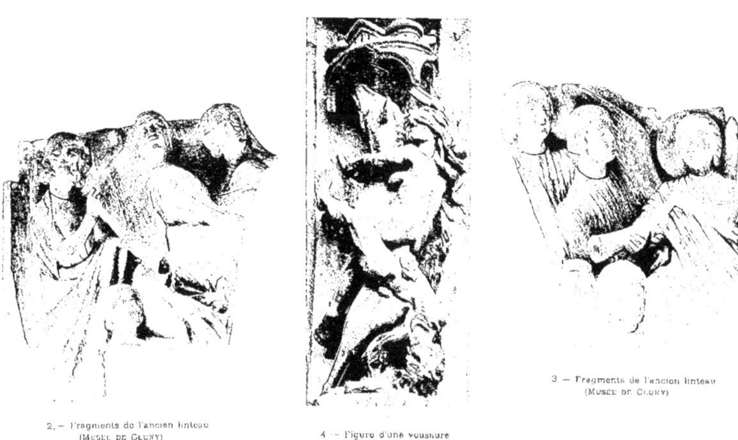

2.— Fragments de l'ancien linteau
(MUSÉE DE CLUNY)

4 — Figure d'une voussure

3 — Fragments de l'ancien linteau
(MUSÉE DE CLUNY)

Imp Phot D A LONGUET   1.2.3 4 — PARIS — CATHÉDRALE — Porte centrale

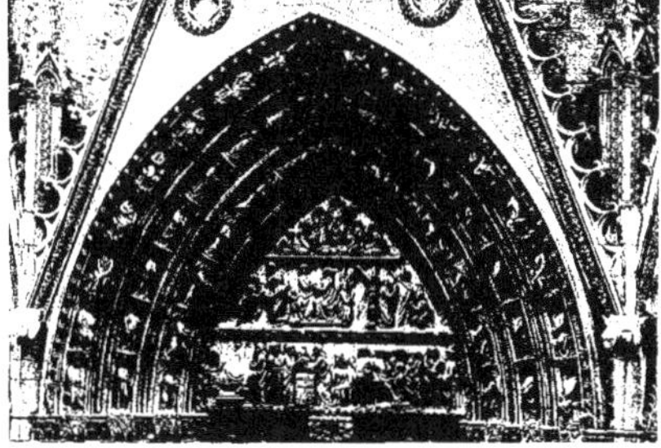

1 - Portail septentrional

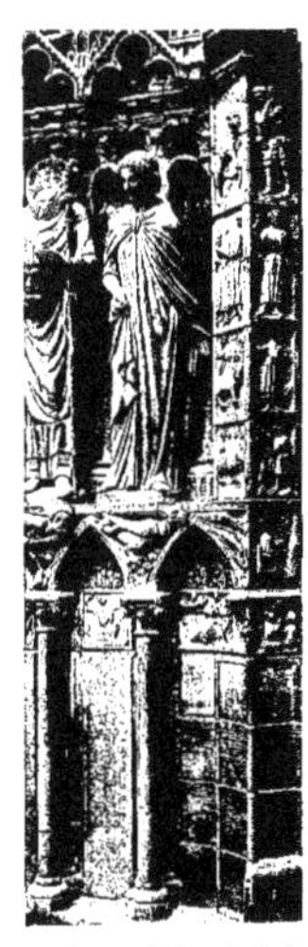

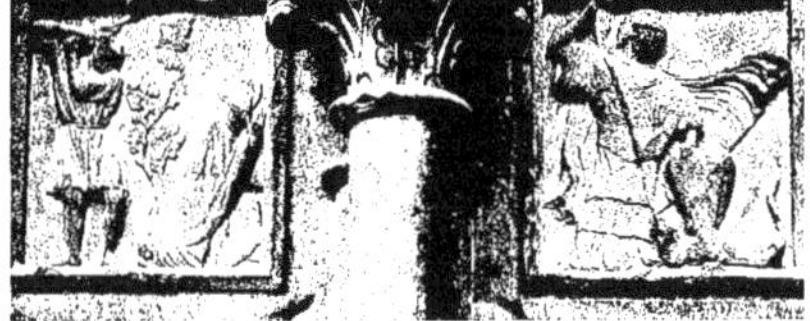

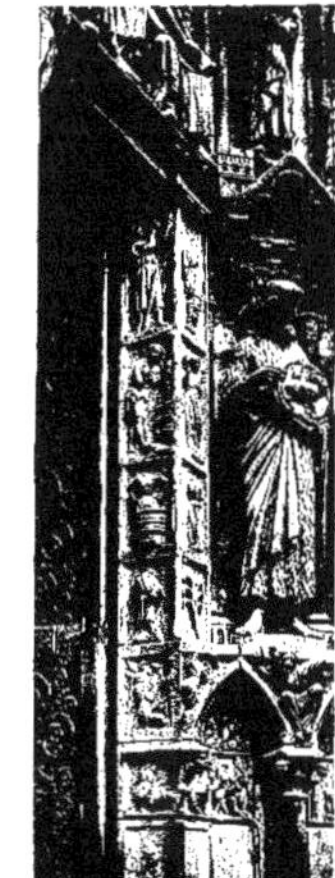

2. — Montant de la porte gauche

3 — Soubassement de la porte gauche

4 — Montant de la porte gauche

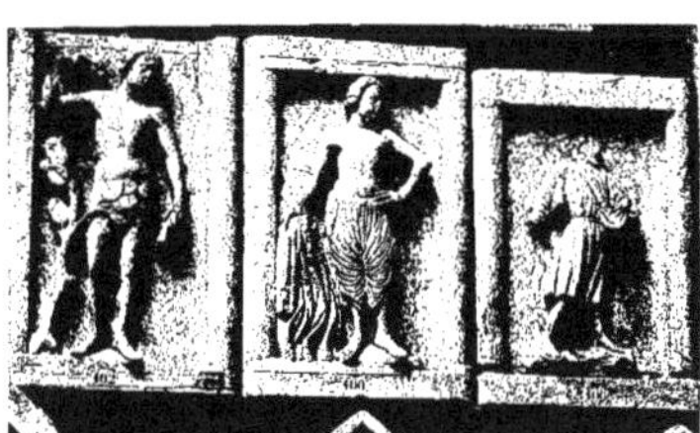

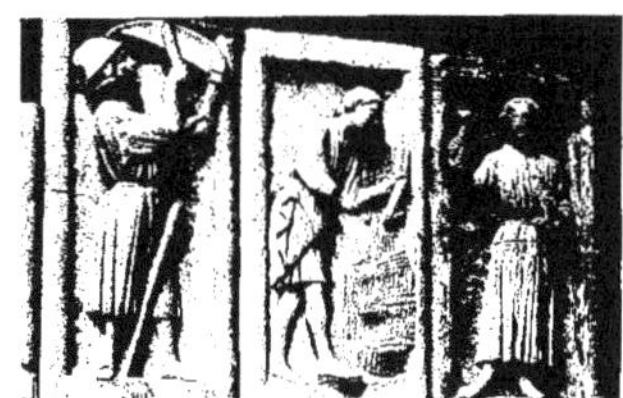

5

6

5. 6 — Montants de la porte gauche (Moulages).

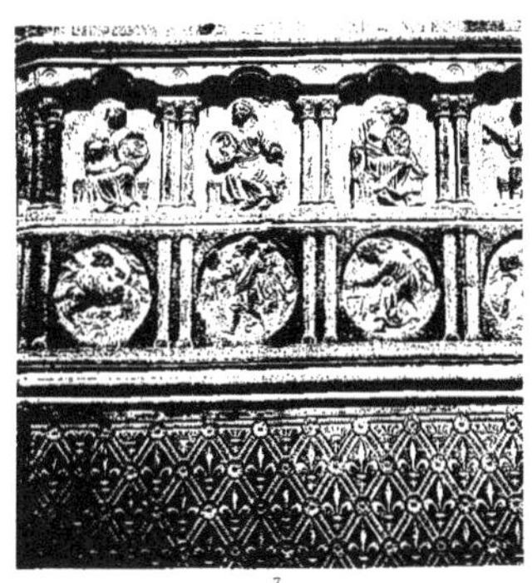

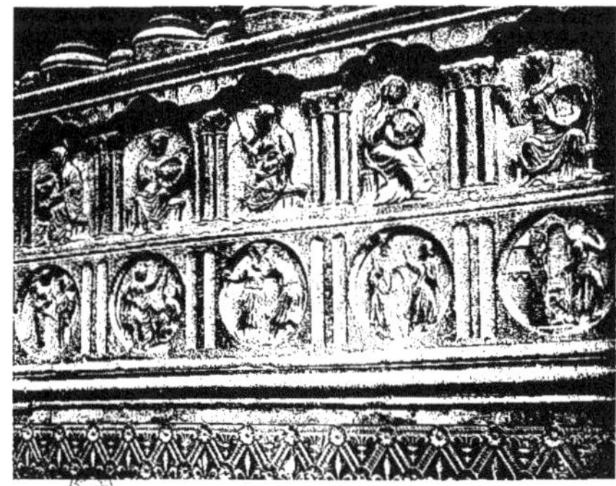

7

8

2. 3. 4. 5. 6. 7. 8 — Portail occidental

7. 8 — Soubassement de la porte centrale

PARIS — CATHÉDRALE

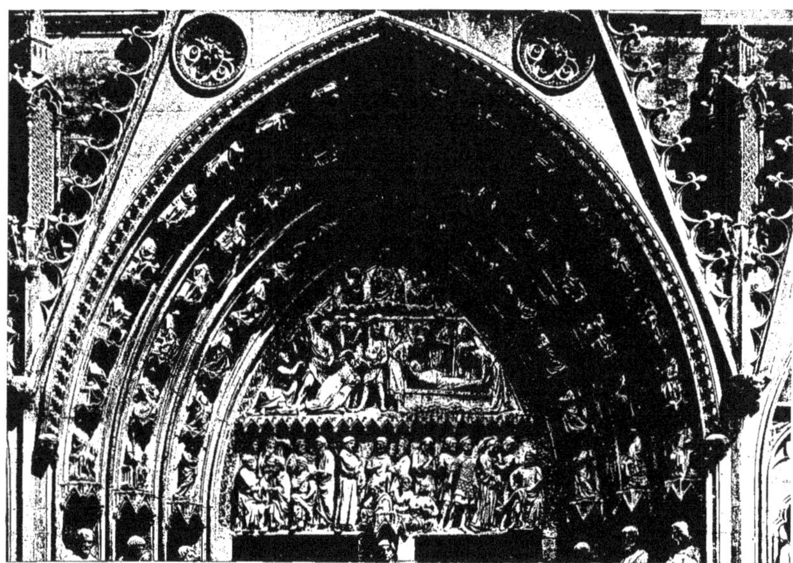

1 — TYMPAN

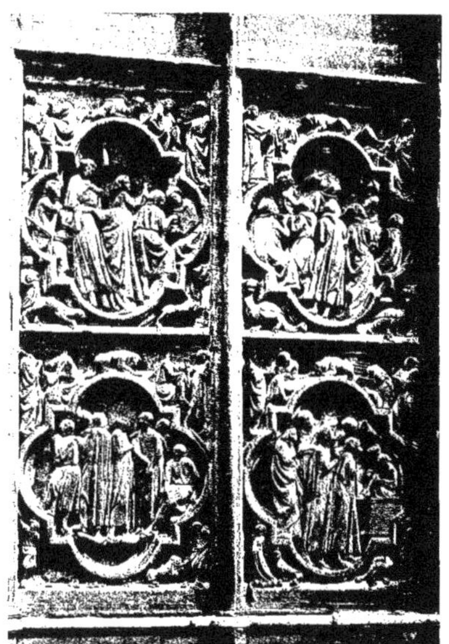

2. 3 — SOUBASSEMENT DU PORTAIL.

PARIS — CATHÉDRALE — Portail méridional

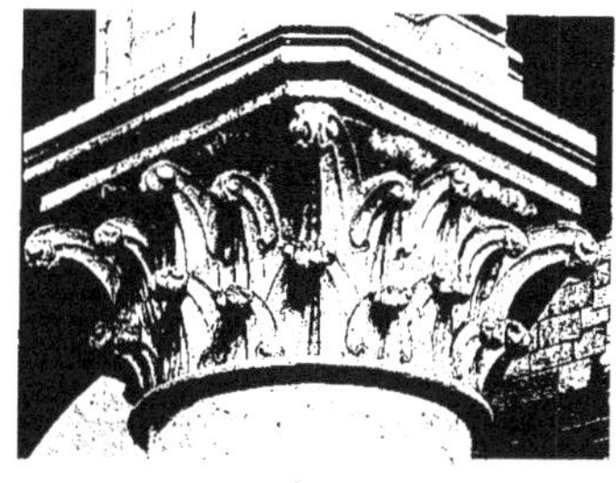

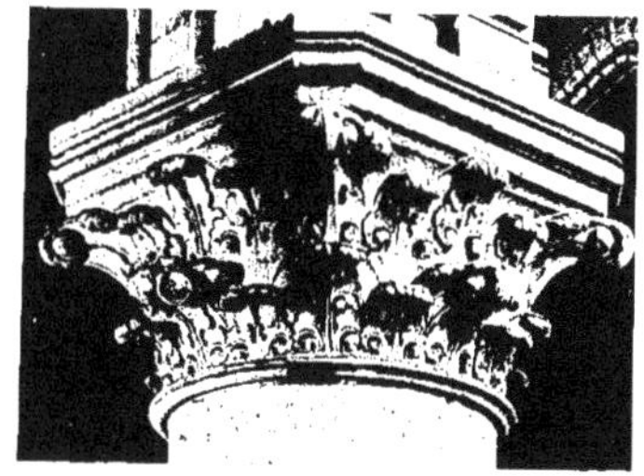

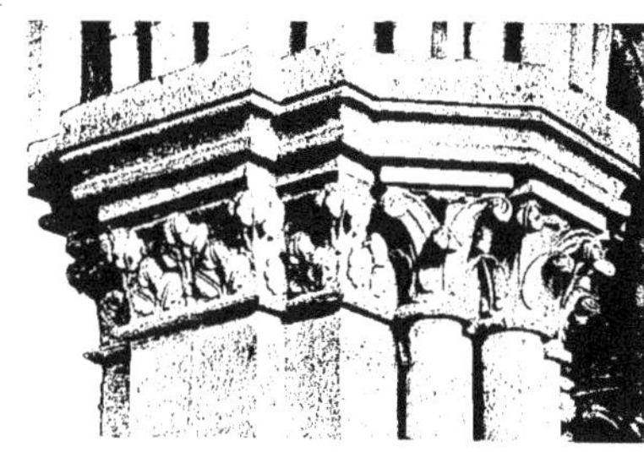

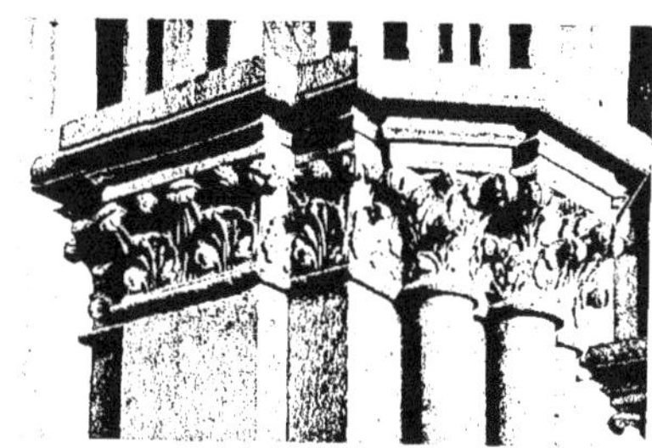

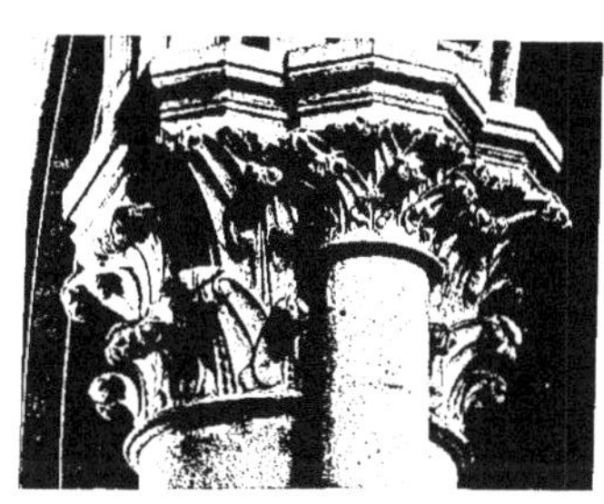

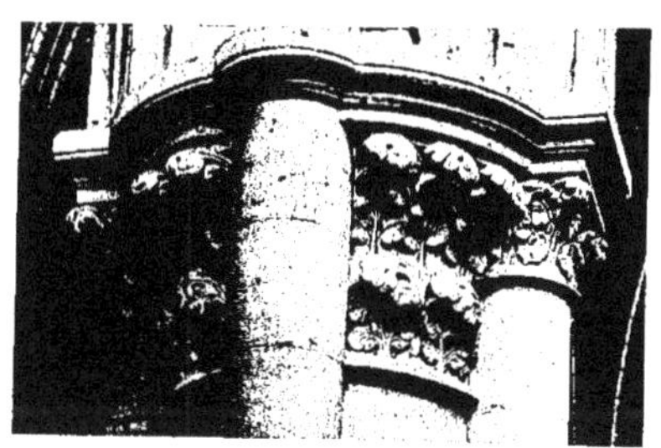

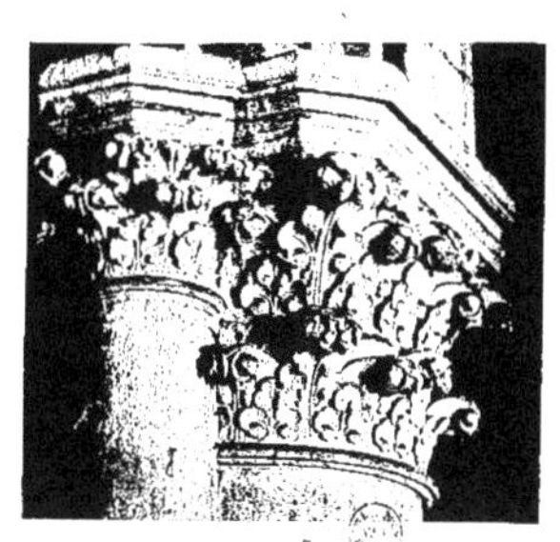

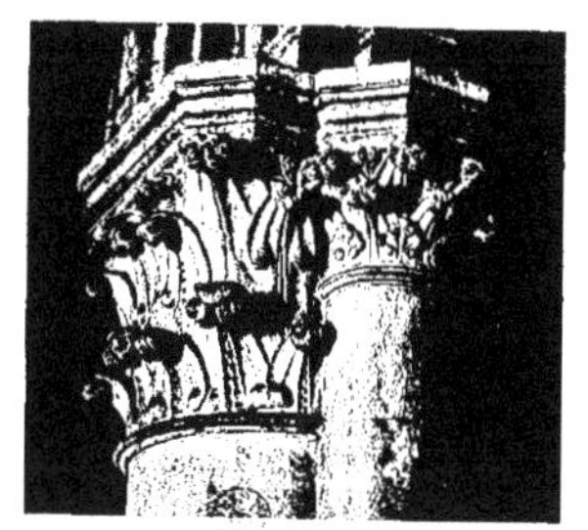

PARIS — CATHÉDRALE — Chapiteaux du chœur et de la nef

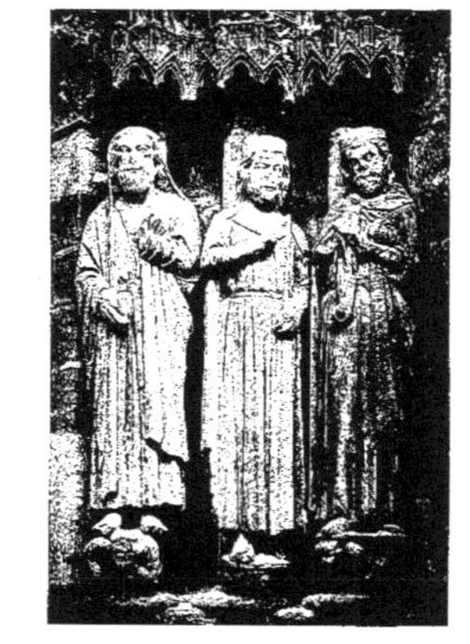

1. — VILLENEUVE-L'ARCHEVÊQUE — Église
Portail septentrional

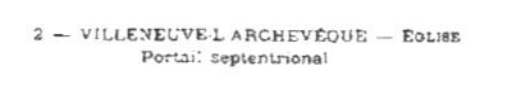

3 — CHARTRES — Musée

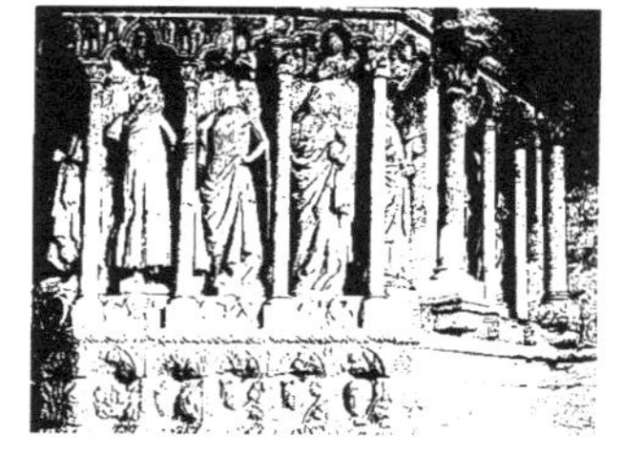

2 — VILLENEUVE-L'ARCHEVÊQUE — Église
Portail septentrional

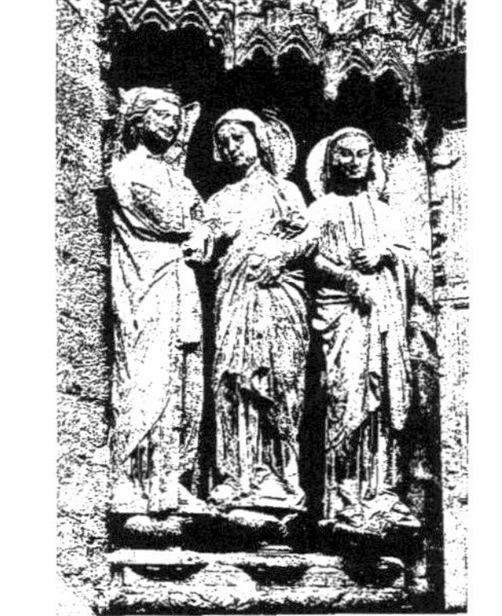

4 — CANDES — Église — Porche septentrional

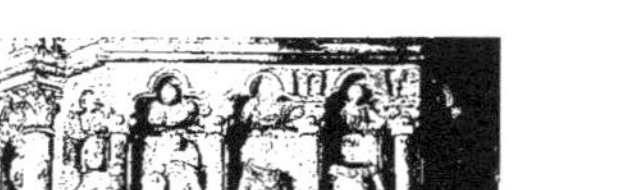

6 — SENS — Cathédrale — Façade occidentale
Trumeau de la porte centrale

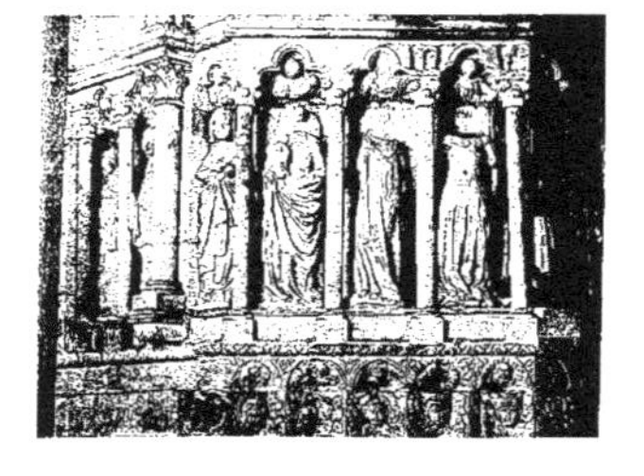

7 — BOURGES — Cathédrale — Porche septentrional

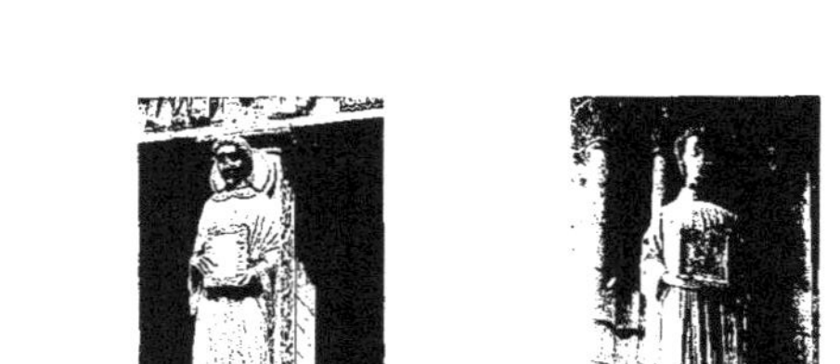

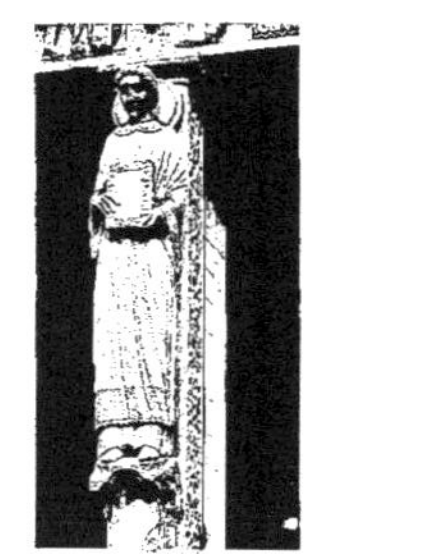

5 — CANDES — Église — Porche septentrional

Imp. Phot. D.A. LONGUET

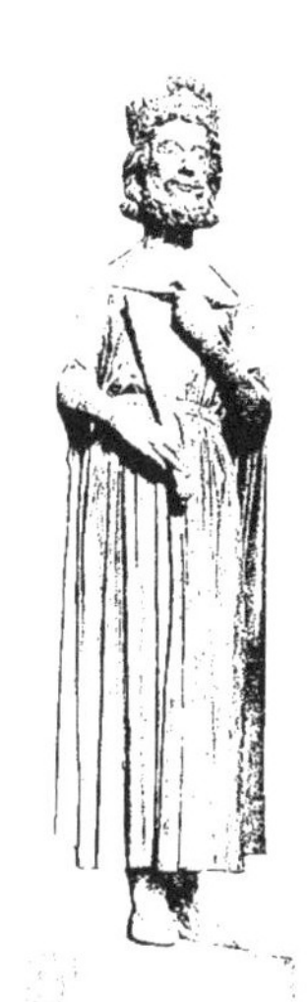

1 — MUSÉE DU LOUVRE

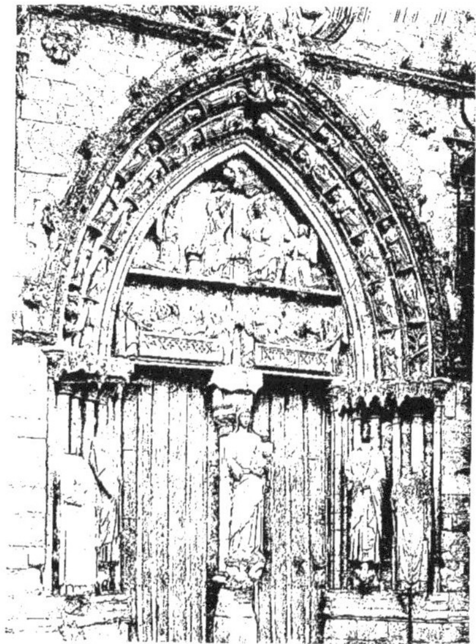

2 — LONGPONT — Église — Portail occidental

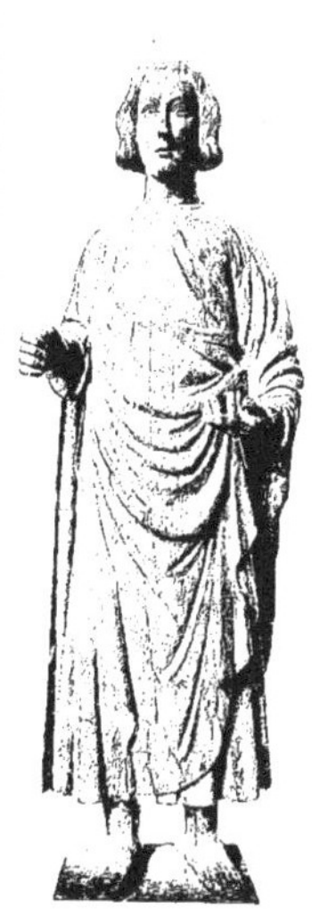

3 — MUSÉE DU LOUVRE

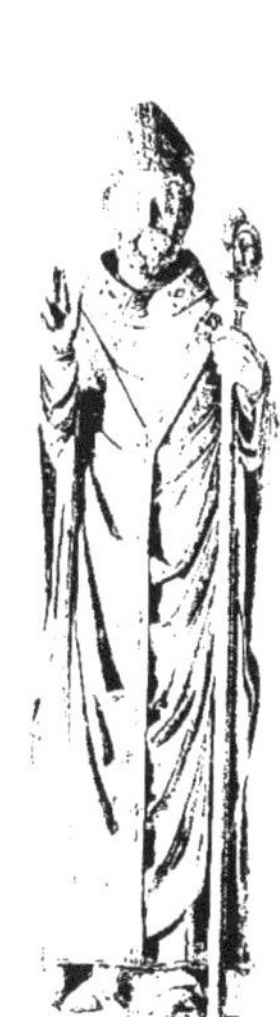

4 — S^t-LEU D'ESSERENT — Église

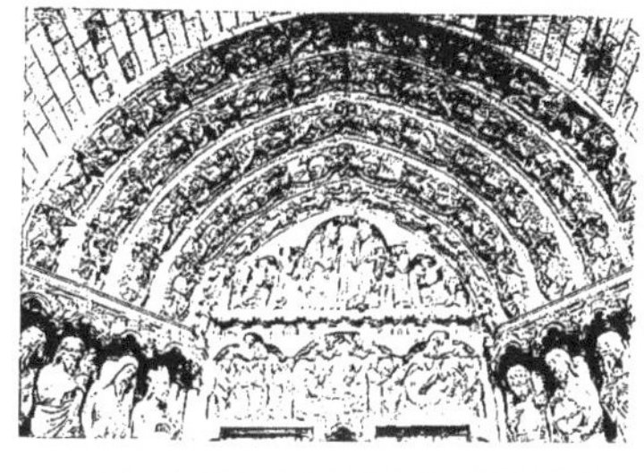

5 — LAON — Cathédrale — Portail occidental — Porte centrale

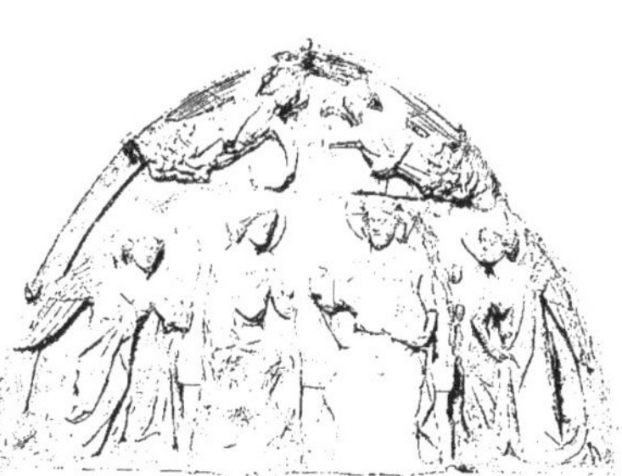

6 — TROYES — Musée

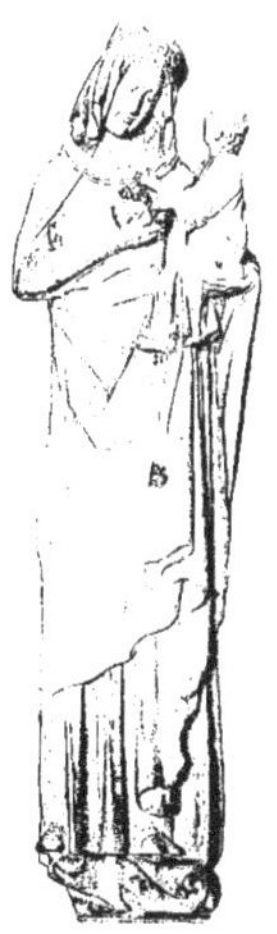

7 — PONTOISE — Église Notre-Dame

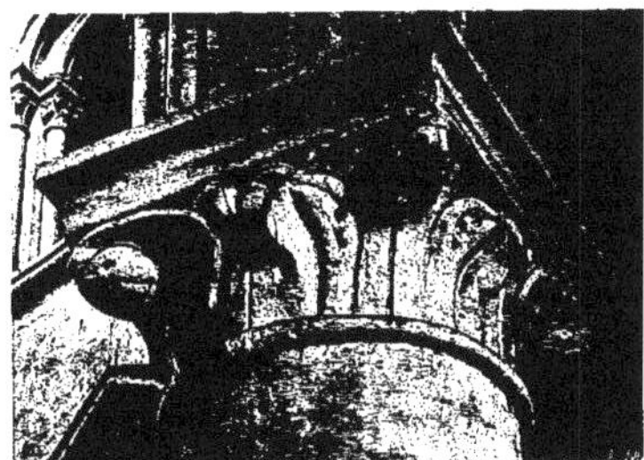
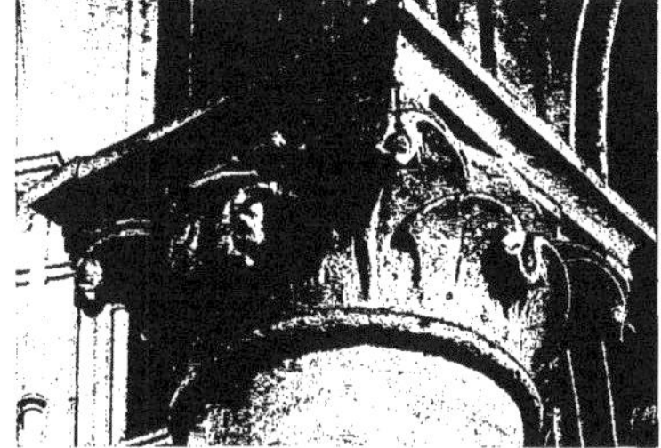

1. 2 — PROVINS — Église Saint-Quiriace

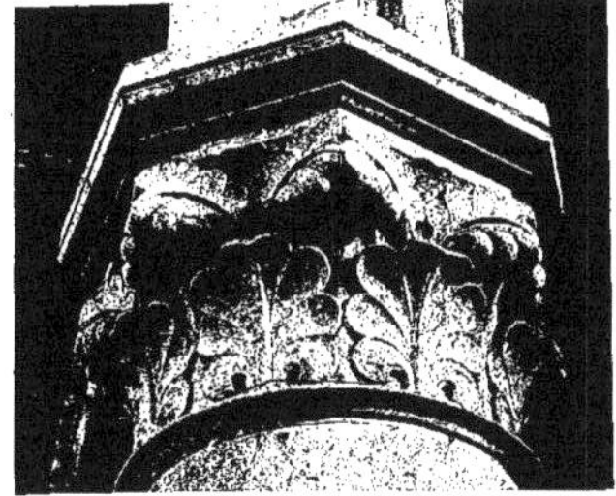
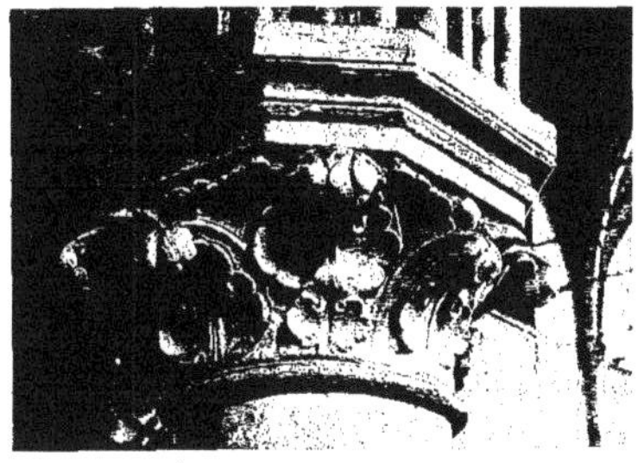

3 — MORET-SUR-LOING — Église

4 — CHENNEVIÈRES — Église

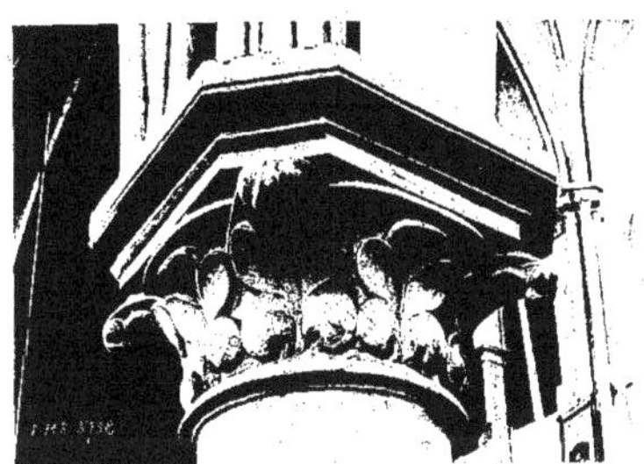
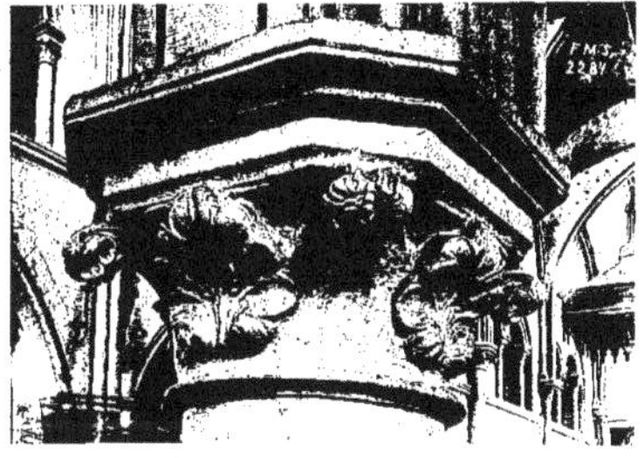

5 — CRÉTEIL — Église

6 — BAGNEUX — Église

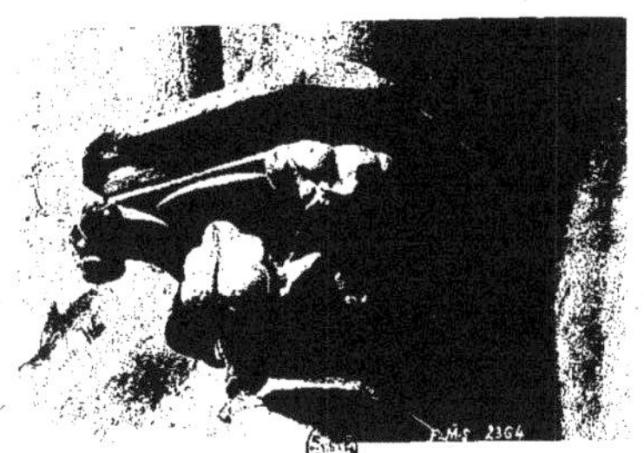
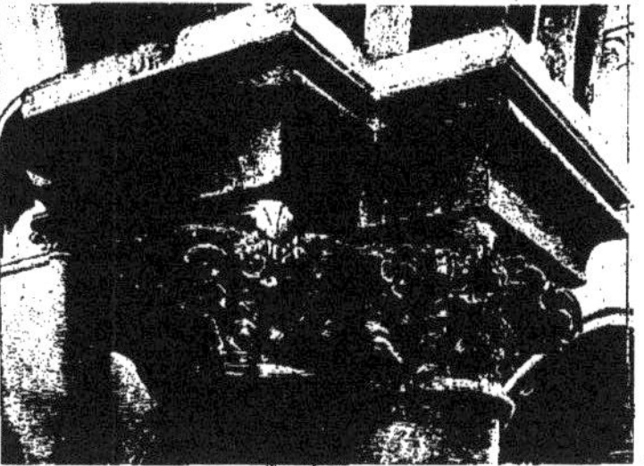

7 — PROVINS — Église Saint-Quiriace

8 — BAGNEUX — Église

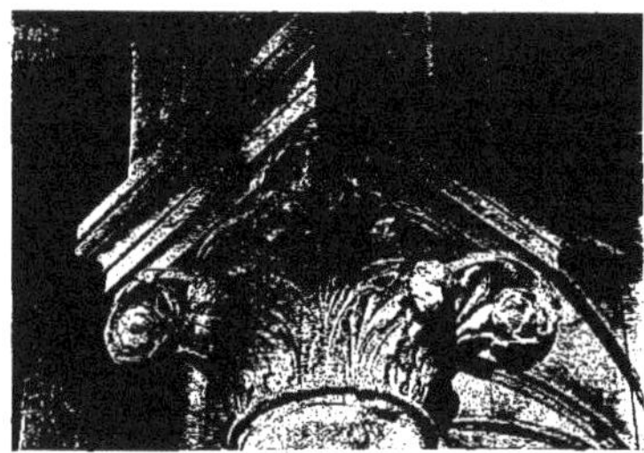

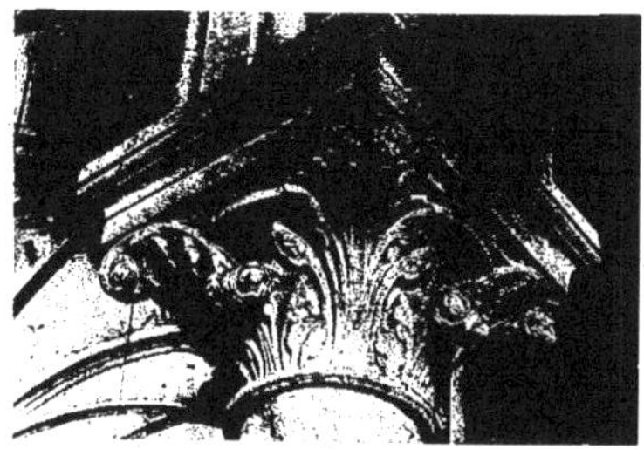

1. 2 — SAINT-LEU D'ESSERENT — ÉGLISE

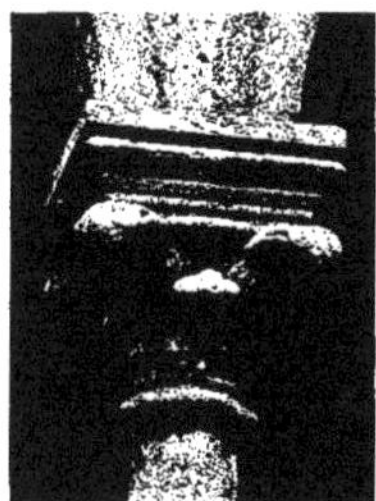

3 — CLOITRE

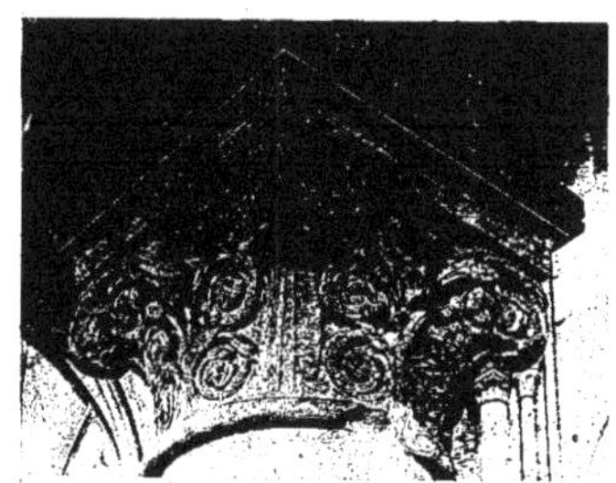

4 — ÉGLISE

3 — 4 — 5 — SAINT-LEU D'ESSERENT

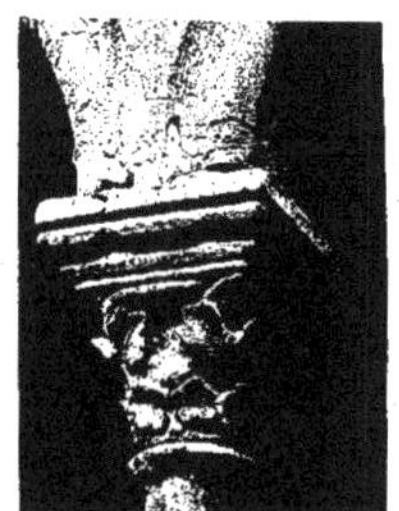

5 — CLOITRE

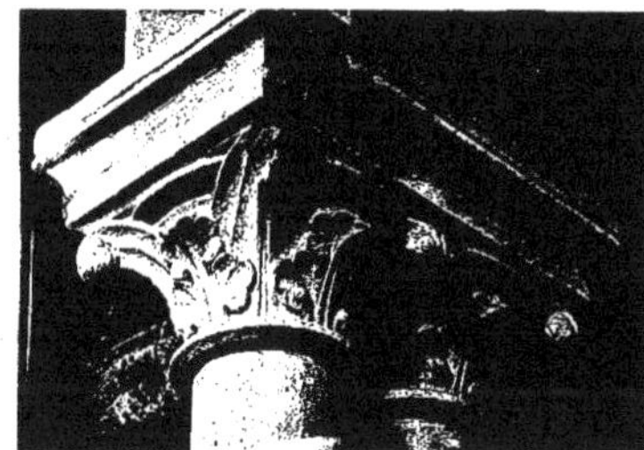

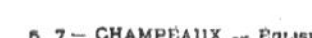

6. 7 — CHAMPEAUX — ÉGLISE

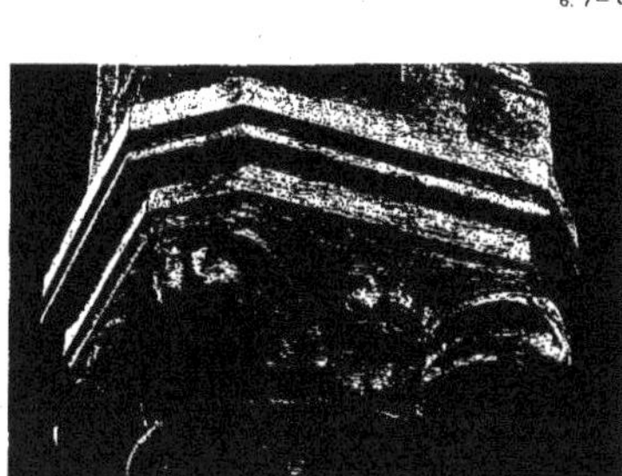

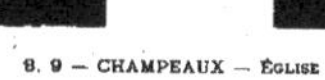

8. 9 — CHAMPEAUX — ÉGLISE

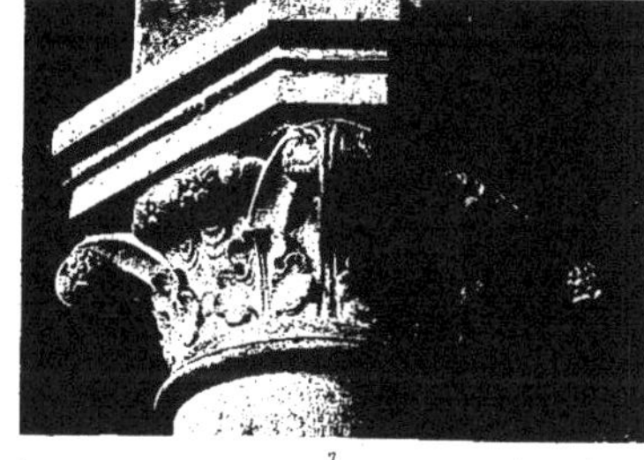

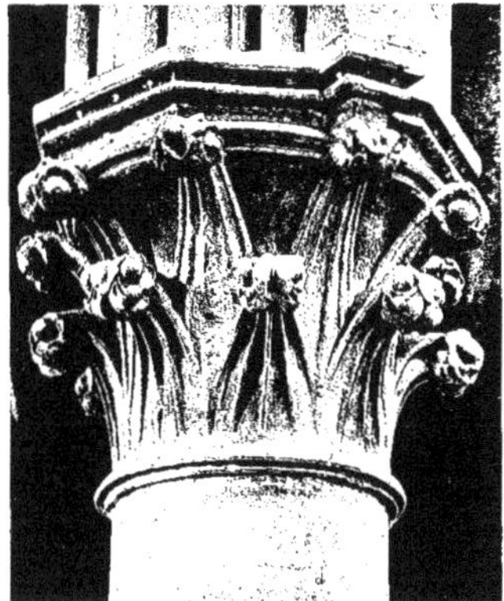

1 — SEMUR — Église

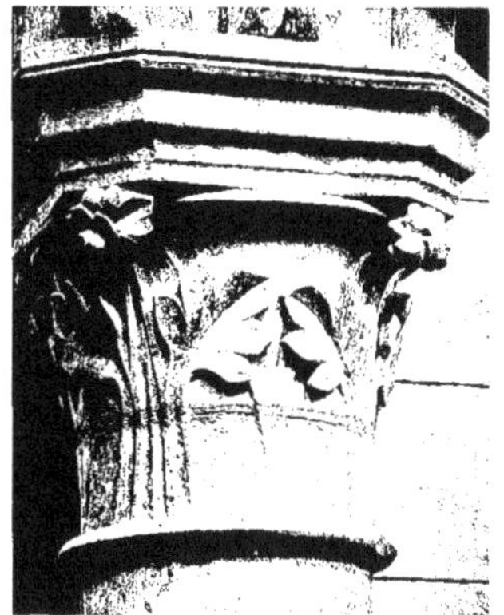

2 — SAINT-PÈRE SOUS VEZELAY — Église

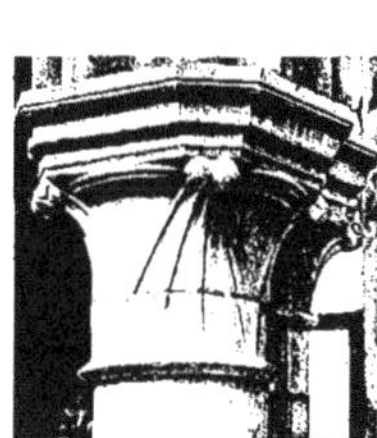

3 — SAINT-PÈRE SOUS VEZELAY — Église

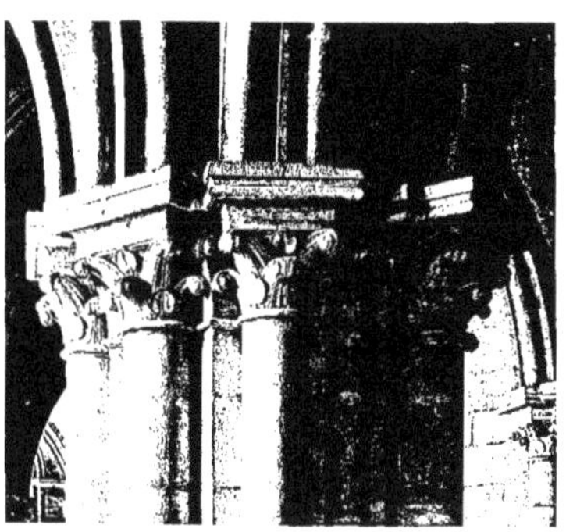

4 — BOURGES — Cathédrale — Crypte

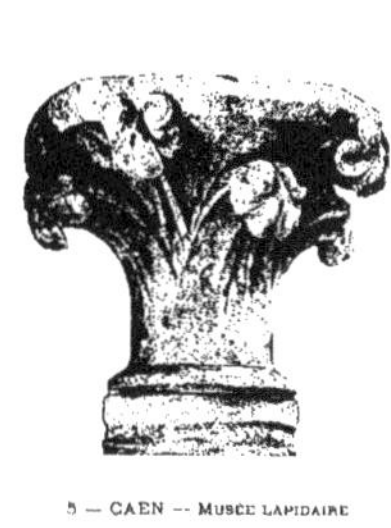

5 — CAEN — Musée lapidaire

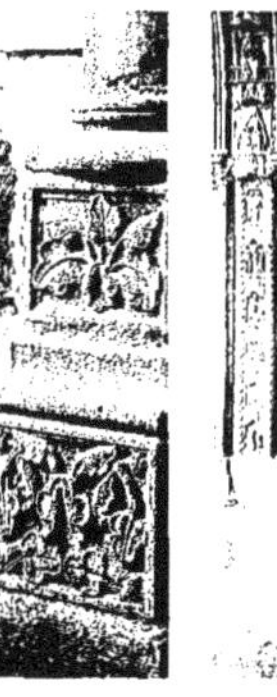

6 — Portail septentrional

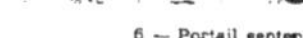

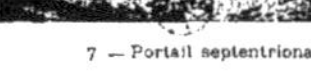

7 — Portail septentrional

8 — Portail méridional

6 — 7 — 8 — CHARTRES — Cathédrale

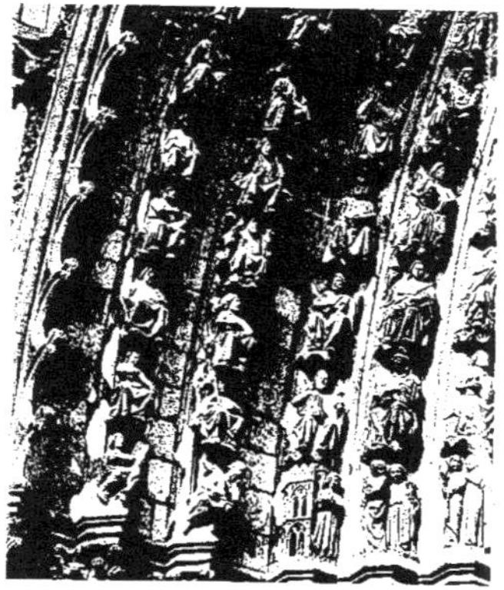

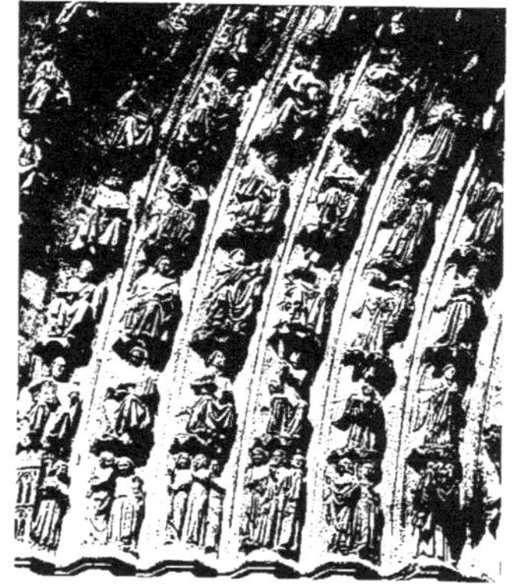

1 — Voussures

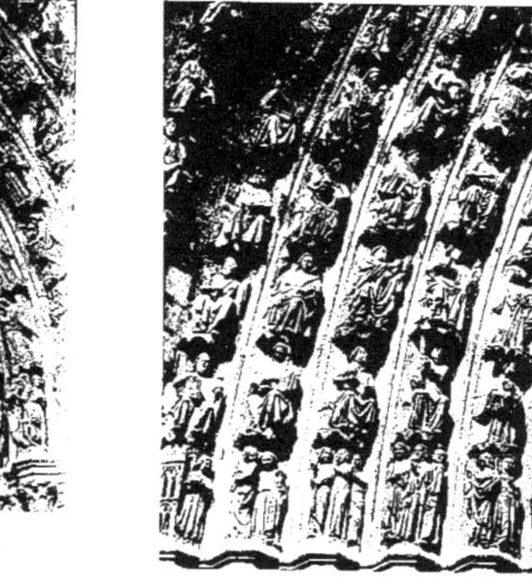

2 — Tympan

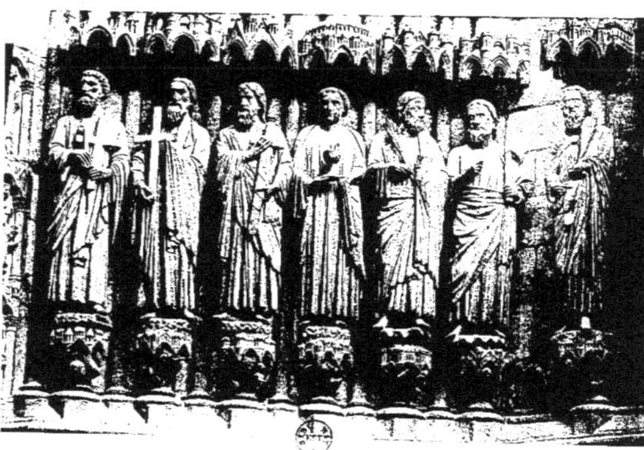

3 — Voussures

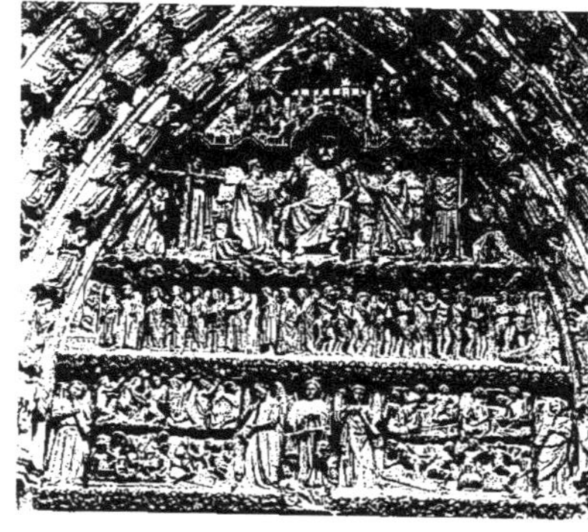

4 — Ébrasement de gauche

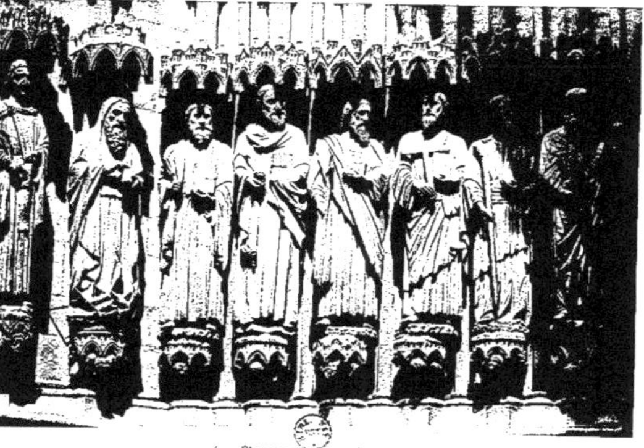

5 — Ébrasement de droite

Imp. Phot. D.A. LONGUET

AMIENS — CATHÉDRALE — Portail occidental — Porte centrale

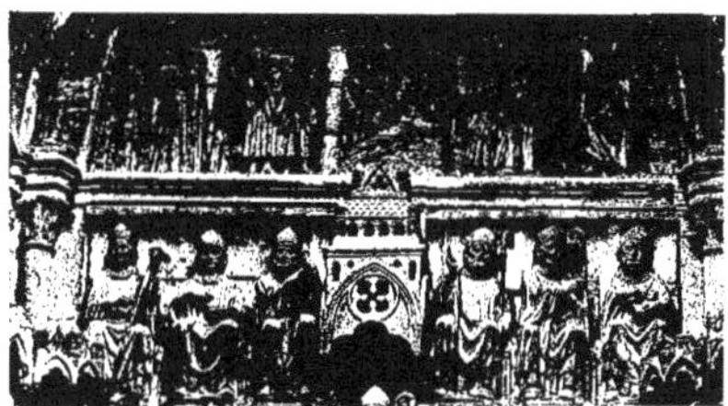

1 — Porte gauche — Tympan

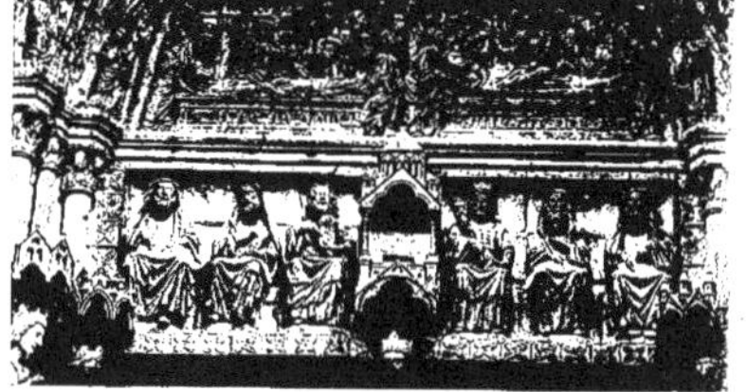

2 — Porte droite — Tympan

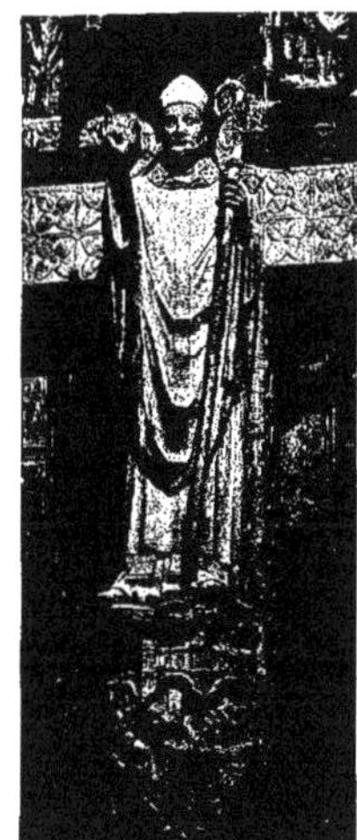

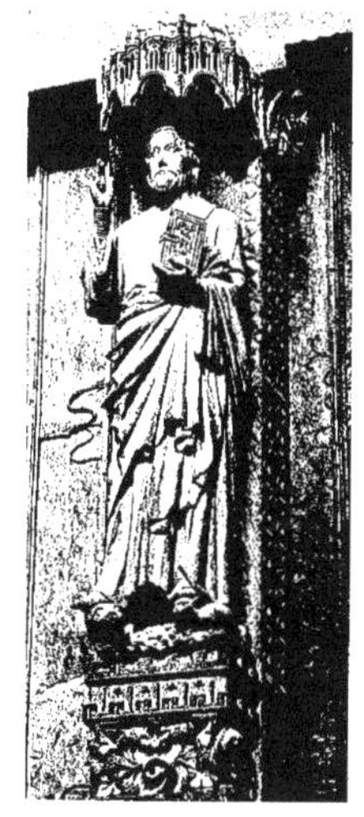

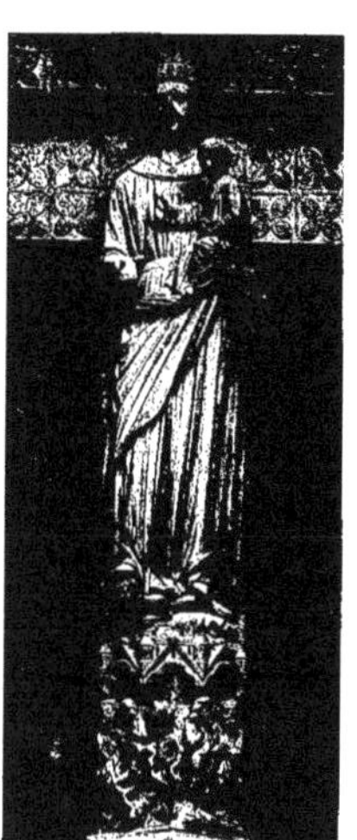

3 - Porte gauche — Trumeau

4 — Porte centrale — Trumeau

5 — Porte droite — Trumeau

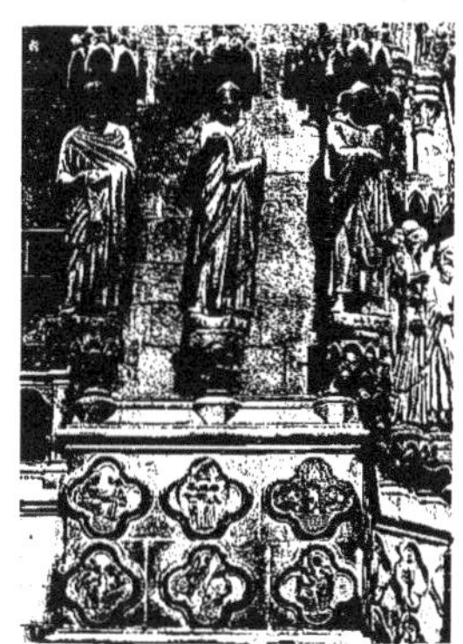

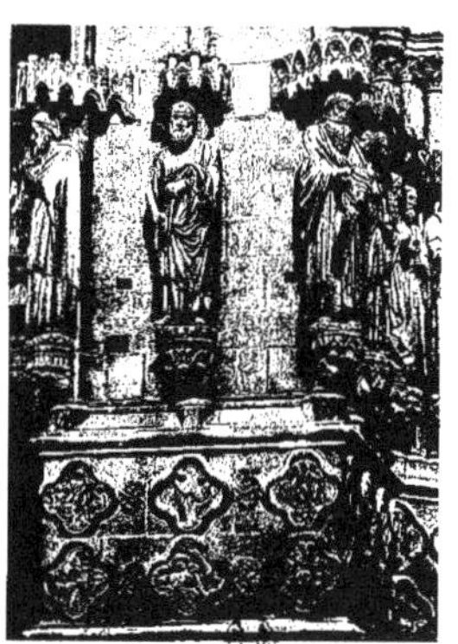

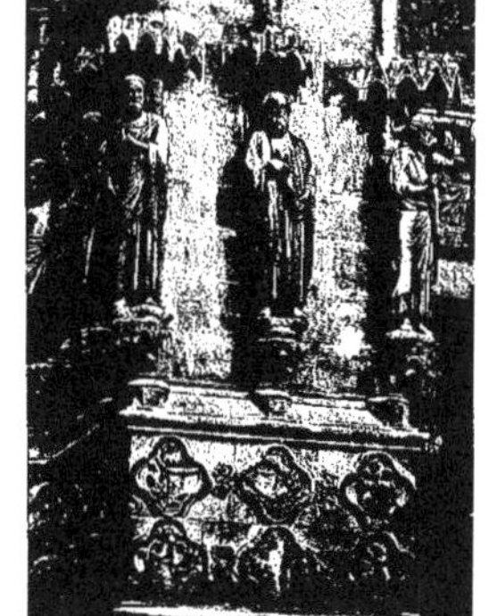

6.

7

8

6. 7. 8 — Éperons

AMIENS — CATHÉDRALE — Portail occidental

XIIIe SIÈCLE

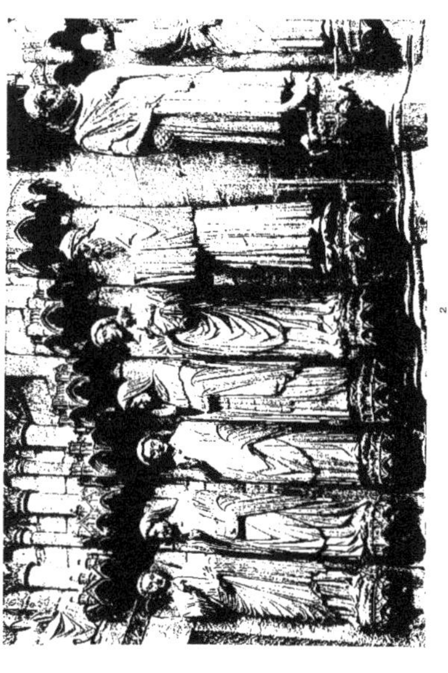

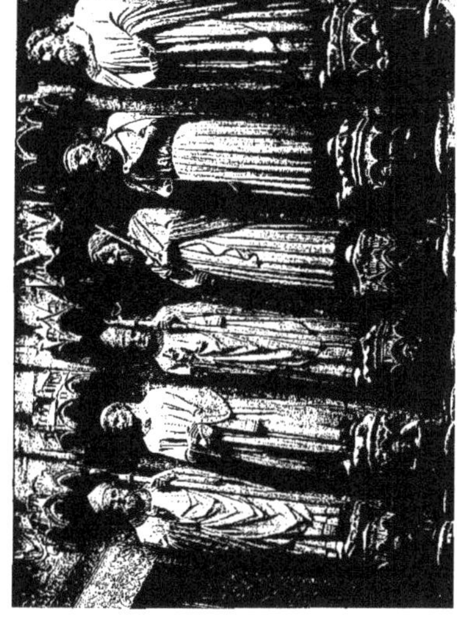

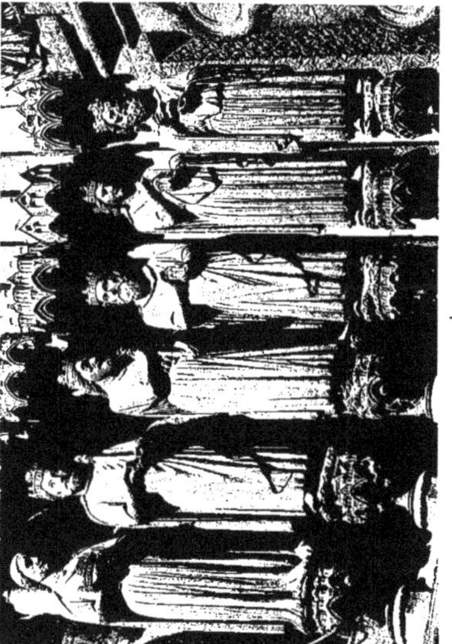

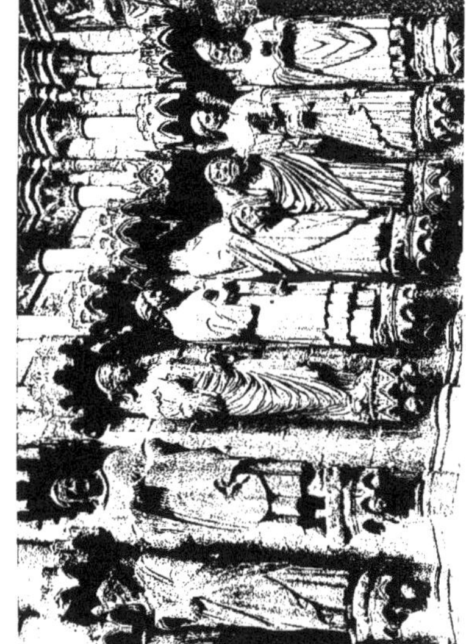

1.2 — Ebrasements de la porte de la Vierge

3.4 — Ebrasements de la porte Saint-Firmin

AMIENS — CATHÉDRALE — Portail occidental

Imp. Phot. D.A. LONGUET

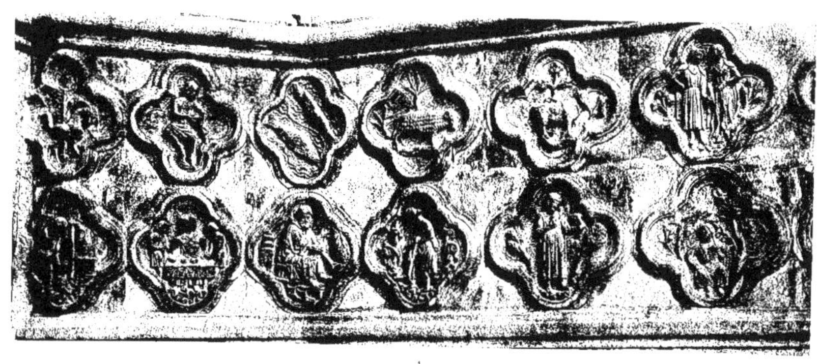

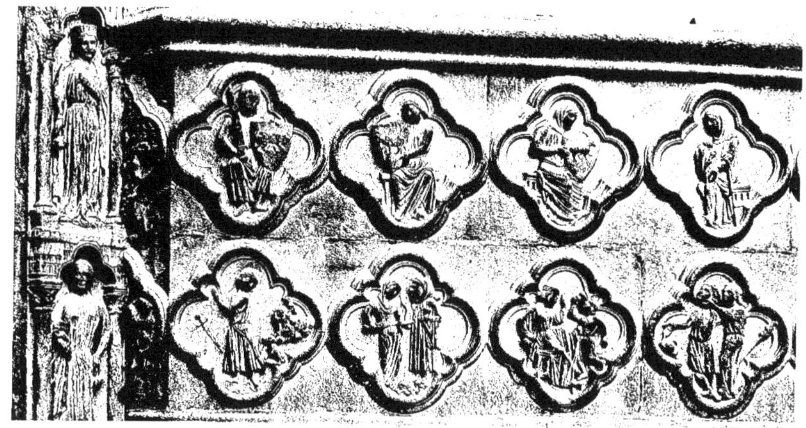

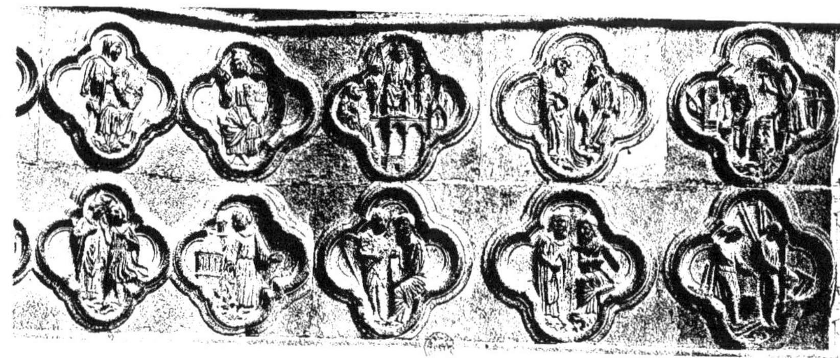

AMIENS — CATHÉDRALE — Soubassement du portail occidental

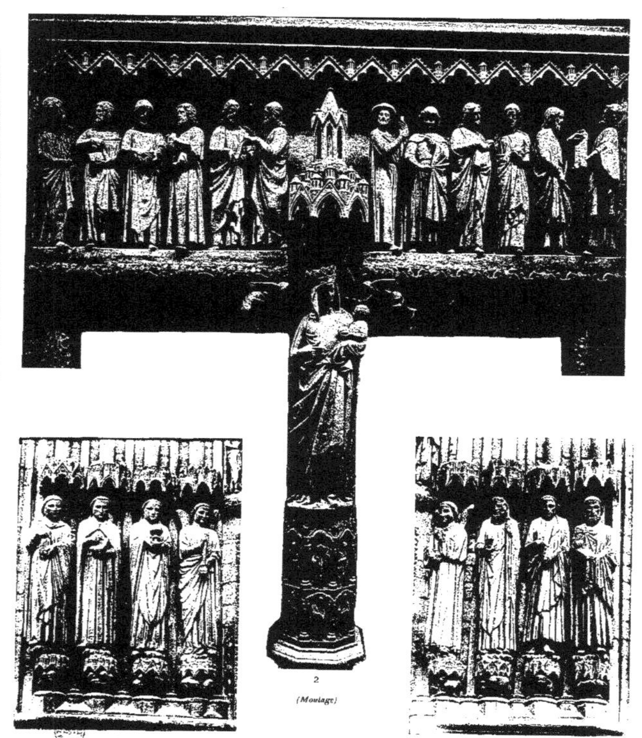

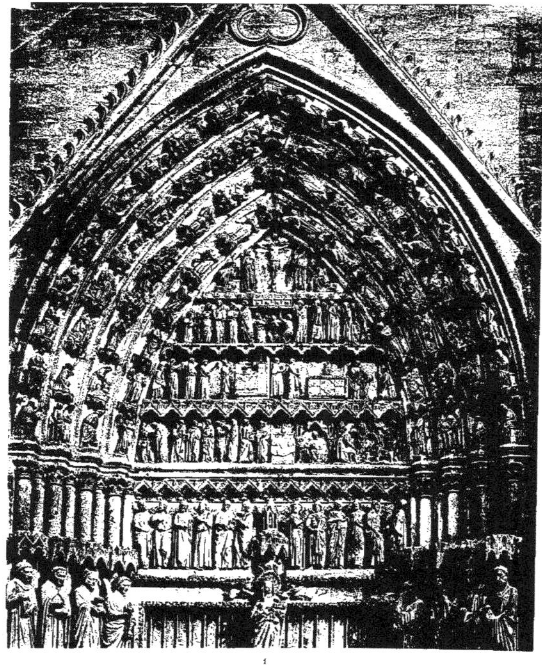

AMIENS — CATHÉDRALE — TRANSEPT MÉRIDIONAL
Porte de la Vierge dorée

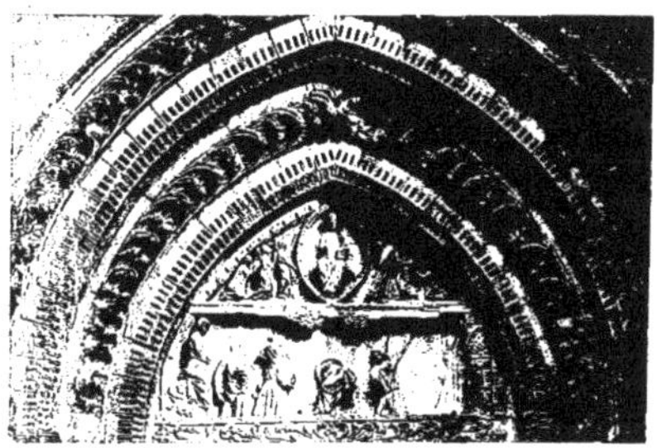

1 — Porte droite — Tympan

2 — Porte gauche — Tympan

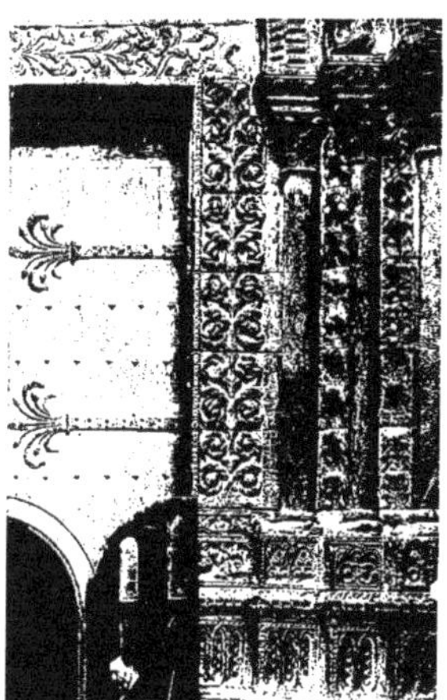

3 — Porte droite — Piédroits

4 — Porte gauche — Piédroits

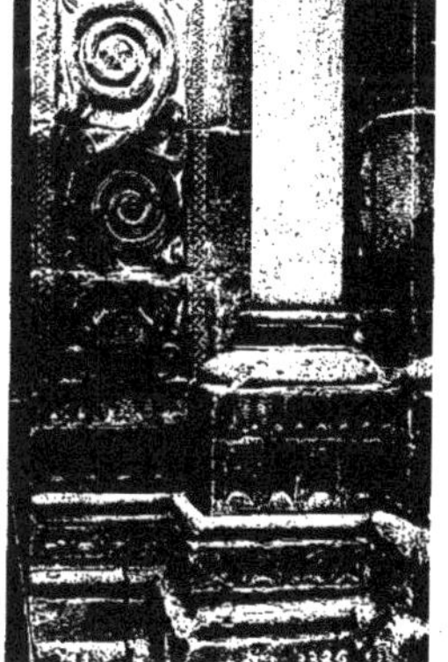

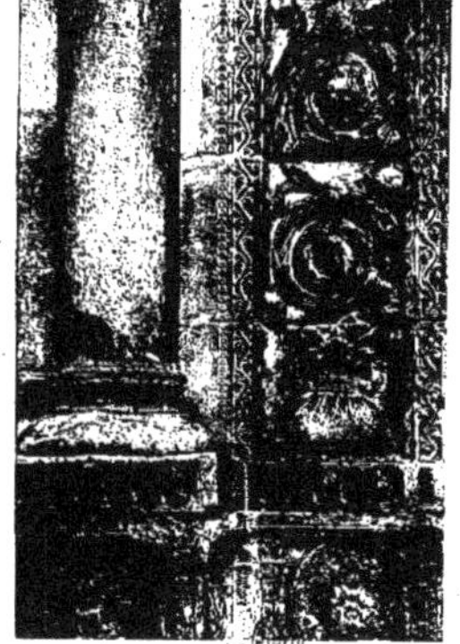

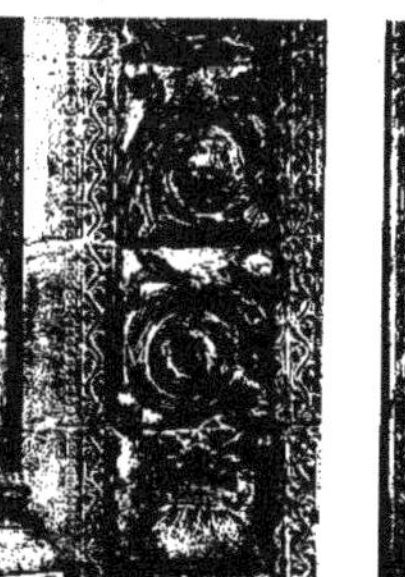

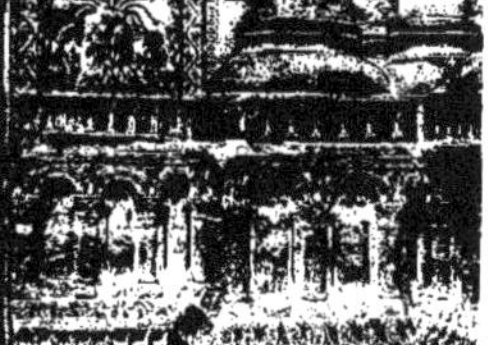

5

6

7

1. 2. 3. 4 — ROUEN — CATHÉDRALE — Façade occidentale

5. 6. 7 — MANTES — ÉGLISE — Piédroits des portes de la façade occidentale

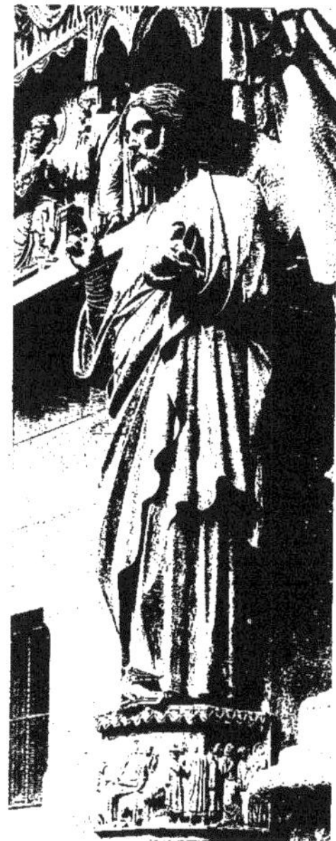

1 — TRUMEAU DE LA PORTE DU JUGEMENT

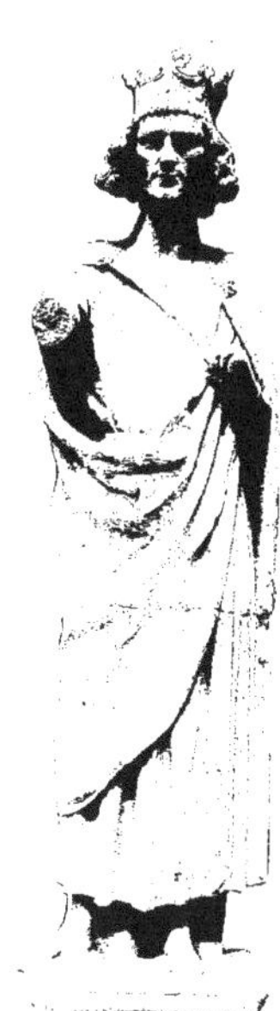

2 — STATUE D'UN CONTREFORT

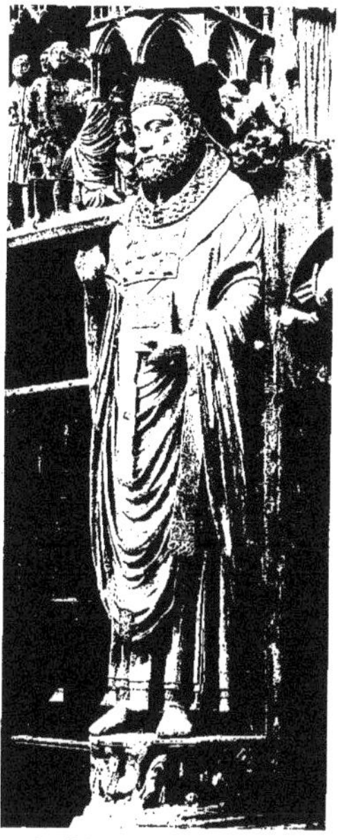

3 — TRUMEAU DE LA PORTE St-SIXTE

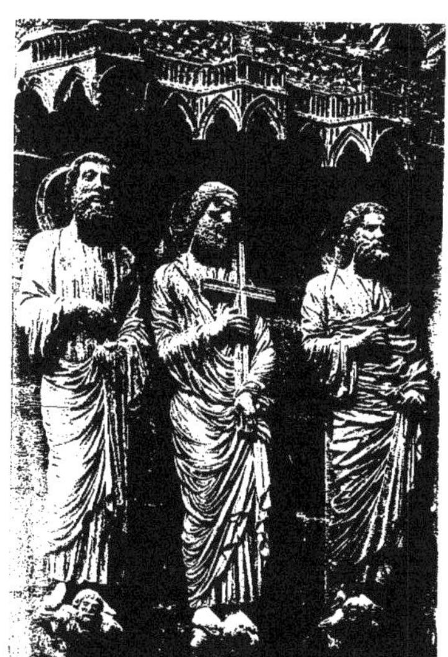

4 — ÉBRASEMENT DE LA PORTE DU JUGEMENT

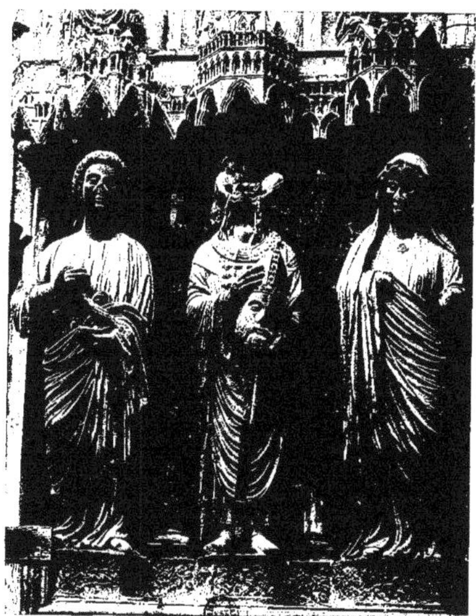

5 — ÉBRASEMENT DE LA PORTE St-SIXTE

REIMS — CATHÉDRALE — Transept septentrional

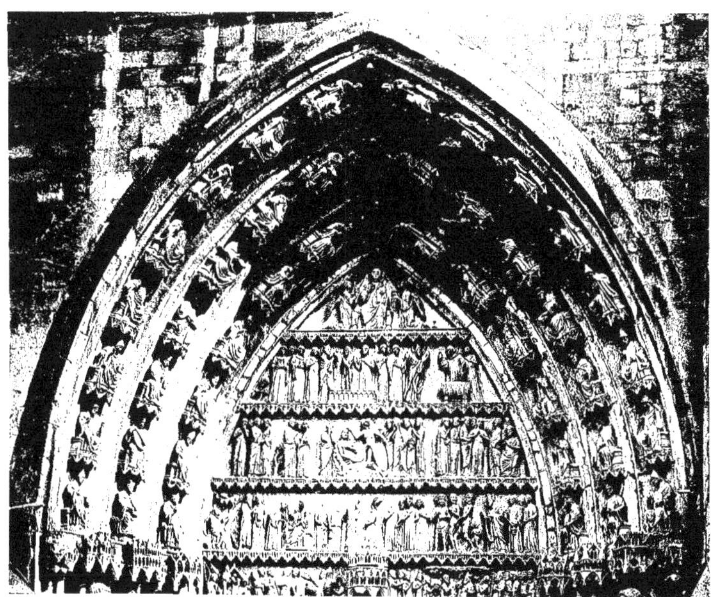

1 — TYMPAN DE LA PORTE SAINT-SIXTE

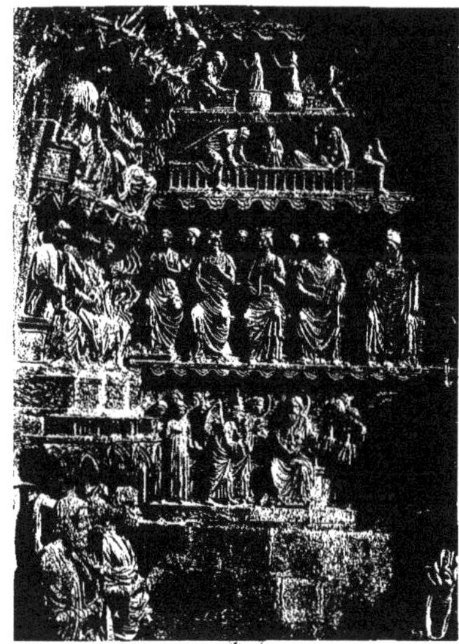

2 — TYMPAN DE LA PORTE DU JUGEMENT — *(Détail)*

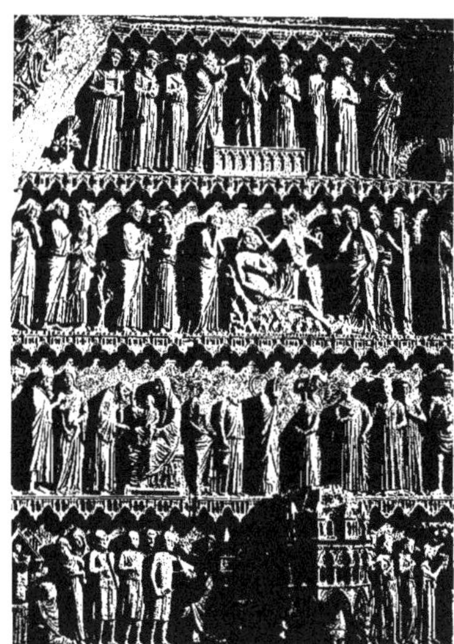

3 — TYMPAN DE LA PORTE SAINT-SIXTE *(Détail)*

REIMS — CATHÉDRALE — Transept septentrional

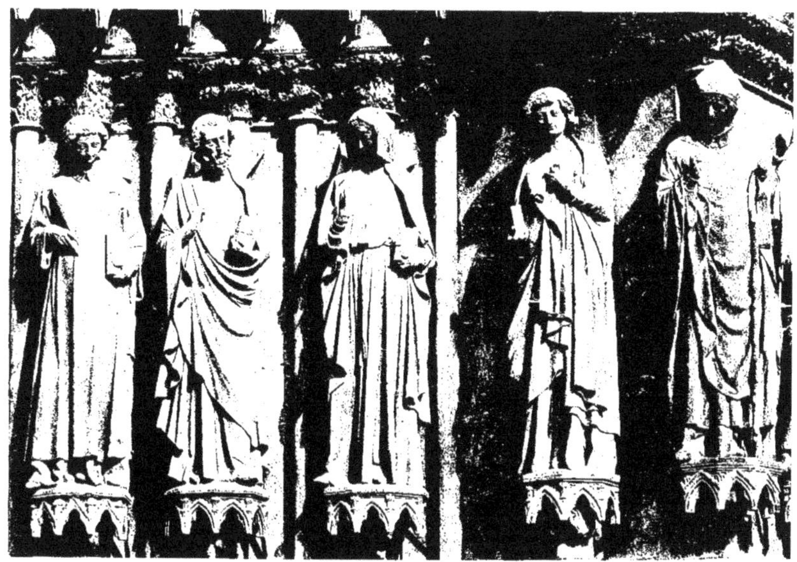

1 — Ébrasement droit de la porte gauche

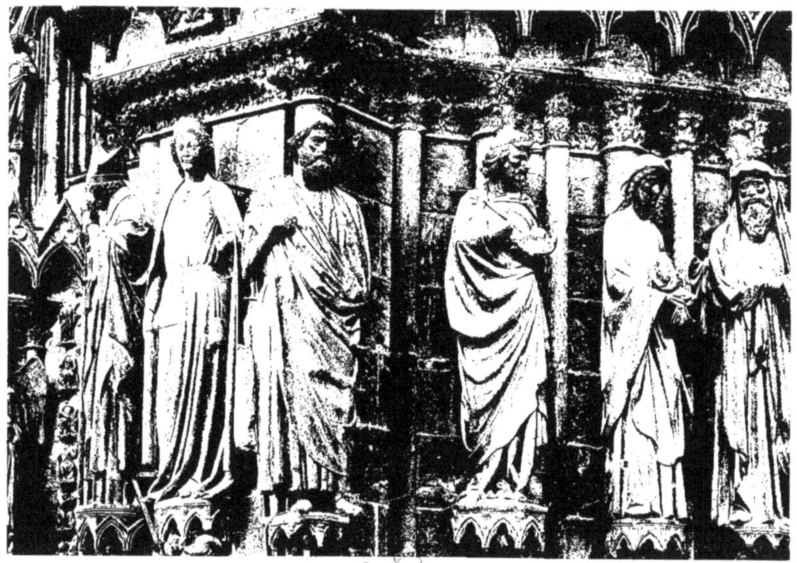

2 — Ébrasement gauche de la porte centrale

1, 2 — REIMS — CATHÉDRALE — Façade occidentale

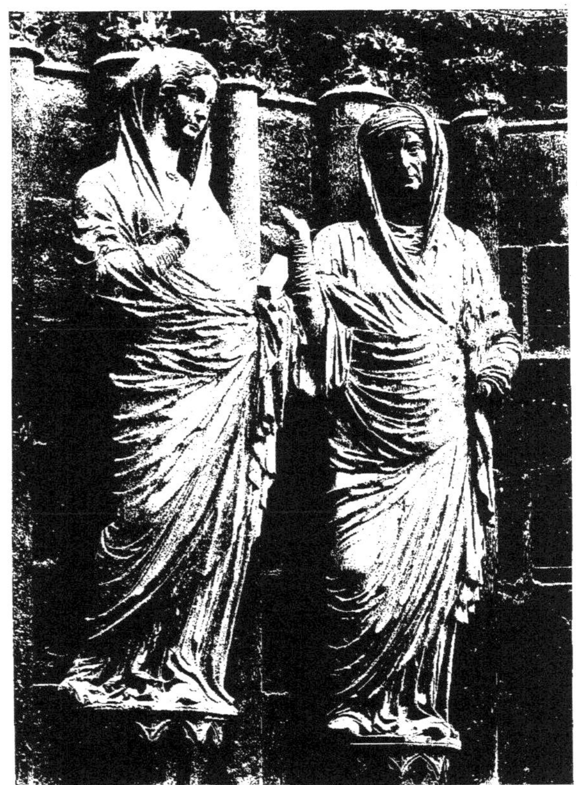

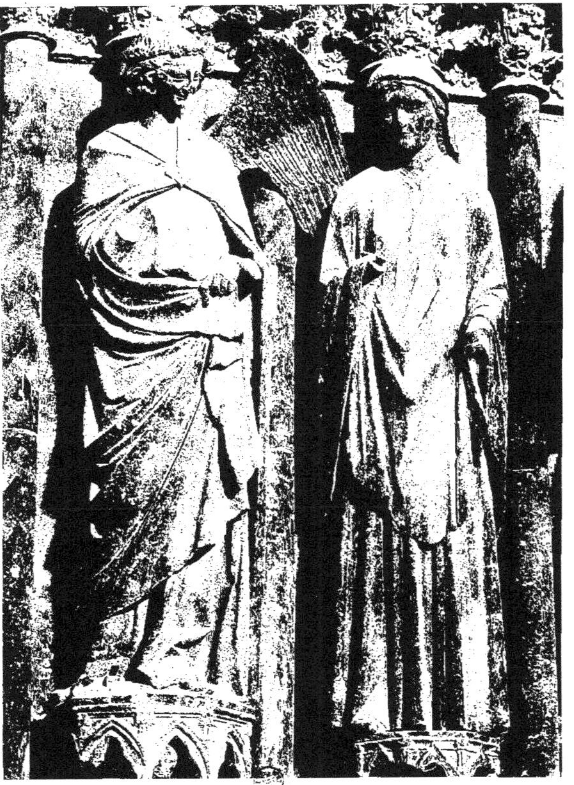

1, 2 — REIMS — CATHÉDRALE — Façade occidentale
Ébrasement droit de la porte centrale

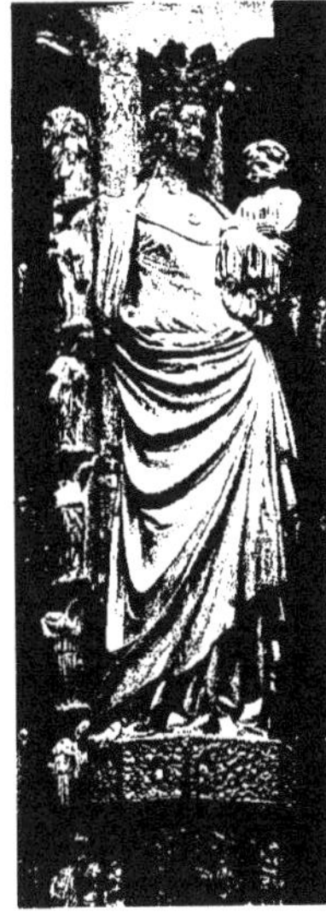

1 — Trumeau de la porte centrale

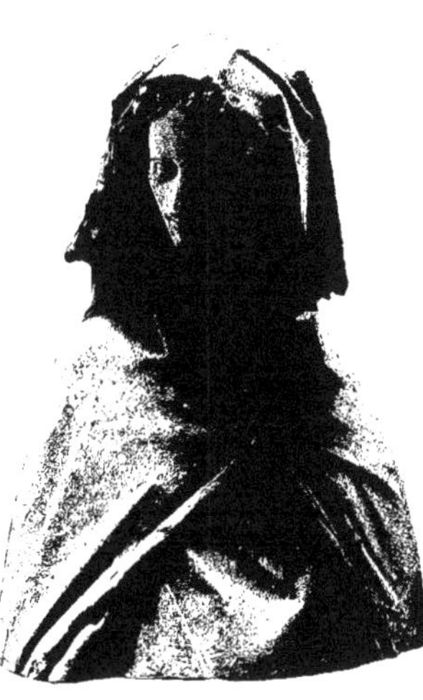

2 — Ebrasement gauche de la porte centrale

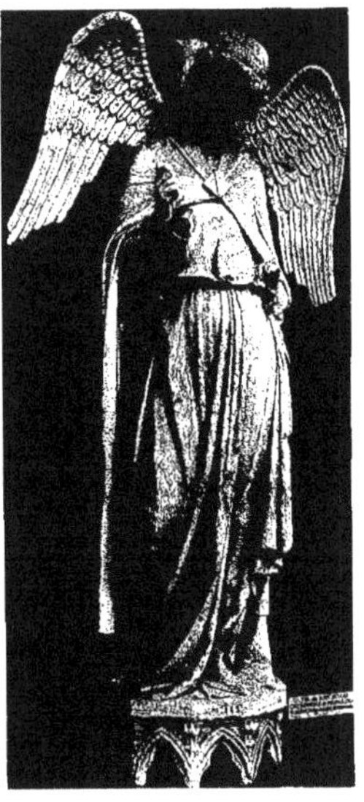

3 — Ebrasement gauche de la porte gauche

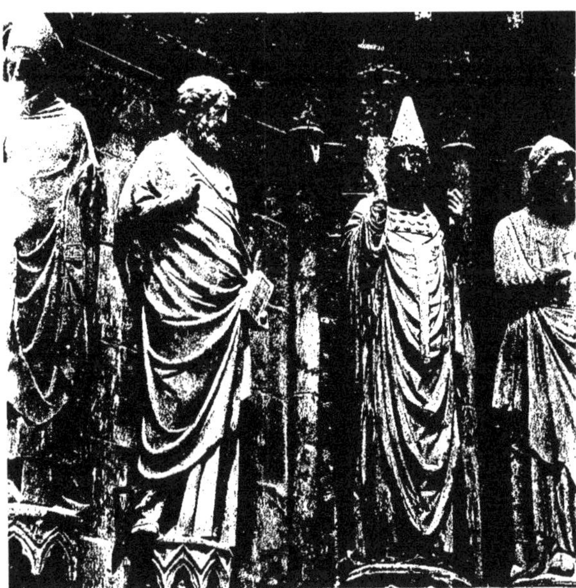

4 — Ebrasement gauche de la porte droite

REIMS — CATHÉDRALE — Portail occidental

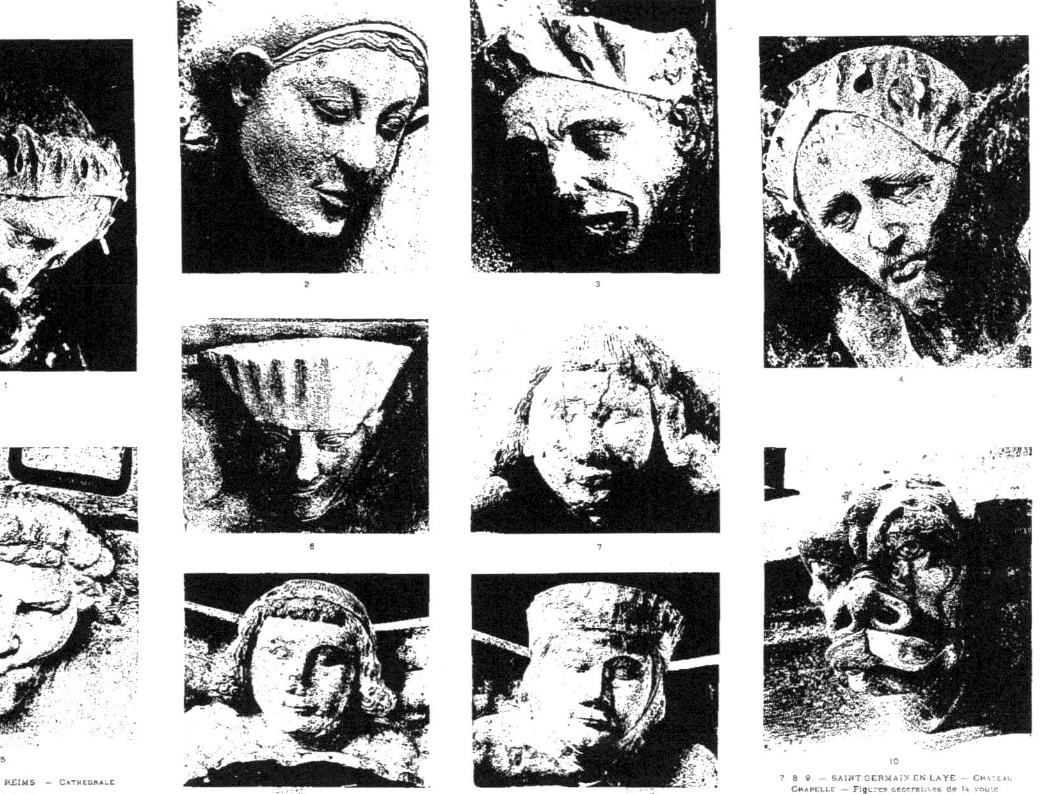

1. 2. 3. 4. 5. 6. 10 — REIMS — CATHÉDRALE
Figures décoratives

7. 8. 9. — SAINT GERMAIN EN LAYE — CHATEAU
CHAPELLE — Figures décoratives de la voute

Imp. Phot. D.A. LONGUET

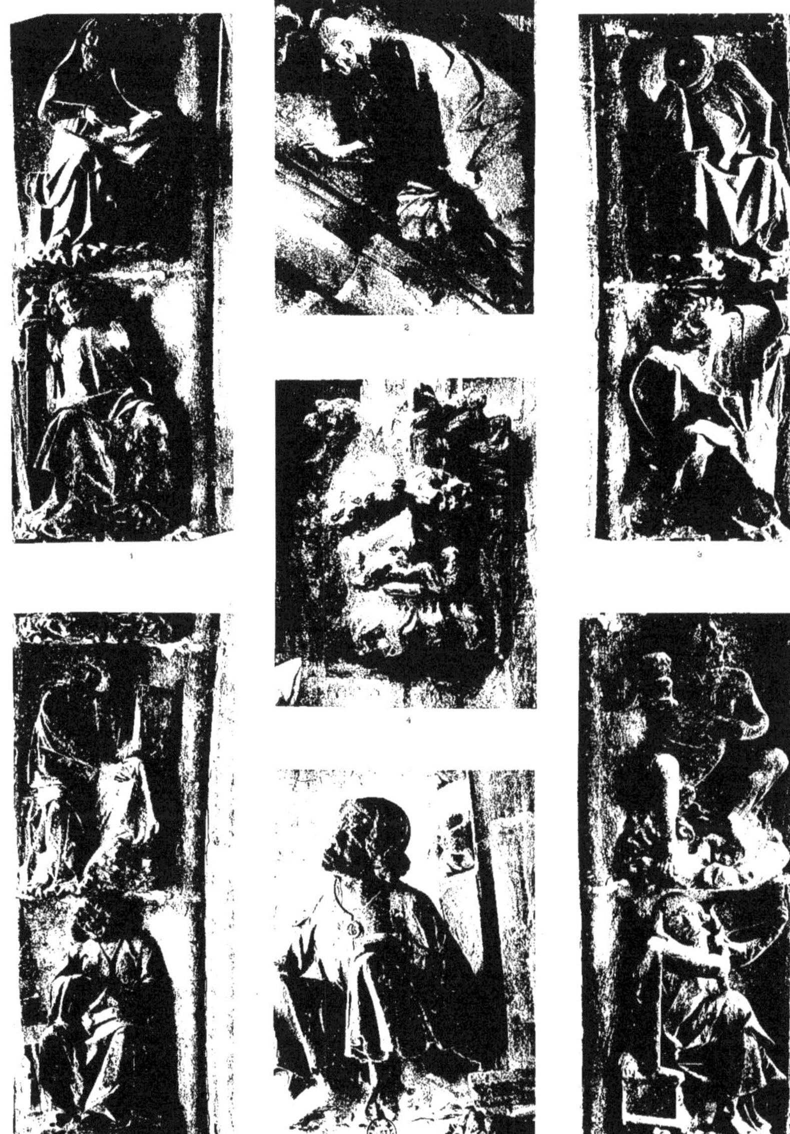

REIMS — CATHÉDRALE — Transept méridional

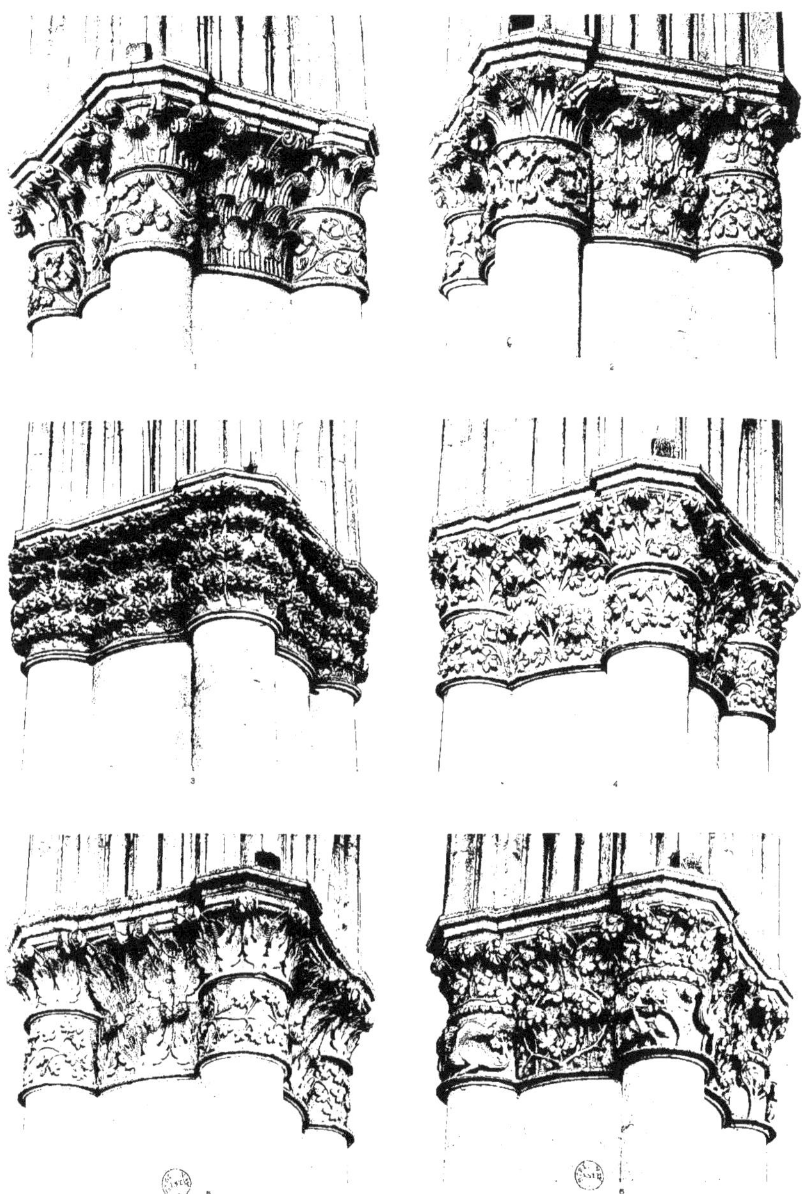

1, 2, 3, 4, 5, 6. — REIMS — CATHEDRALE Chapiteaux de la nef

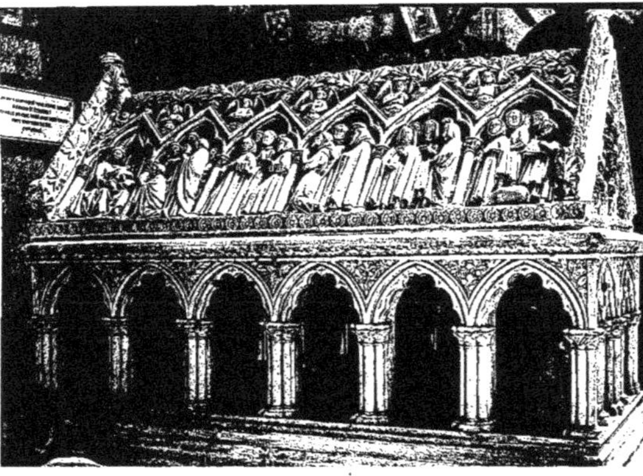

2

(Moulage)

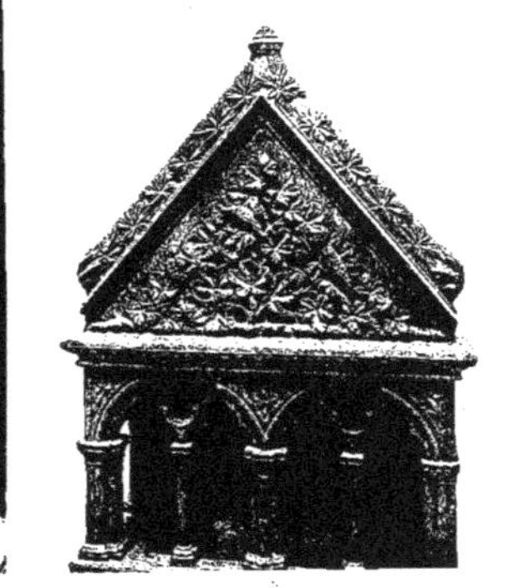

1, 2, 3 — AUBAZINE — Église — Tombeau de St-Étienne

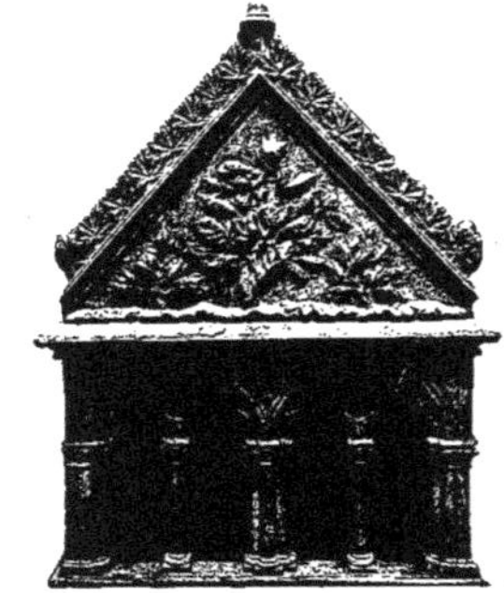

(Moulage)

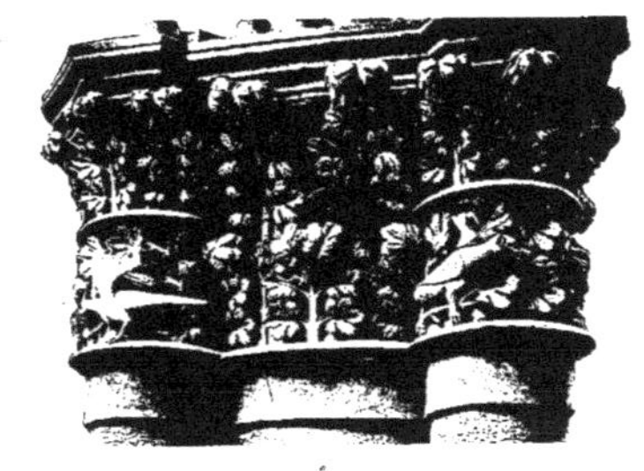

4

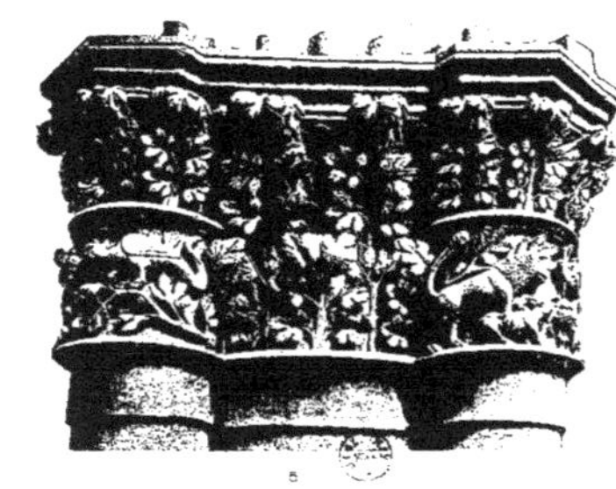

5

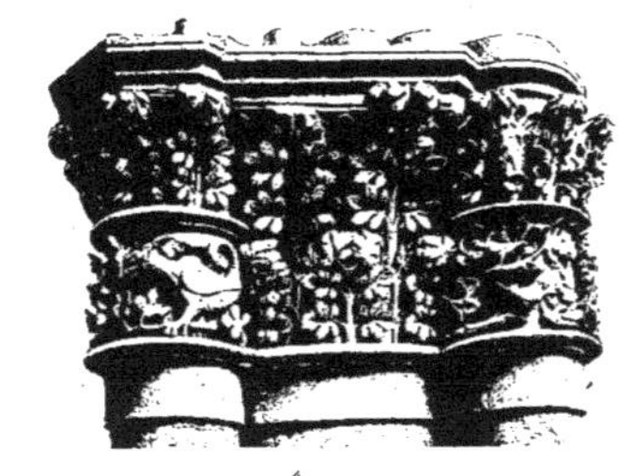

6

4, 5, 6 — REIMS — Cathédrale — Chapiteau de la nef (Moulage)

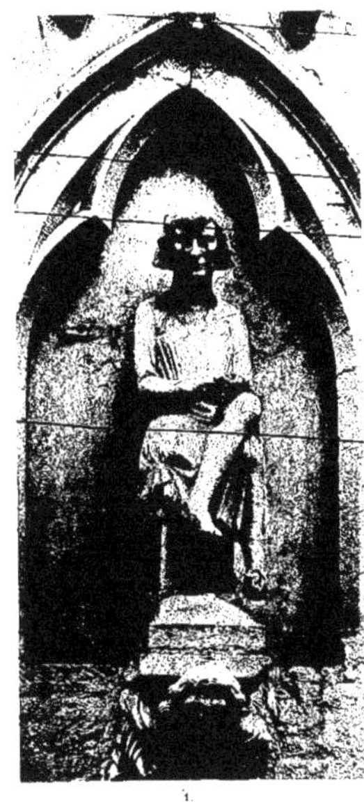

1.

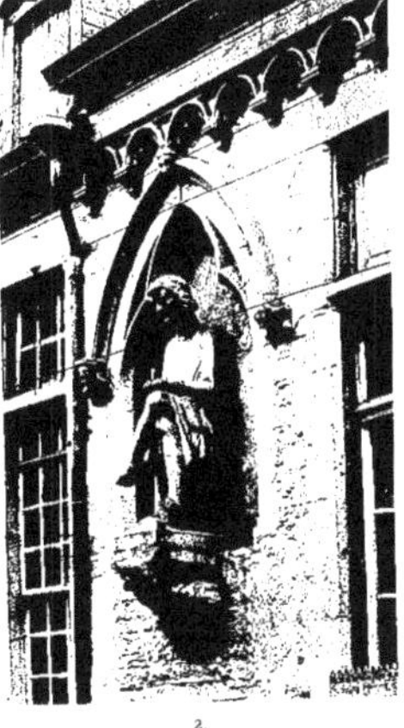

2.

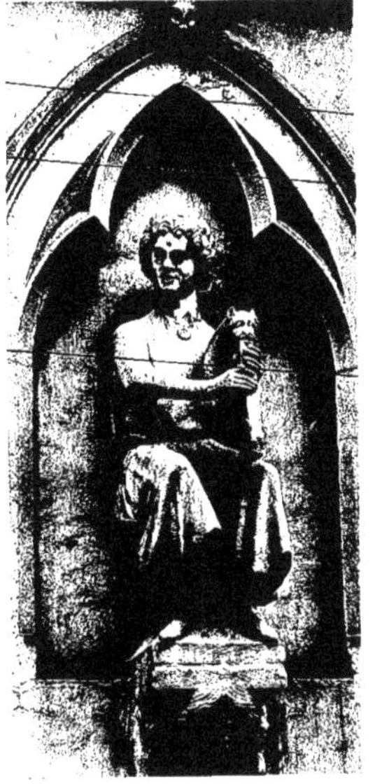

3.

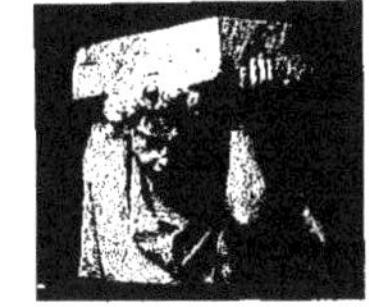

7 — REIMS — CATHÉDRALE *(Moulage)*

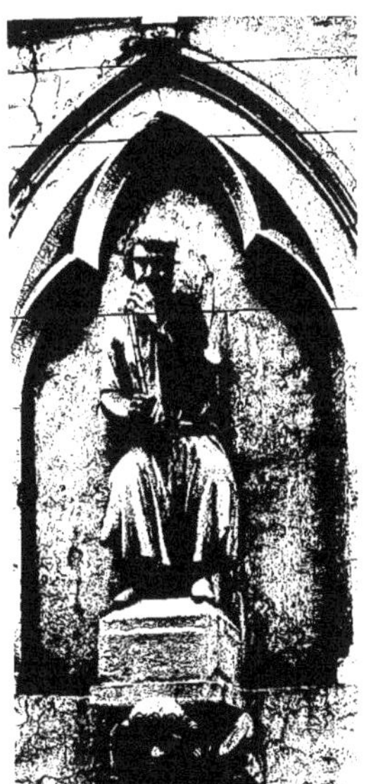

4.

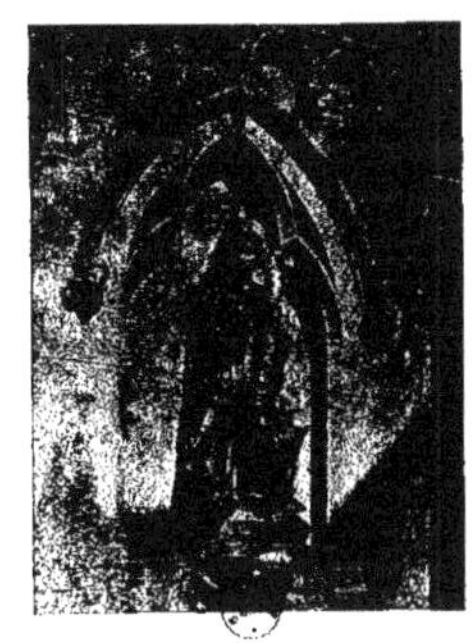

1. 2. 3. 4. 5. 6 — REIMS — MAISON DES MUSICIENS

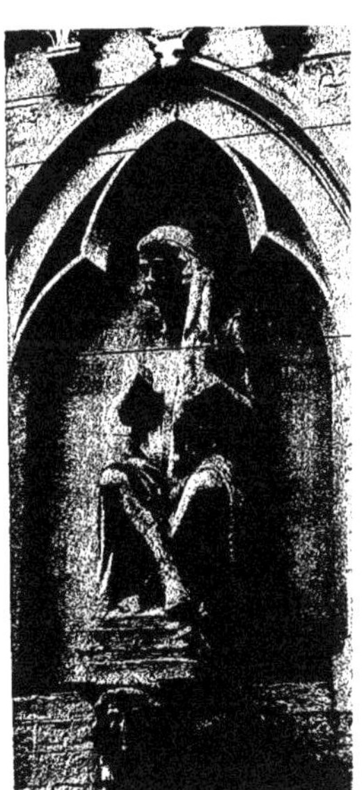

6.

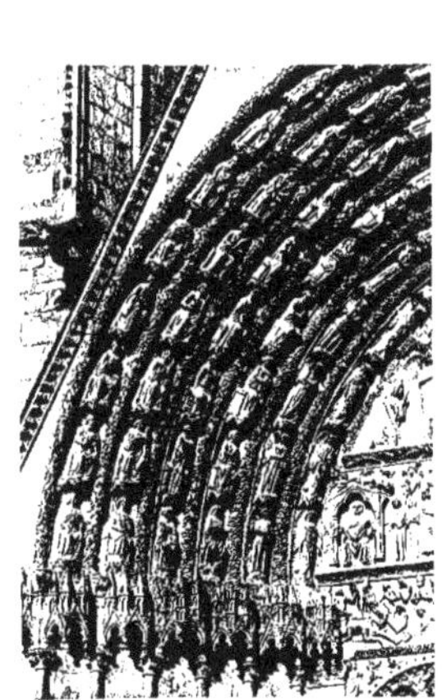

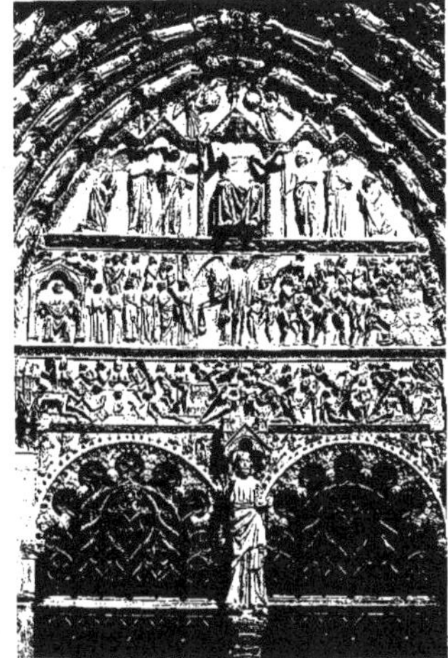

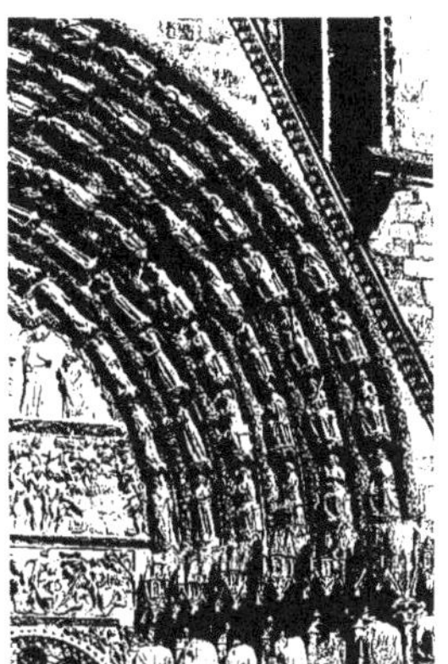

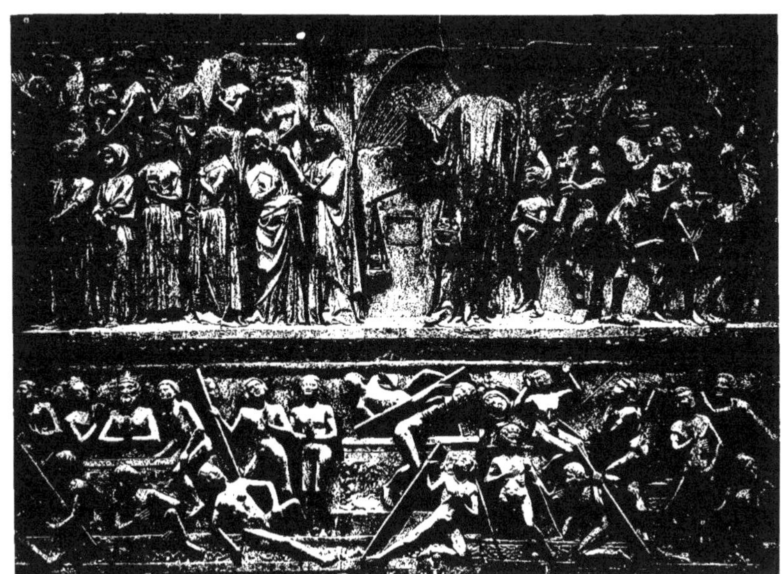

BOURGES — CATHÉDRALE — Portail occidental
Tympan et voussures de la porte centrale

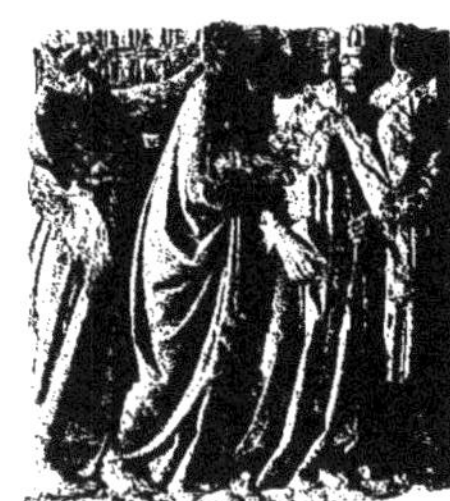

1 - MUSÉE DU LOUVRE

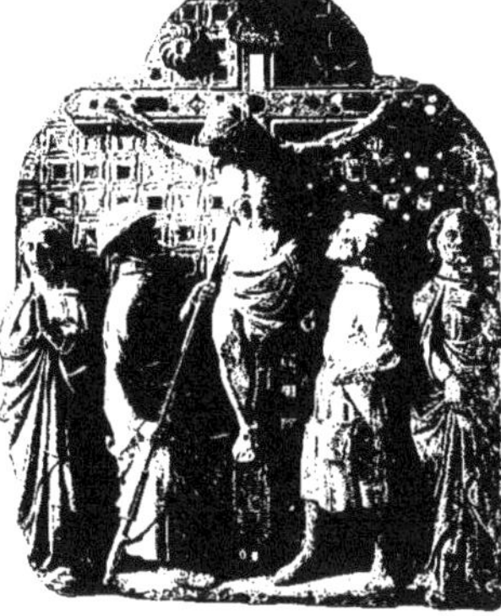

2 -- BOURGES — Musée

Ancien Jubé de la Cathédrale

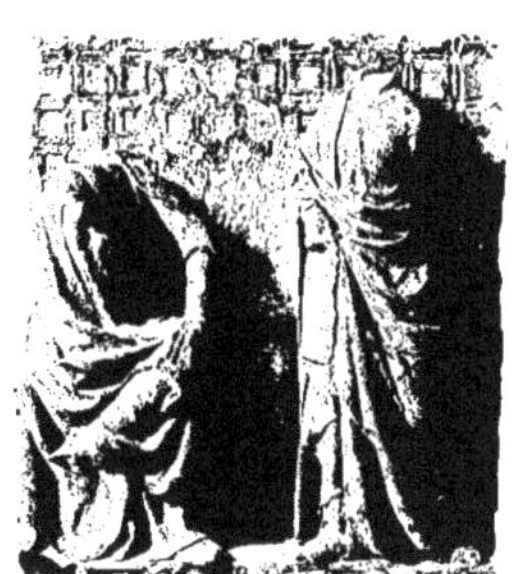

3. — MUSÉE DU LOUVRE

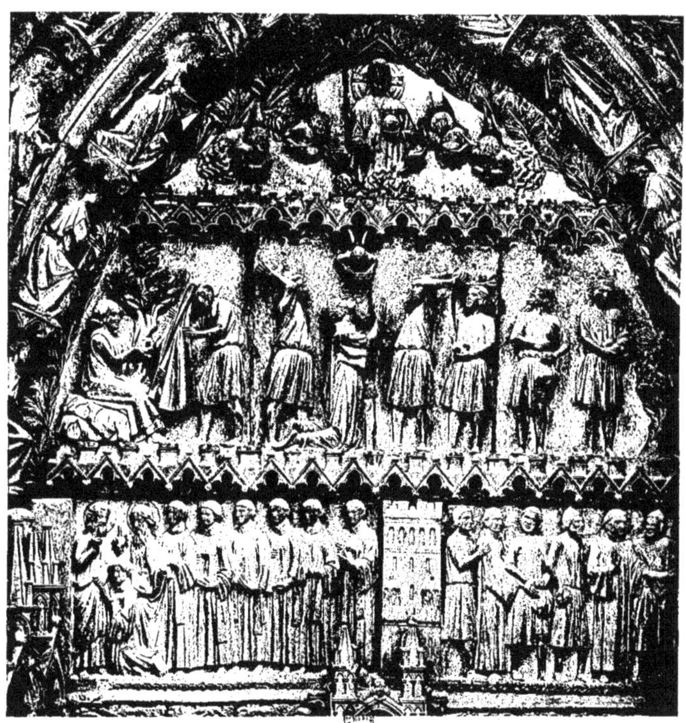

4 — BOURGES — CATHÉDRALE — Portail occidental

Porte Saint-Étienne

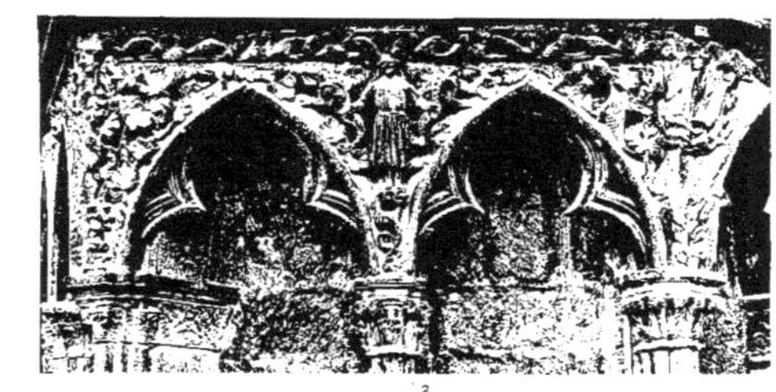

1

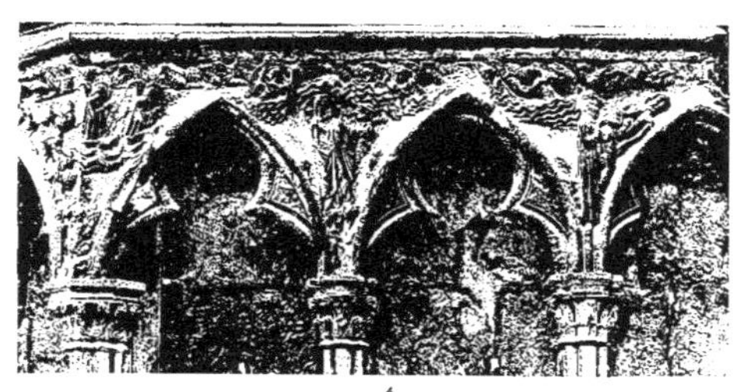

2

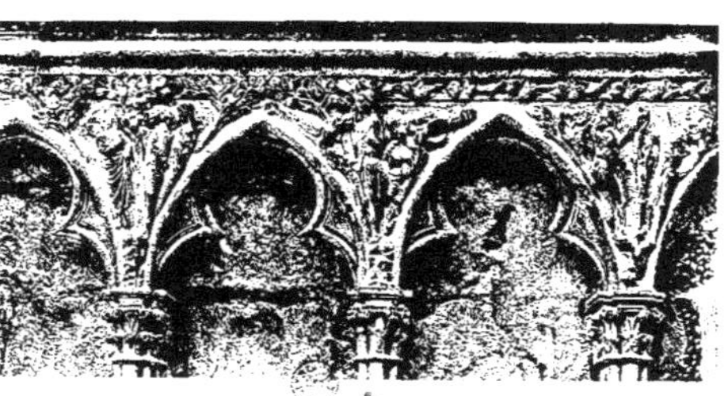

3

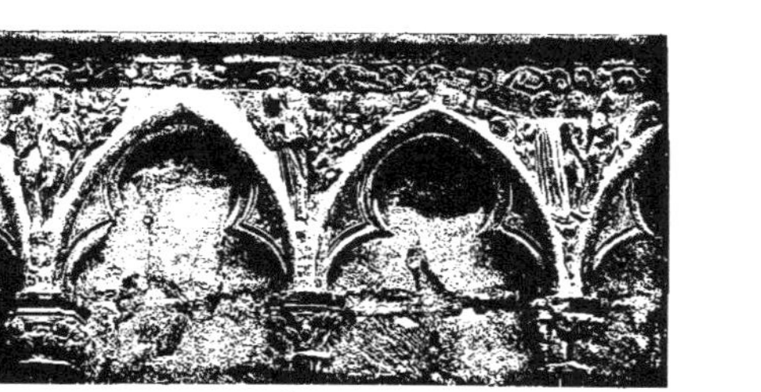

4

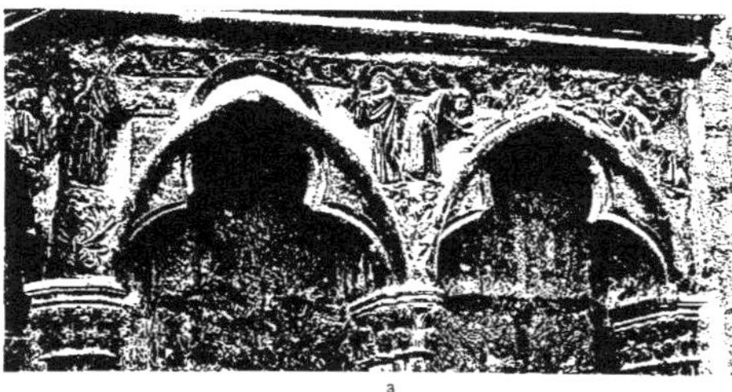

5

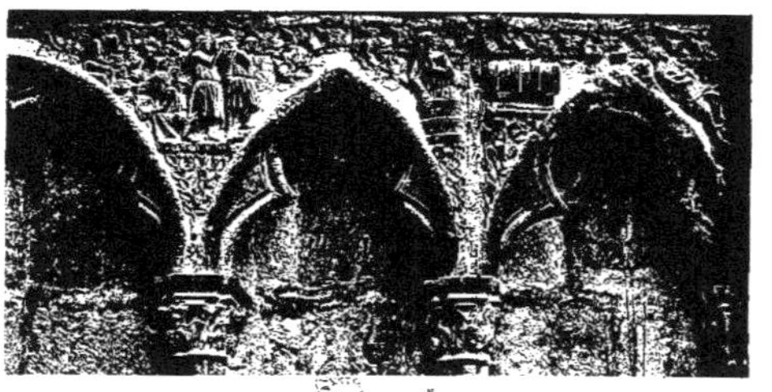

6

BOURGES — CATHÉDRALE — Portail occidental
Soubassements des piédroits

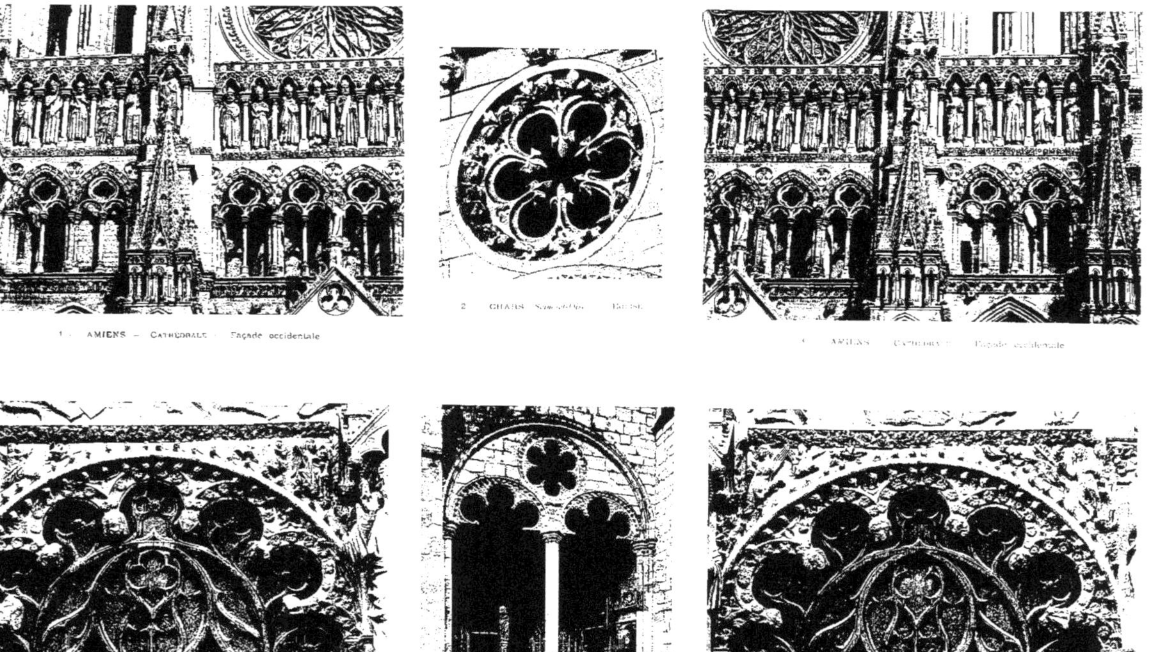

1. — AMIENS — CATHÉDRALE — Façade occidentale

2. — CHARS (Seine-et-Oise) — Église

3. — AMIENS — CATHÉDRALE — Façade occidentale

4. — BOURGES — CATHÉDRALE — Portail occidental — Porte centrale

5. — BOURGES — CATHÉDRALE — Porche méridional

6. — BOURGES — CATHÉDRALE — Portail occidental — Porte centrale

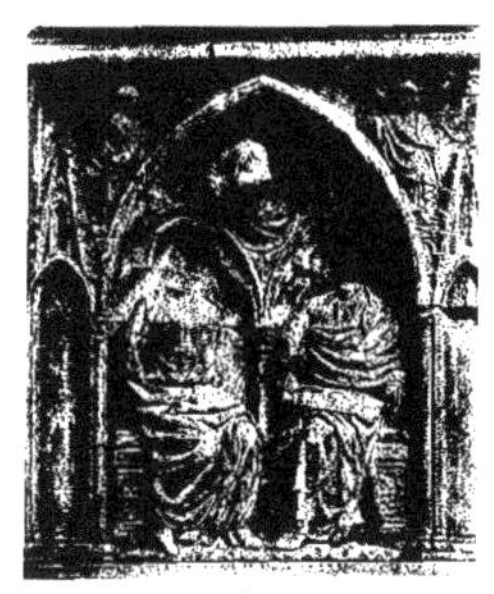

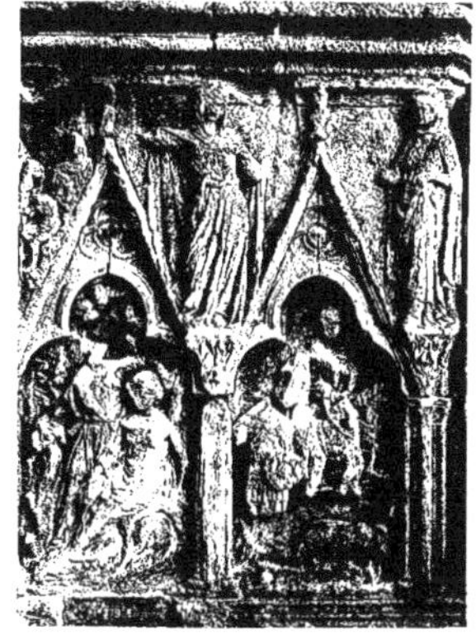

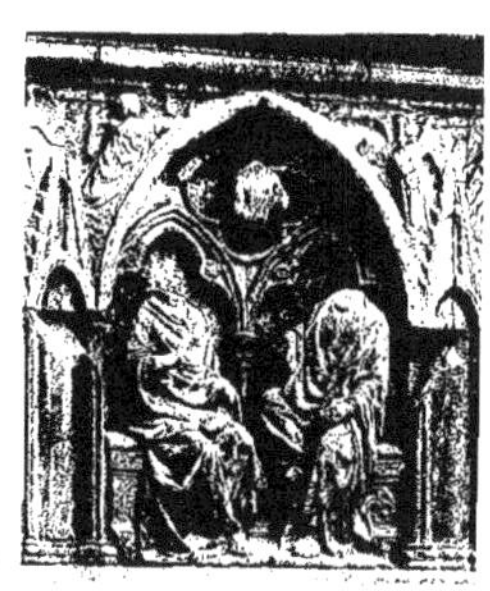

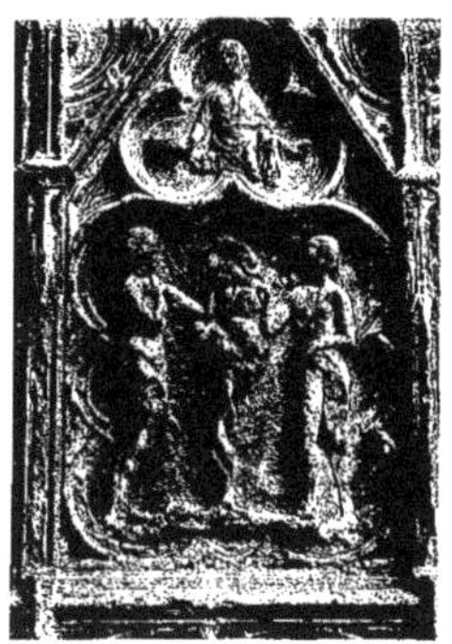

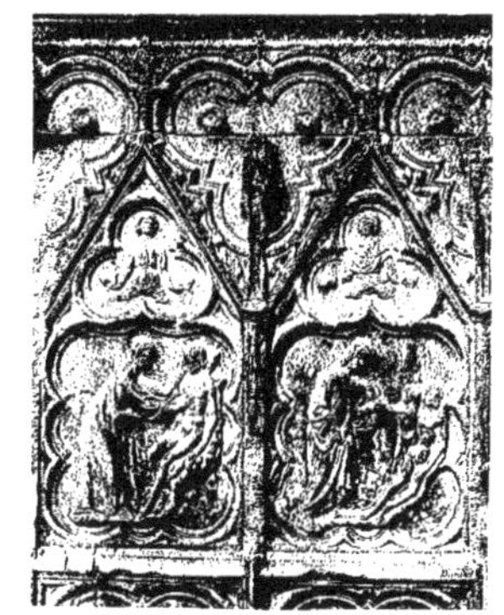

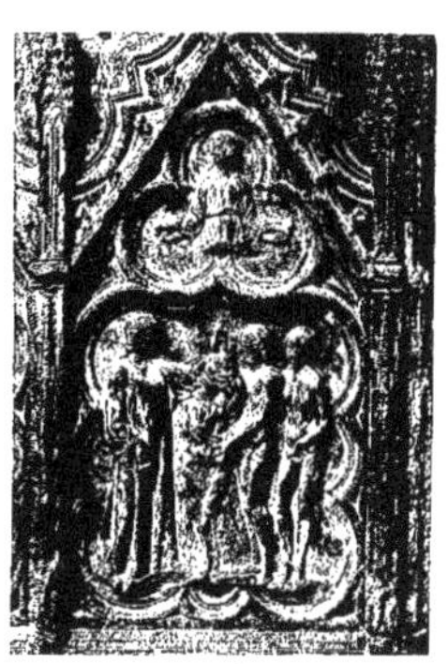

1 2 3 4 5 6 7 9 — AUXERRE — CATHÉDRALE — Soubassement du Portail occidental

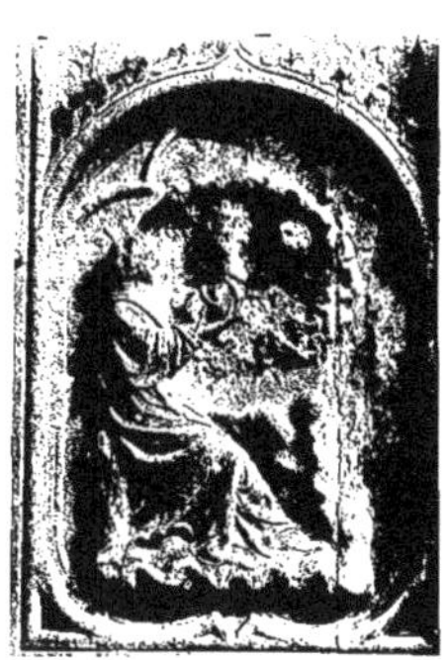

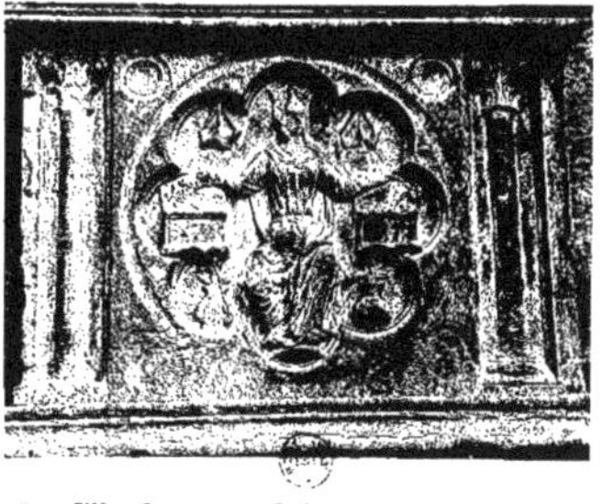

8 — SENS — CATHÉDRALE — Soubassement du Portail occidental

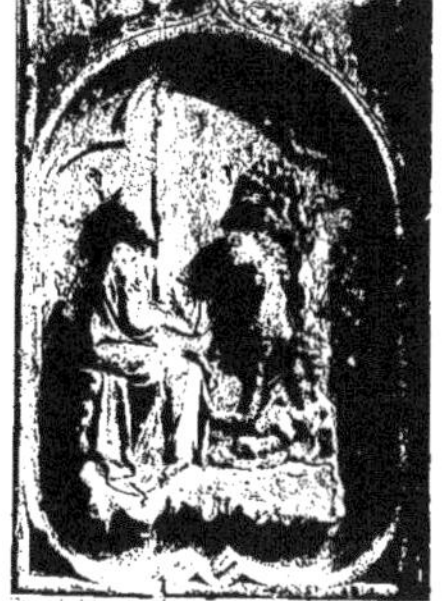

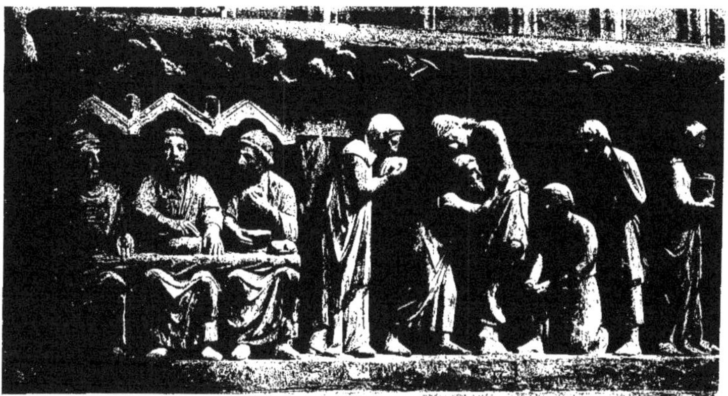

1 — LE BOURGET *(Ain)* — ÉGLISE

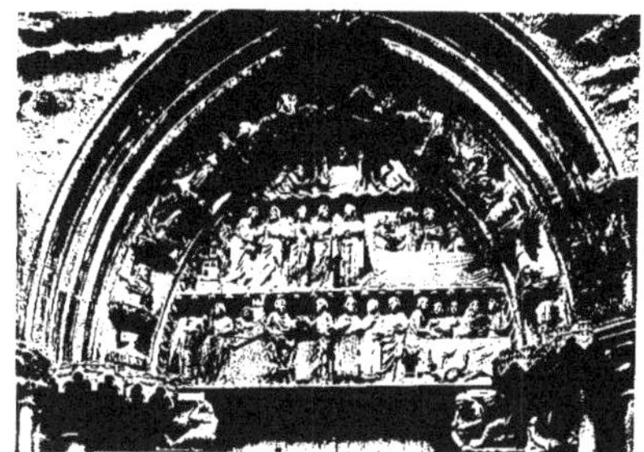

2 — SEMUR — ÉGLISE — Portail sud

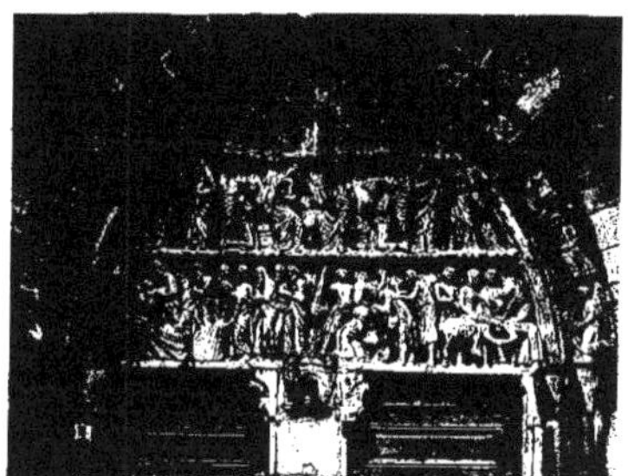

3 — MOUZON — ÉGLISE

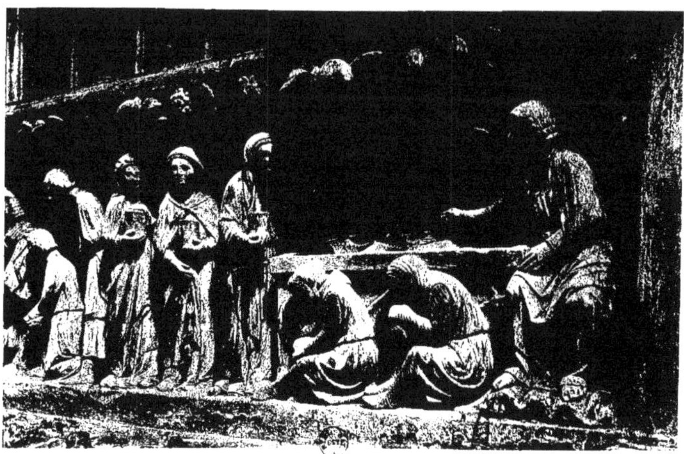

4 — LE BOURGET *(Ain)* — ÉGLISE

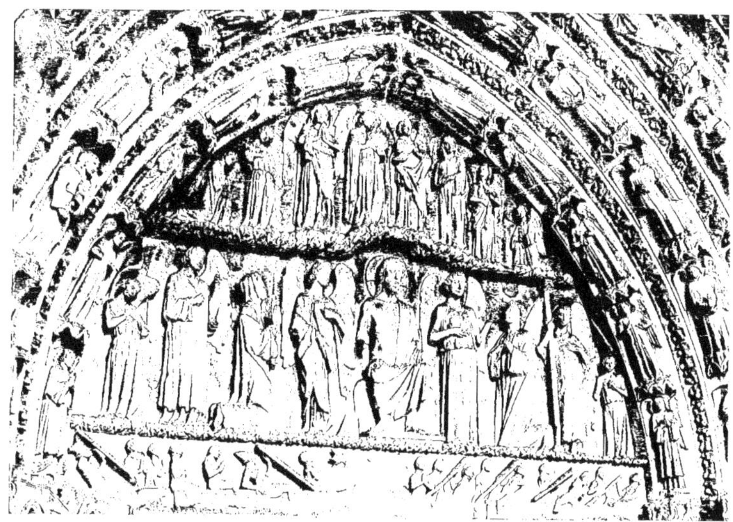

1 — BORDEAUX — CATHÉDRALE — Portail latéral — Tympan

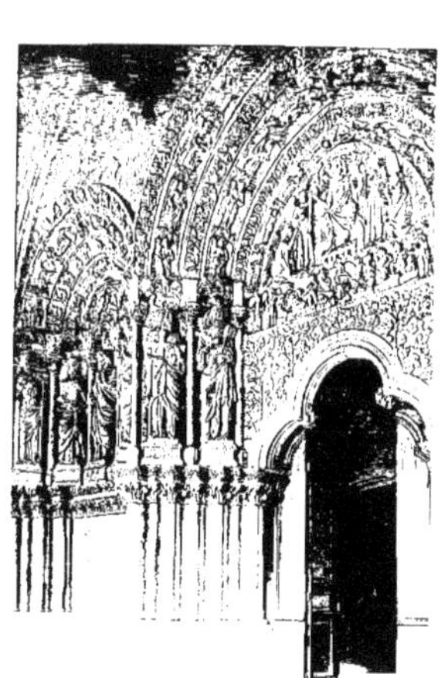

2 — BORDEAUX — ÉGLISE SAINT-SEURIN — Porche sud

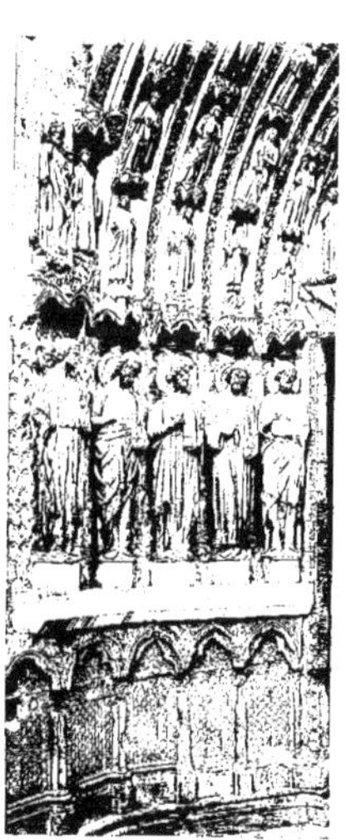

3 — BORDEAUX — CATHÉDRALE
Portail latéral — Ébrasement gauche

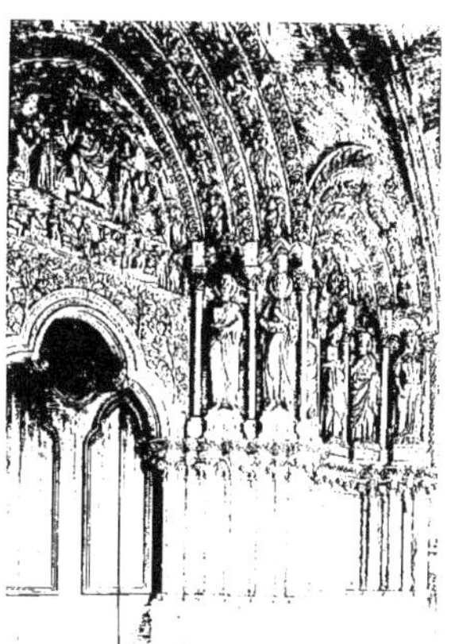

4 — BORDEAUX — ÉGLISE SAINT-SEURIN — Porche sud

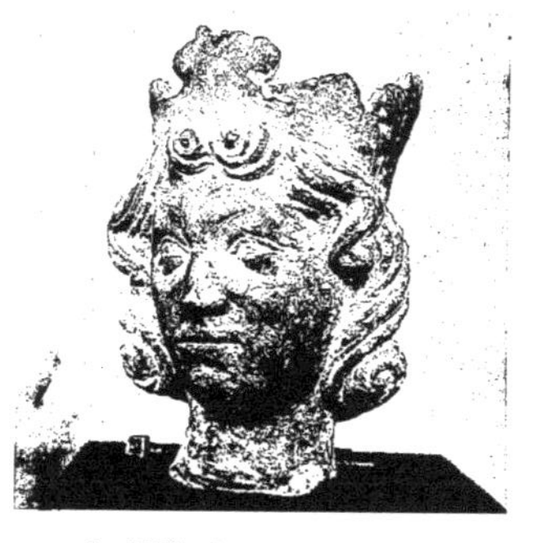

1 — MUSÉE DU LOUVRE

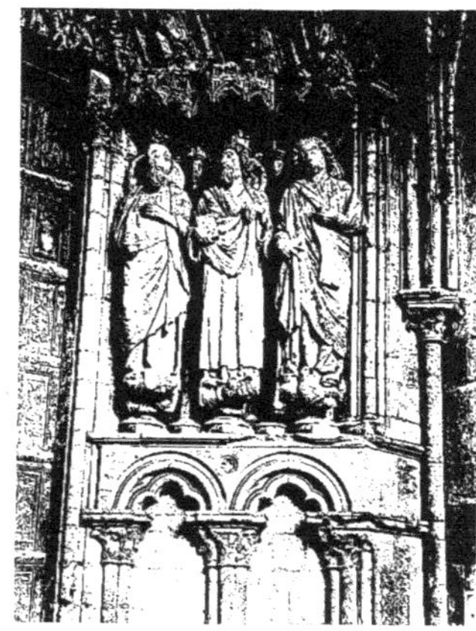

2 — MUSÉE DU LOUVRE

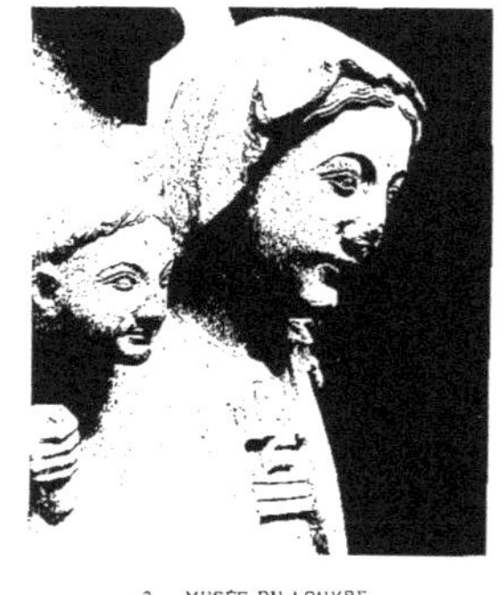

3 — PARIS — Collection Albert Maignan

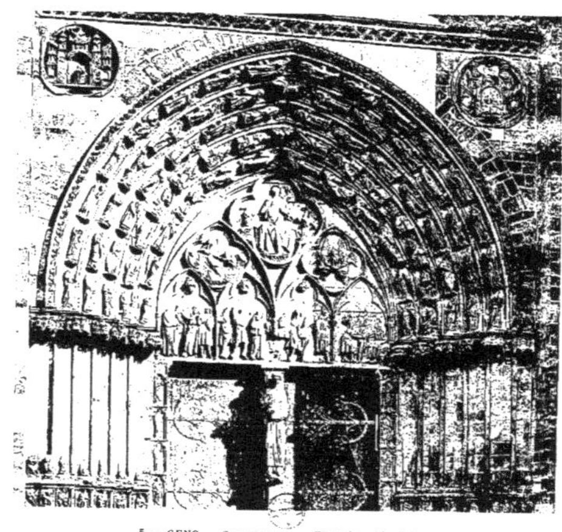

4 — LE MANS — Église de la Couture
Porche occidental

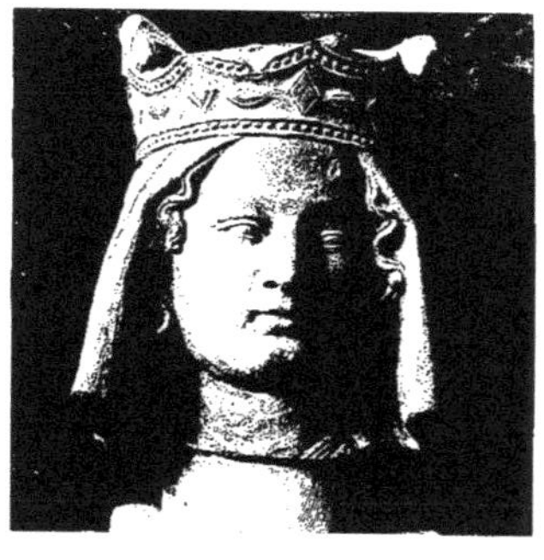

5 — SENS — Cathédrale — Portail occidental

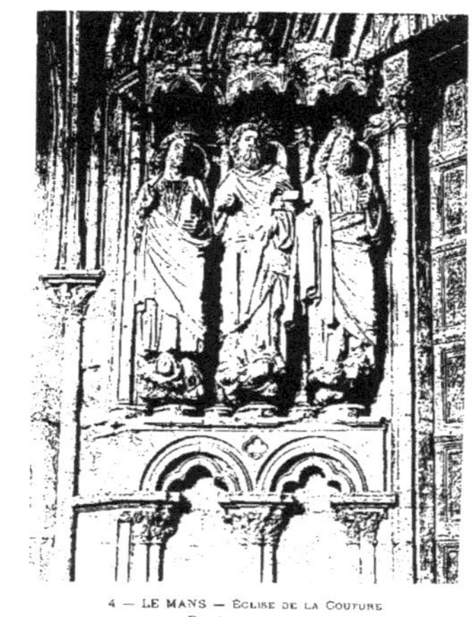

6 — LE MANS — Église de la Couture
Porche occidental

Imp. Phot. D.A. LONGUET

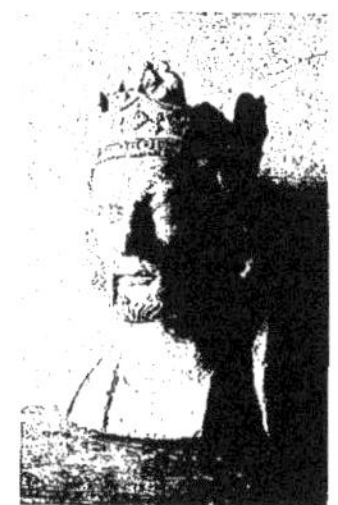

1 — SAINT-DENIS — ÉGLISE ABBATIALE
Clovis II *(Moulage)*

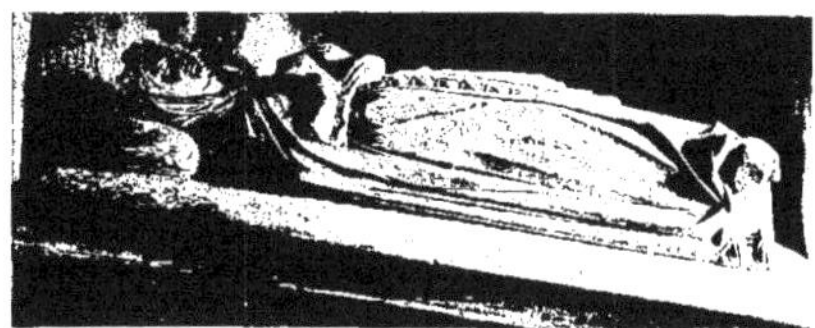

2 — JOUARRE — ÉGLISE

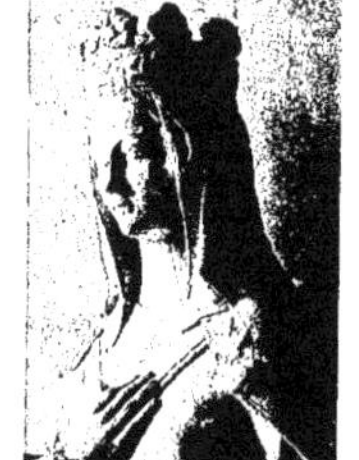

3 — SAINT-DENIS — ÉGLISE ABBATIALE
Reine Berthe *(Moulage)*

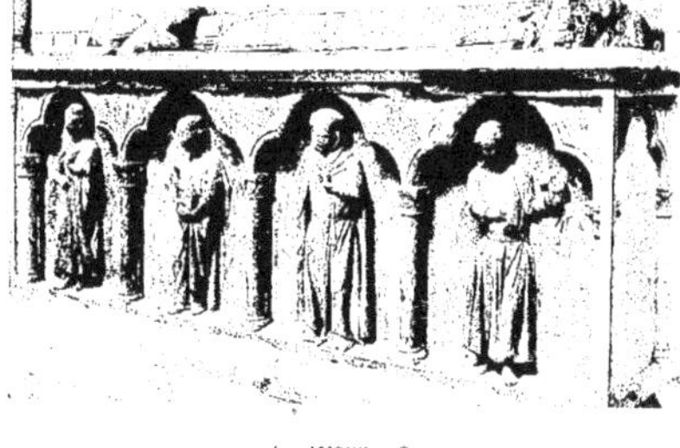

4 — JOIGNY — ÉGLISE

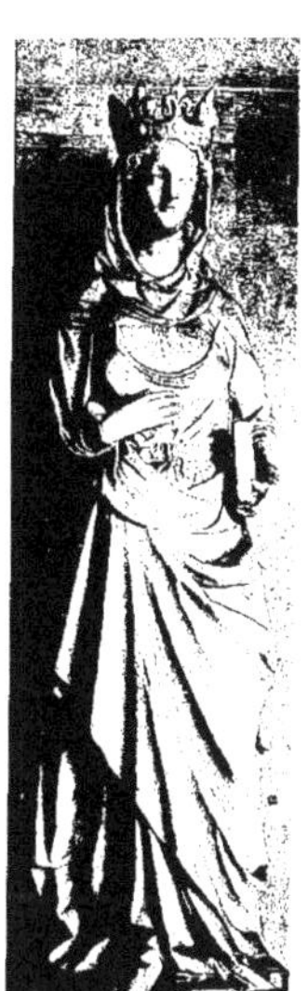

5 — SAINT-DENIS — ÉGLISE ABBATIALE
Constance d'Arles *(Moulage)*

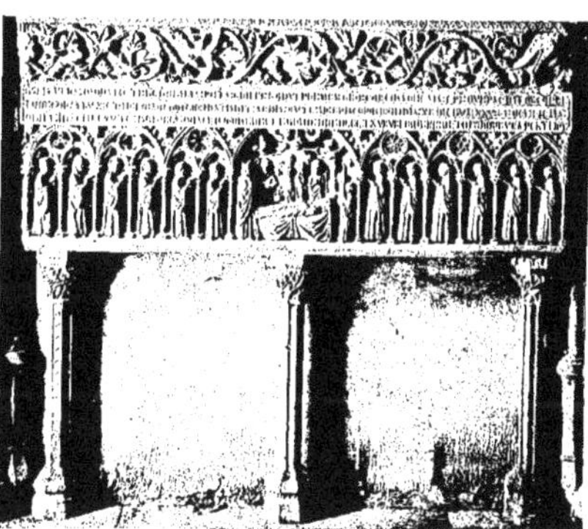

7 — CARCASSONNE — ÉGLISE St-NAZAIRE

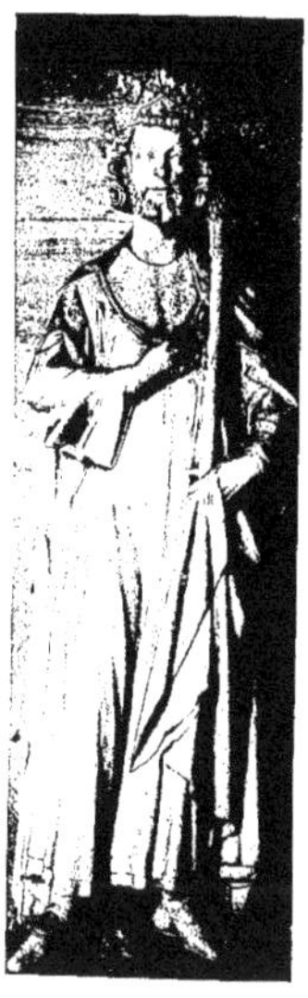

6 — SAINT-DENIS — ÉGLISE ABBATIALE
Robert le Pieux *(Moulage)*

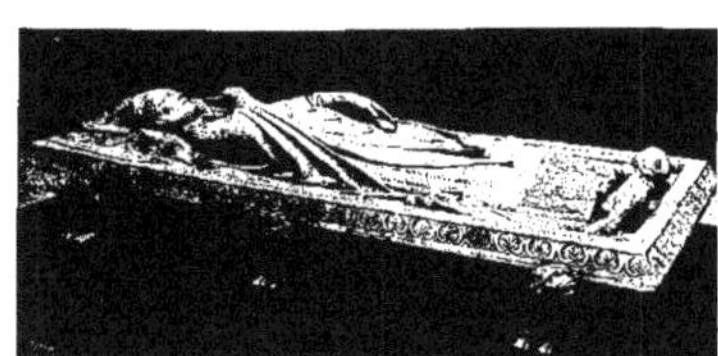

8 — AMIENS — CATHÉDRALE — Tombeau d'évêque *(Moulage)*

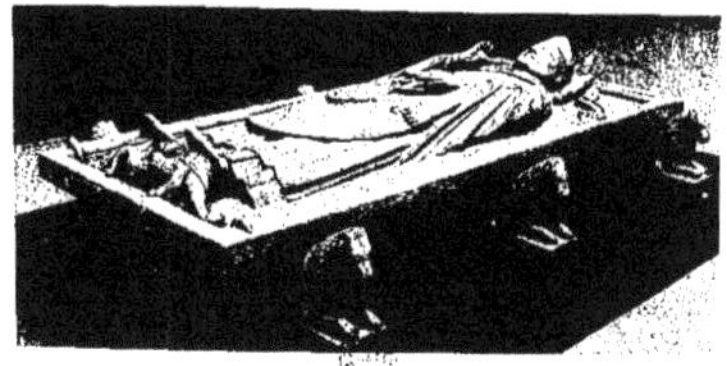

9 — AMIENS — CATHÉDRALE — Tombeau d'évêque *(Moulage)*

PL. LXXXI

XIV° SIÈCLE

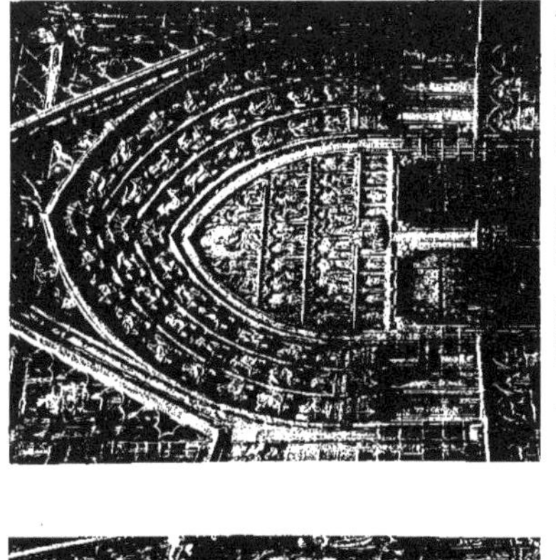

3 — AUXERRE — CATHÉDRALE — Portail méridional

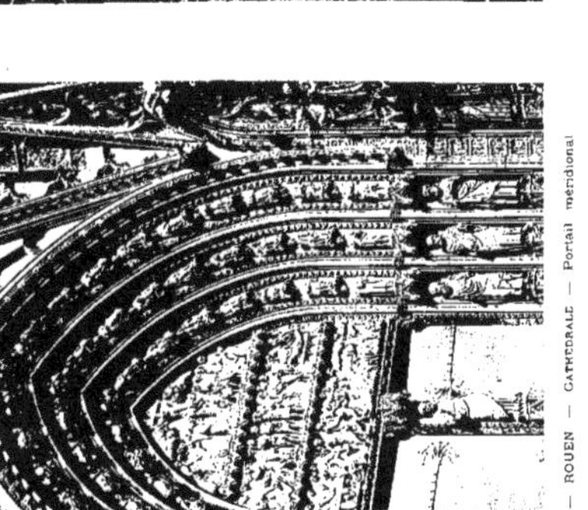

2 — ROUEN — CATHÉDRALE — Portail méridional

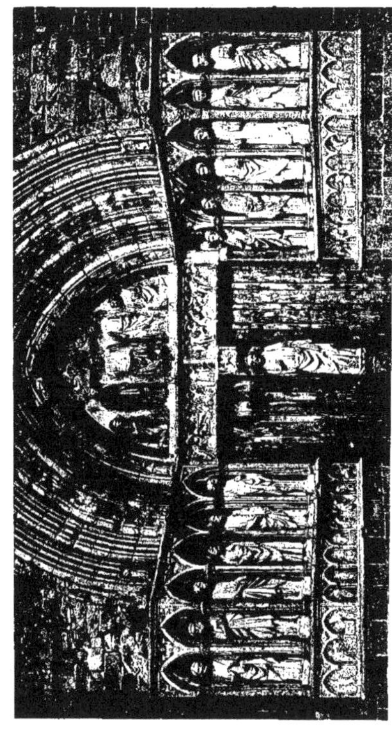

4 — RAMPILLON — ÉGLISE — Portail occidental

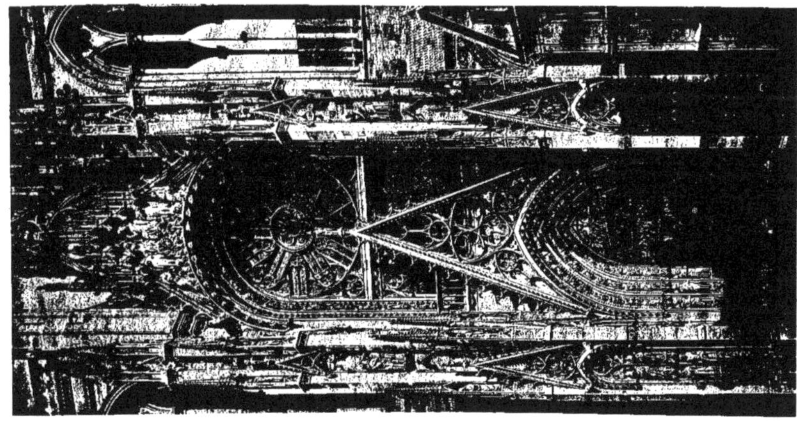

1 — ROUEN — CATHÉDRALE — Transept méridional

Imp. Phot. D.A. LONGUET

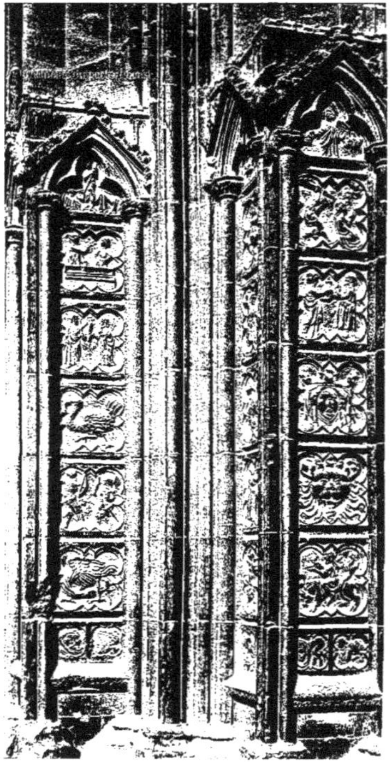

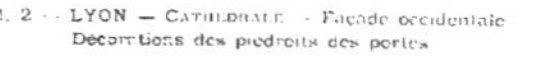

1, 2 — LYON — CATHÉDRALE — Façade occidentale
Décorations des piedroits des portes

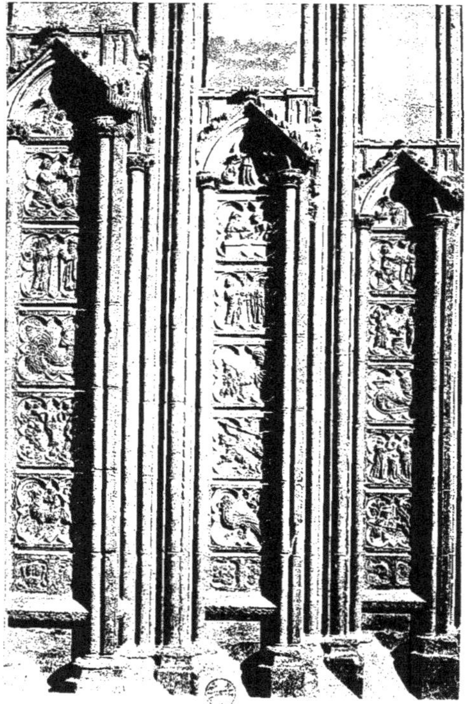

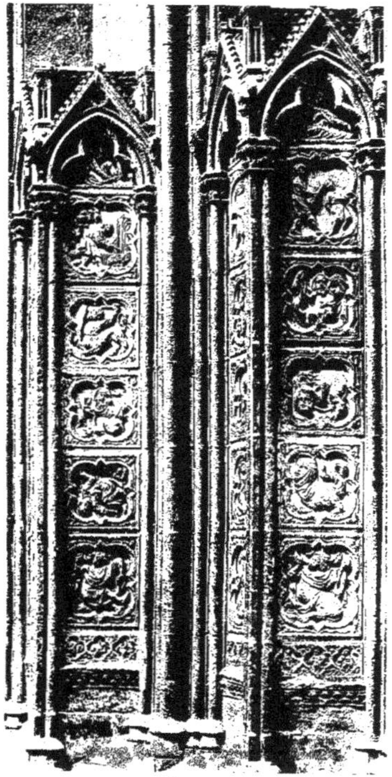

3 — ROUEN — CATHÉDRALE — Transept septentrional
Décorations des piedroits de la porte

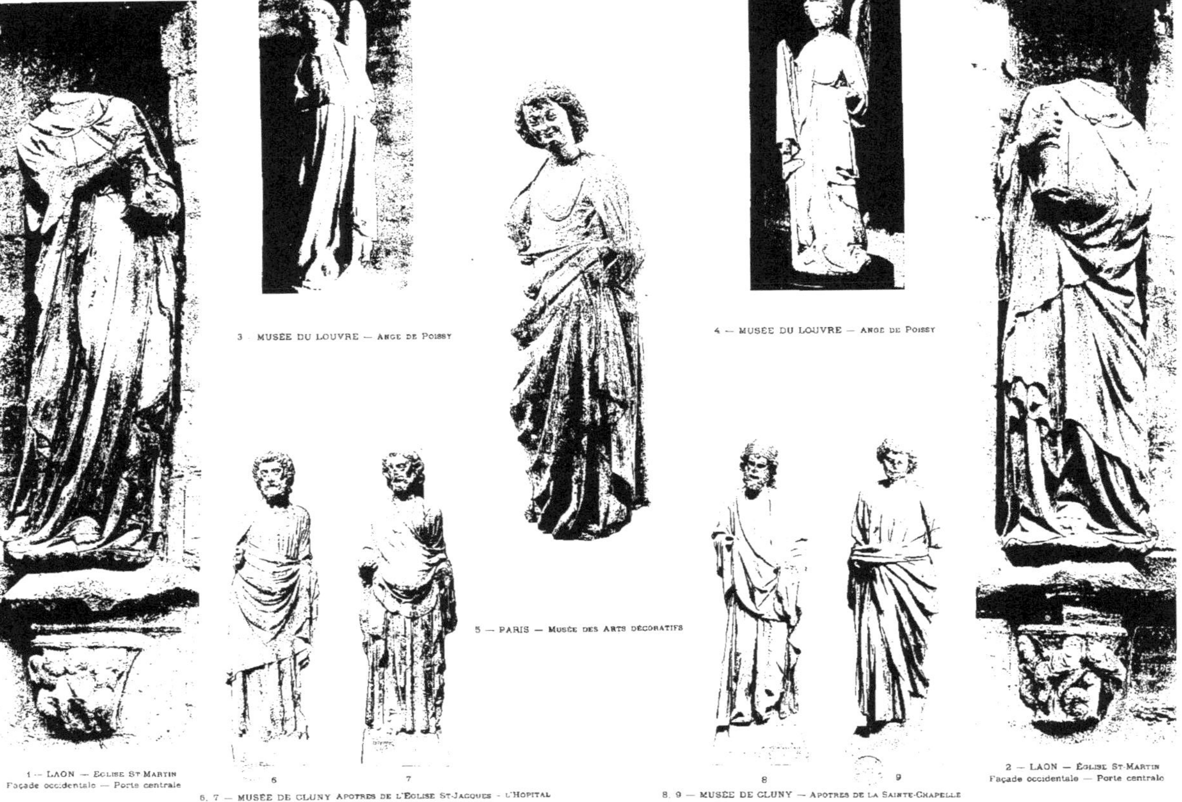

3 — MUSÉE DU LOUVRE — ANGE DE POISSY

4 — MUSÉE DU LOUVRE — ANGE DE POISSY

5 — PARIS — MUSÉE DES ARTS DÉCORATIFS

1 — LAON — ÉGLISE ST-MARTIN
Façade occidentale — Porte centrale

6

7

6, 7 — MUSÉE DE CLUNY APOTRES DE L'ÉGLISE ST-JACQUES - L'HOPITAL

8

9

8, 9 — MUSÉE DE CLUNY — APOTRES DE LA SAINTE-CHAPELLE

2 — LAON — ÉGLISE ST-MARTIN
Façade occidentale — Porte centrale

Imp. Phot. D.A. LONGUET

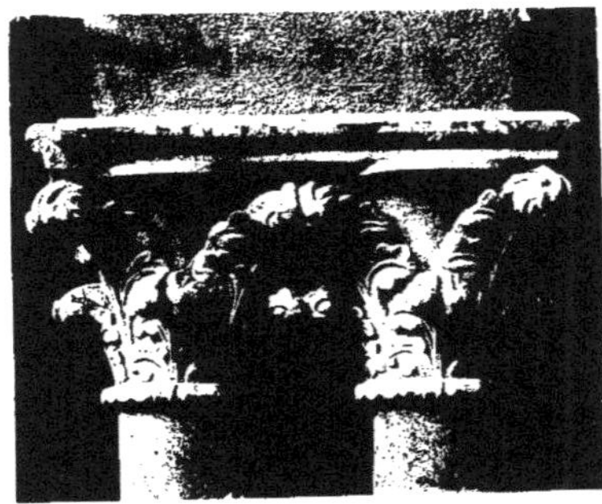

1 — VERCEIL (Italie) — CLOÎTRE St-ANDRÉ

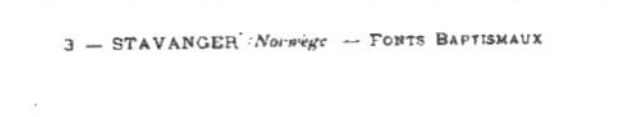

2 — CASAMARI (Italie) — ÉGLISE

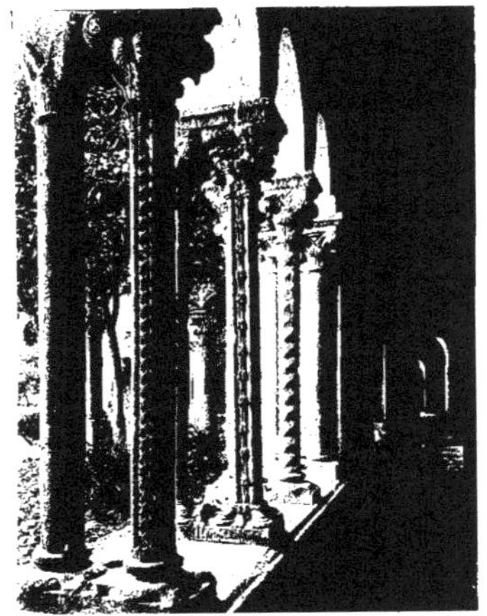

3 — STAVANGER (Norwège) — FONTS BAPTISMAUX

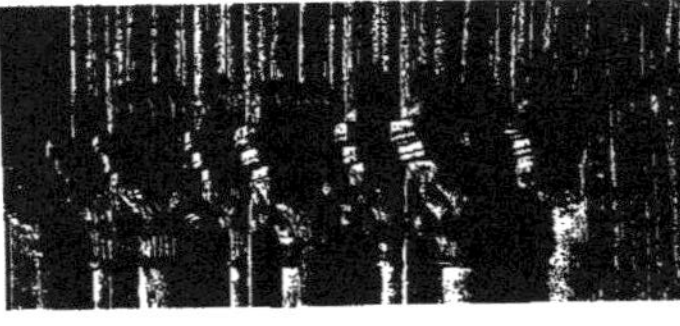

4 — ASSISE (Italie) — ÉGLISE SUPÉRIEURE

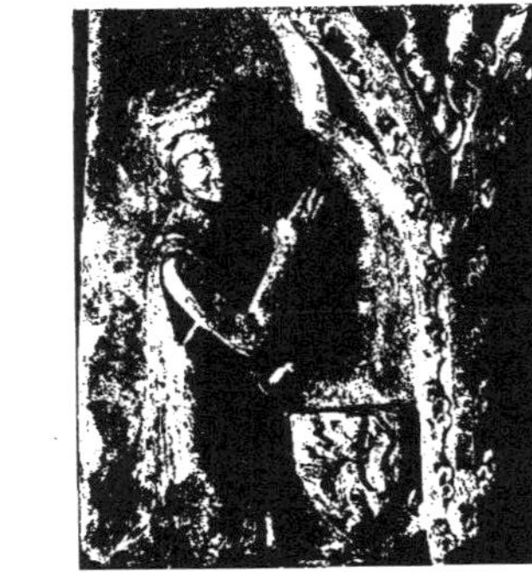

5 — MUSÉE DU LOUVRE — TOMBEAU D'UN LUSIGNAN DE CHYPRE

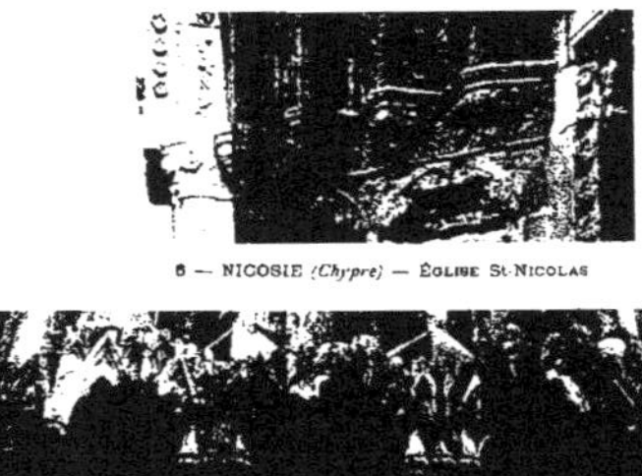

6 — NICOSIE (Chypre) — ÉGLISE St-NICOLAS

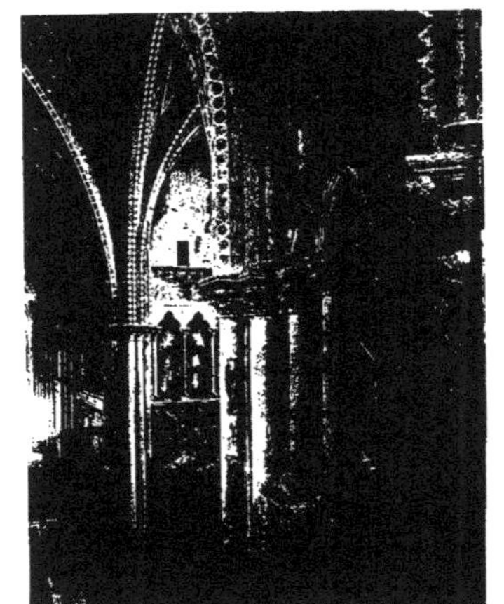

7 — FAMAGOUSTE (Chypre) — CATHÉDRALE

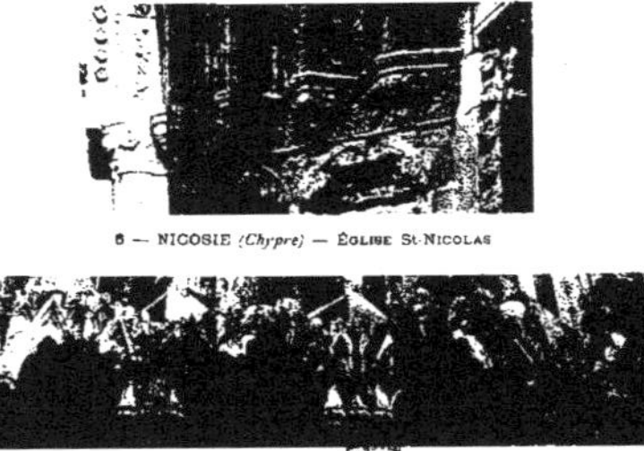

8 — FOSSANOVA (Italie) — CLOÎTRE

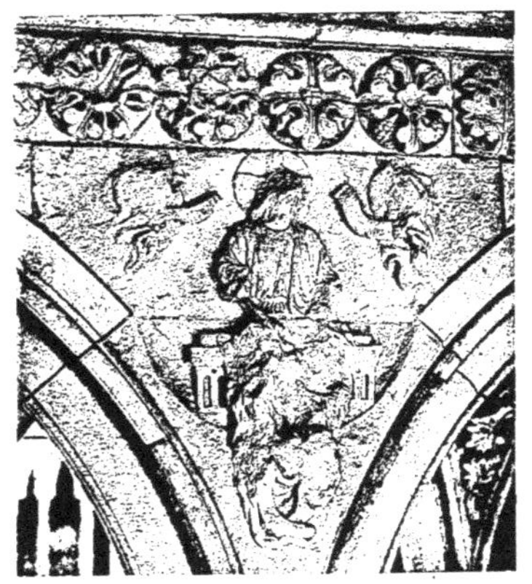

1

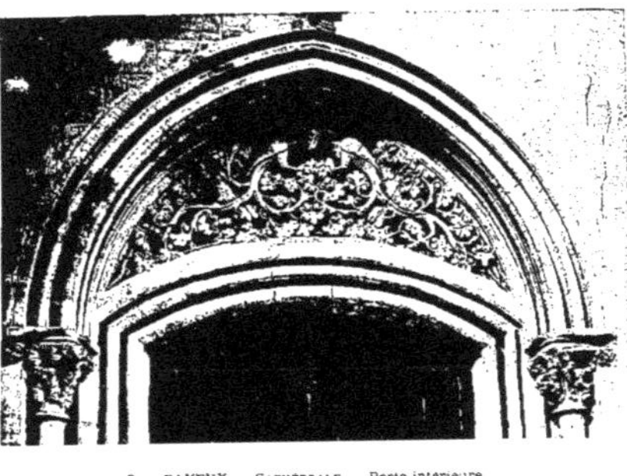

2 — BAYEUX — CATHÉDRALE — Porte intérieure

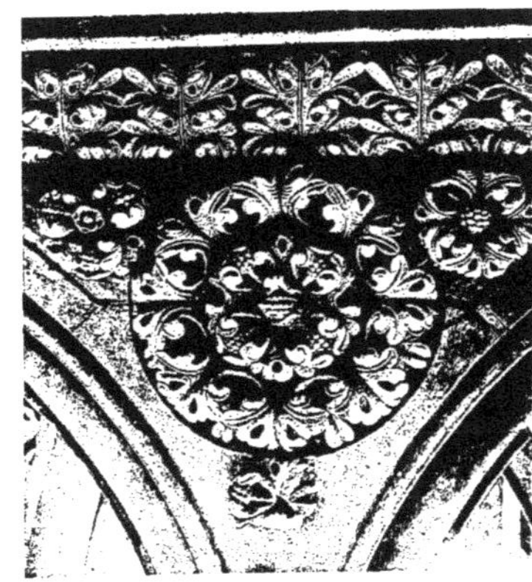

3

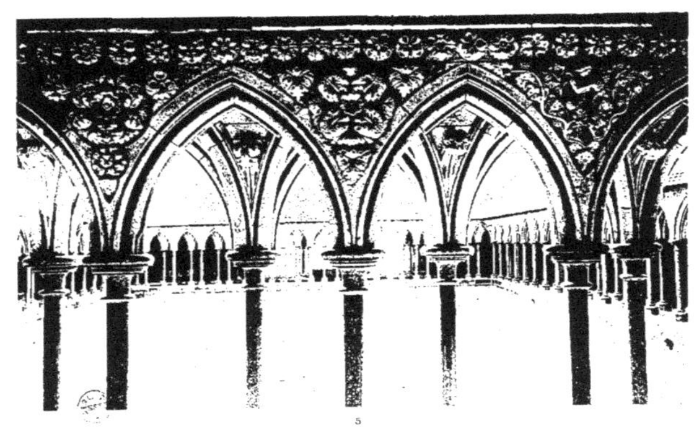

4

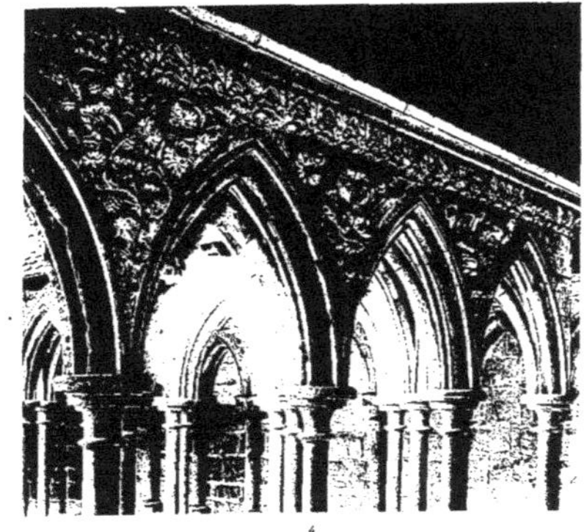

5

1. 3. 4. 5 — MONT SAINT-MICHEL — ABBAYE — Cloître

Imp. Phot. D.A. LONGUET

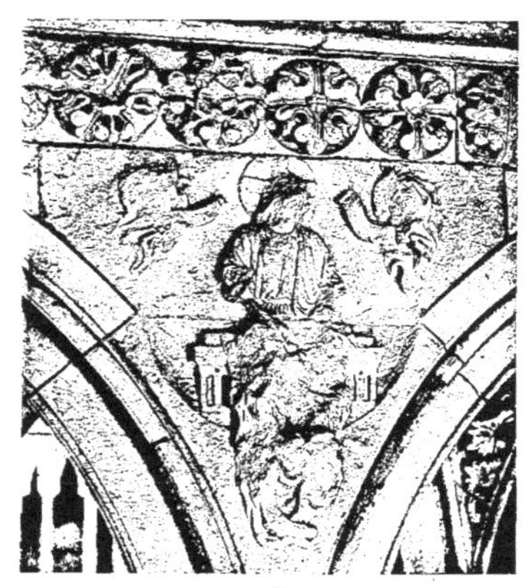

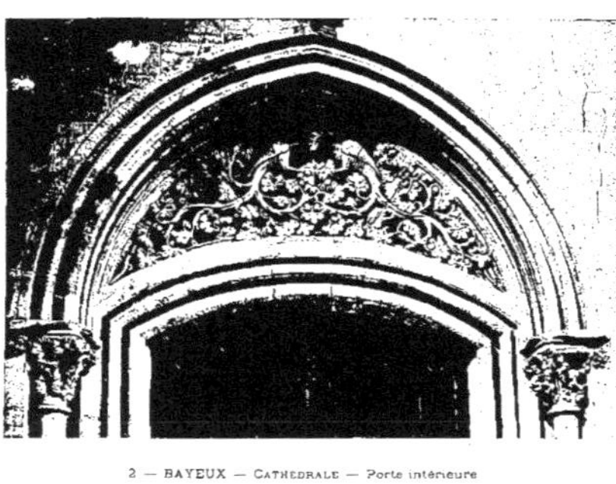

2 — BAYEUX — CATHÉDRALE — Porte intérieure

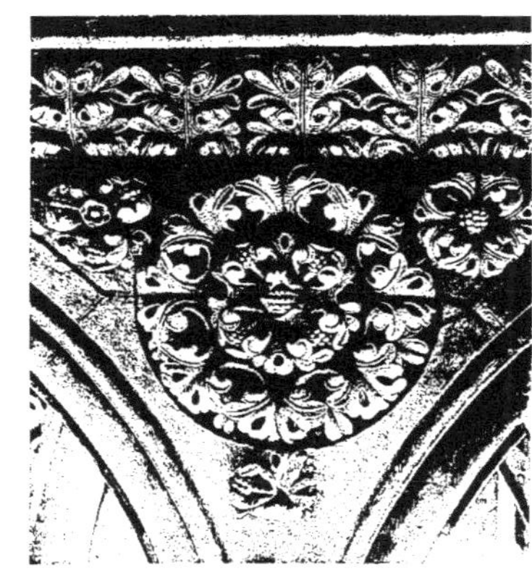

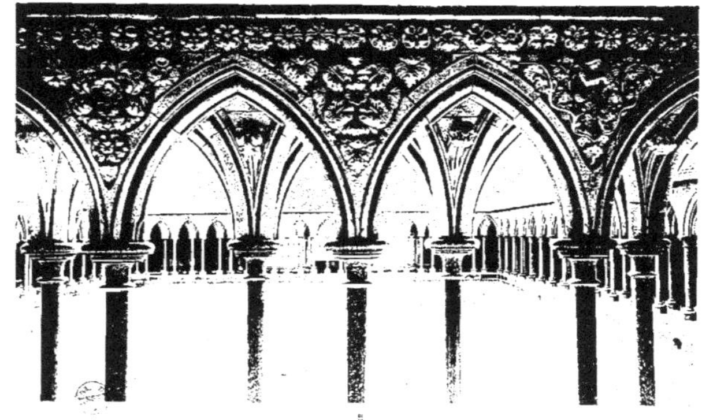

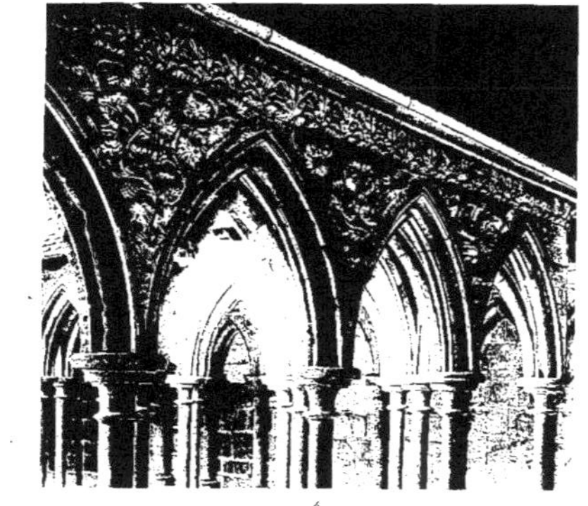

1 3 4 5 — MONT SAINT-MICHEL — ABBAYE — Cloître

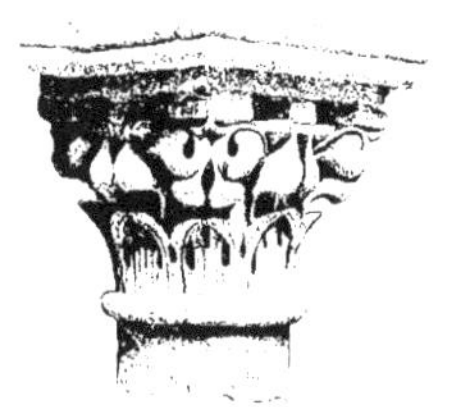

1 — LAON — CATHÉDRALE (Montage)

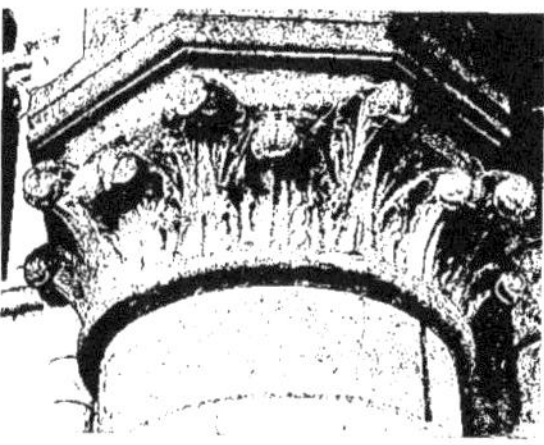

2 — CHARS — ÉGLISE

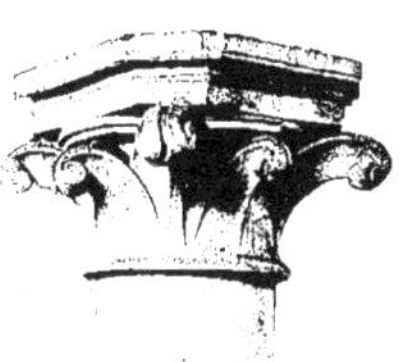

3 — ARCUEIL (Seine) — ÉGLISE

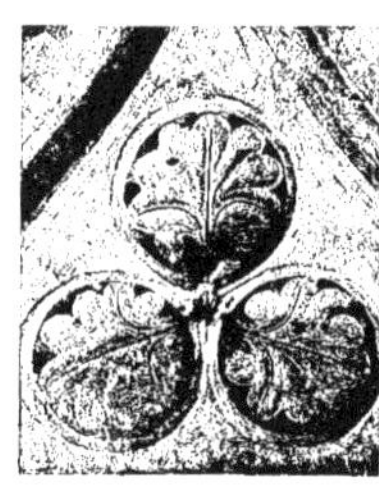

4 — SÉES — CATHÉDRALE

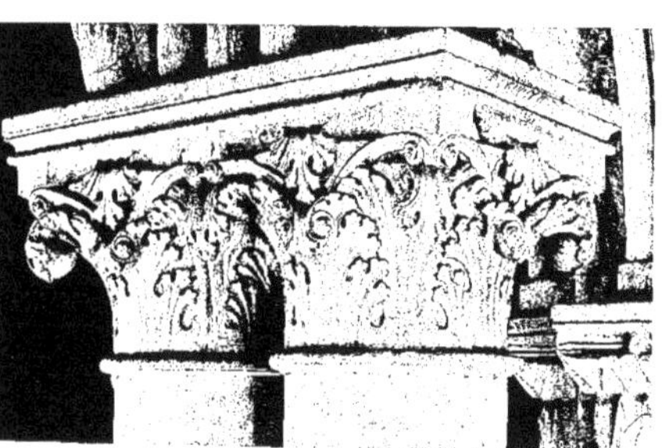

5 — REIMS — ÉGLISE SAINT-RÉMY

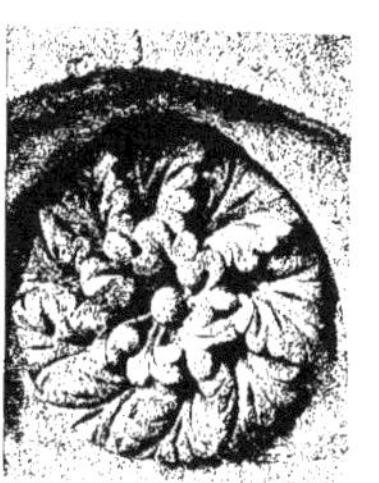

6 — SÉES — CATHÉDRALE

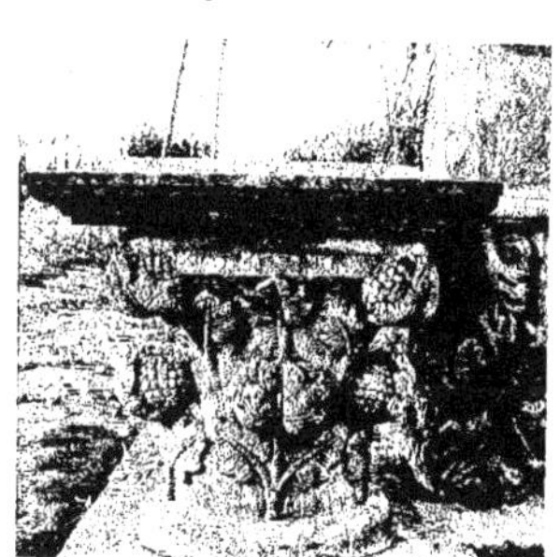

7 — ENNEZAT (Puy-de-Dôme)

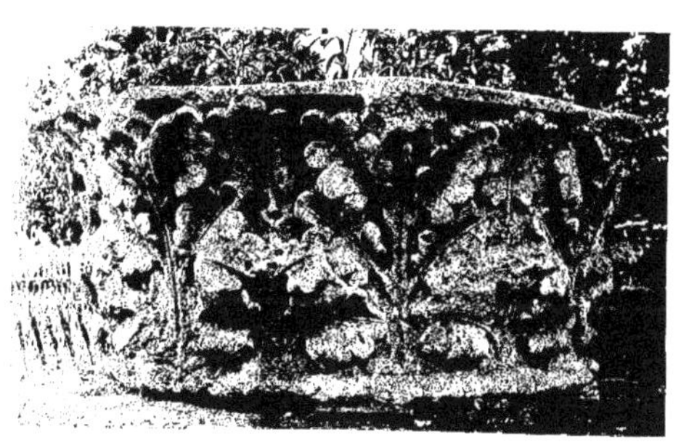

8 — NOYON — JARDIN DE LA CATHÉDRALE

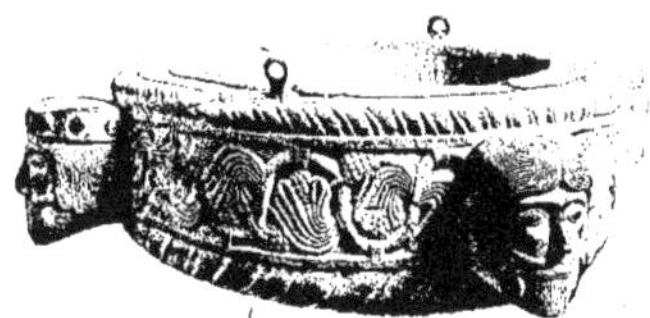

9 — CHÉRENG — ÉGLISE — Fonts Baptismaux

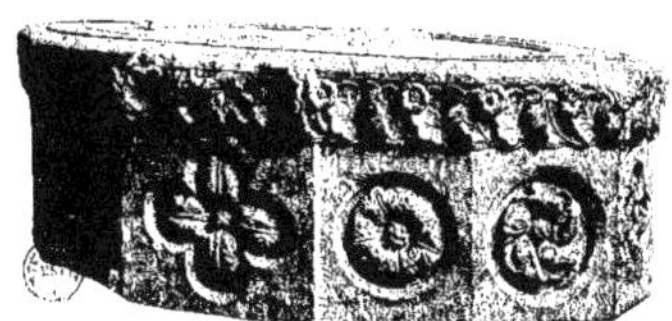

10 — LIMEIL — ÉGLISE — Fonts Baptismaux

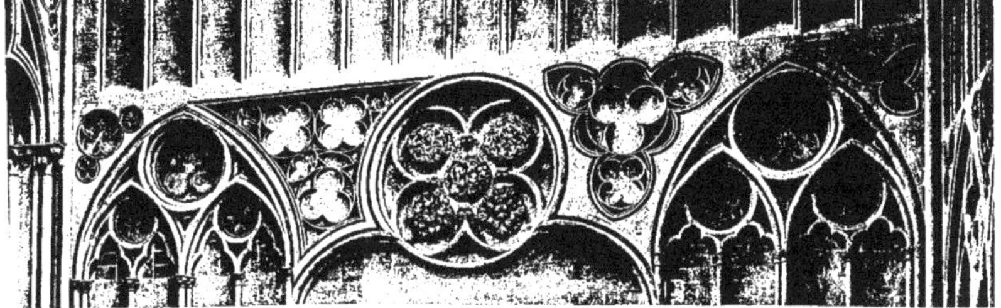

1 – BAYEUX — Cathédrale — Intérieur du transept sud

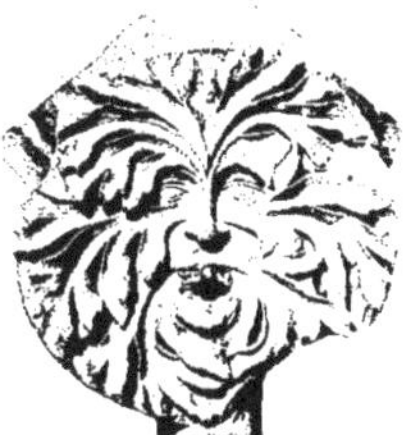

2 — PARIS — Musée de Cluny

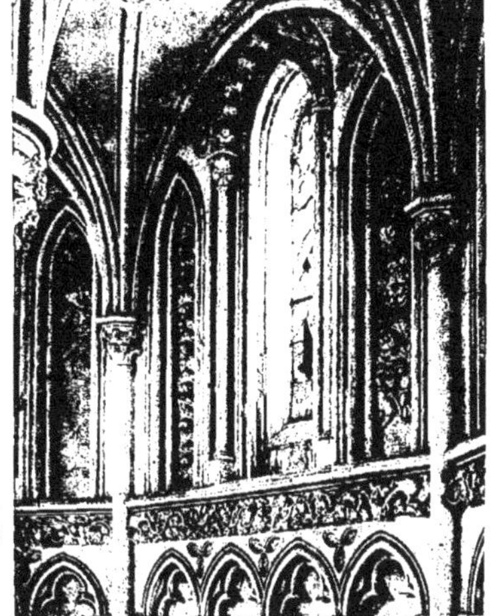

3 — NORREY — Église — Déambulatoire

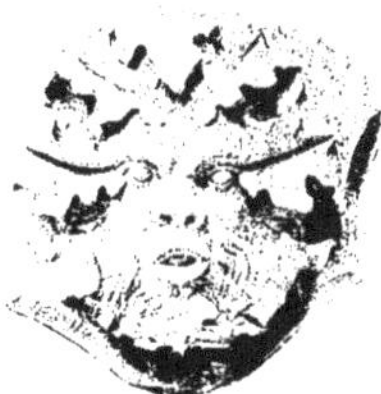

4 — PARIS — Musée de Cluny

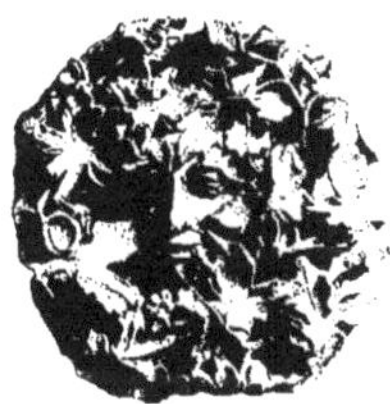

6 — DIJON — Musée Archéologique

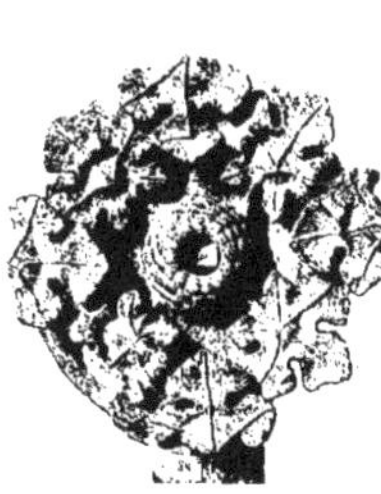

5 — MONTIERENDER — Église

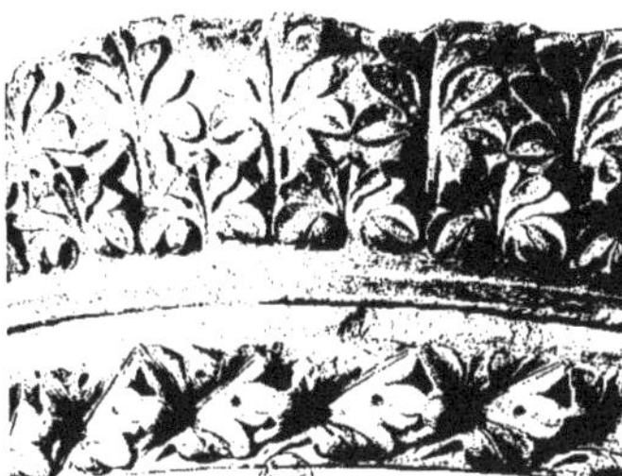

8 — CAEN — Musée lapidaire

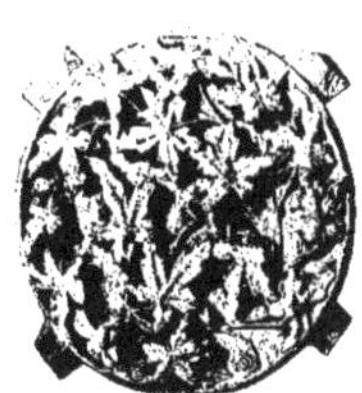

7 — MUSÉE DU LOUVRE

9 — ROUEN — Musée Archéologique

Imp. Phot. D.A. LONGUET

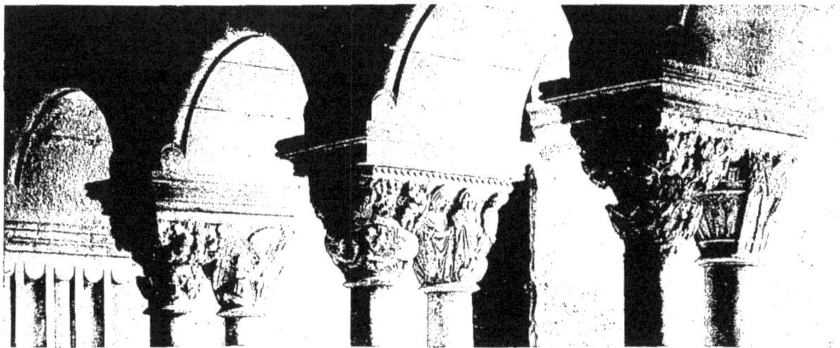

1 — MONTMAJOUR — Cloître

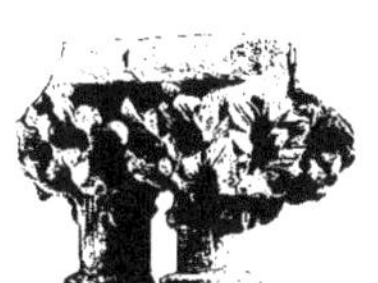

2 — CAEN — Musée lapidaire

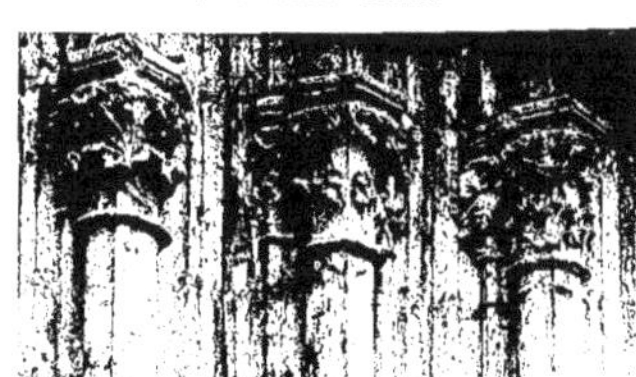

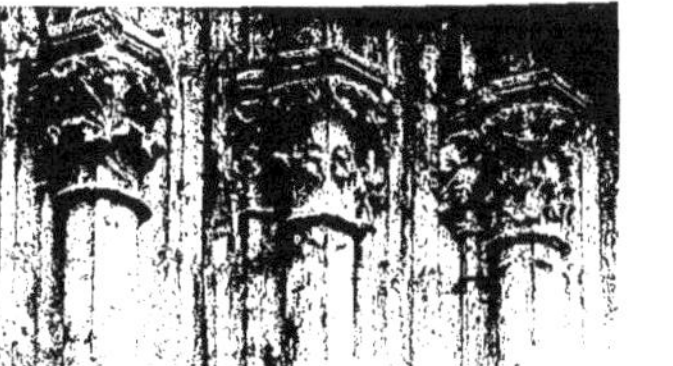

4 — CAEN — Musée lapidaire

3 — BEAUMONT-DE-LOMAGNE — Église — Portail

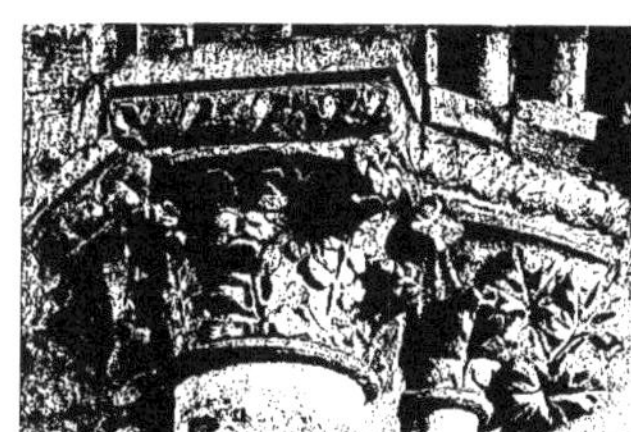

5 — AGNETZ — Église

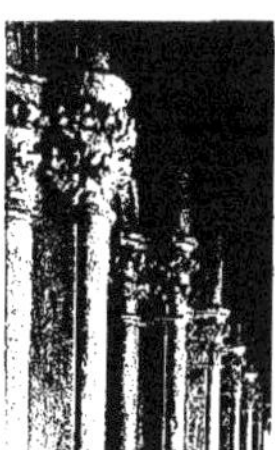

6 — CLERMONT-FERRAND
Cathédrale — Triforium

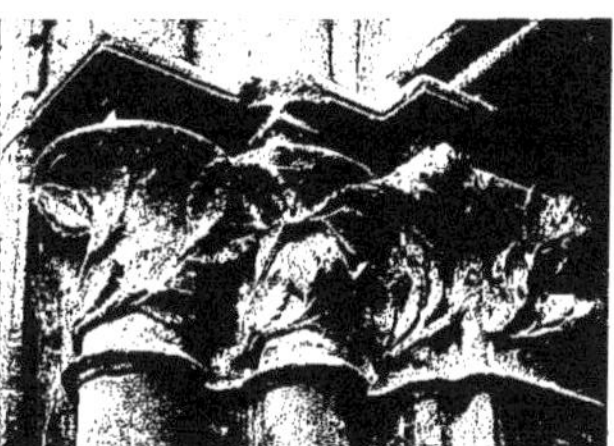

7 — MORET-SUR-LOING — Église

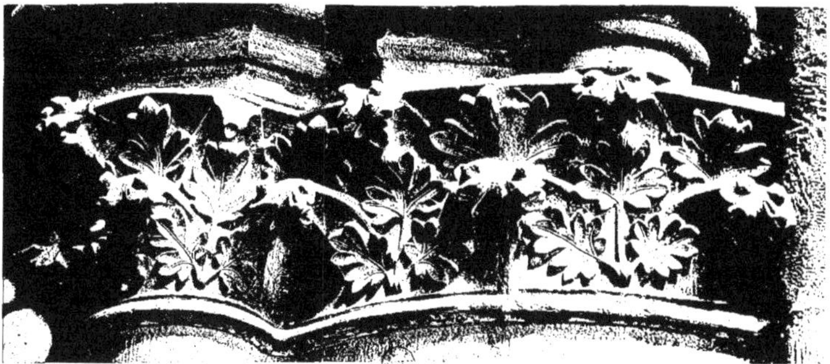

8 — NEVERS — Cathédrale

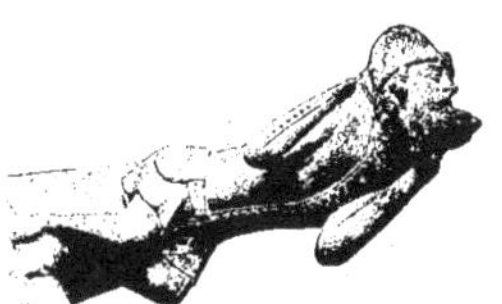

1 — MUSÉE DU LOUVRE

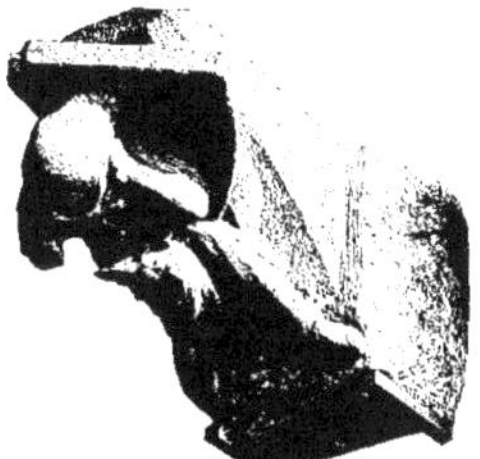

2 — MUSÉE DU LOUVRE

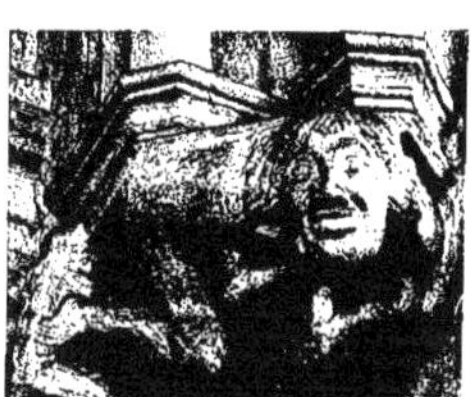

3 — MANTES — ÉGLISE NOTRE-DAME

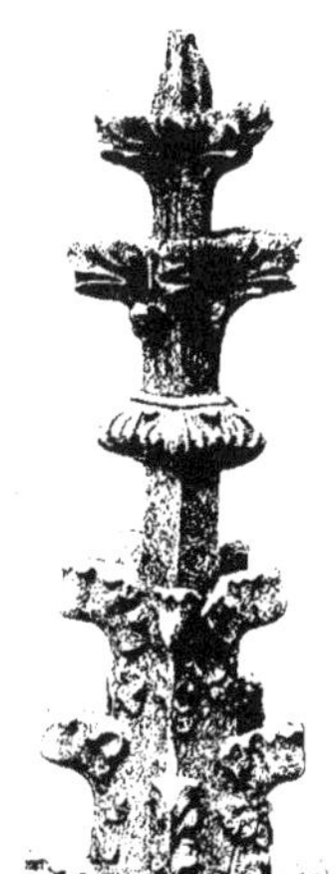

4 — TROYES — ÉGLISE St-URBAIN

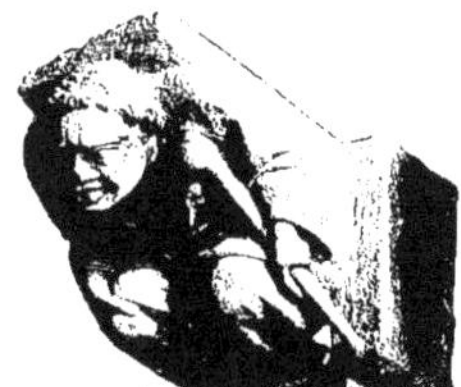

5 — MUSÉE DU LOUVRE

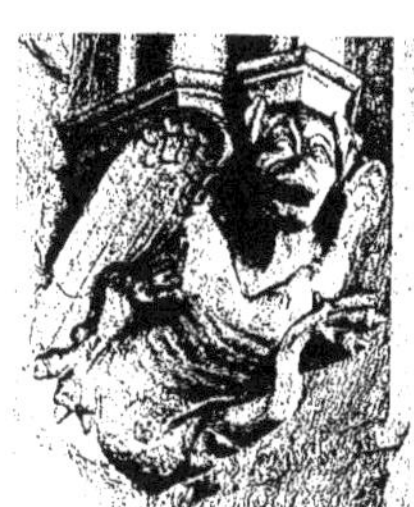

6 — MANTES — ÉGLISE NOTRE-DAME

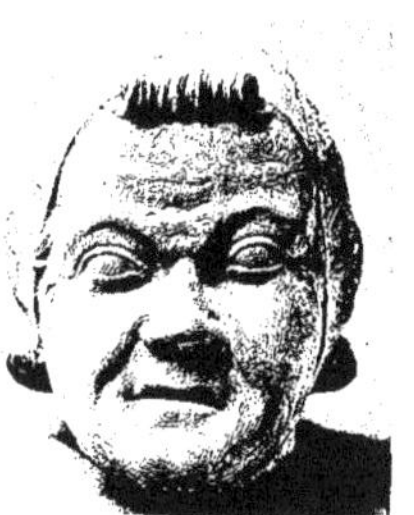

7 — MUSÉE DU LOUVRE

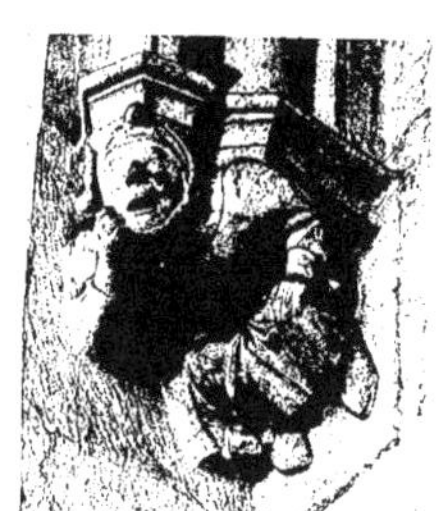

8 — MANTES — ÉGLISE NOTRE DAME

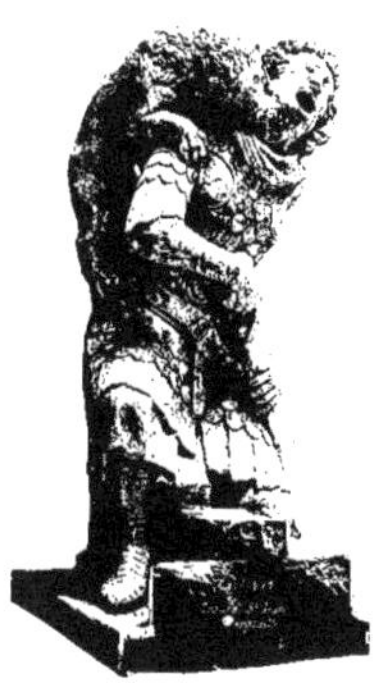

9 — TROYES — ÉGLISE St-JEAN

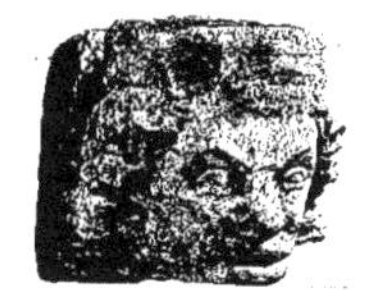

10 — MUSÉE DU LOUVRE

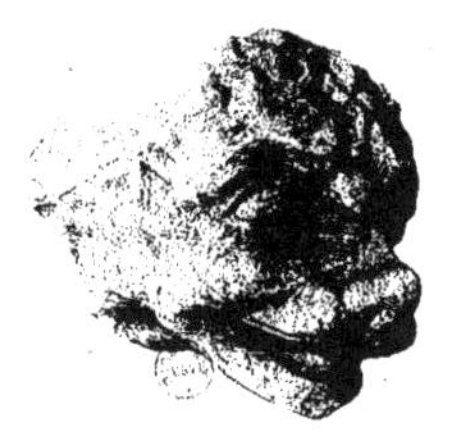

11 — St-LEU D'ESSERENT — ÉGLISE — (Moulage)

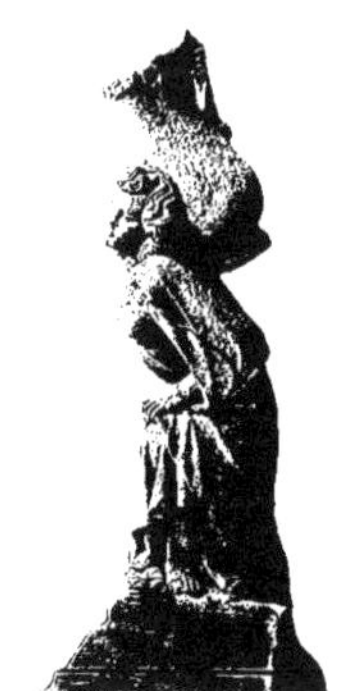

12 — TROYES - MUSÉE

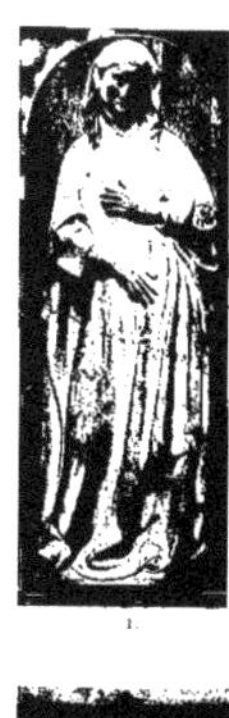

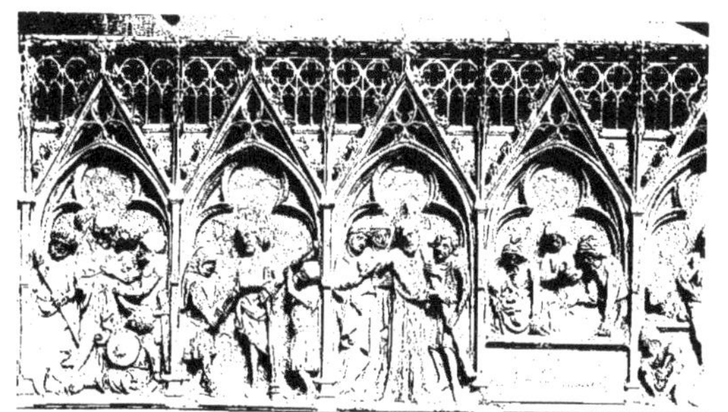

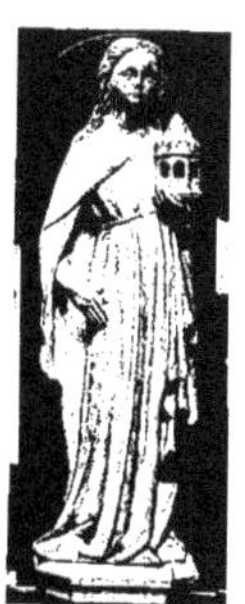

1. 2. 3 — PARIS — Musée de Cluny

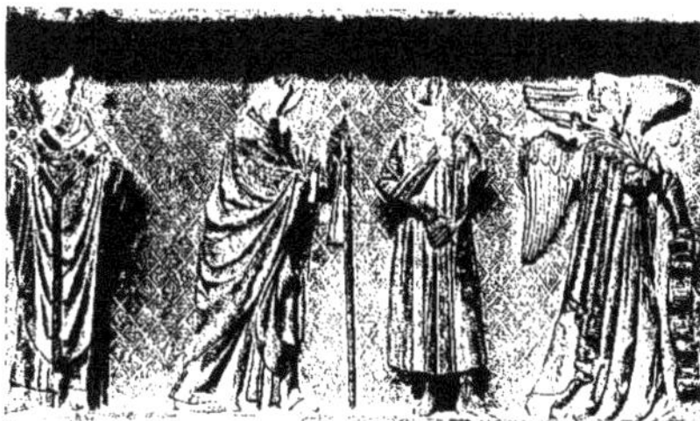

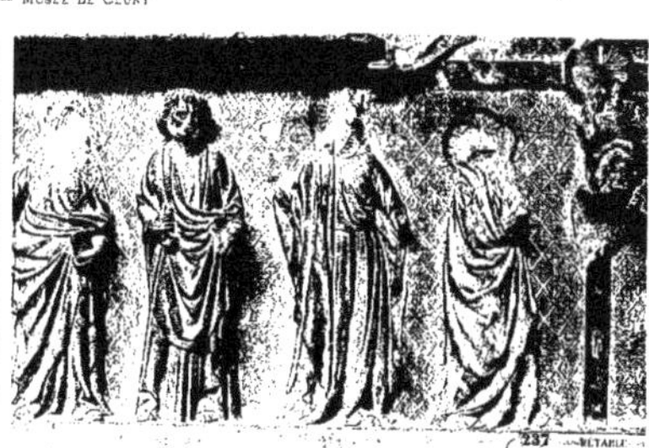

4. 5. 6. 7 — PARIS — Musée de Cluny — Retable de S: Germer

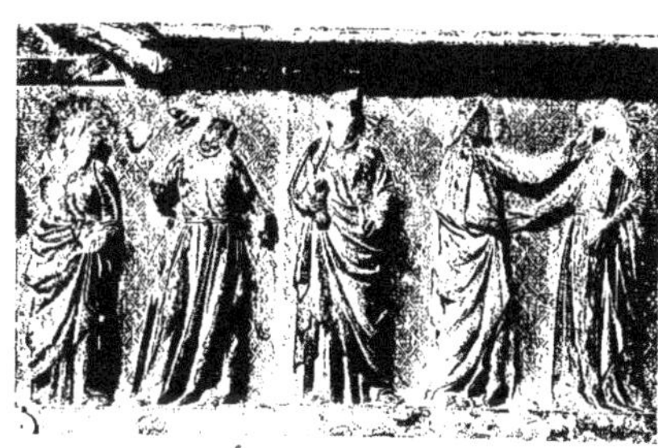

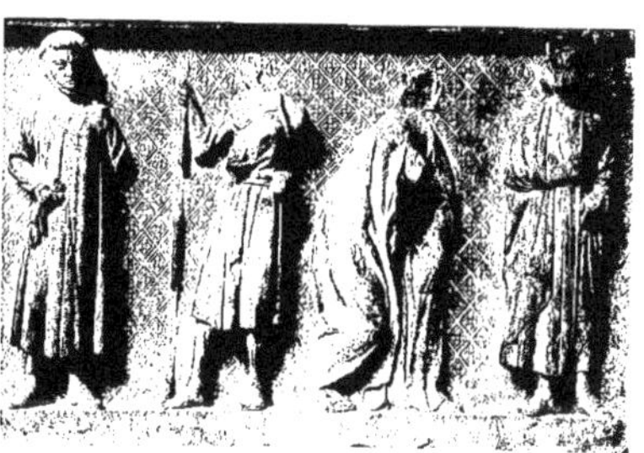

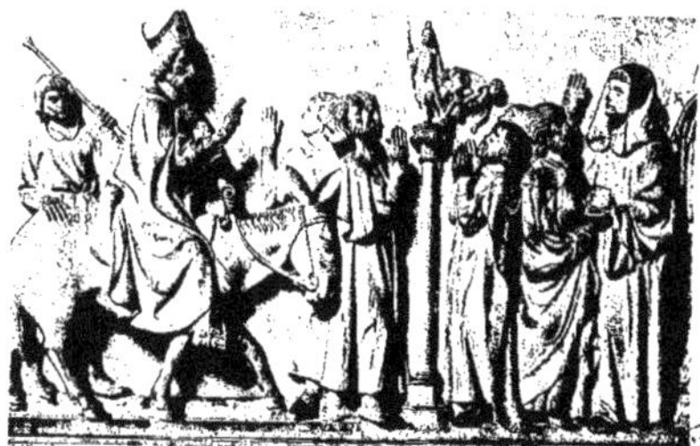

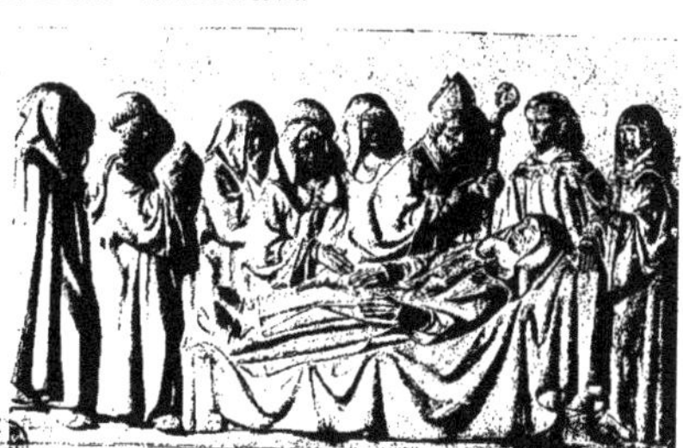

8. 9 — PARIS — Musée de Cluny — Retable

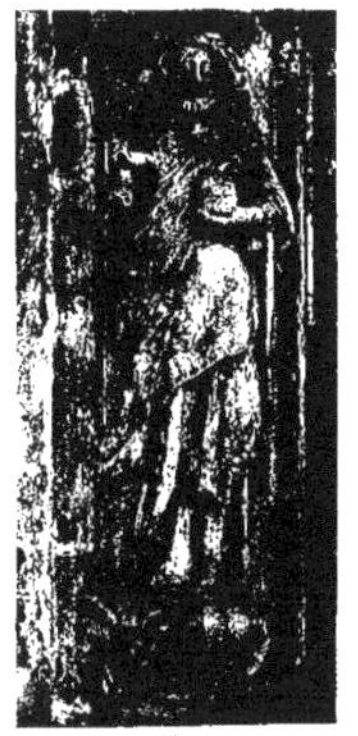
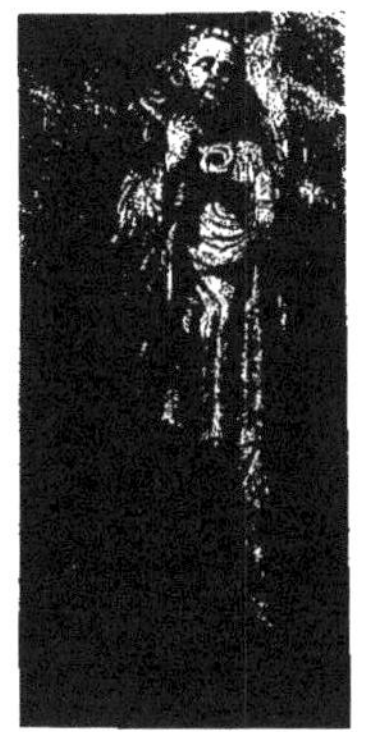
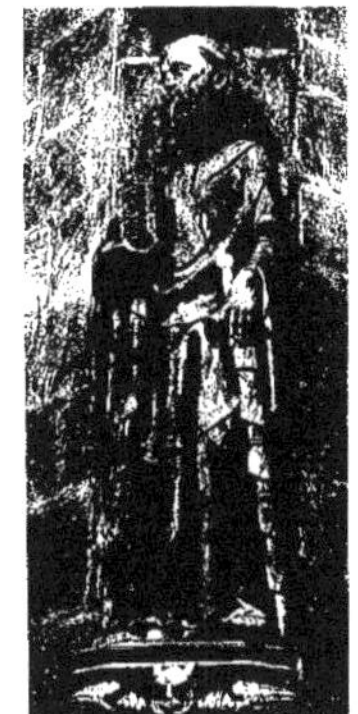
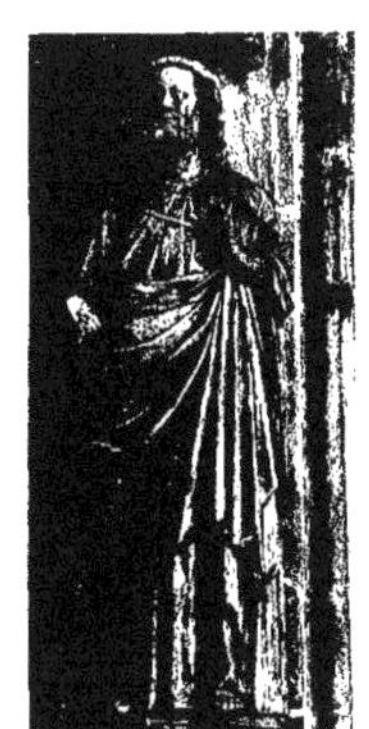

1 2 3 4 — CARCASSONNE — Église St-Nazaire

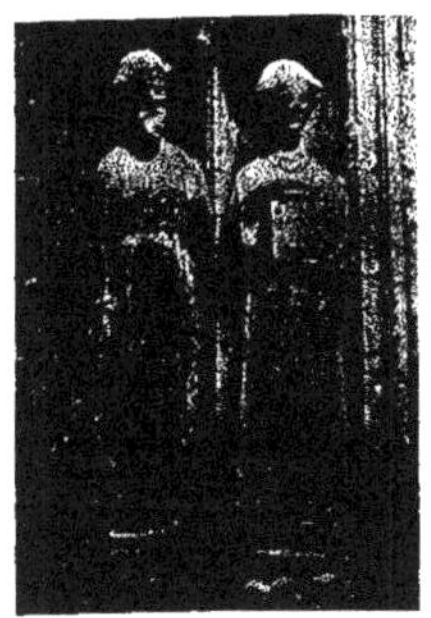
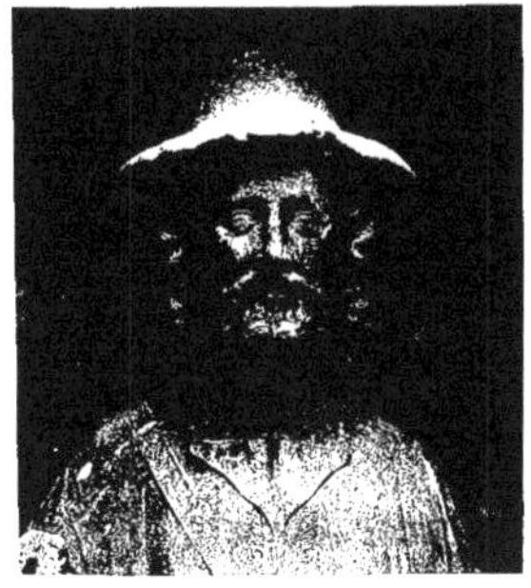
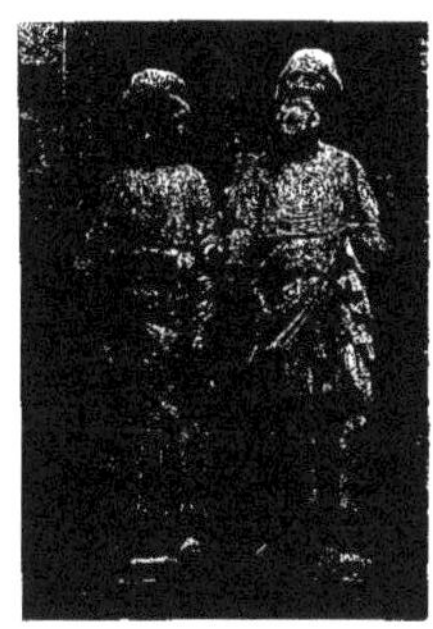

5 — CARCASSONNE — Église St-Vincent

6 — BEAUVAIS — Musée Archéologique

7 — CARCASSONNE — Église St-Vincent

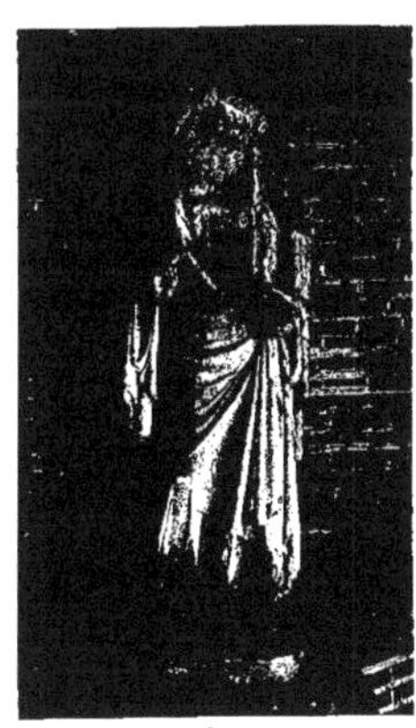
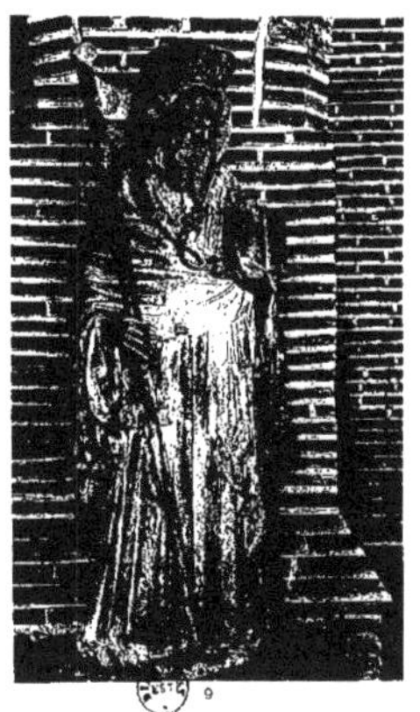
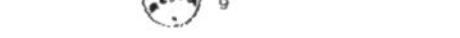
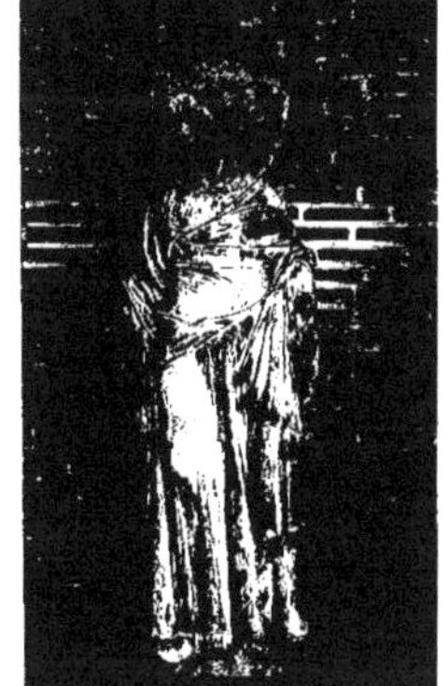

8 9 10 — TOULOUSE — Musée des Augustins

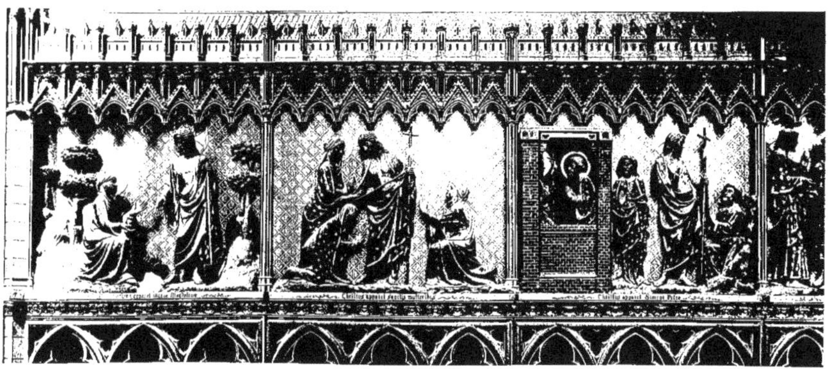

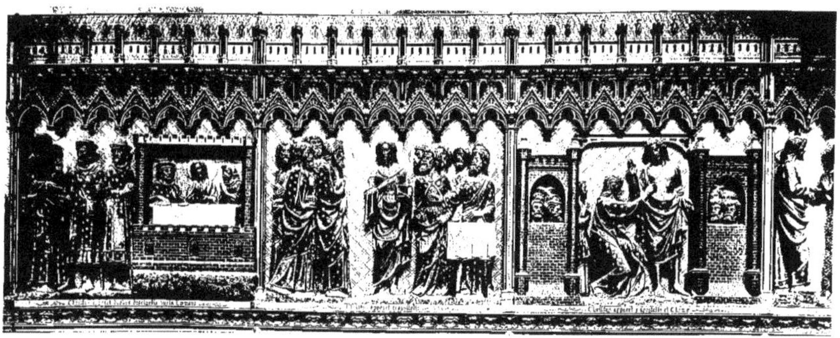

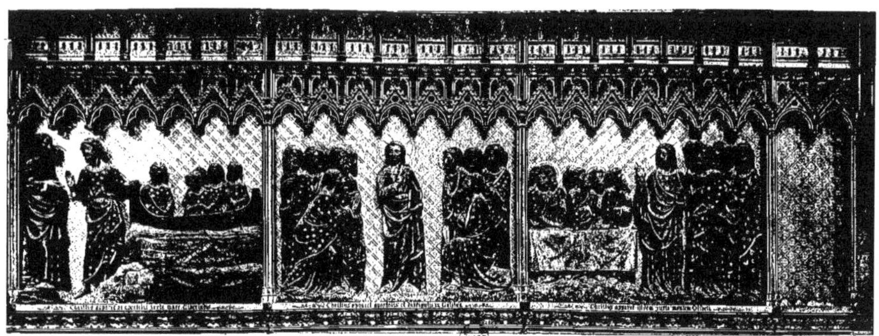

PARIS — CATHÉDRALE — CLOTURE DU CHŒUR — Partie méridionale

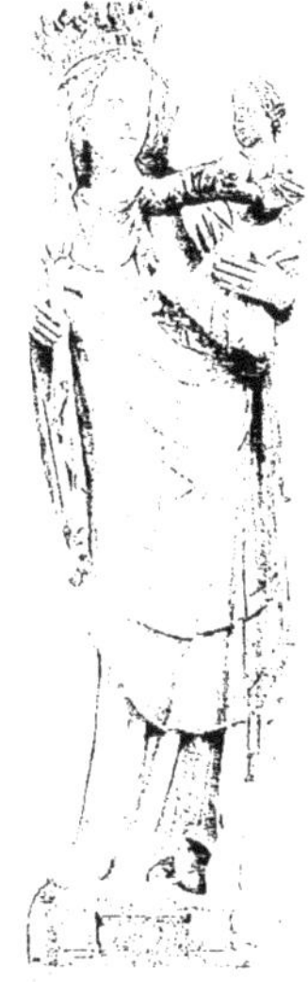

1 — PARIS — Cathédrale

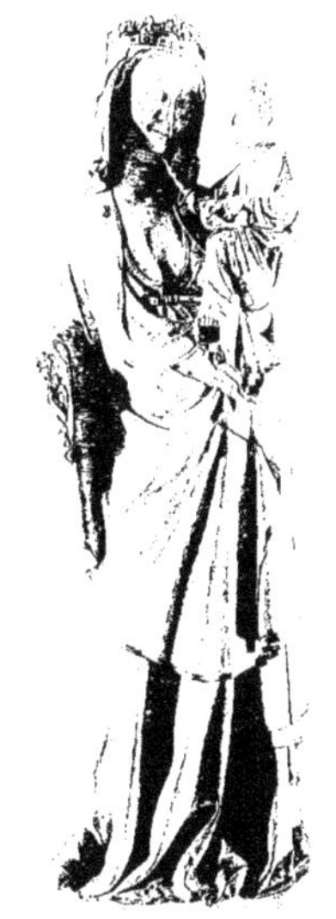

2 — MUSÉE DU LOUVRE — Vierge de Maisoncelles

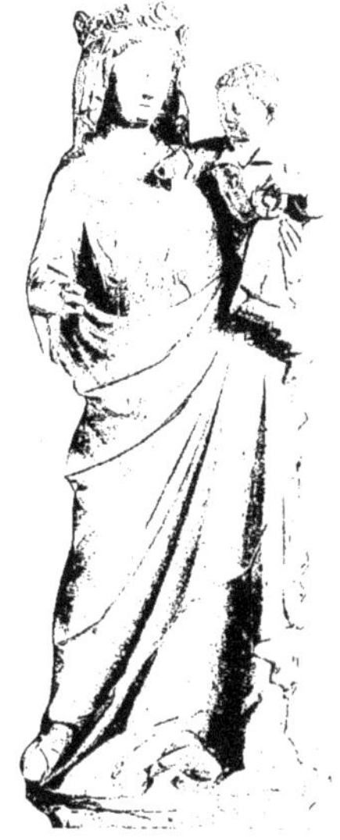

3 — St-DIE — Cloître de la Cathédrale

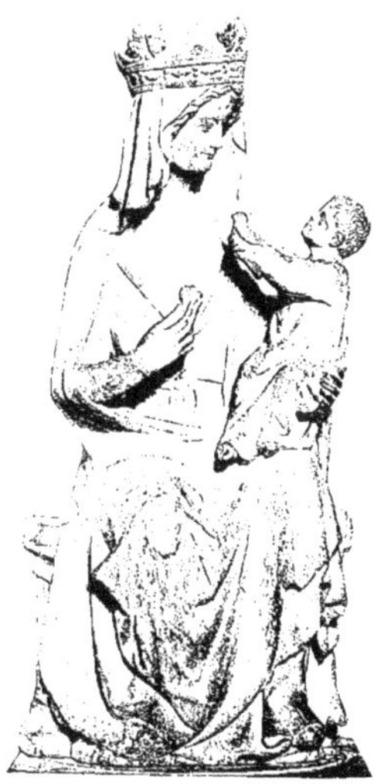

4 — MUSÉE DU LOUVRE
Vierge de l'Abbaye de Coulombs

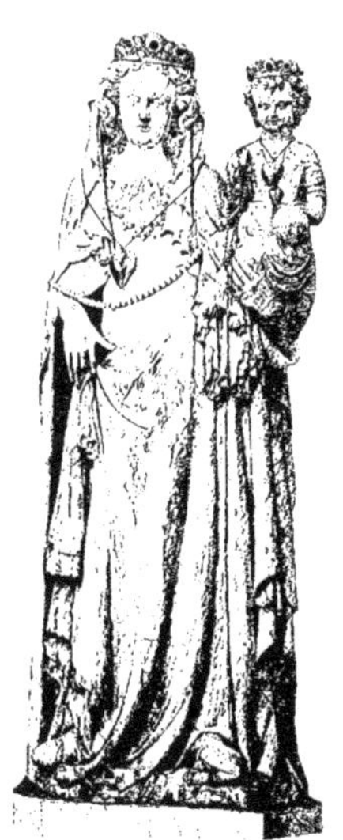

5 — NARBONNE — Cathédrale

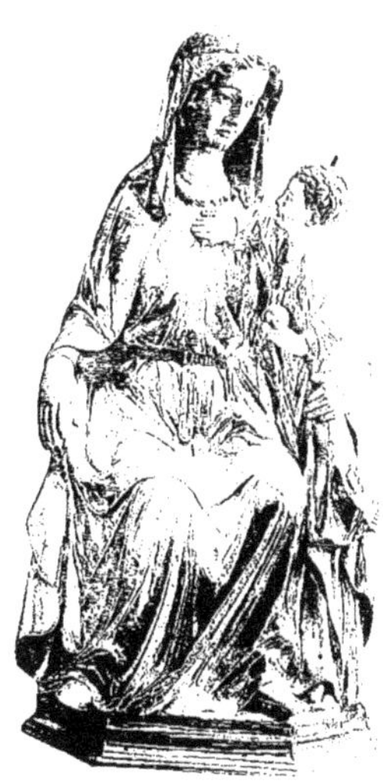

6 — RONCEVAUX — Abbaye

Imp. Phot. D.A. LONGUET

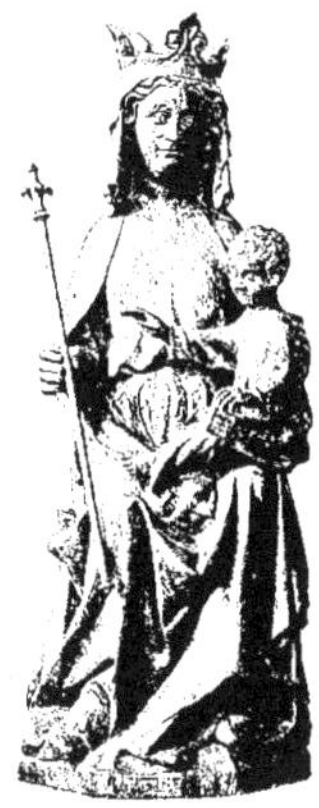

1 — TAVERNY — Église

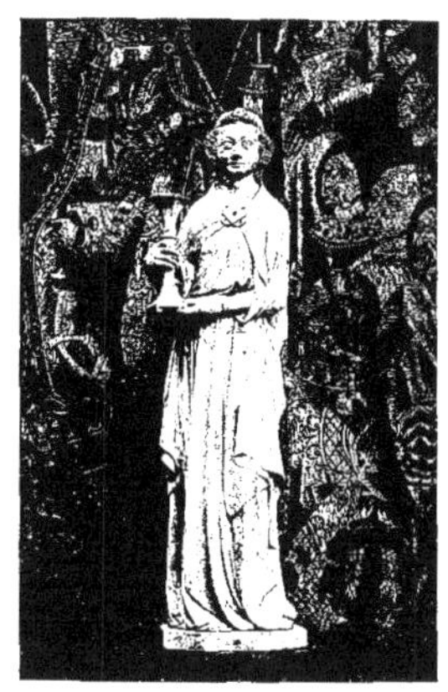

2 — PARIS — Collection L. Goldschmidt

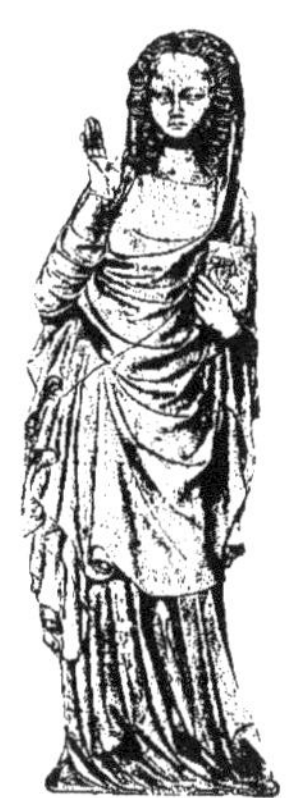

3 — PARIS — Collection Doistau

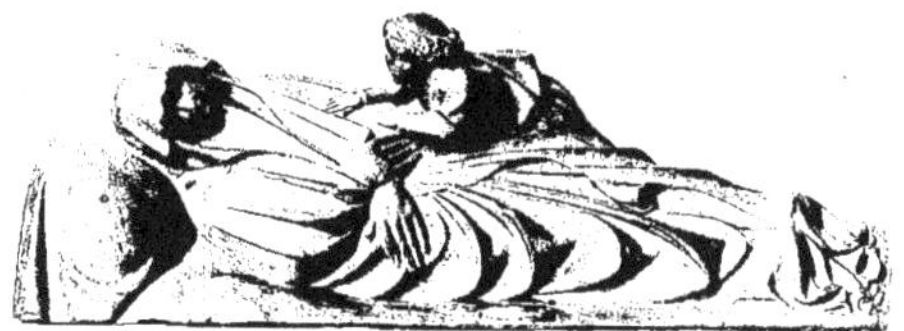

4 — Ancienne Collection Micheli

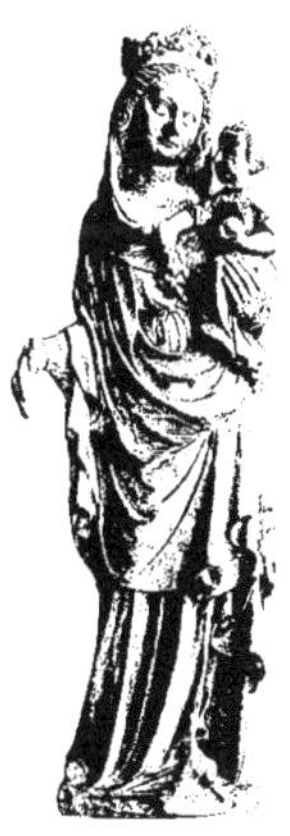

5 — Musée du Louvre

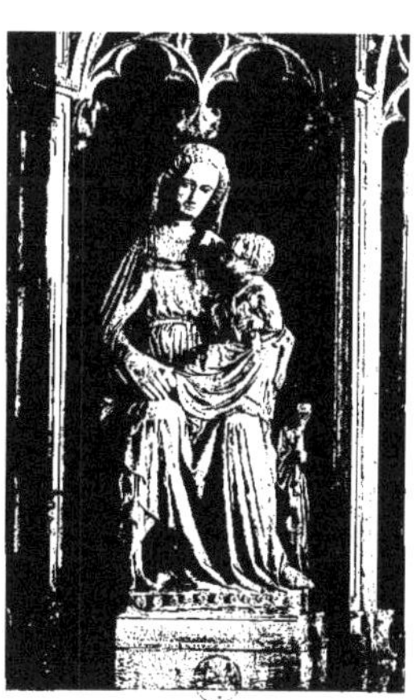

6 — VARANGÉVILLE (Meurthe-et-Moselle) — Église

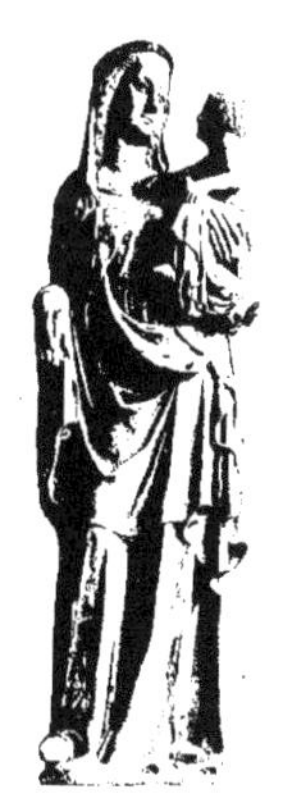

7 — MAGNY-EN-VEXIN — Église

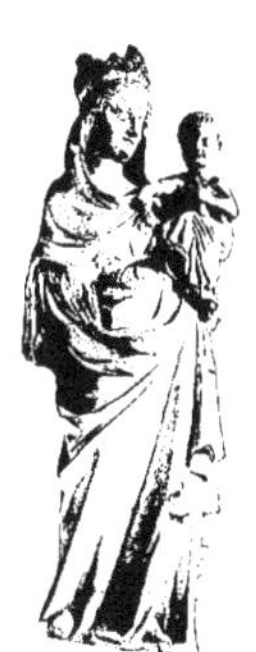

1 — PALAISEAU — Église

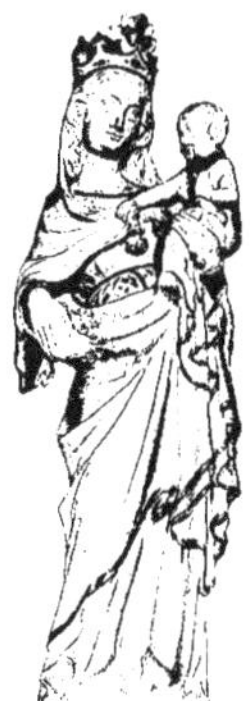

2 — BORNEL — Église

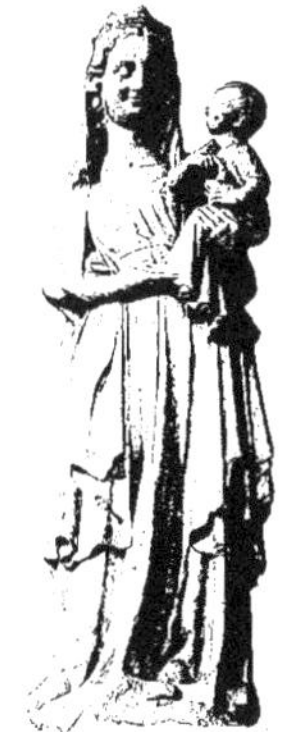

3 — MONTIGNY-les-CORMEILLES — Église

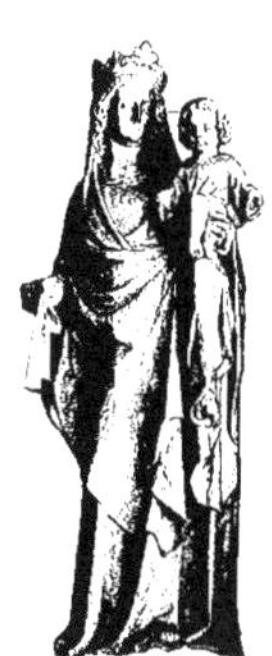

4 — PUISEUX (Oise) — Église

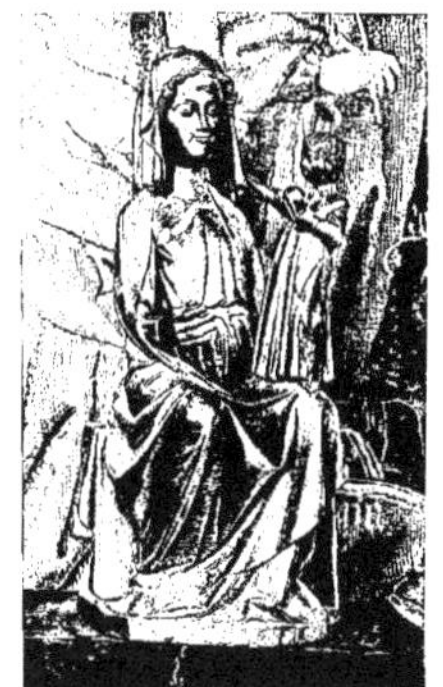

5 — PARIS — Collection Ed. Corroyer

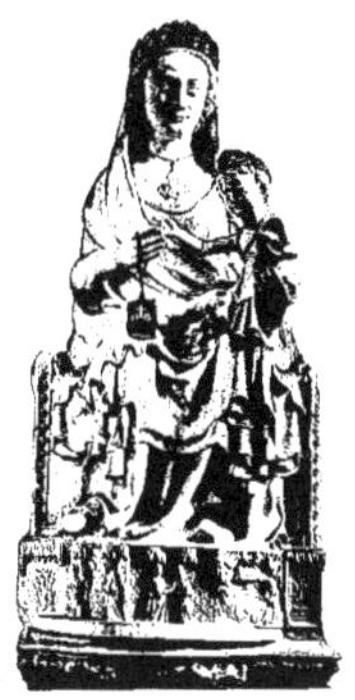

6 — SENS — Cathédrale

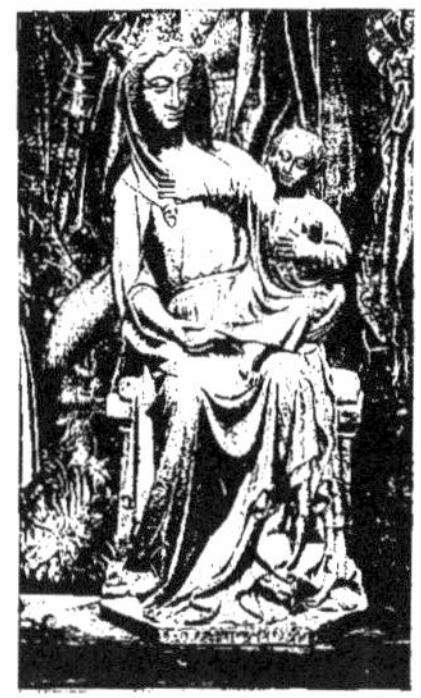

7 — PARIS — Collection Bossy

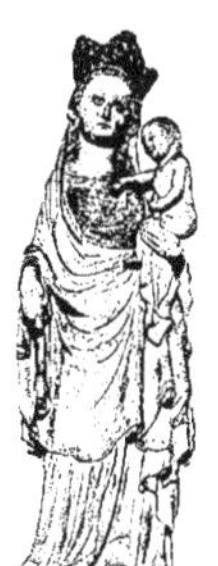

8 — Musée du Louvre

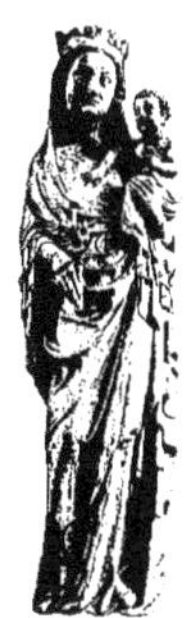

9 — COUTANCES — Église St-Nicolas

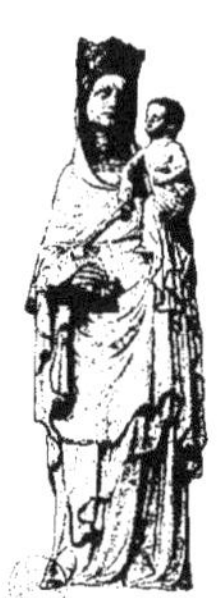

10 — ECOUIS — Église

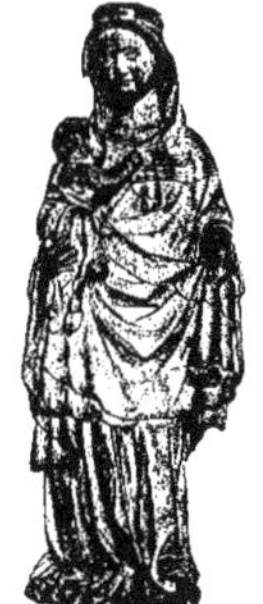

11 — Musée du Louvre

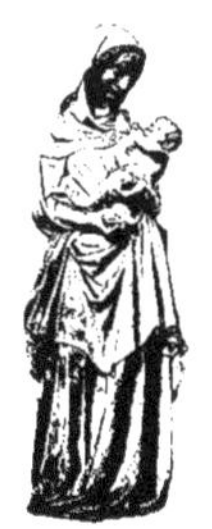

1 — LILLE — Musée Archéologique

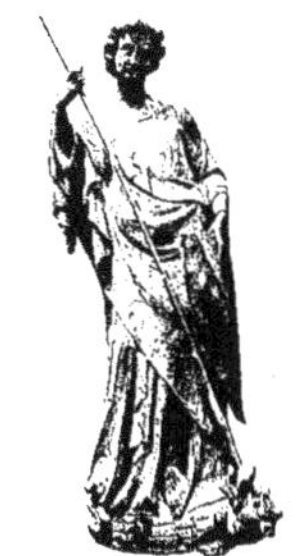

2 — LONDRES — South Kensington Museum

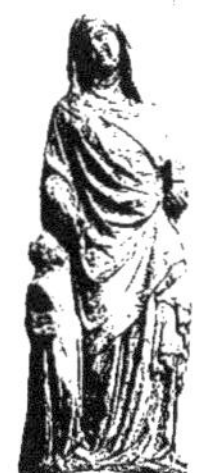

3 — MORET-sur-LOING — Église

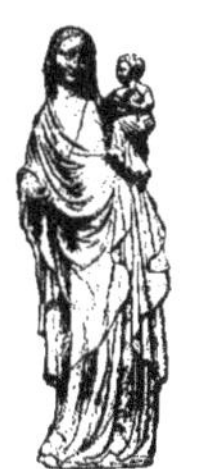

4 — TROYES — Cathédrale

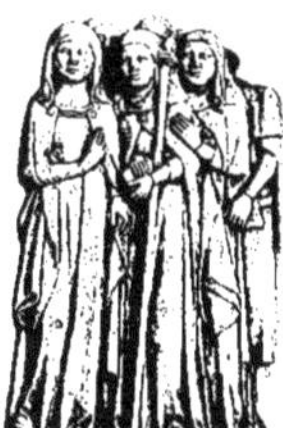

5 — LE PUY — Musée

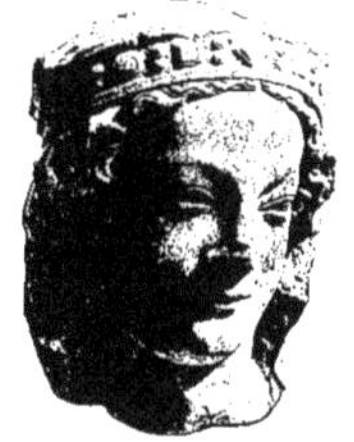

6 — LAON — Chapelle de l'Évêché

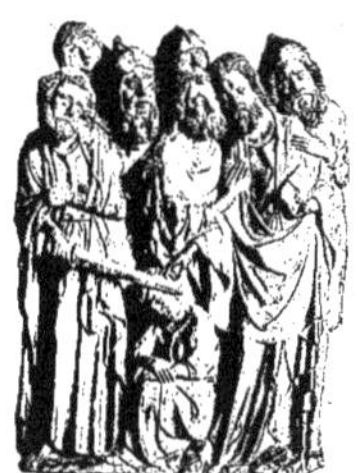

7 — Ancienne Collection Micheli

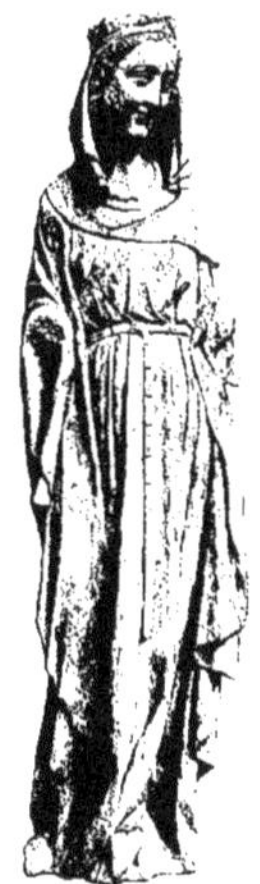

8

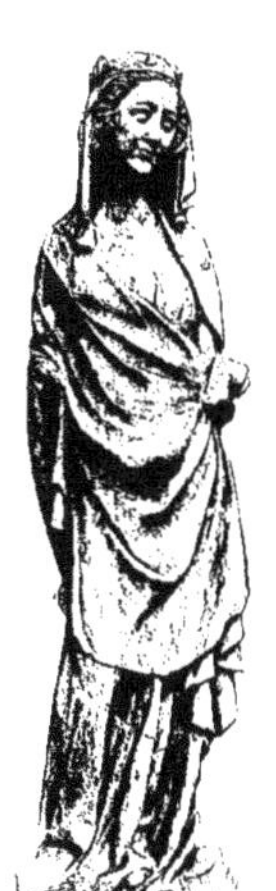

9

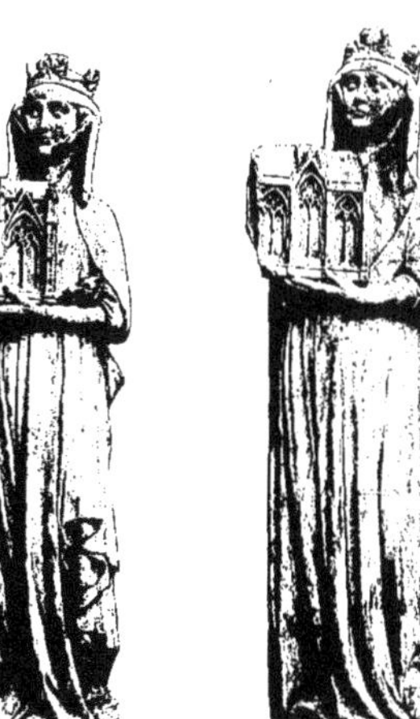

10

11

8, 9, 10, 11 — MANTES — Église

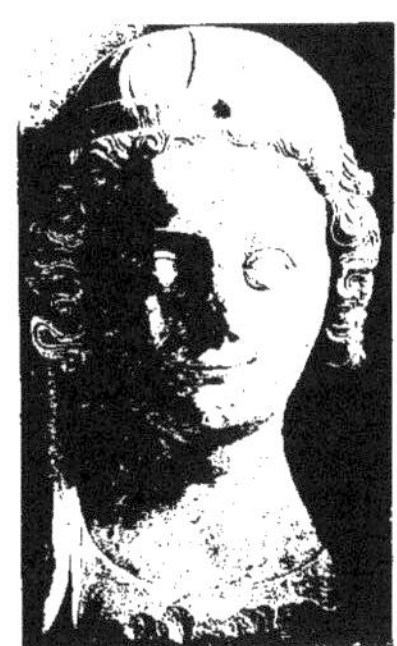

1 — MACON — Musée — Dorothée de Poitiers

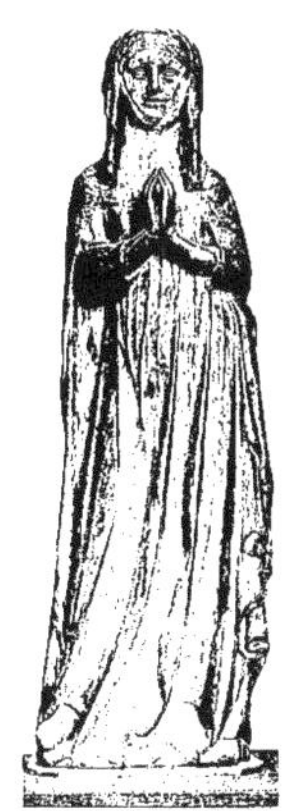

2 — PARIS — Collection de Sainville

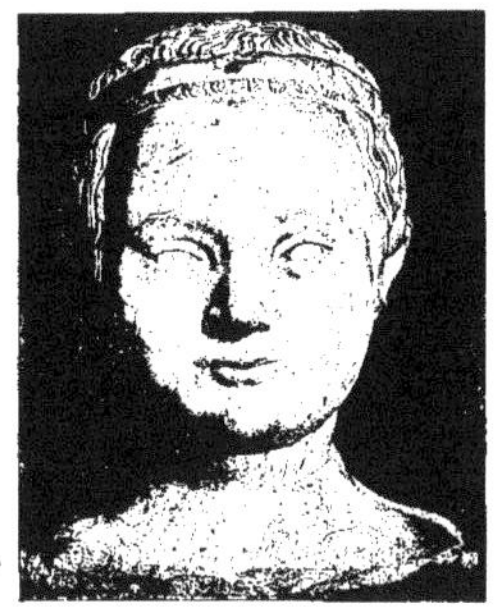

3 — Ancienne collection Micheli

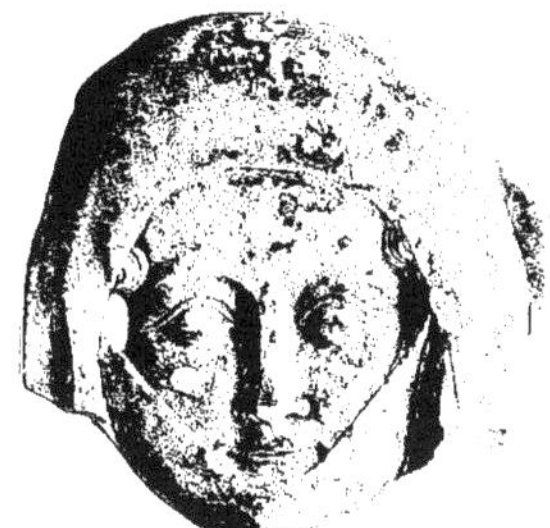

4 — ARRAS — Musée

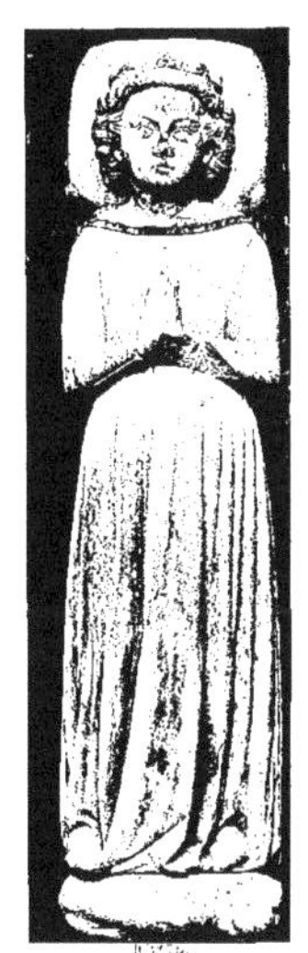

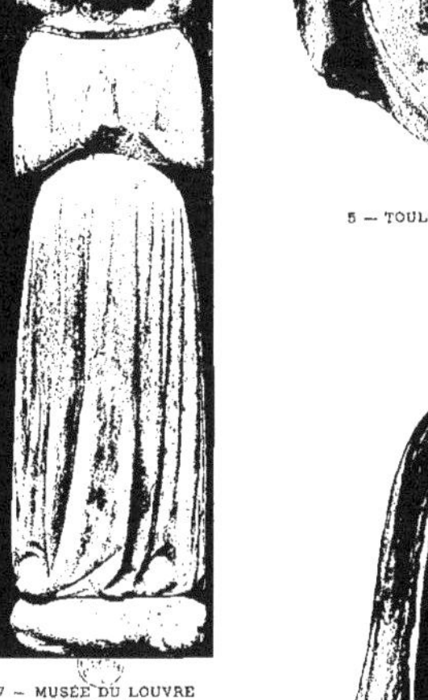

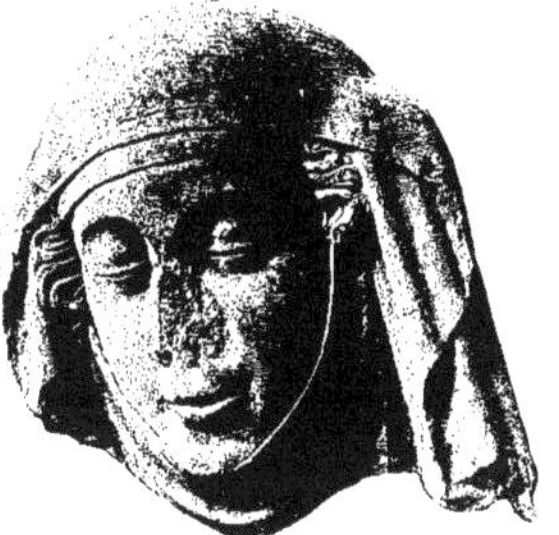

7 — MUSÉE DU LOUVRE
(Moulage)

STATUES FUNÉRAIRES

5 — TOULOUSE — Musée des Augustins

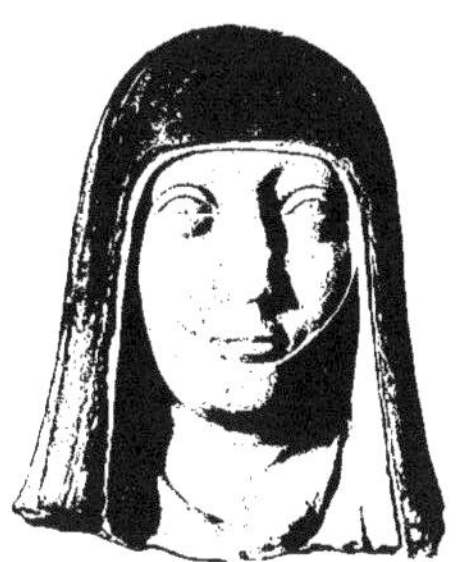

8 — TOULOUSE — Musée des Augustins

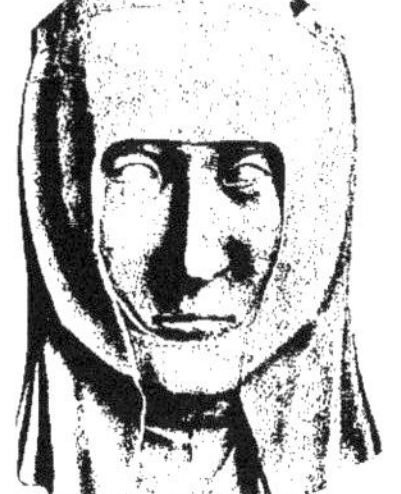

6 — St-DENIS — Eglise Abbatiale
Blanche d'Evreux

Imp. Phot. D.A. LONGUET

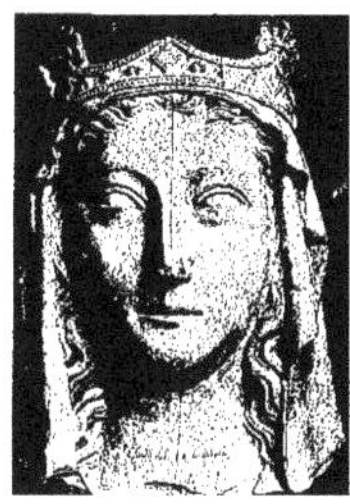

1 — St-DENIS — Église abbatiale
Blanche de Castille (Moulage)

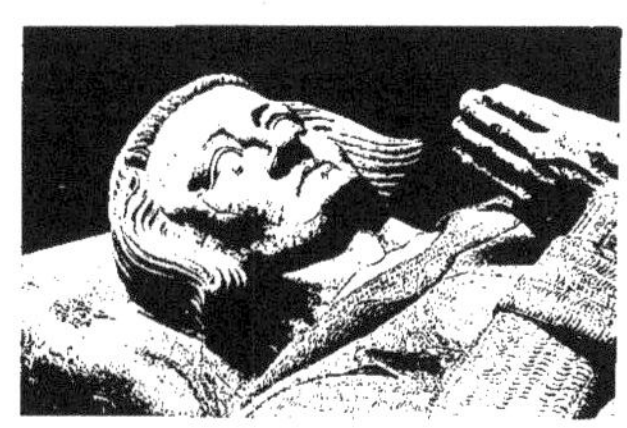

2 — CORBEIL — Église St-Spire Comte Haymon (Moulage)

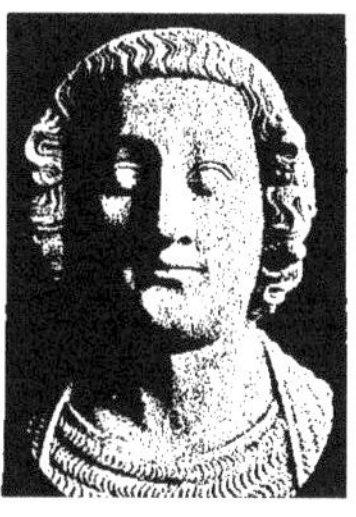

3 — St-DENIS — Église abbatiale
Robert d'Artois (Moulage)

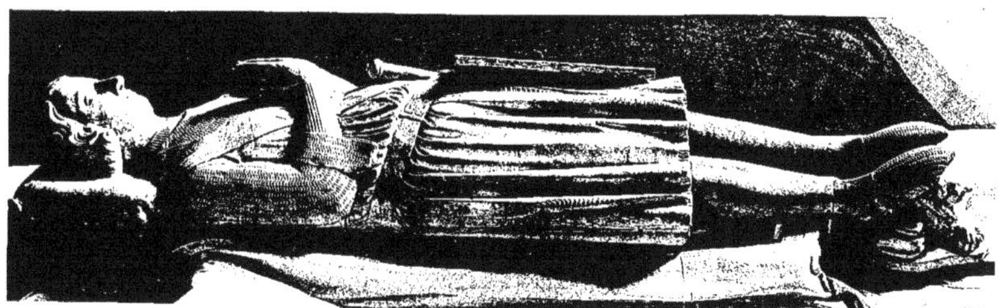

4 — MUSÉE DU LOUVRE

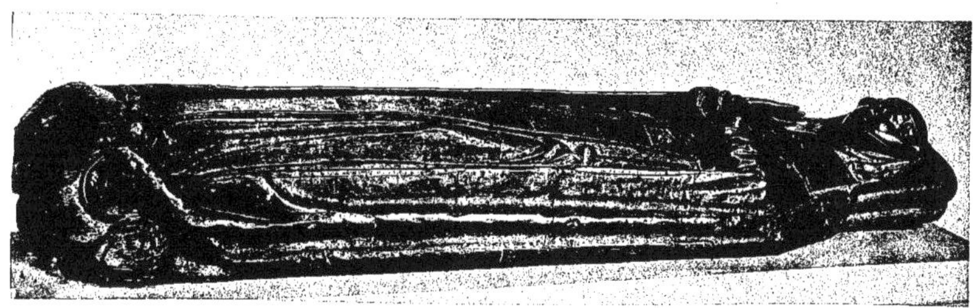

5 — MUSÉE DU LOUVRE — Blanche de Champagne

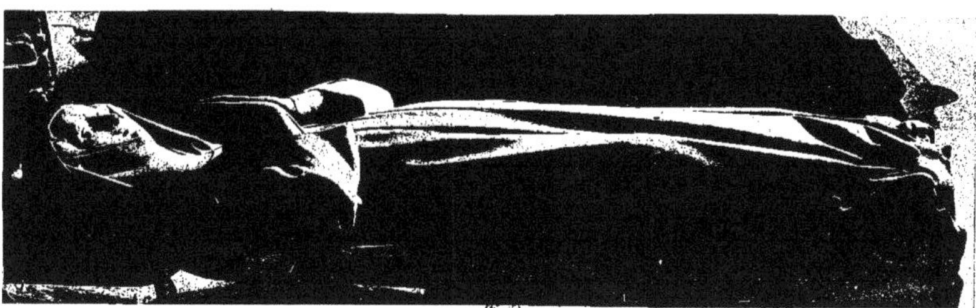

6 — MUSÉE DU LOUVRE
Statue tombale de femme

STATUES FUNÉRAIRES

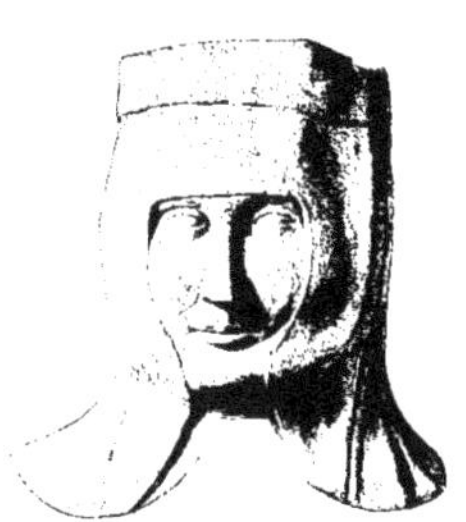

1 — MUSÉE DU LOUVRE
Fragment de la statue tombale de Jeanne de France

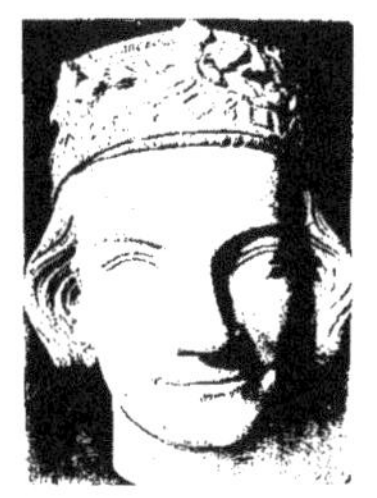

2 — St-DENIS — ÉGLISE ABBATIALE
Tête de la statue tombale de Philippe III le Hardi
(Moulage)

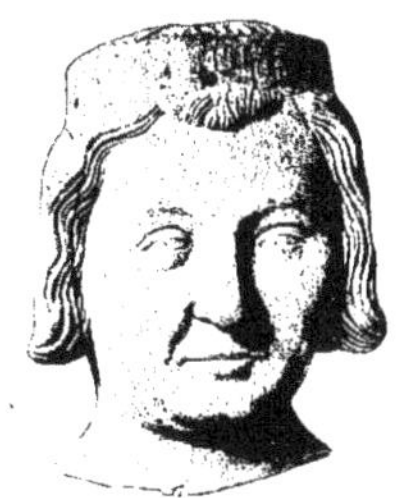

3 — MUSÉE DU LOUVRE
Fragment de la statue tombale de Philippe, Cte d'Évreux

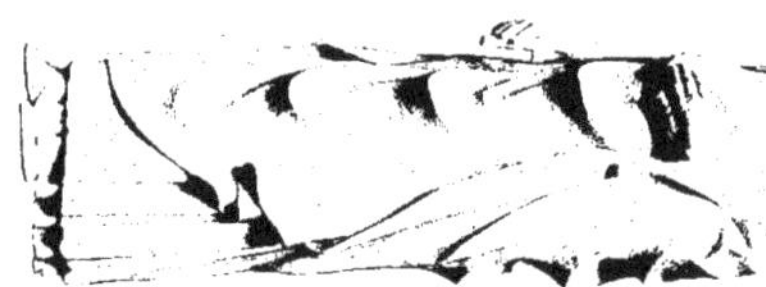

4 — MUSÉE DU LOUVRE
Statue funéraire de Philippe VI

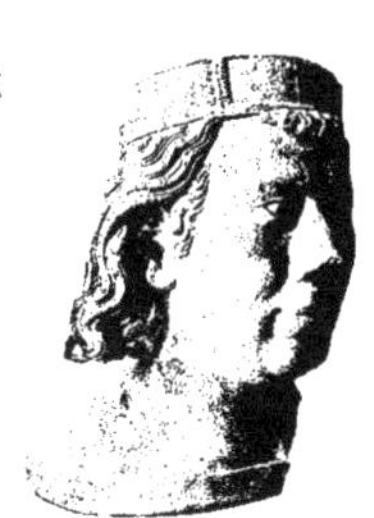

5 — St-DENIS — ÉGLISE ABBATIALE
Tête de la statue tombale de Jean-le-Bon
(Moulage)

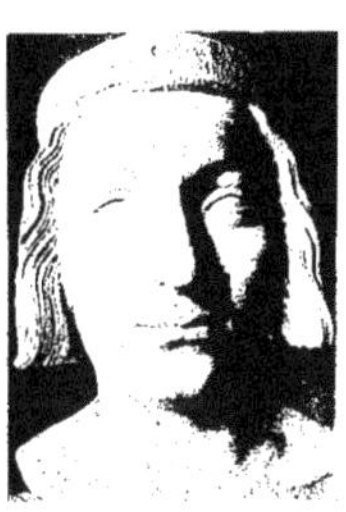

6 — St-DENIS — ÉGLISE ABBATIALE
Tête de la statue tombale de Charles V
(Moulage)

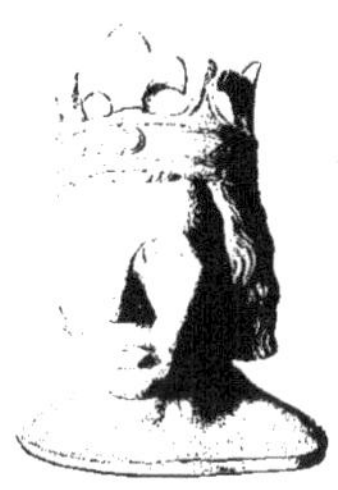

7 — MUSÉE DU LOUVRE
Tête de la statue de Philippe VI
(Moulage)

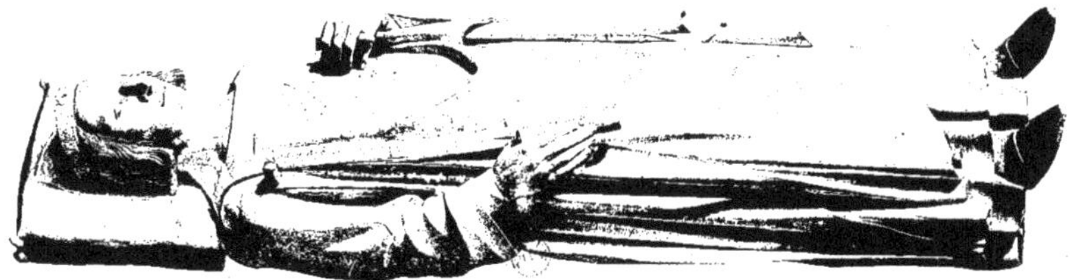

8 — St-DENIS — ÉGLISE ABBATIALE
Statue tombale de Charles V
(Moulage)

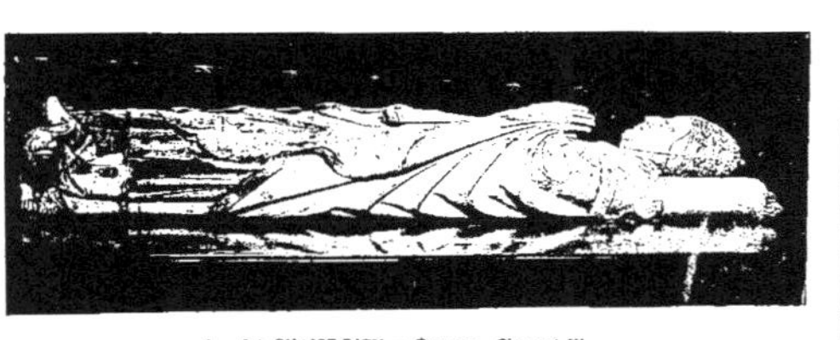

1 — LA CHAISE-DIEU — Église — Clément VI

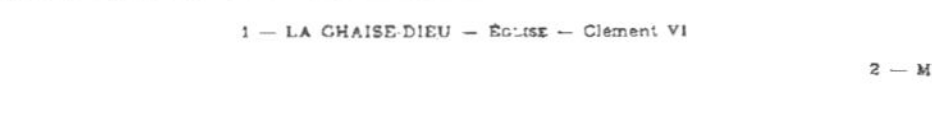

2 — MUSÉE DU LOUVRE — Guillaume de Chanac (*Moulage*)

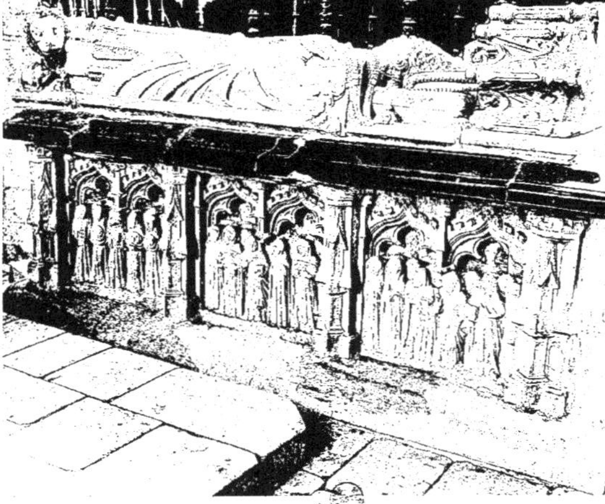

3 — EU — Église — Jean d'Artois, Comte d'Eu (*Moulage*)

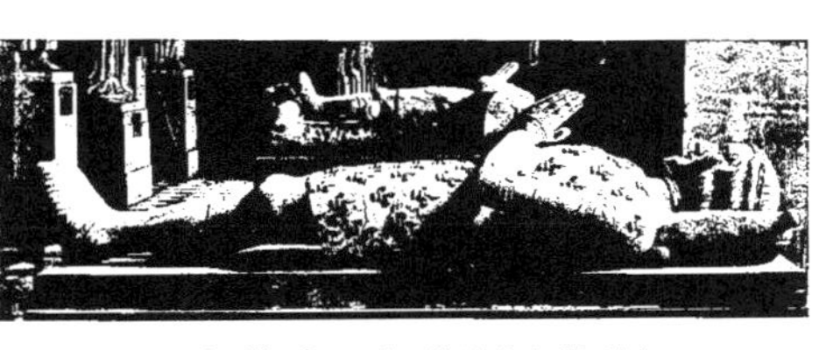

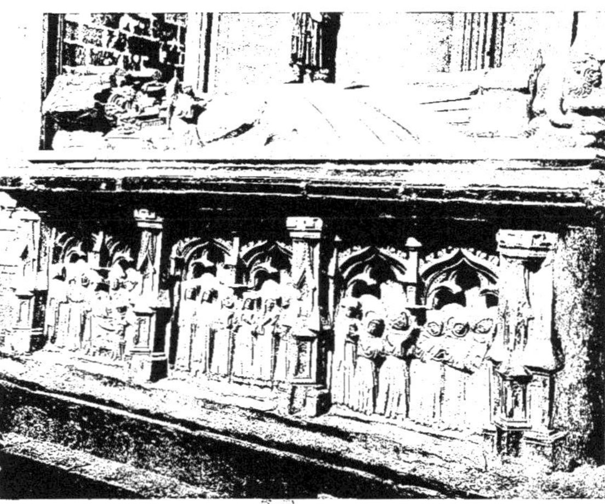

4-5 — SAINT-BERTRAND-DE-COMMINGES   Église — Hugo de Castellione

MONUMENTS FUNÉRAIRES

Imp. Phot. D.A. LONGUET

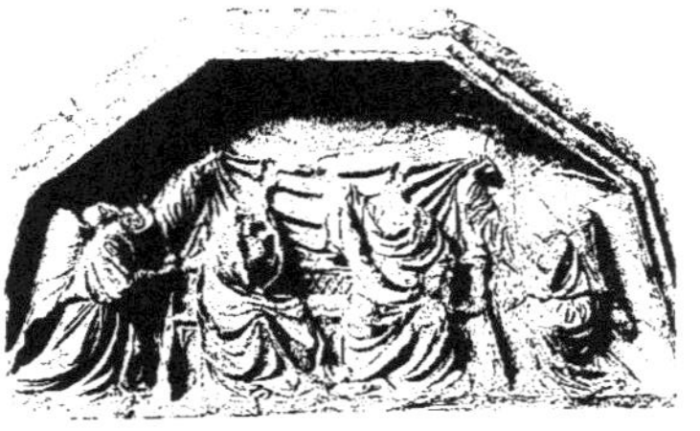

1 — LIMOGES — CATHÉDRALE

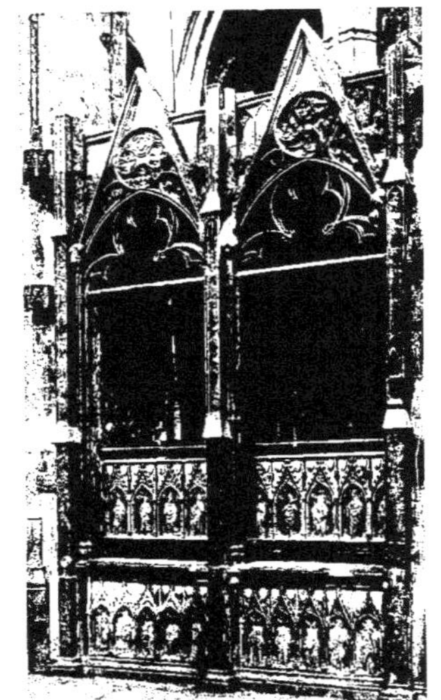

2 — SAINT-PÈRE-SOUS-VÉZELAY — ÉGLISE

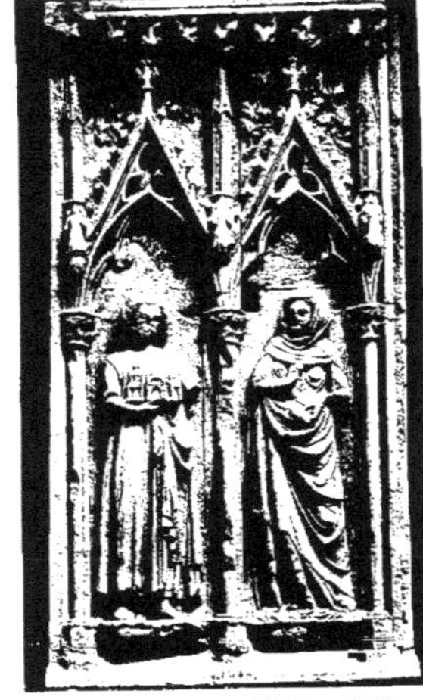

3 — SOUVIGNY — ÉGLISE

Tombeau de Louis II de Bourbon (Moulage)

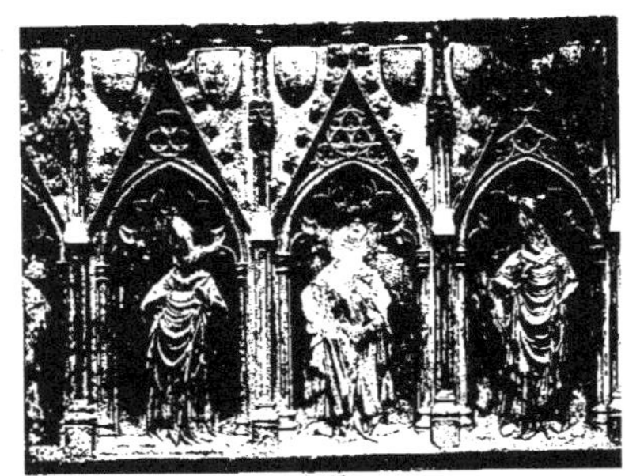

4 — LIMOGES — CATHÉDRALE

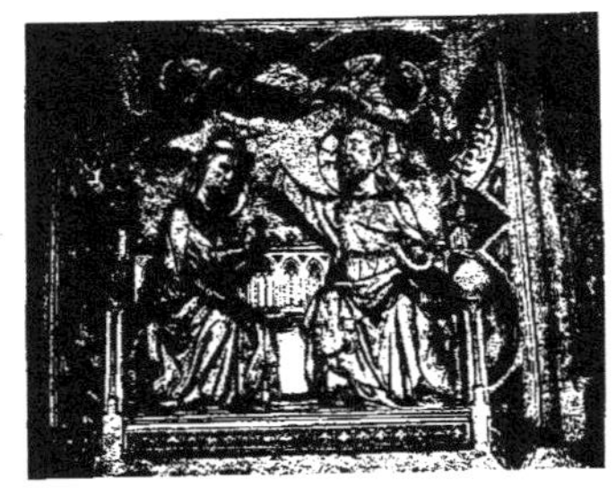

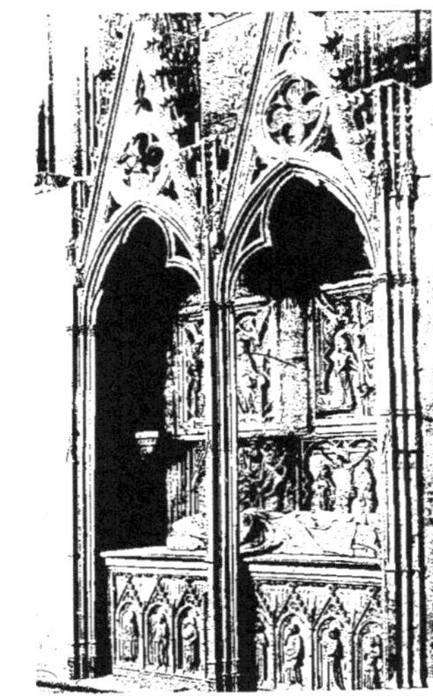

5, 6 — NARBONNE — CATHÉDRALE

Imp. Phot. D.A. LONGUET

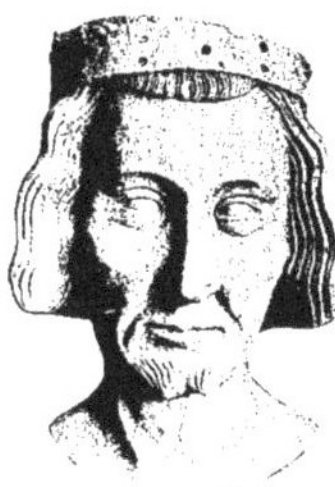

1 — St-DENIS — Eglise Abbatiale
LÉON DE LUSIGNAN (Moulage)

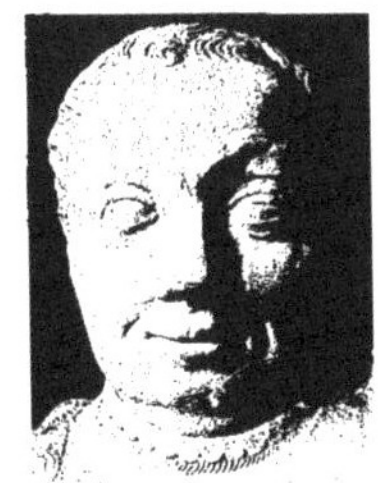

2 — St-DENIS — Eglise Abbatiale
Bertrand Du Guesclin (Moulage)

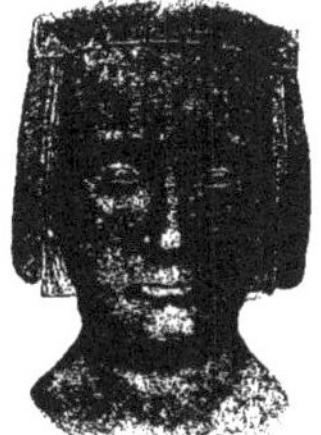

3 — St-DENIS — Eglise Abbatiale
Jeanne de France (Moulage)

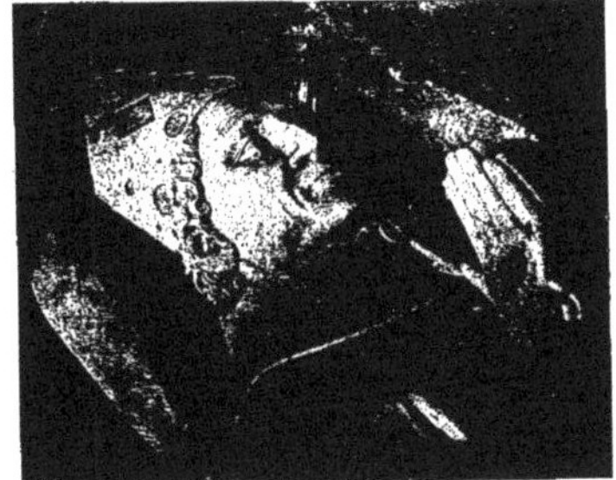

5 — ECOUIS — Eglise — Jean de Marigny

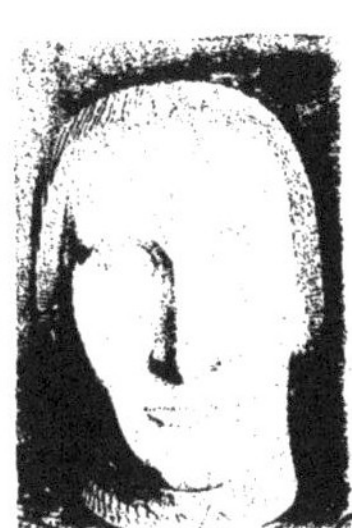

4 — St-DENIS — Eglise Abbatiale
Louis de Sancerre (Moulage)

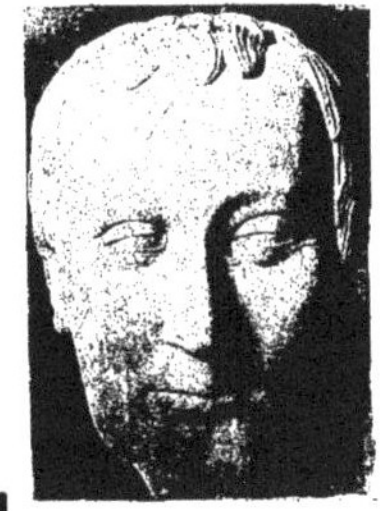

6 — MUSÉE DU LOUVRE — Inconnu

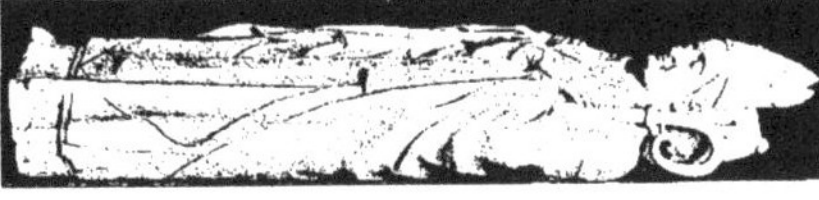

7 — MUSÉE DU LOUVRE — Guillaume de Chanac

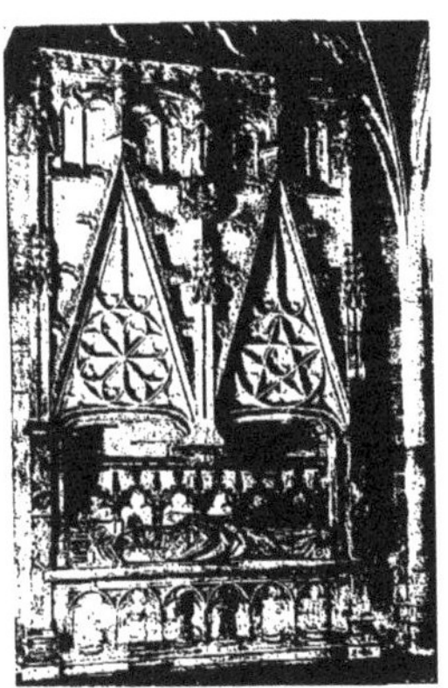

8 — AMBRONAY — Eglise

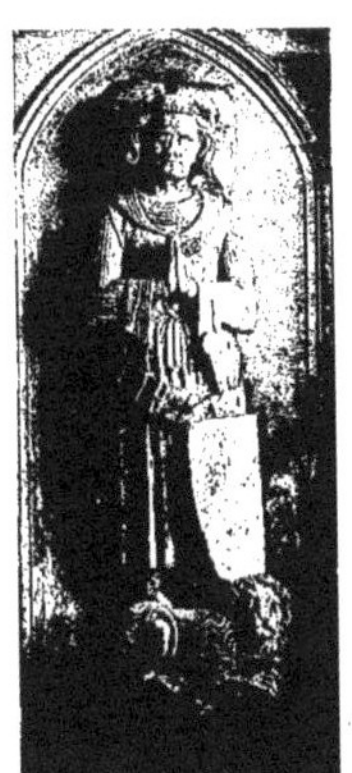

9 — GRETZ — Eglise

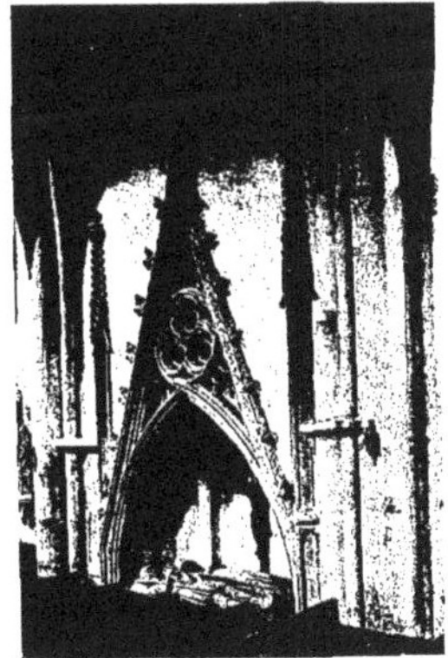

10 — PONT-A-MOUSSON — Eglise Saint-Martin

MONUMENTS FUNÉRAIRES

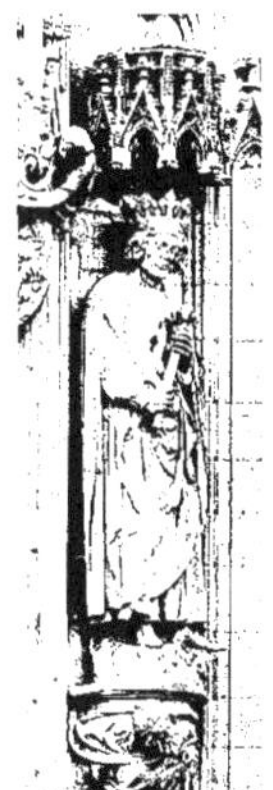

1 — CHARLES V

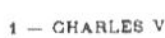

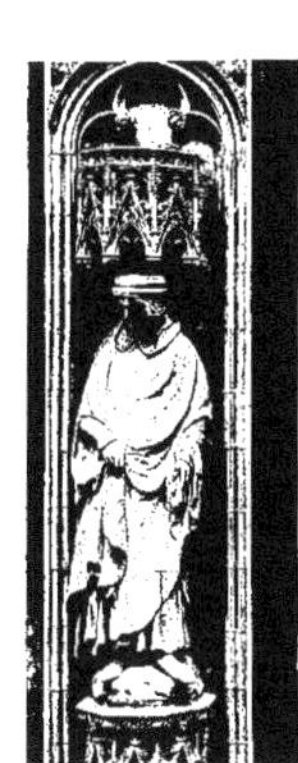

2 — BUREAU DE LA RIVIÈRE
(Moulage)

3 — LA VIERGE

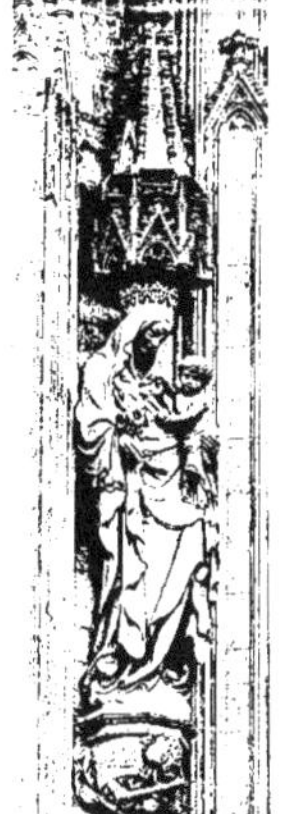

4 — CARDINAL LAGRANGE

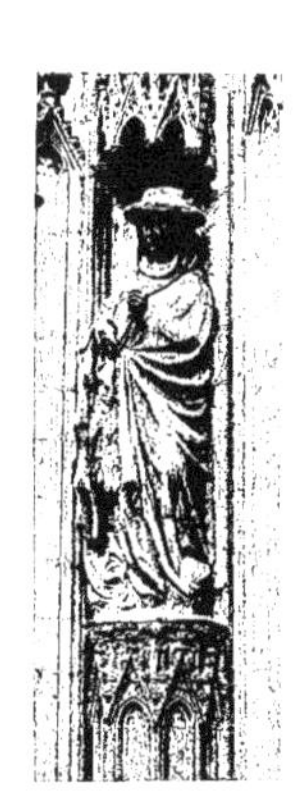

5 — LE DAUPHIN

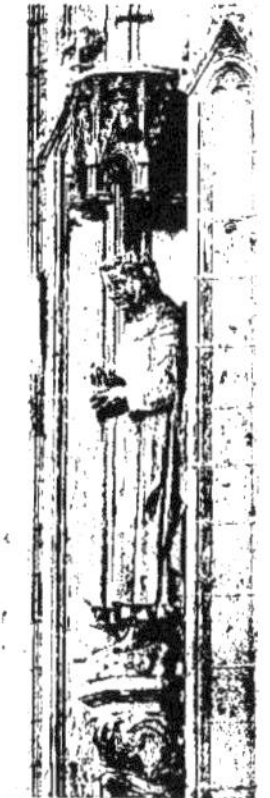

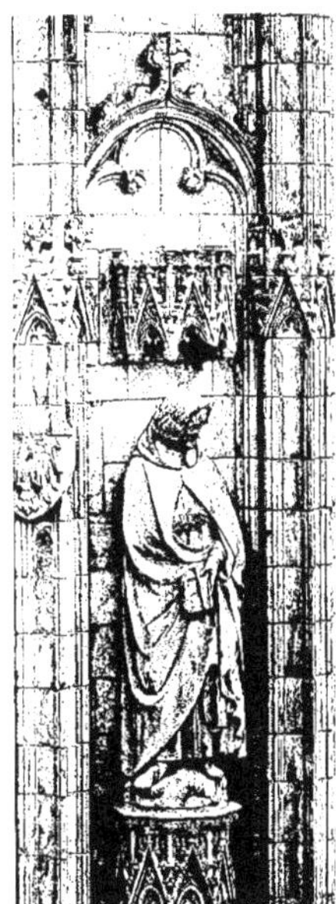

6 — LOUIS, DUC D'ORLÉANS

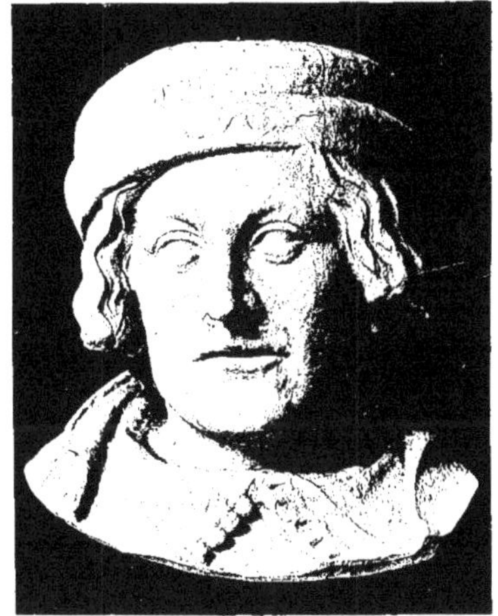

7 — BUREAU DE LA RIVIÈRE
(Moulage)

AMIENS — CATHÉDRALE
Statues adossées aux Contreforts de la Tour septentrionale

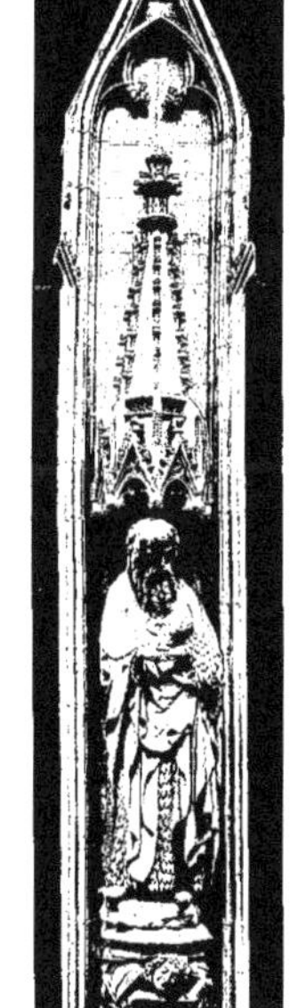

8 — St-JEAN-BAPTISTE *(Moulage)*

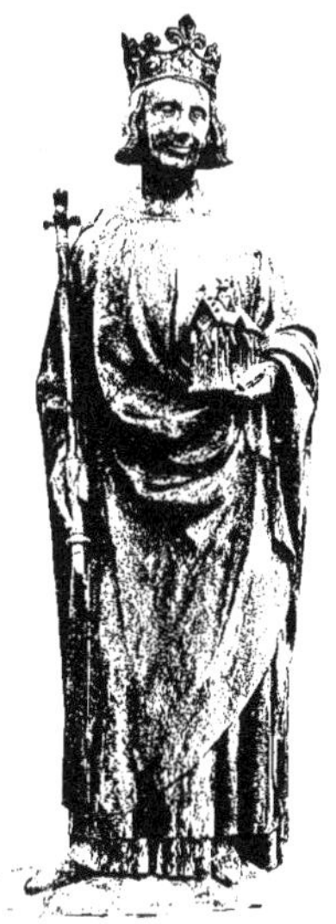

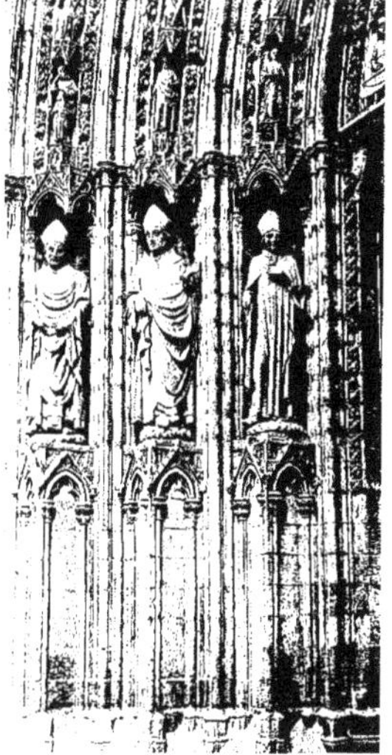

1 — BORDEAUX — CATHÉDRALE — Portail septentrional

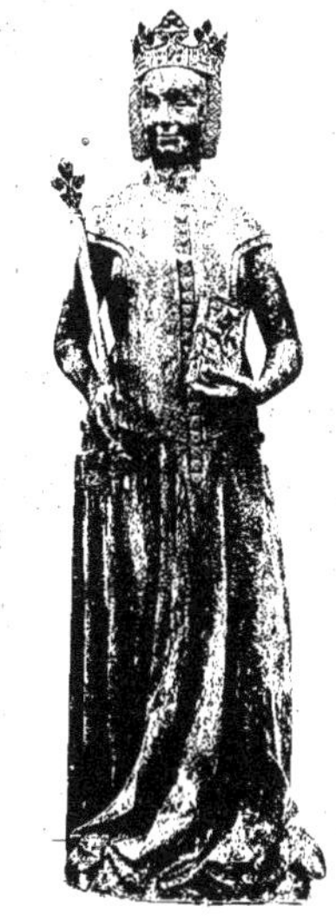

2 — SAINT-DENIS — ÉGLISE ABBATIALE

Charles V des Célestins   *(Cliché Fichot)*

3 — SAINT-DENIS — ÉGLISE ABBATIALE

Jeanne de Bourbon des Célestins   *(Cliché Fichot)*

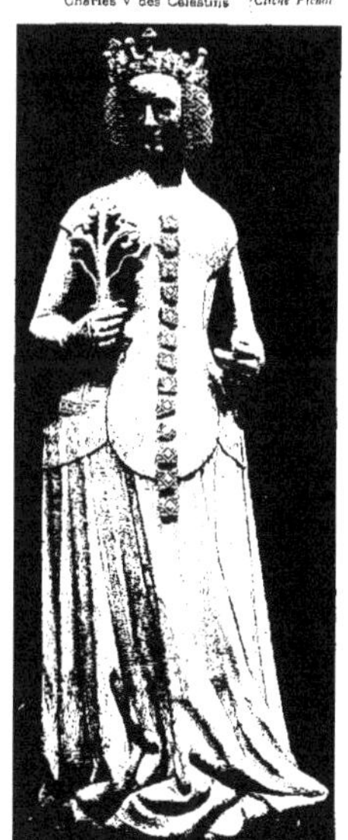

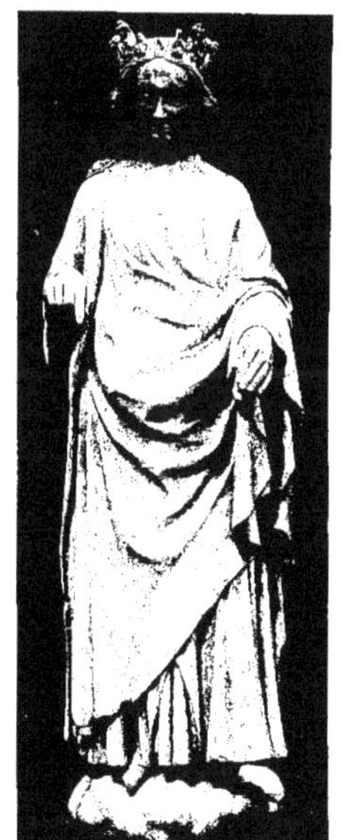

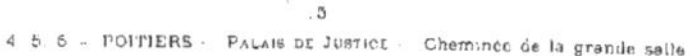

4   5   6

4. 5. 6 — POITIERS — PALAIS DE JUSTICE — Cheminée de la grande salle

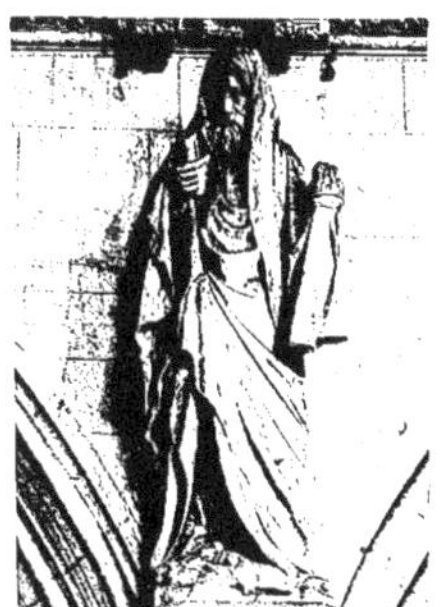

1 — BERNAY — Église Ste-Croix

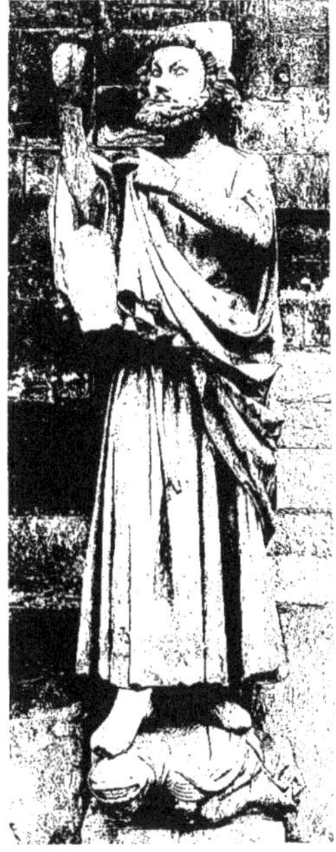

4 — TROYES — Musée Archéologique

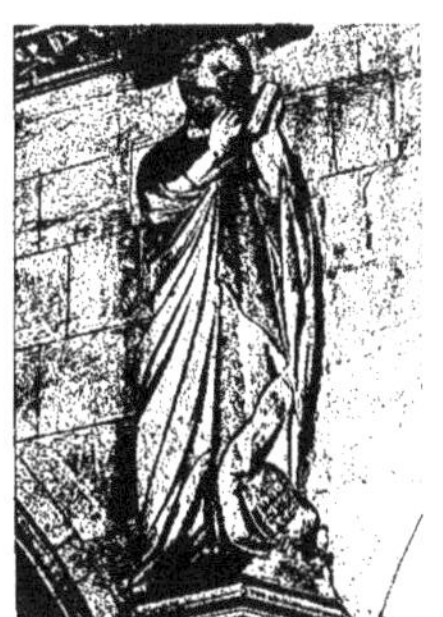

2 — BERNAY — Église Ste-Croix

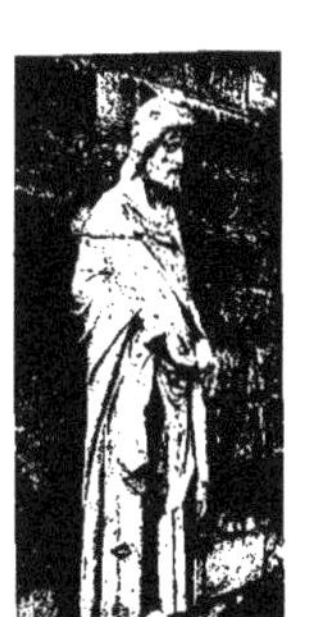

3 — ROUEN — Musée Archéologique

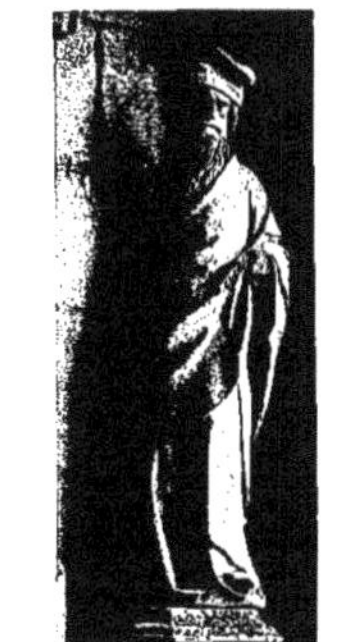

5 — BOURGES — Musée Archéologique

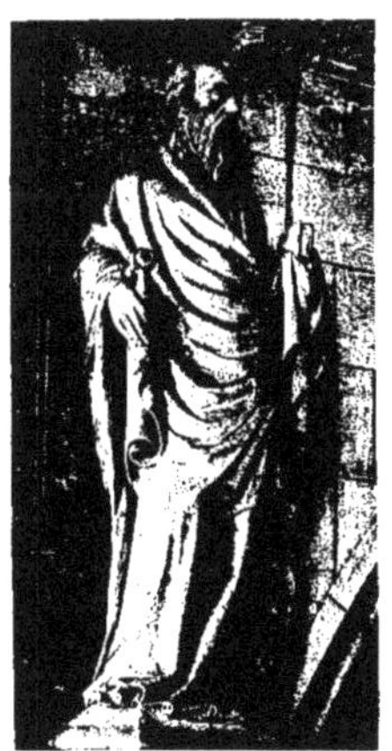

6. — BERNAY — Église Ste-Croix

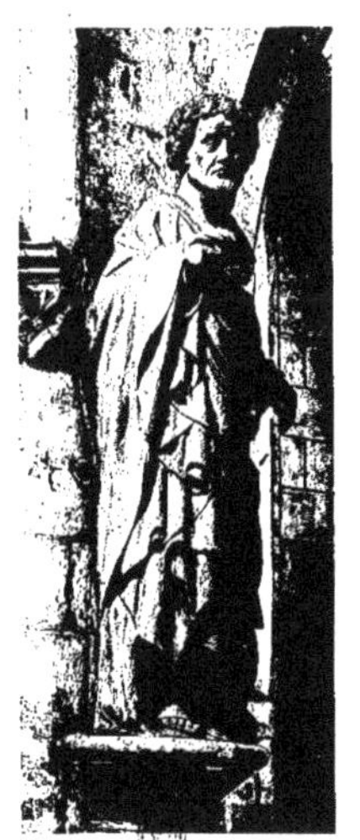

7 — BRIONNE — Église

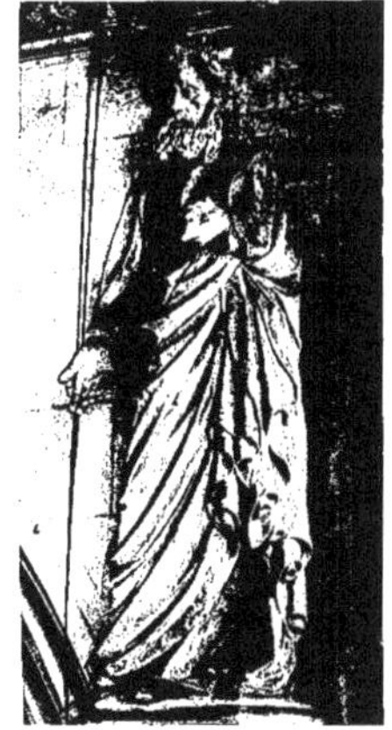

8 — BERNAY — Église Ste-Croix

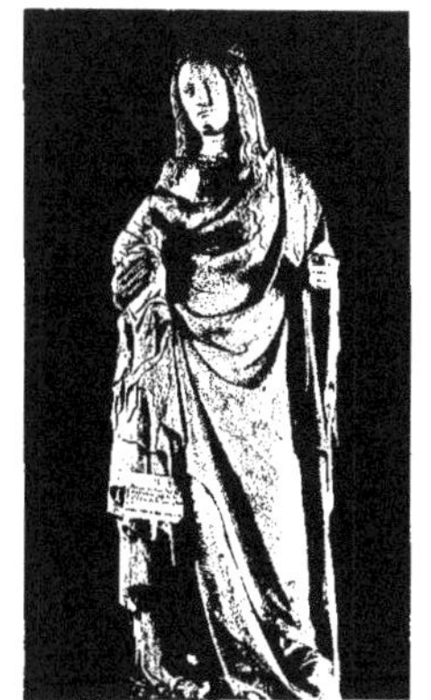

1 — ORLÉANS — Musée Archéologique

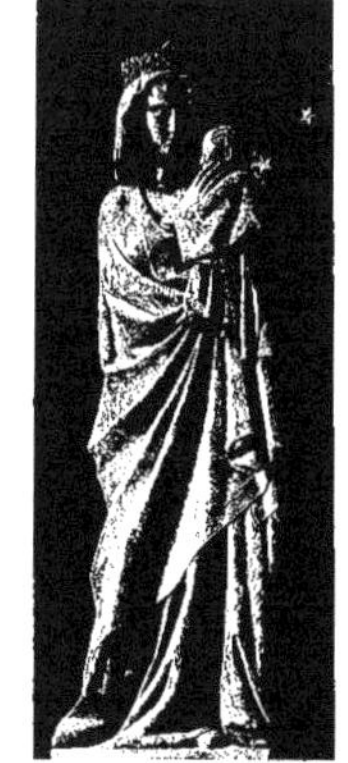

2 — BAYEL — Église

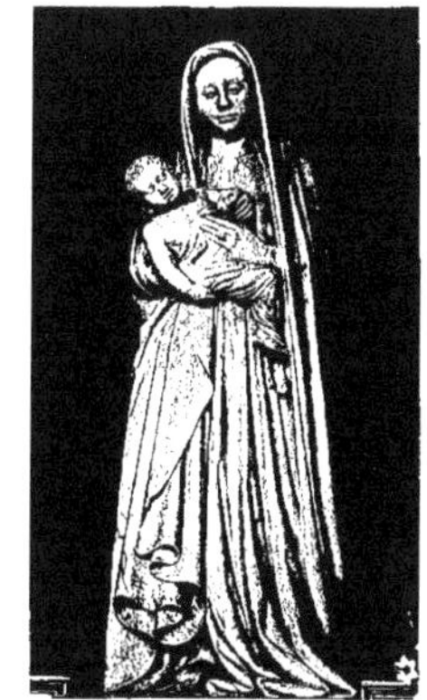

3 — MARCOUSSIS — Église

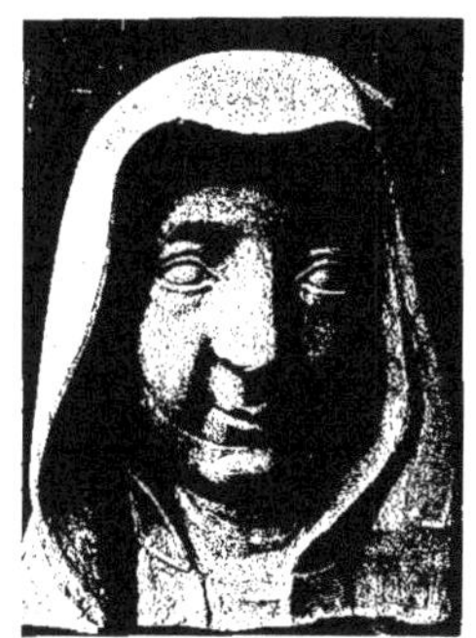

4 — St-DENIS — Église abbatiale — Statue funéraire
de Marie de Bourbon (*Moulage*)

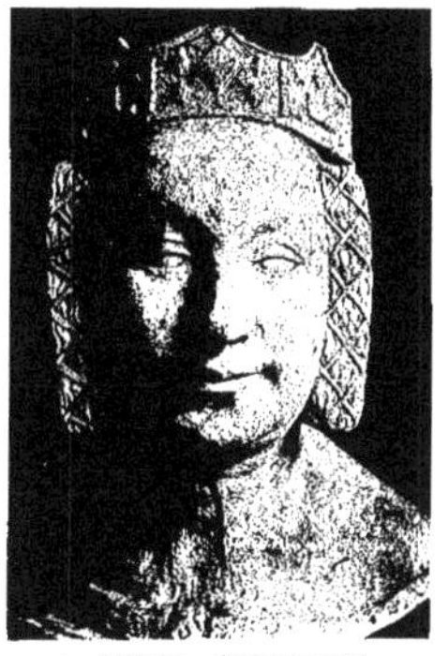

5 — St-DENIS — Église abbatiale
Jeanne de Bourbon *Moulage*)

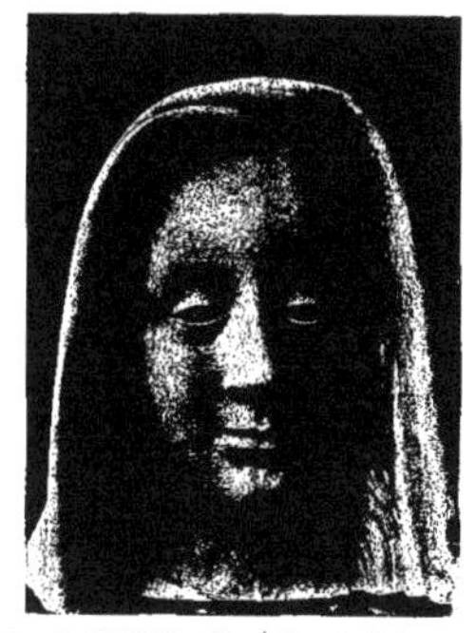

6 — MARCOUSSIS — Tête de la statue de la Vierge
(*Moulage*)

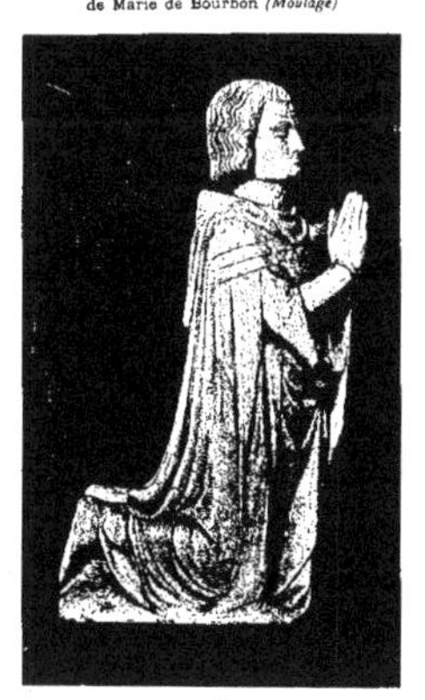

7

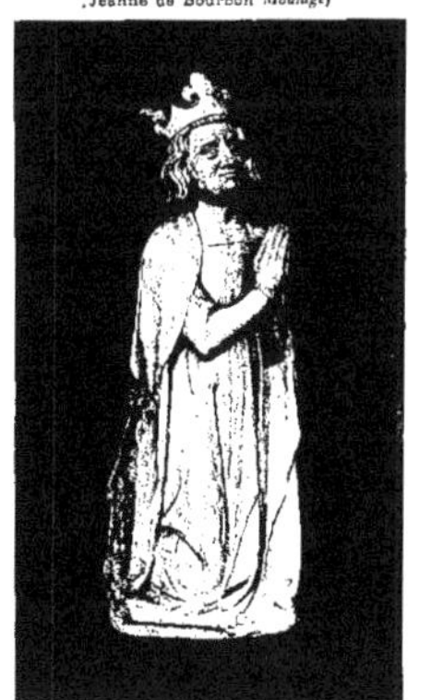

8

9

7. 8. 9 — ROUEN — Collection Gaston Le Breton

XVᵉ SIÈCLE

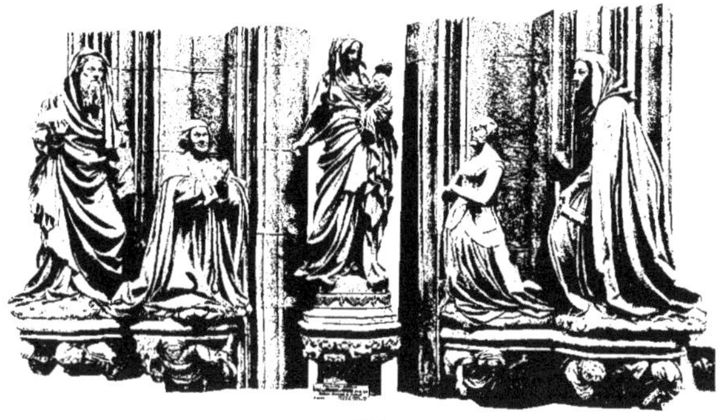

1 (Moulage)

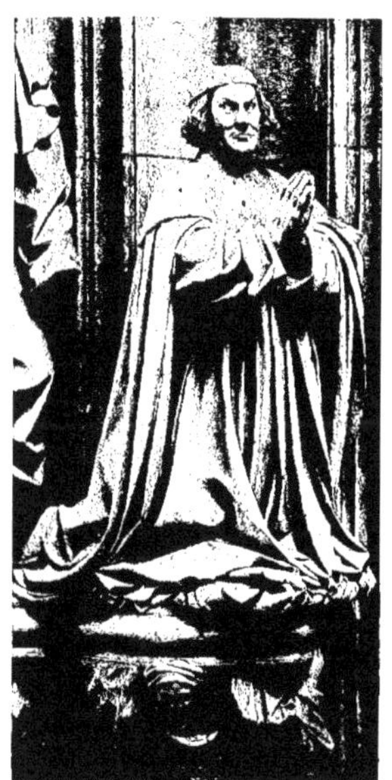

2 (Moulage)

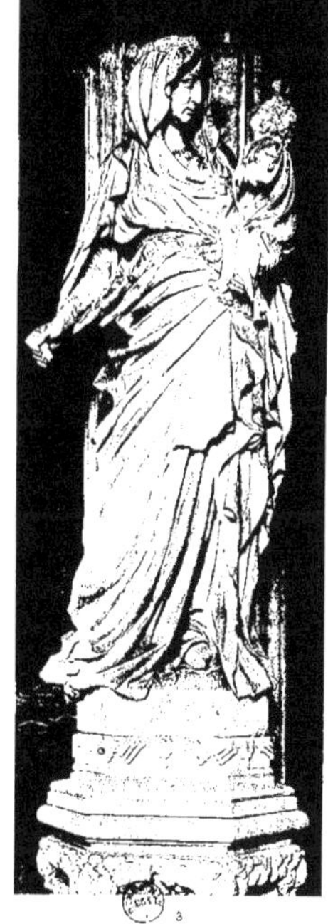

3

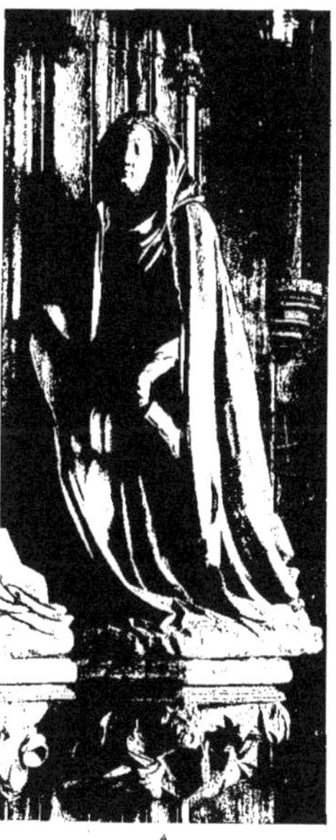

4

DIJON — CHARTREUSE DE CHAMPMOL — Portail de l'Eglise

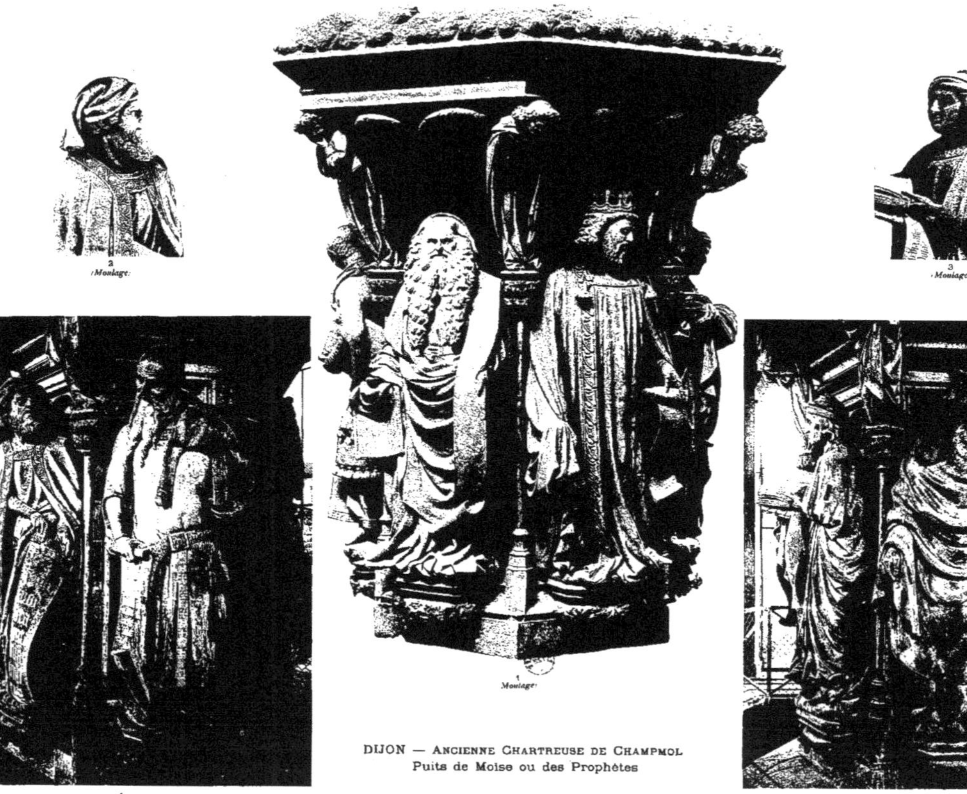

DIJON — ANCIENNE CHARTREUSE DE CHAMPMOL
Puits de Moïse ou des Prophètes

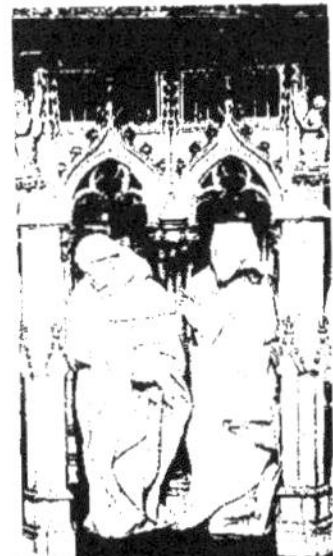

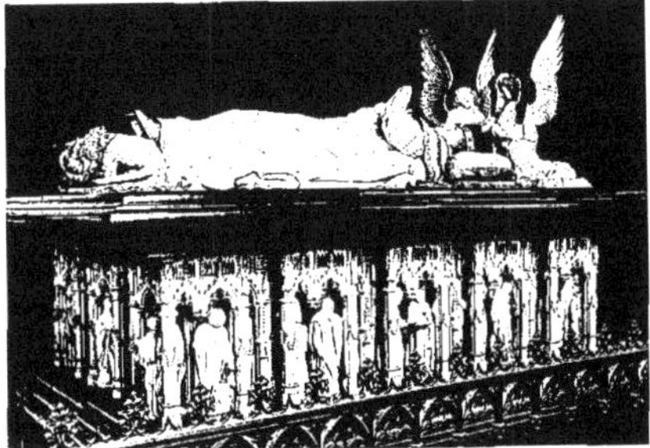

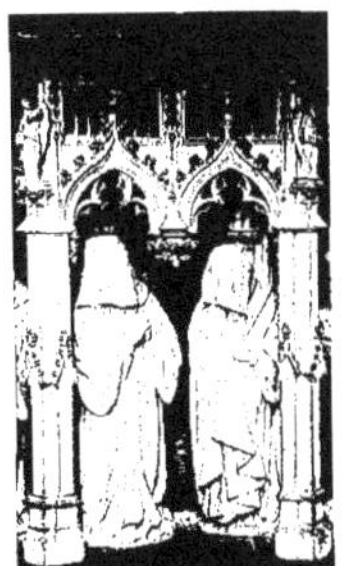

1. 2. 3. 4 — TOMBEAU DE PHILIPPE LE HARDI

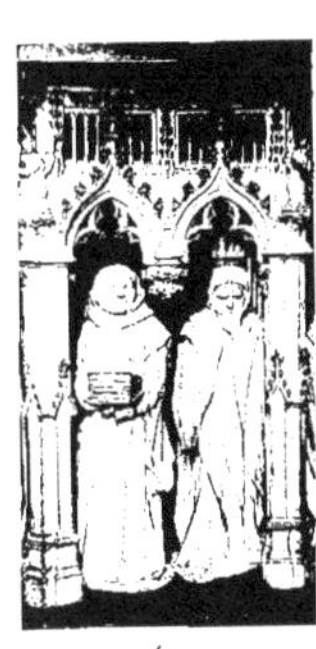

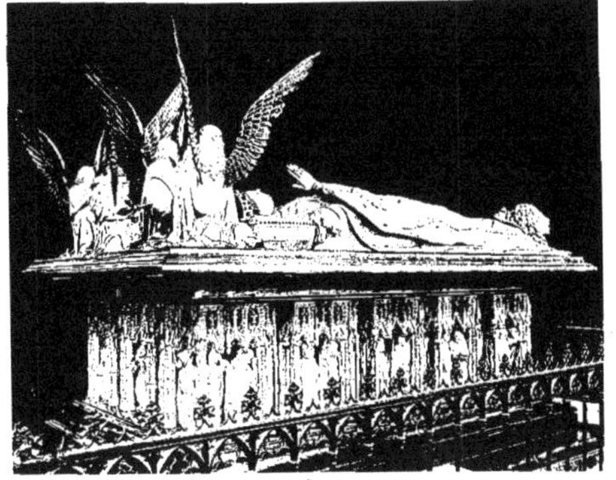

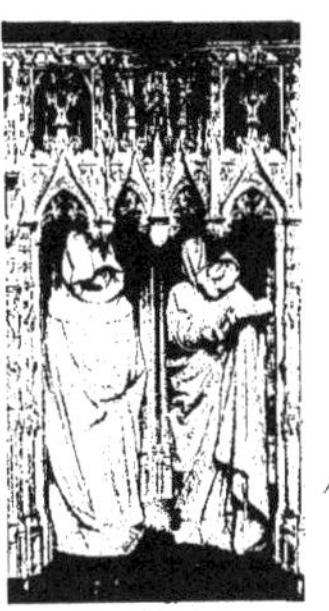

5. 6 — TOMBEAU DE JEAN SANS PEUR

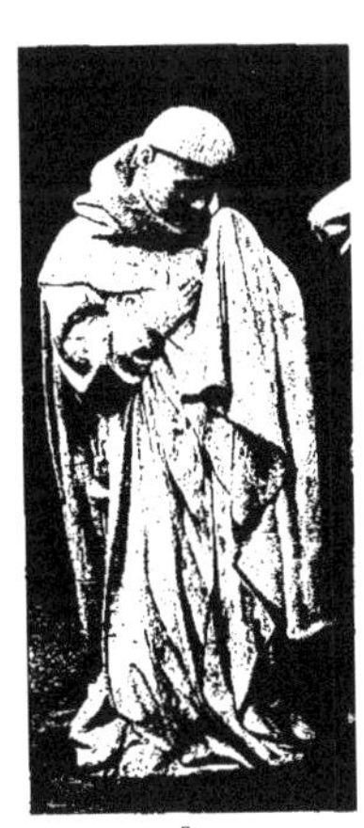

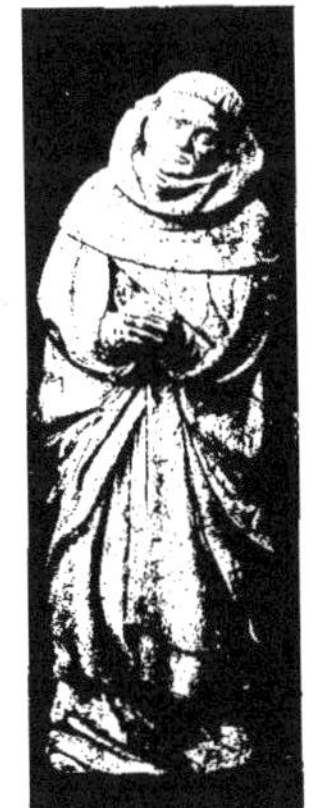

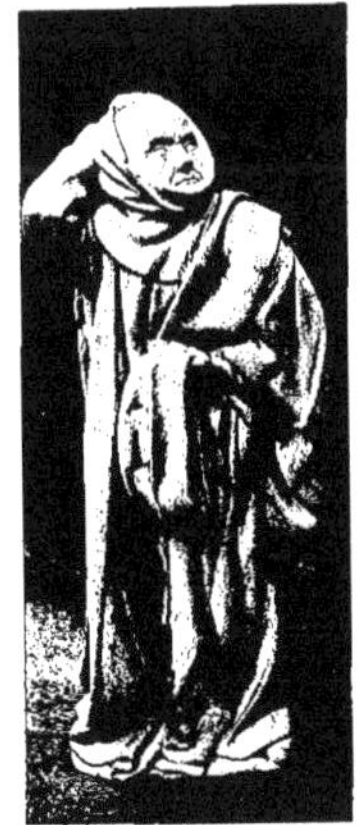

7. 8. 9 — PARIS — MUSÉE DE CLUNY

DIJON — MUSÉE — Tombeaux des ducs de Bourgogne

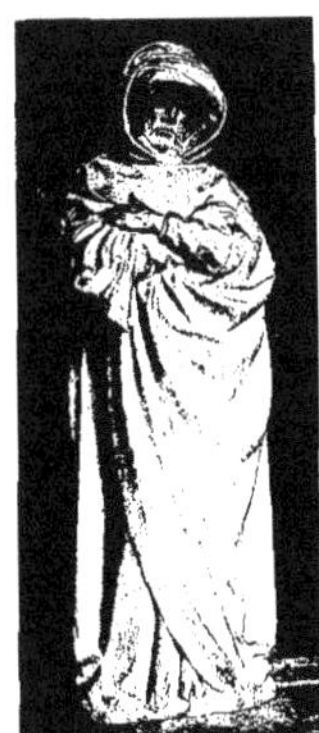

1 — ANCIENNE COLLECTION MICHELI

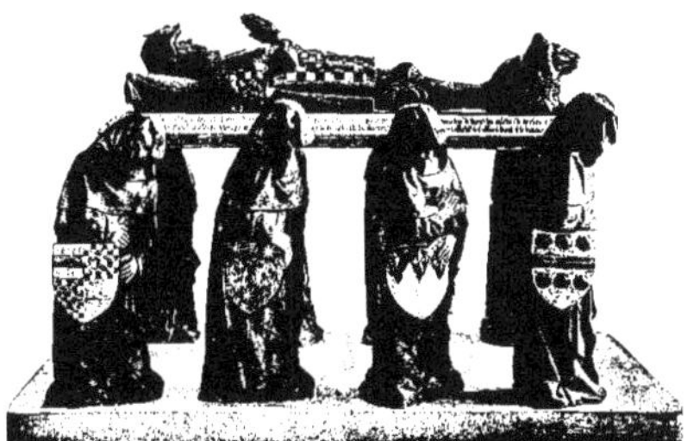

2 — MUSÉE DU LOUVRE — TOMBEAU DE PHILIPPE POT

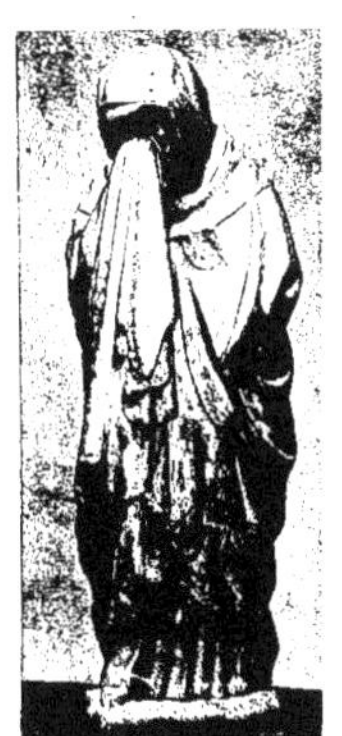

3 — LYON — MUSÉE

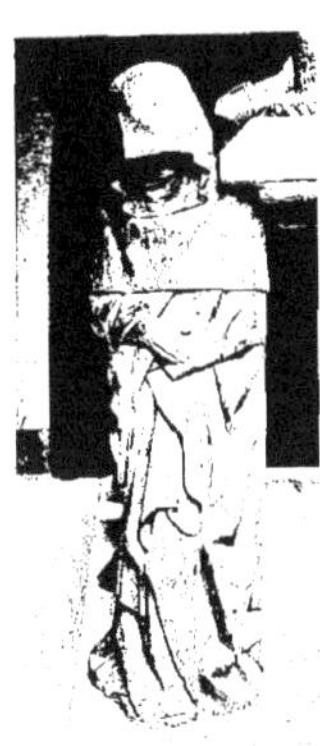

4 — MUSÉE DU LOUVRE
TOMBEAU DE PHILIPPE POT (Détail)

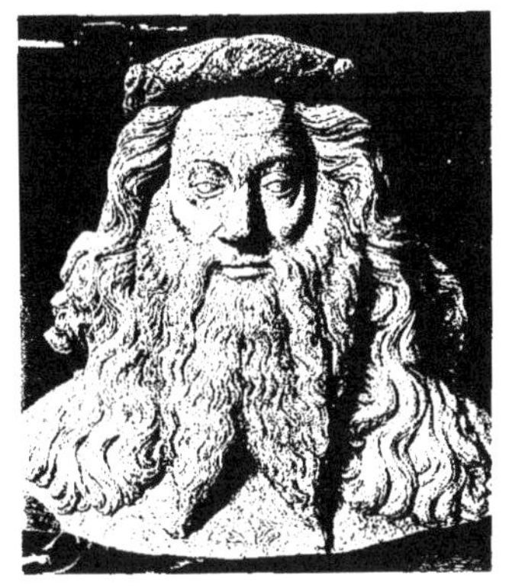

5 — PAGNY (Côte-d'Or) — STATUE FUNÉRAIRE DE JEAN DE VIENNE (Montage)

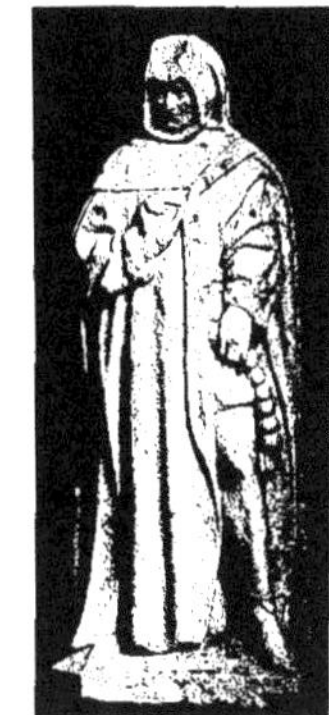

6 — ANCIENNE COLLECTION COURAJOD

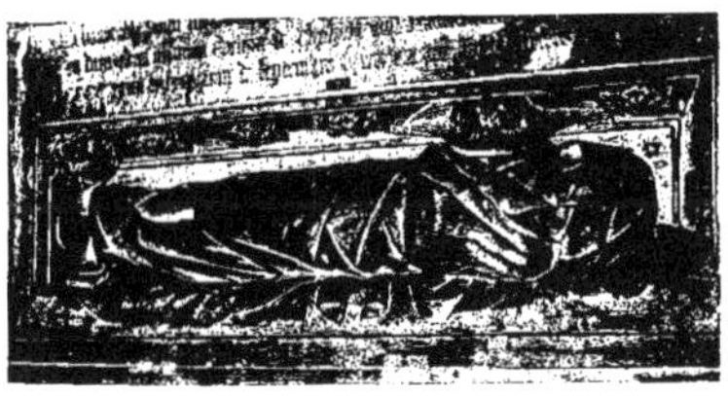

7 — DIJON — MUSÉE

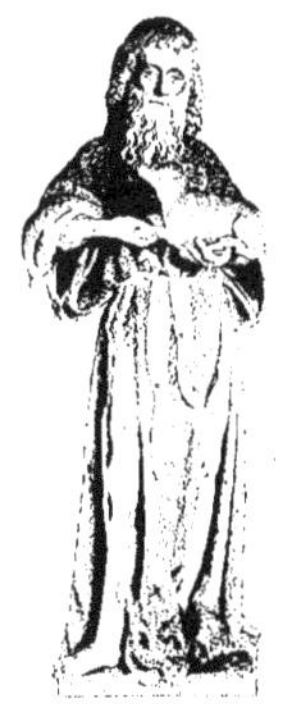

8 — AUTUN — MUSÉE ROLIN

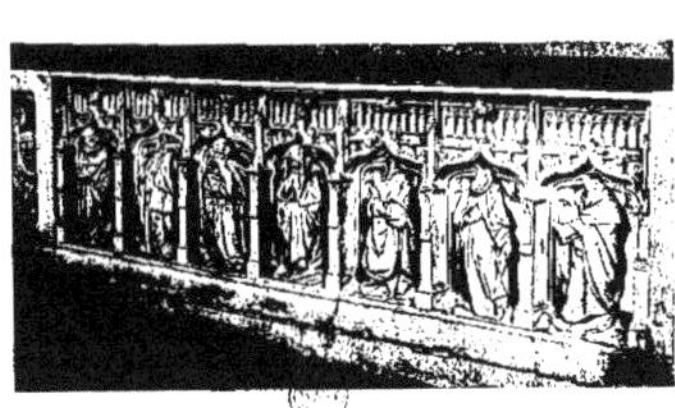

9 — BAUME-LES-MESSIEURS — ÉGLISE

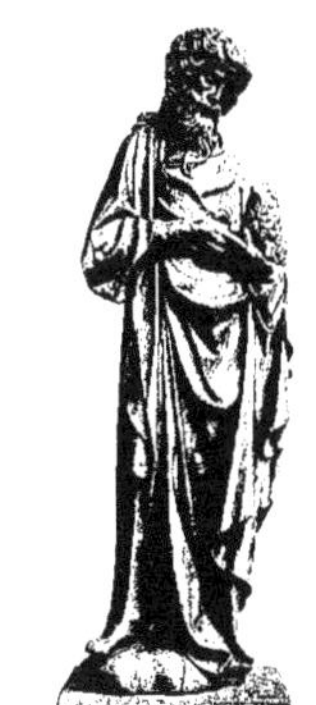

10 — MUSÉE DU LOUVRE

Imp. Phot. D. A. LONGUET

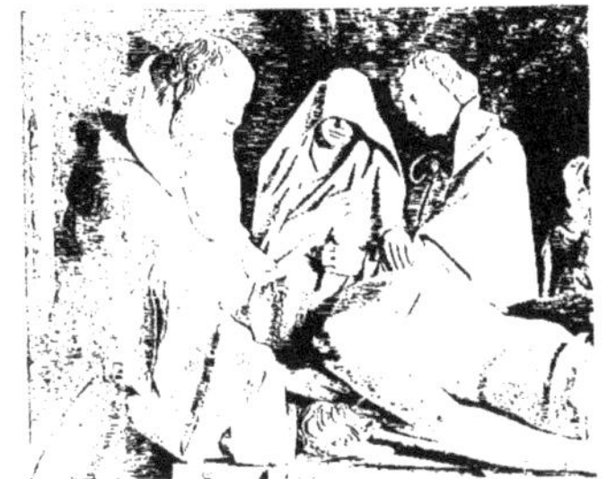

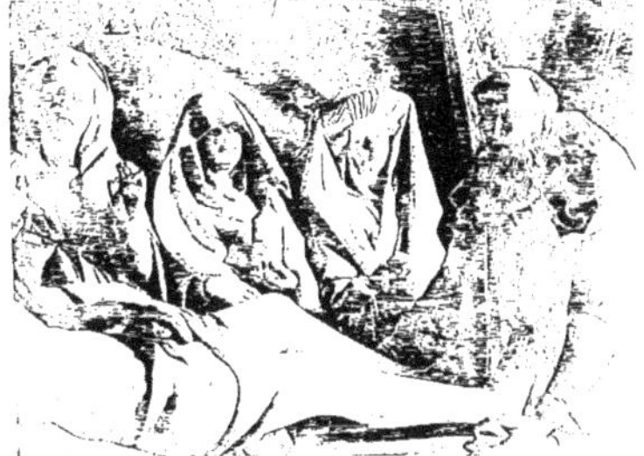

1. 2 — TONNERRE — Église de l'Hopital

2

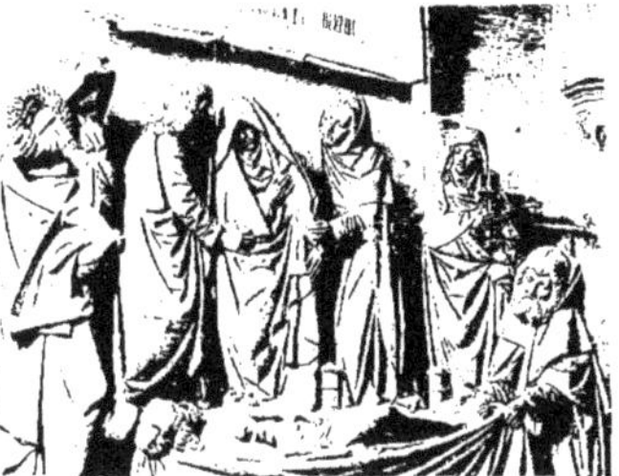

4 — SÉMUR — Église

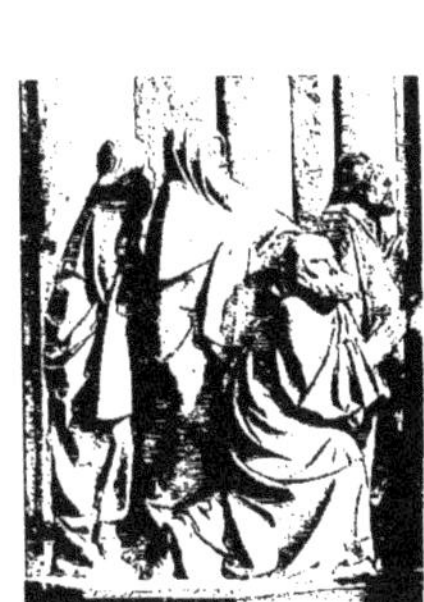

3 — FÉCAMP — Église de la Trinité

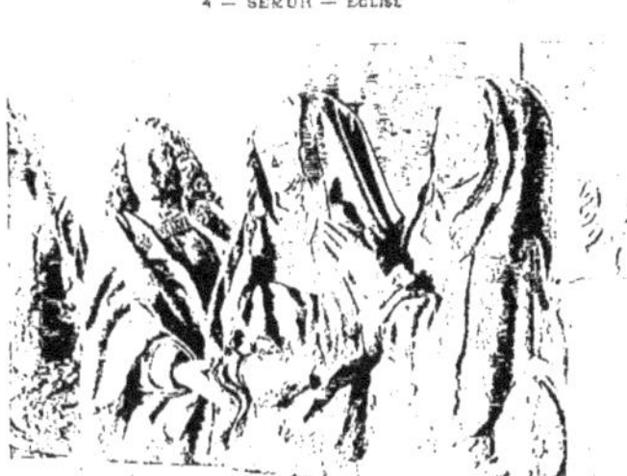

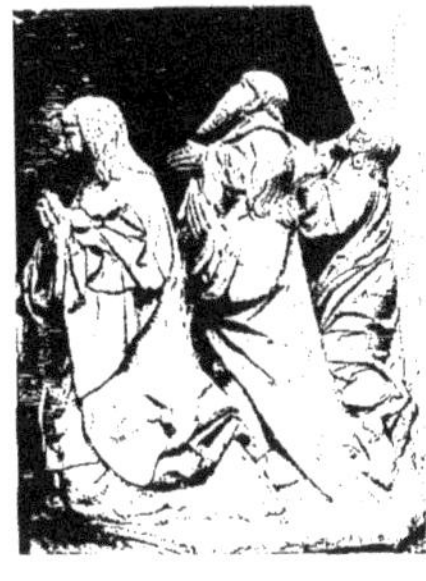

5 — FÉCAMP — Église de la Trinité

6 — TOULOUSE — Musée des Augustins

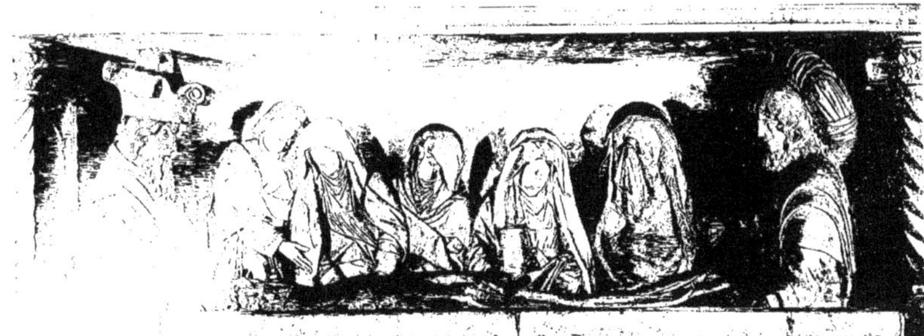

7 — LOUVIERS — Église

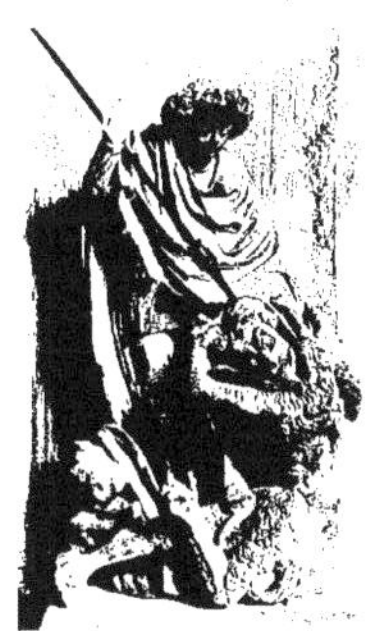

1 — TOULOUSE — Musée des Augustins

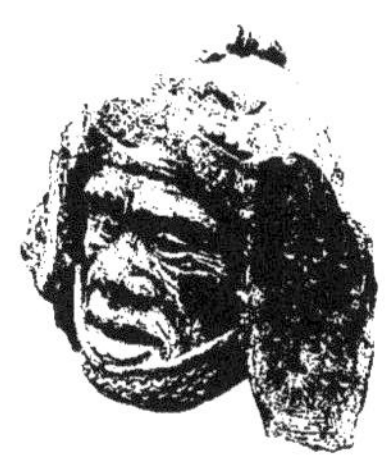

2 — TOULOUSE — Musée des Augustins

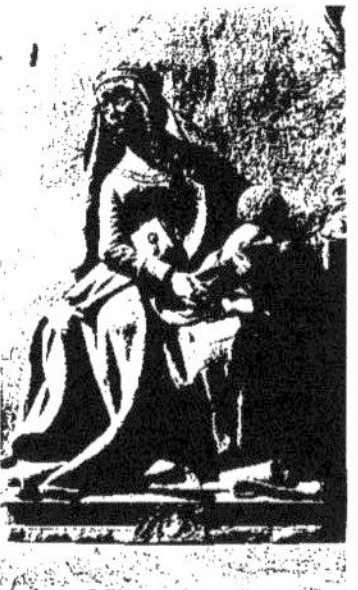

3 — TOULOUSE — Musée des Augustins

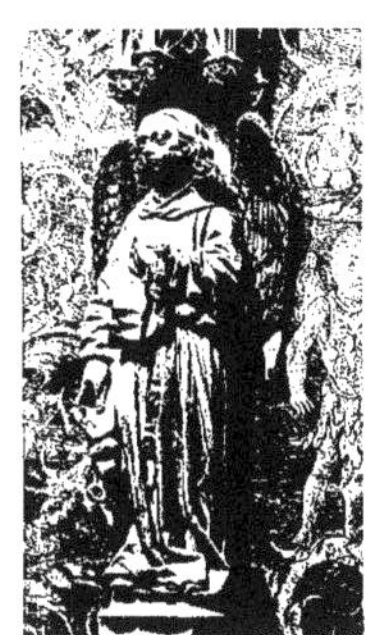

5

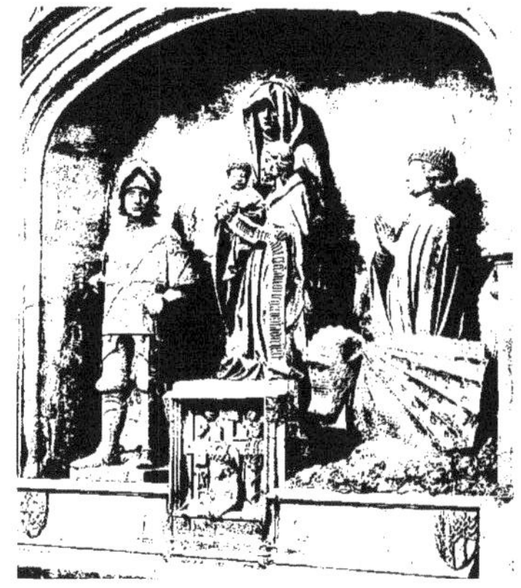

4 — AIX-EN-PROVENCE — Cathédrale

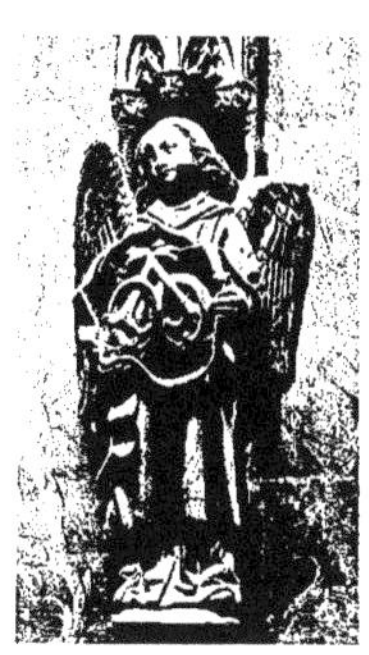

6

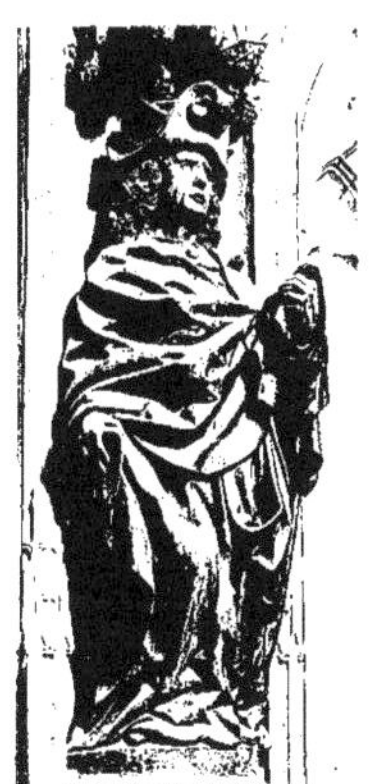

7

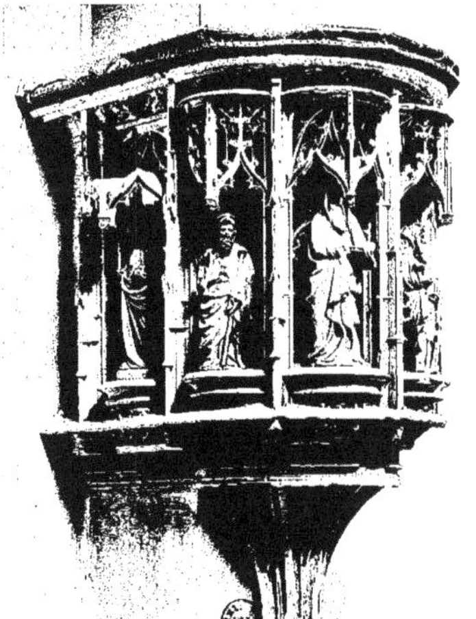

9 — AVIGNON — Église Saint-Pierre — Chaire

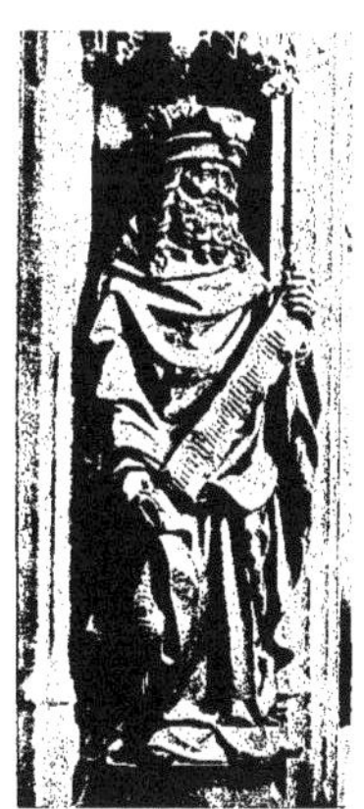

8

5, 6, 7, 8 — ALBI — Cathédrale — Clôture du chœur

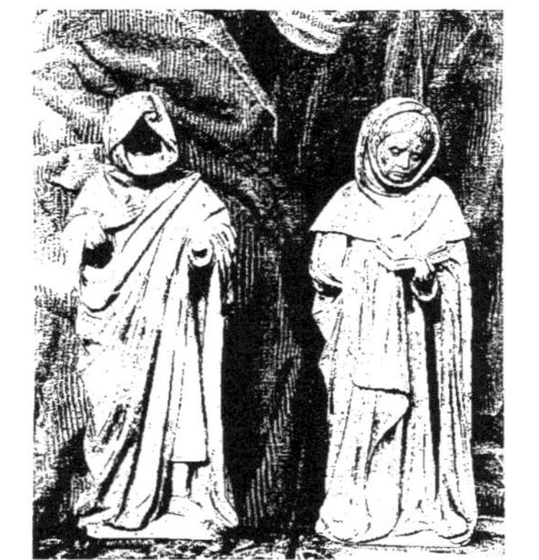

2 — Collection du Marquis de Vogüé

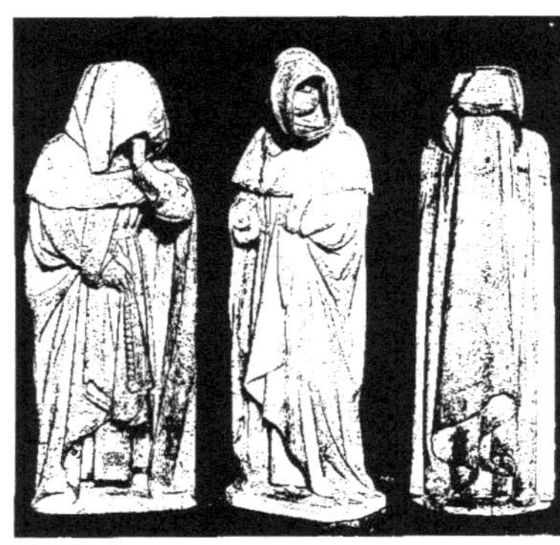

1 — Bourges — Musée

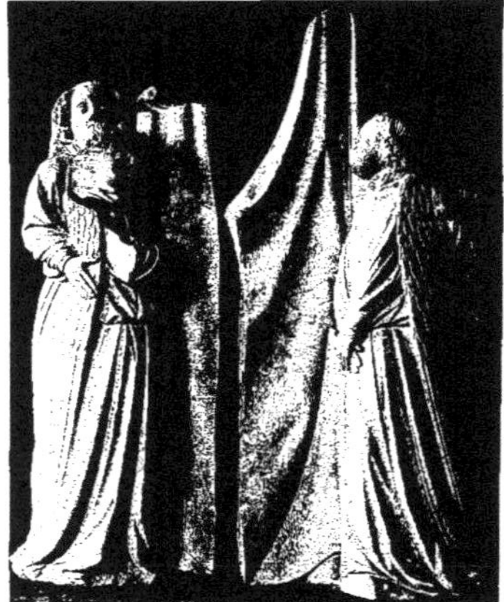

3 — Collection du Marquis de Vogüé

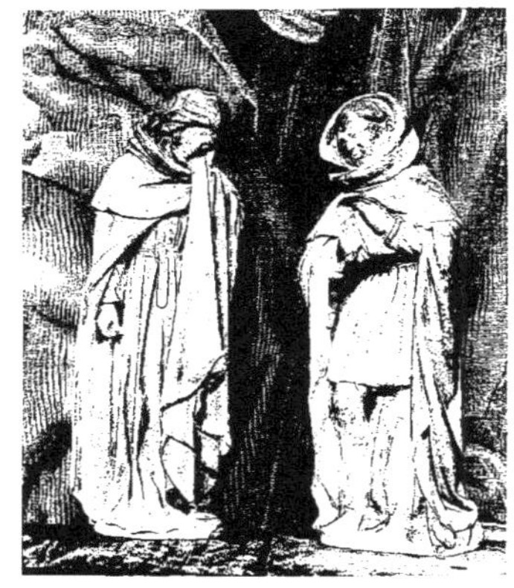

4 — Bourges — Musée

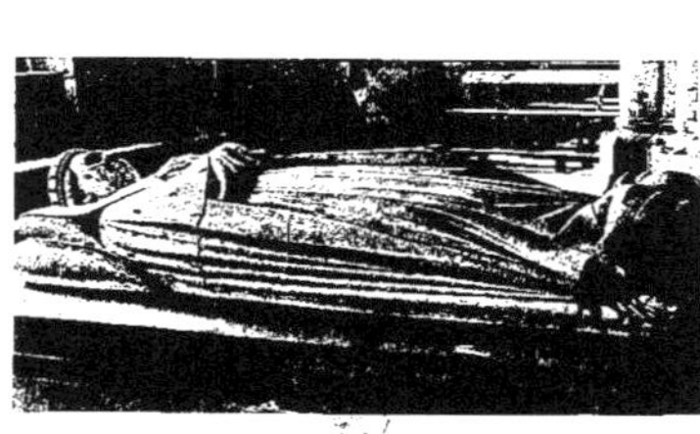
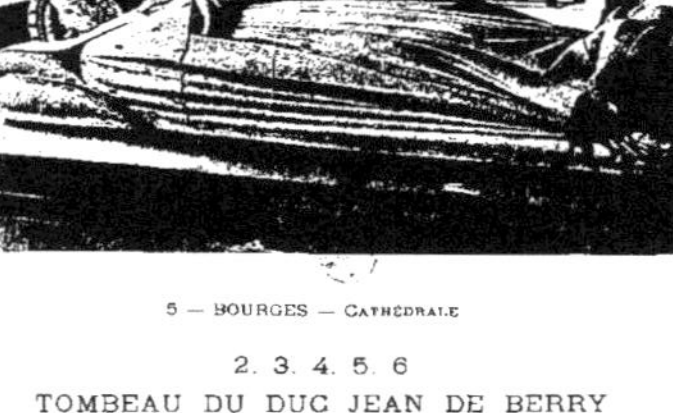

5 — Bourges — Cathédrale

2. 3. 4. 5. 6
TOMBEAU DU DUC JEAN DE BERRY

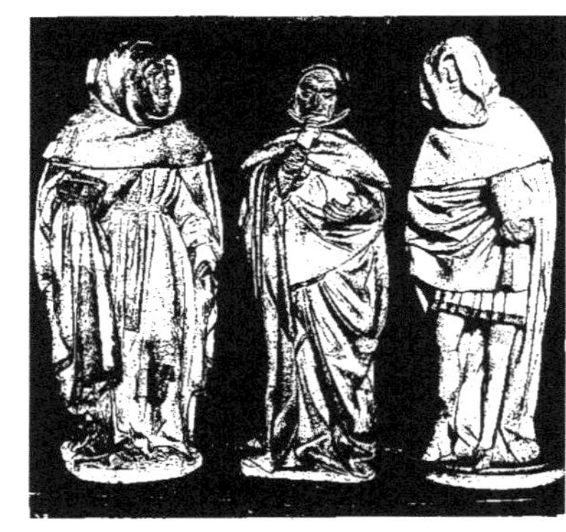

6 — Bourges — Musée

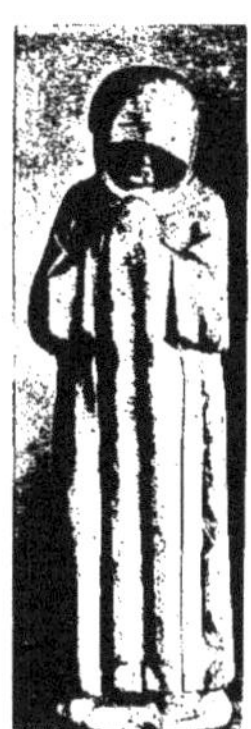

1 — LE PUY · MUSÉE

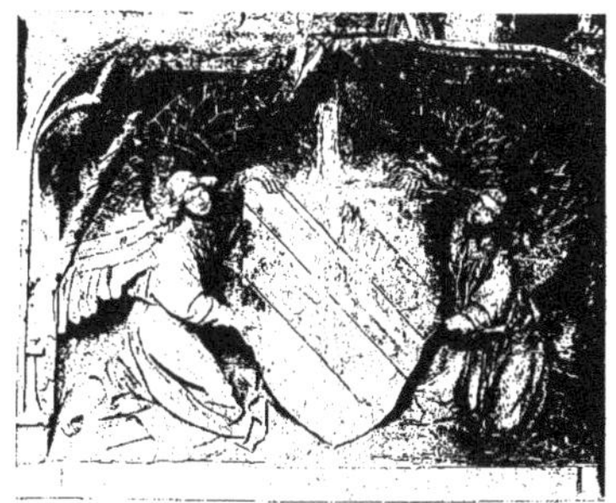

2 — TROYES — MUSÉE ARCHÉOLOGIQUE

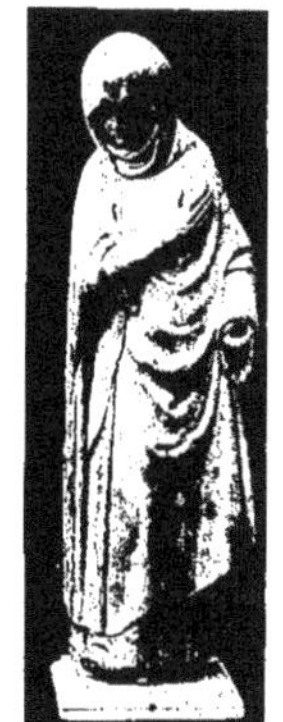

3 — PARIS — MUSÉE DE CLUNY

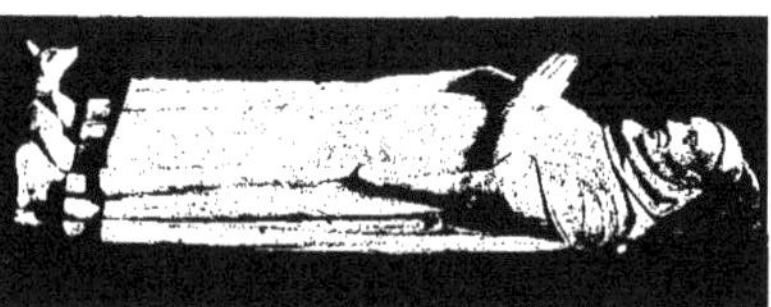

4 — MUSÉE DU LOUVRE — STATUE FUNÉRAIRE DE PHILIPPE DE MORVILLIER

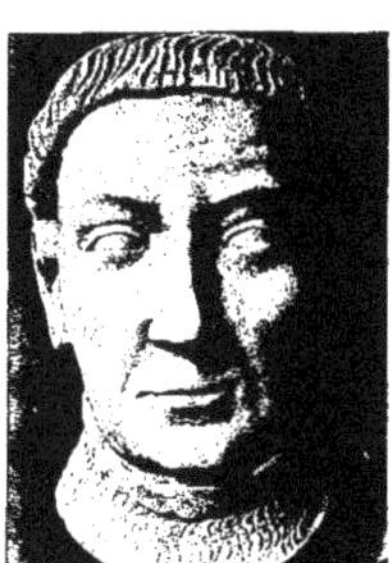

5 — SAINT-DENIS — ÉGLISE ABBATIALE
Guillaume Duchatel (Moulage)

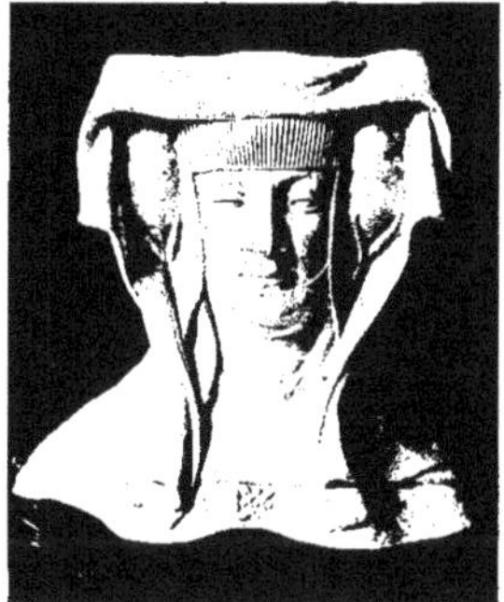

6 · MUSÉE DU LOUVRE — CATHERINE D'ALENÇON (Moulage)

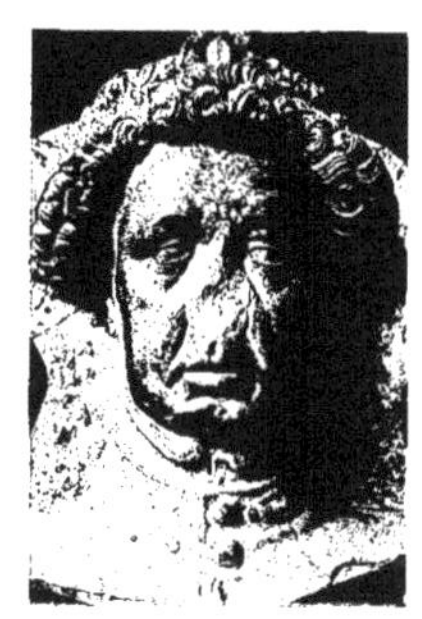

7 — SOUVIGNY (Allier) — LOUIS II DE BOURBON
(Moulage)

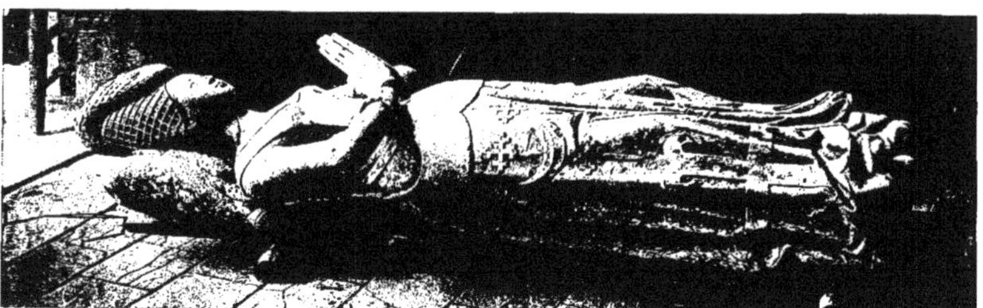

8 — BUEIL (Indre-&-Loire) — JEANNE DE MONTEJEAN

XVe SIÈCLE

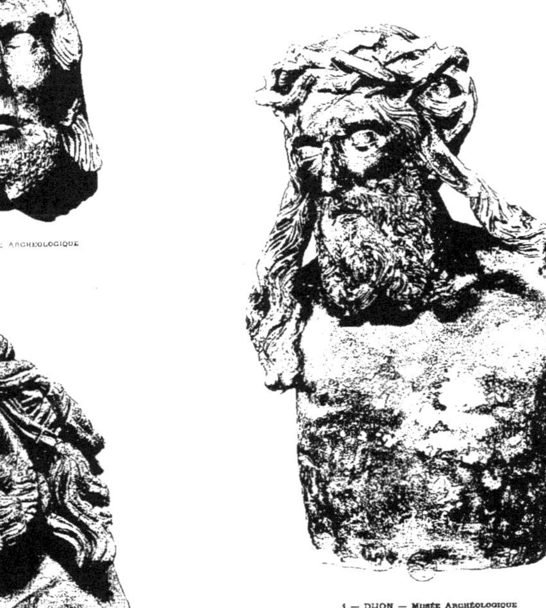

2 — BEAUVAIS — Musée Archéologique

4 — MUSÉE DU LOUVRE

3 — ARRAS — Cathédrale

1 — DIJON — Musée Archéologique
Christ du Puits de Moïse

5 — PONTOISE — Église St-Maclou

Imp. Phot. D.A. LONGUET

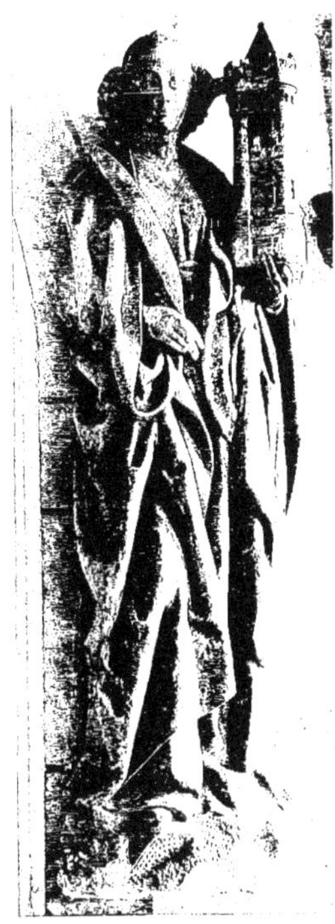

3. — CHATEAUDUN — Chapelle du Chateau

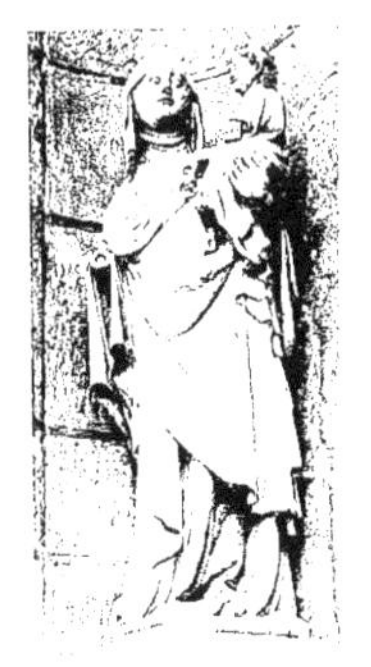

6 — ECOUIS — Eglise — Portail occidental

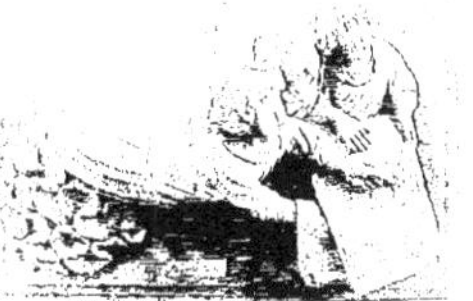

1 — MUSÉE DU LOUVRE

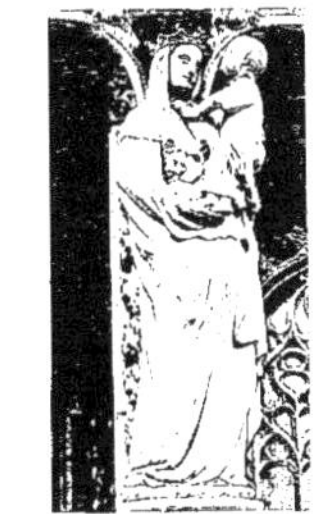

2 — RIOM — Eglise du Marturet

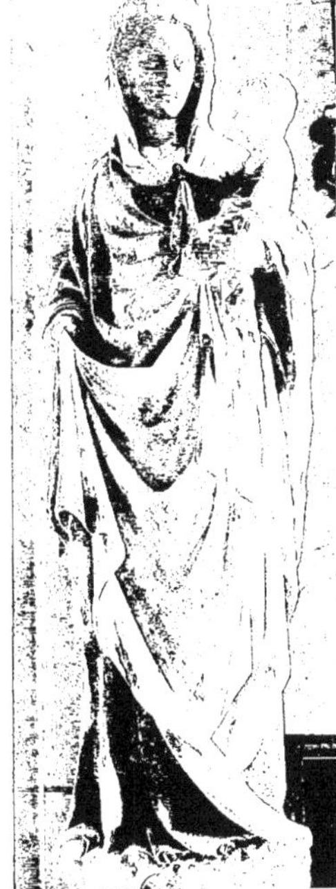

4. — CHATEAUDUN — Chapelle du Chateau

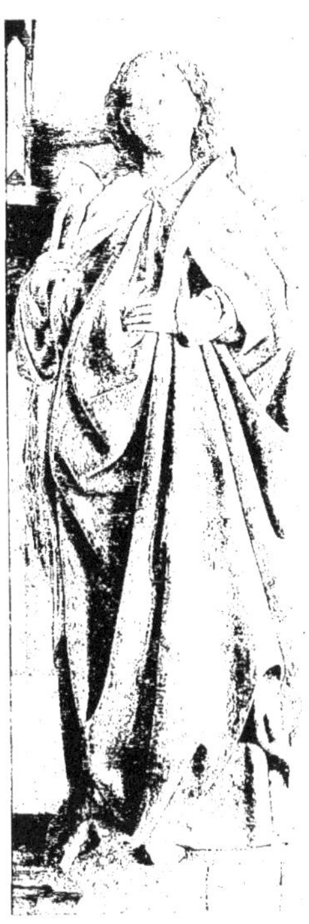

5. — CHATEAUDUN — Chapelle du Chateau

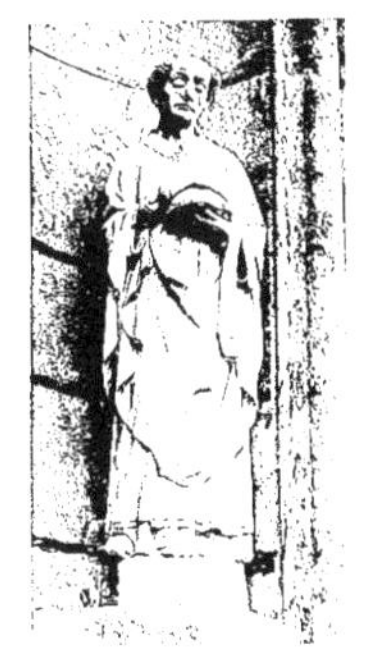

7 — ECOUIS — Eglise — Portail occidental

Imp. Phot. D.A. LONGUET

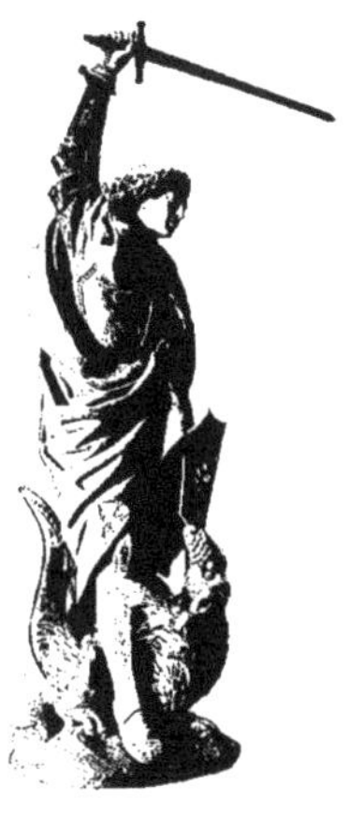

1 — MONTARGIS — Musée

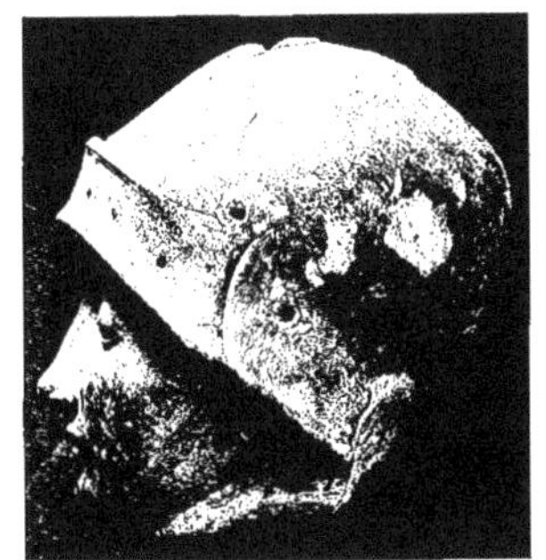

2 — ORLÉANS — Musée archéologique

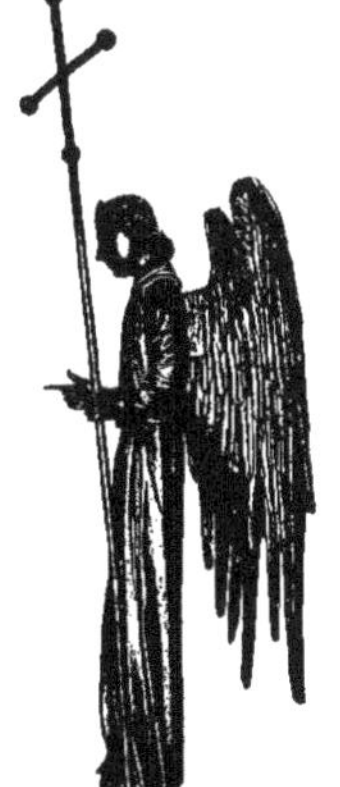

3 — CHATEAU DU LUDE *Sarthe*

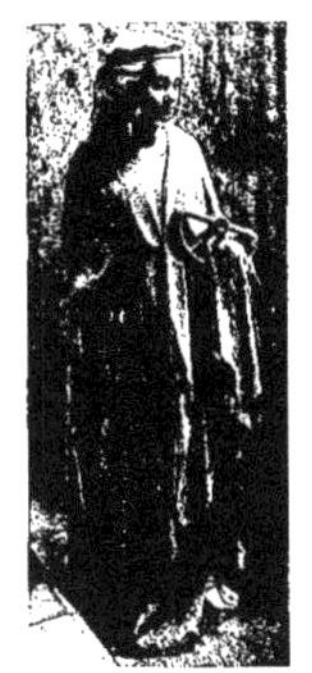

5 — CHATEAU DU MOULIN *(Loir-&-Cher)*

4 — ROUEN — Église St-Maclou

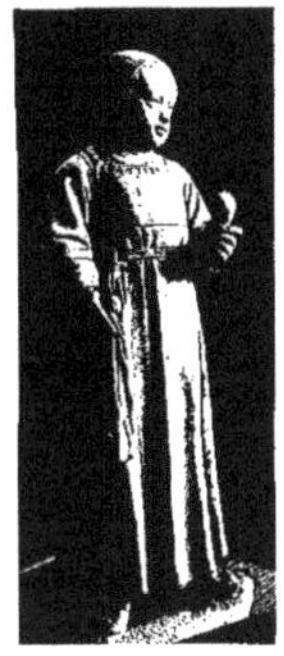

6 — JARZÉ — Église

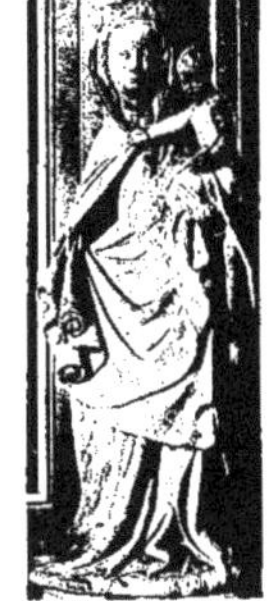

7 — CHARTRES — Musée

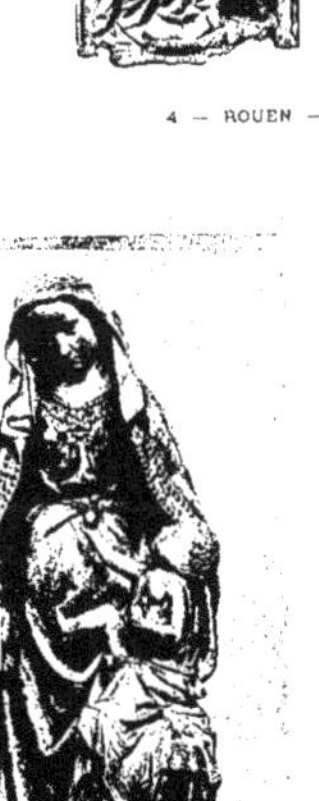

8 — MUSÉE DU LOUVRE

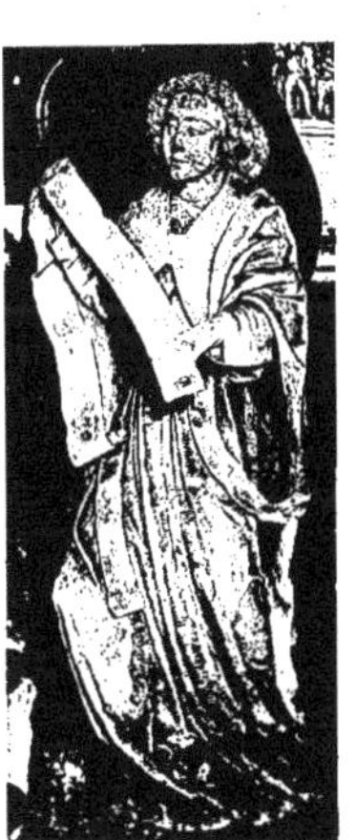

9 — CHARTRES — Musée

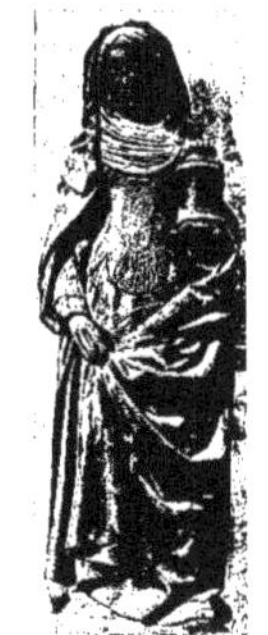

10 — LIMERAY — Église

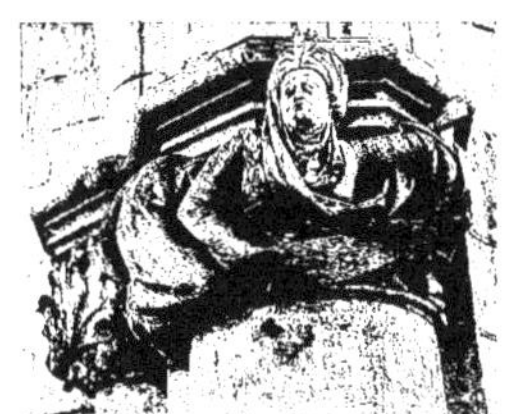

1 — LHUITRE — Église

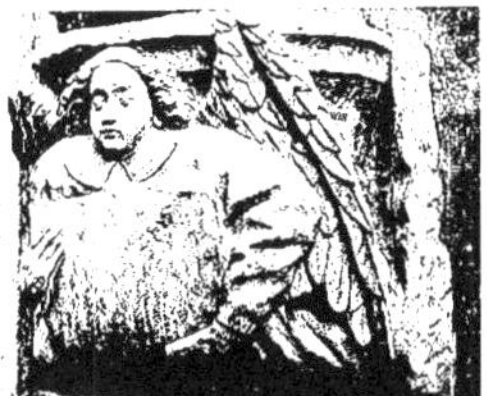

2 — TROYES — Musée

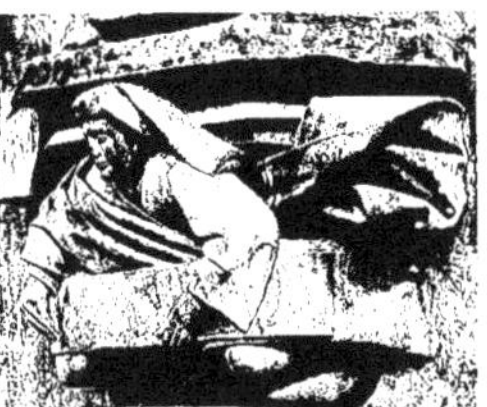

3 — TROYES — Musée

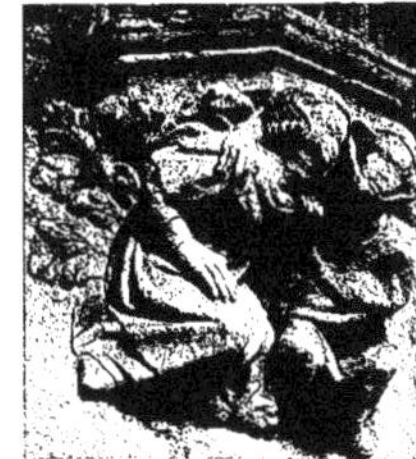

4 — BEZIERS — Cathédrale — Cloître

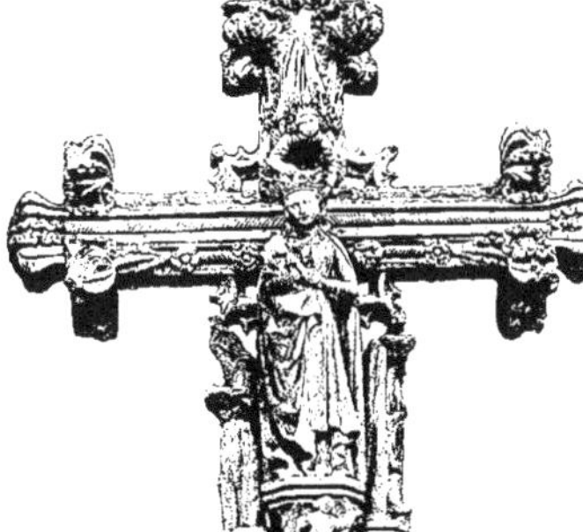

5 — ROUEN — Musée Archéologique

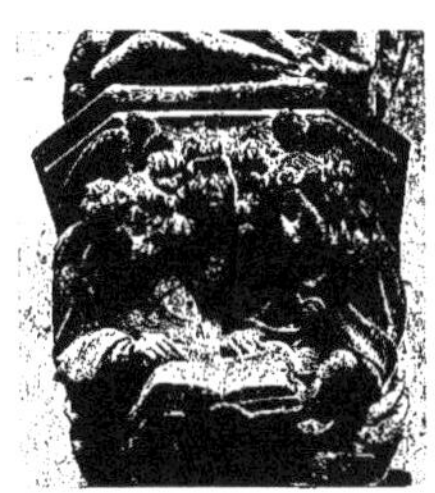

6 — ÉCOUIS — Église

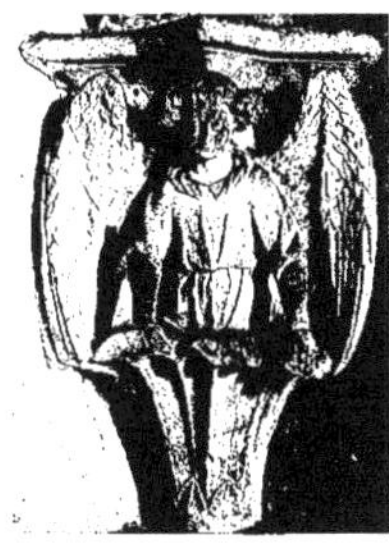

7 — ROUEN — Musée Archéologique

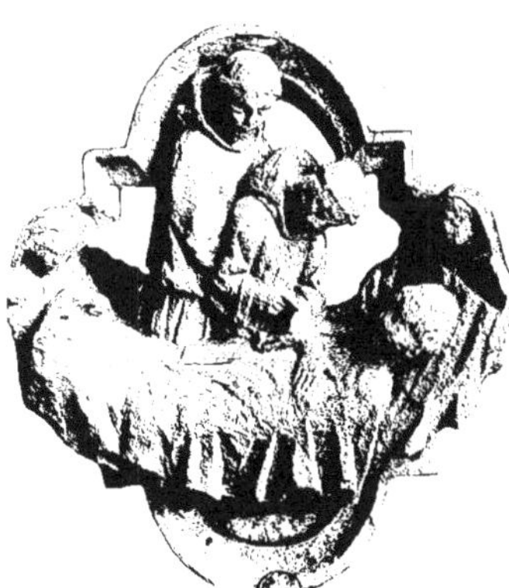

10 — CHARTRES — Musée

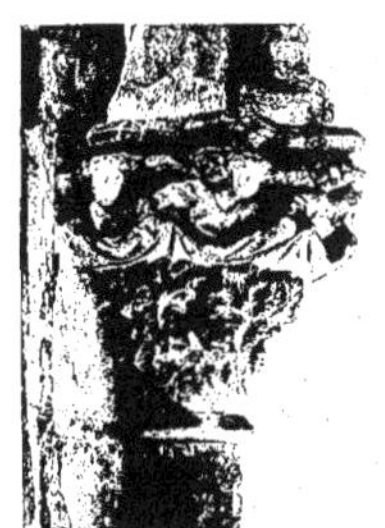

8 — ROUEN — Musée Archéologique

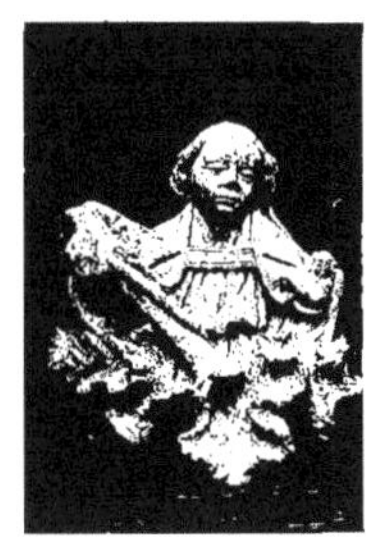

9 — CADOUIN — Cloître

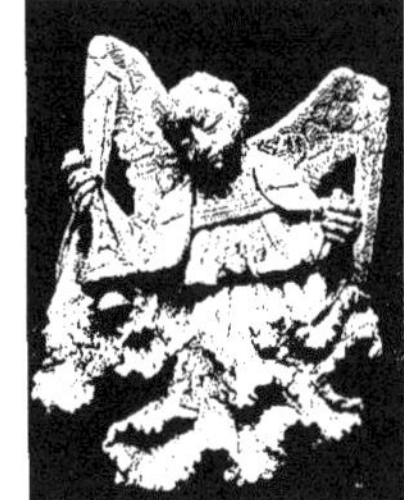

11 — CADOUIN — Cloître

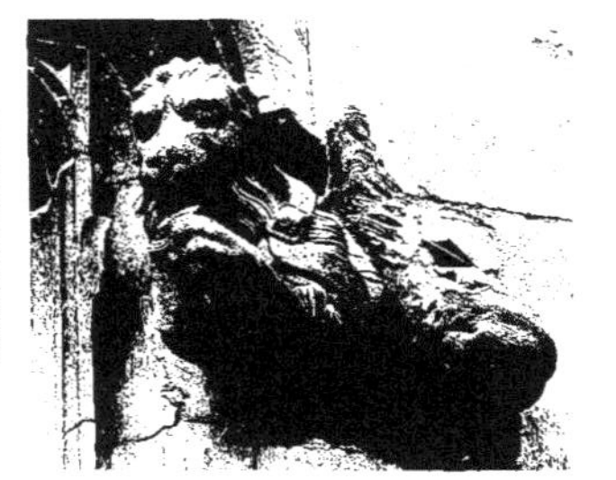

1

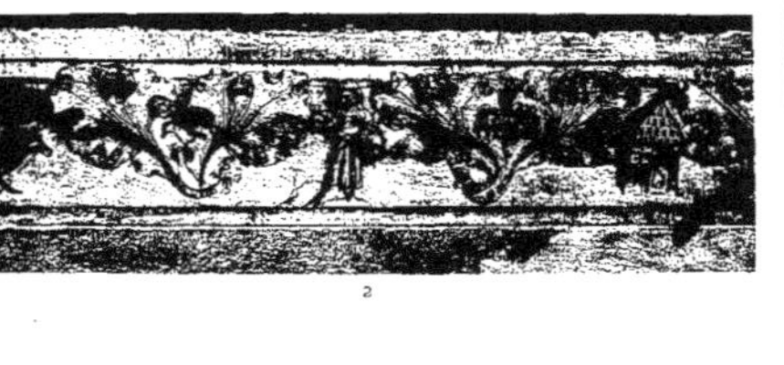

2

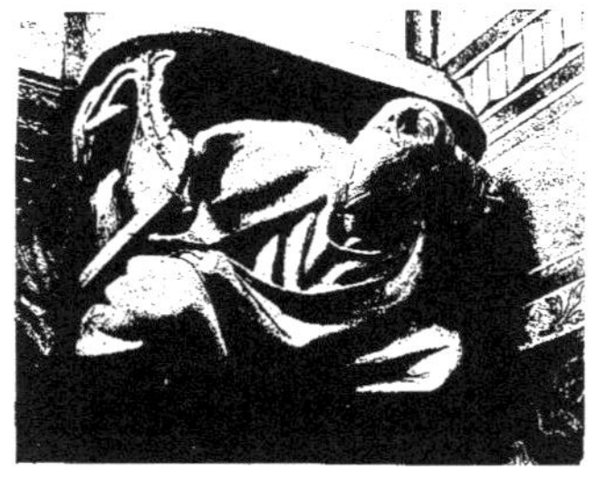

3

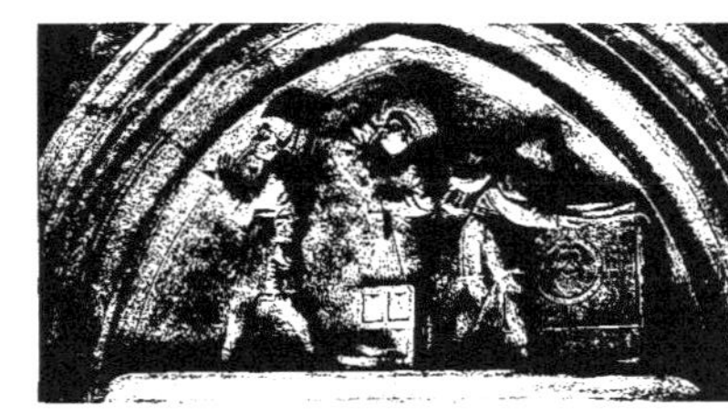

4

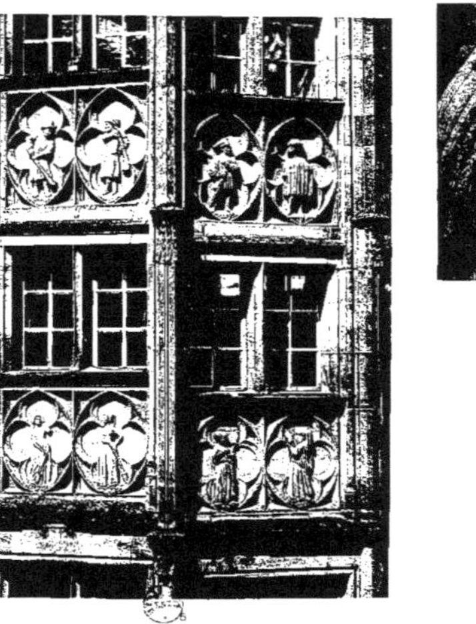

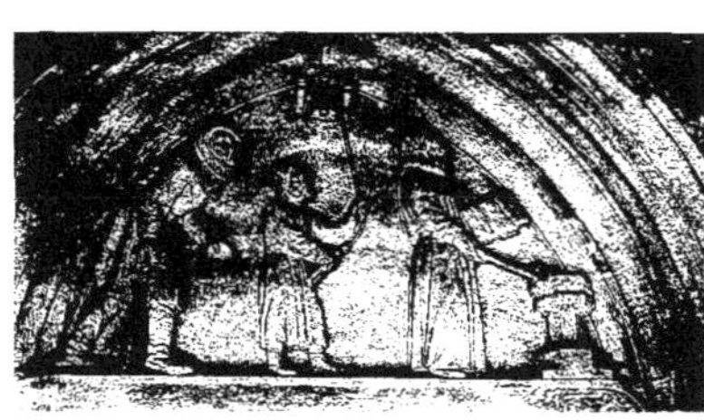

6

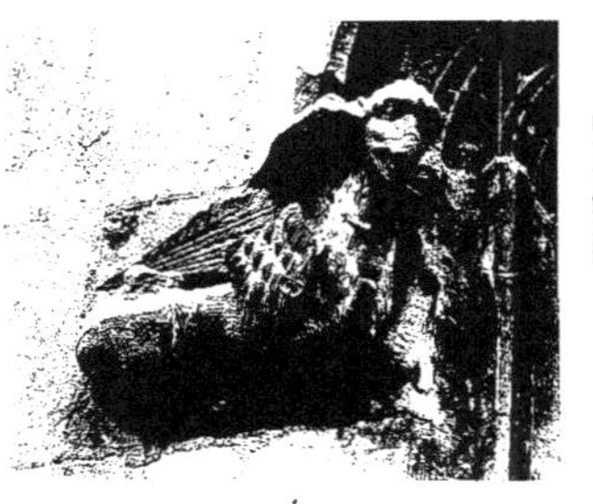

7 — Chapelle

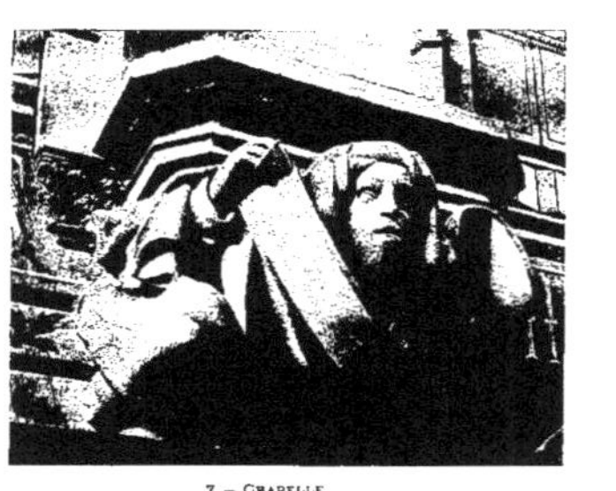

8 — Chapelle

BOURGES

Hotel Jacques Cœur — Détails de décoration

Imp. Phot. D.A LONGUET

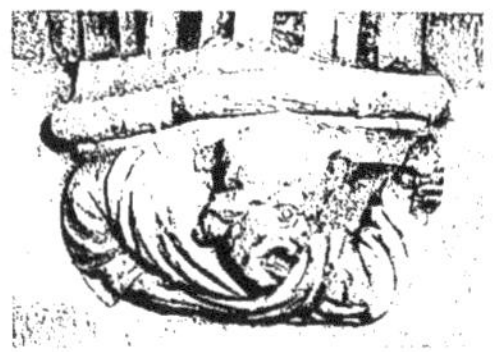

1 — AMBOISE — CHATEAU — Tour Hurtault

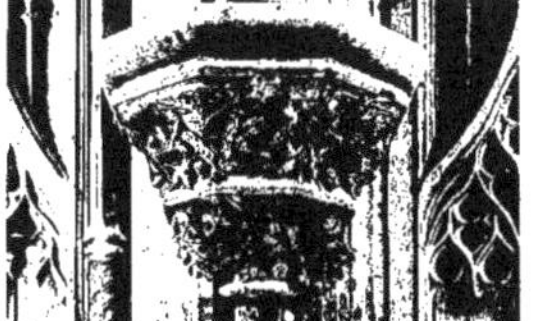

2 — AMBOISE — CHAPELLE St-HUBERT

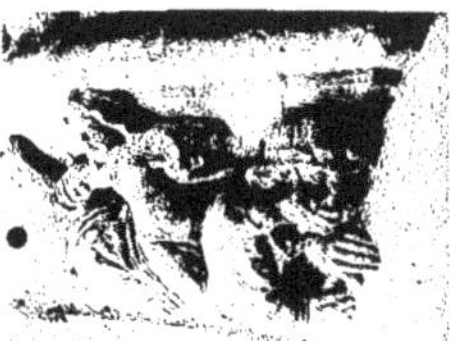

3 — AMBOISE — CHATEAU — Tour Hurtault

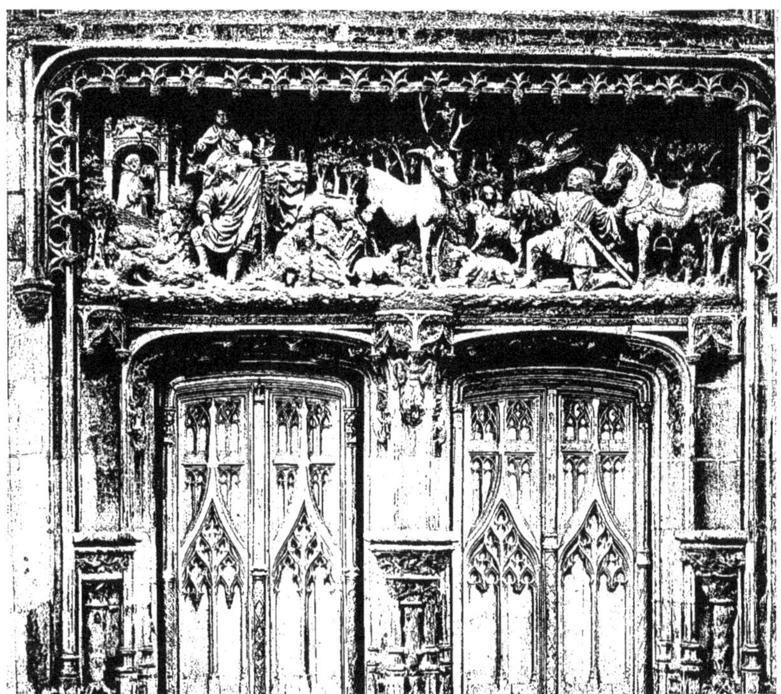

4 — AMBOISE — CHAPELLE St-HUBERT

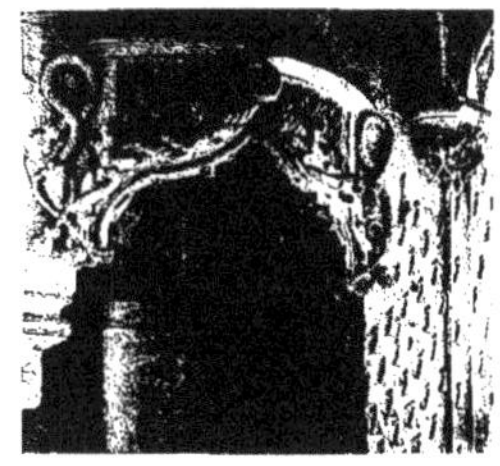

5 — LOCHES — CHATEAU — Logis du Roi

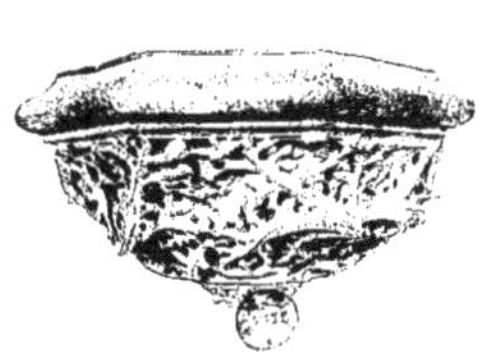

6 — AMBOISE — EGLISE St-FLORENTIN

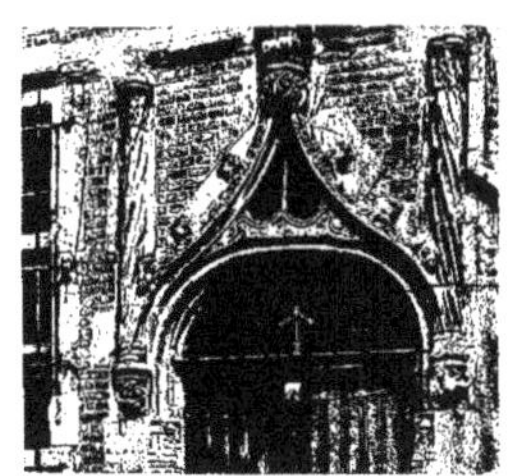

7 — TOURS — MAISON DITE DE TRISTAN

Imp. Phot. D.A. LONGUET

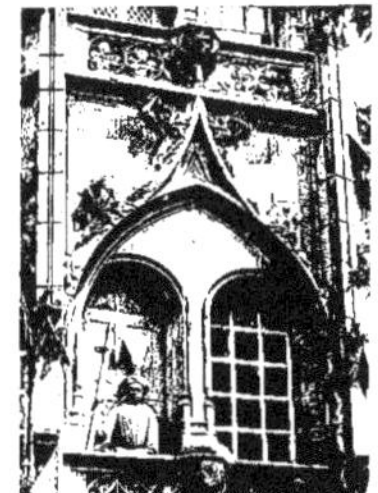

1 — BOURGES — Ancien Hotel-de-Ville

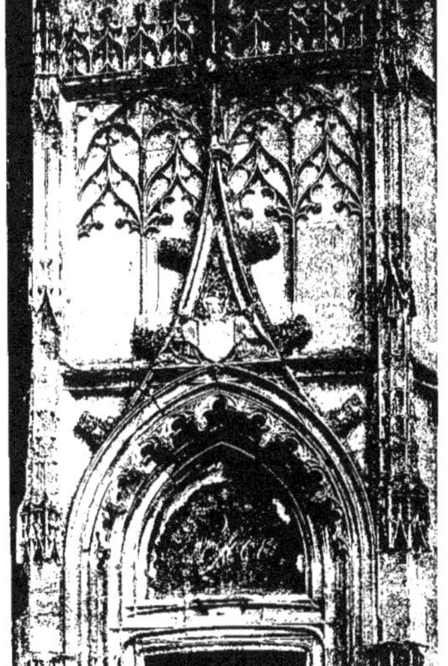

4 — ÉVREUX — Évêché

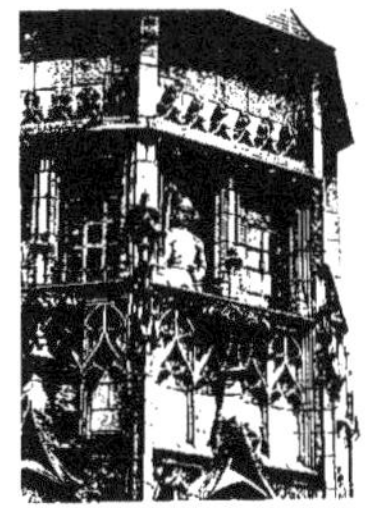

2 — BOURGES — Ancien Hotel-de-Ville

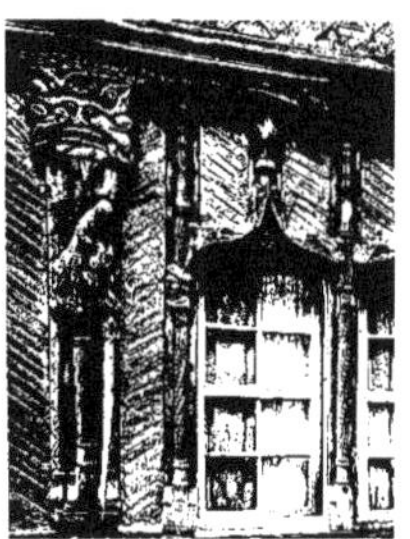

5 — LISIEUX — Maison

3 — BEAUVAIS — Maison aux Piliers

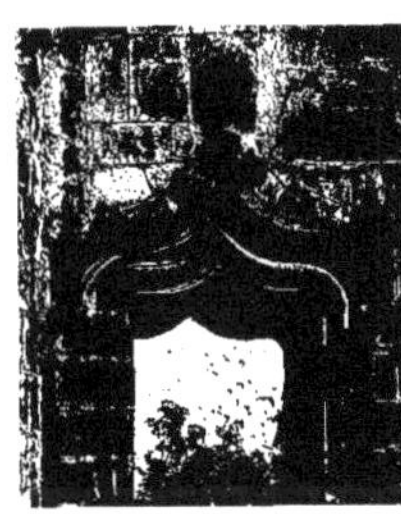

6 — MOZAT — Porte dans le Cloitre

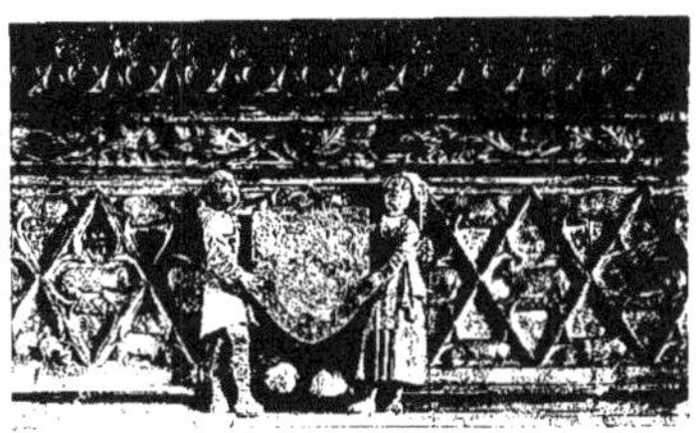

7 — BOURGES — Ancien Hotel-de-Ville

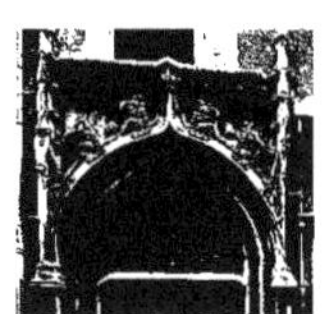

8 — THIERS — Maison

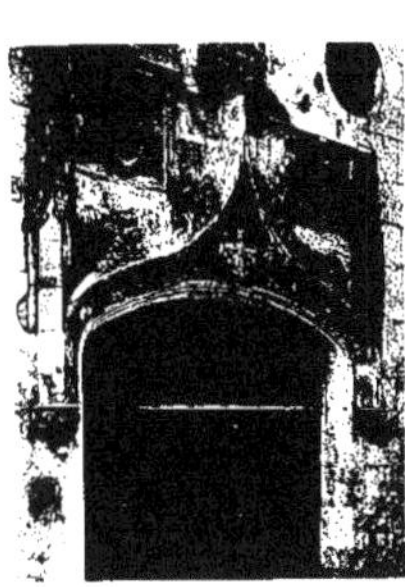

9 — BEAUVAIS — Maison Philippe de Beaumanoir

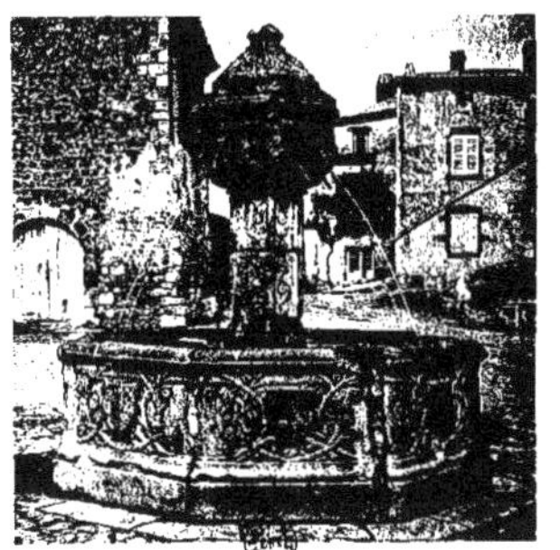

10 — SAINT-SATURNIN (Puy-de-Dôme)

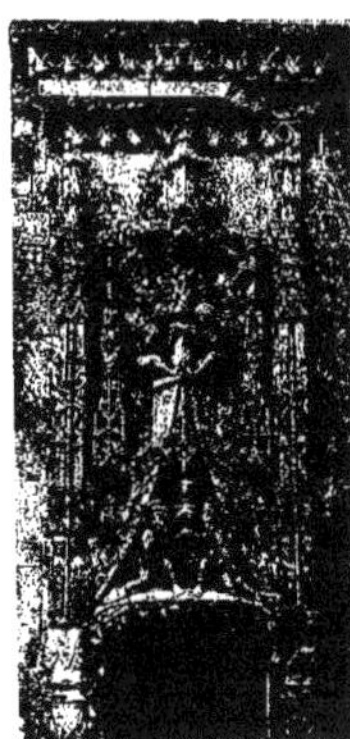

11 — CRAZANNES — Chateau

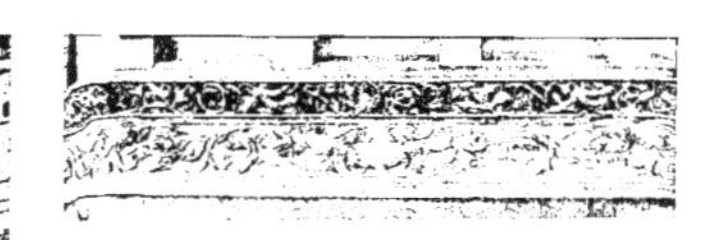

1 — GISORS — Église

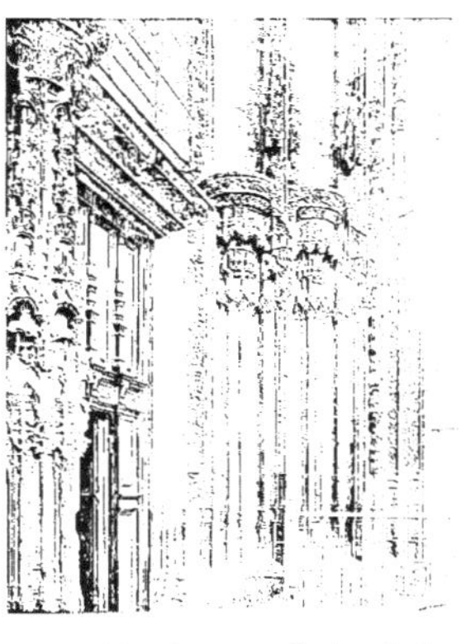

2 — DREUX — Hôtel-de-Ville

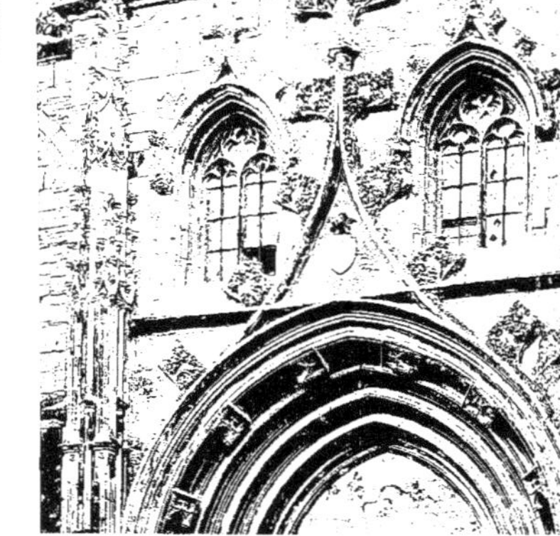
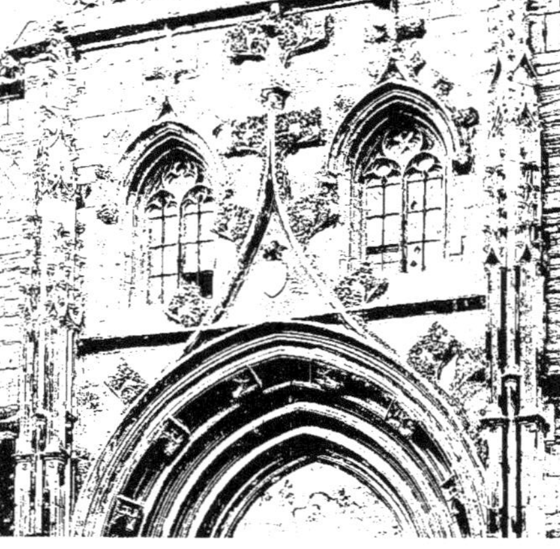

4 — CARPENTRAS — Église — Portail occidental

3 — SAINT MARC LA LANDE — Église — Portail occidental

5 — AUCH — Cathédrale — Portail méridional

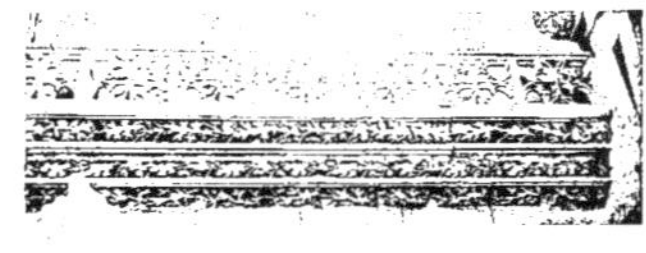
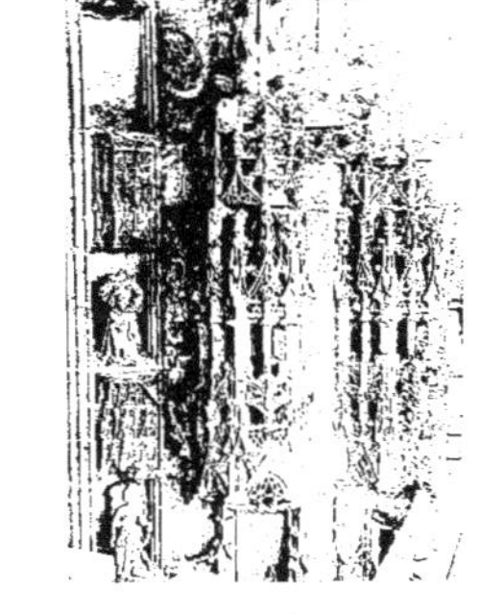

6 — SAINTES — Musée Archéologique   7 — ROUEN — Musée Archéologique

8 — EVREUX — Cathédrale

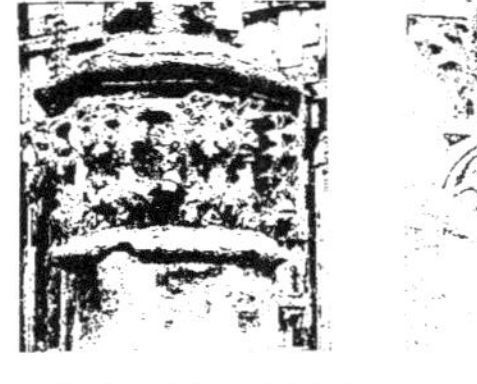
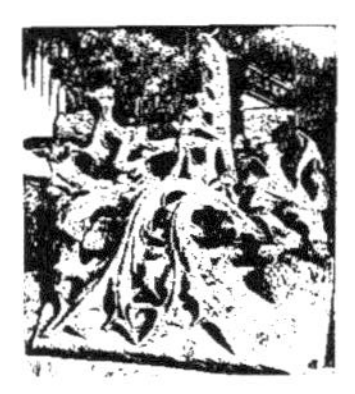

9 — MUSÉE DU LOUVRE   10 — GAILLON — Château — Chapelle basse

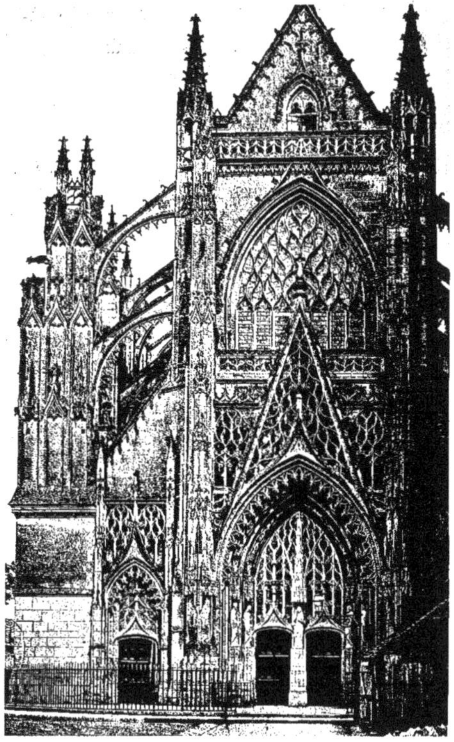

1 — VENDOME — Église de la Trinité — Façade occidentale

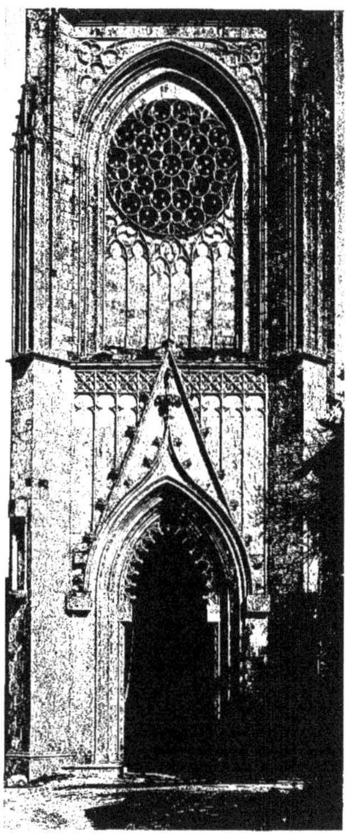

2 — GUERN — Église

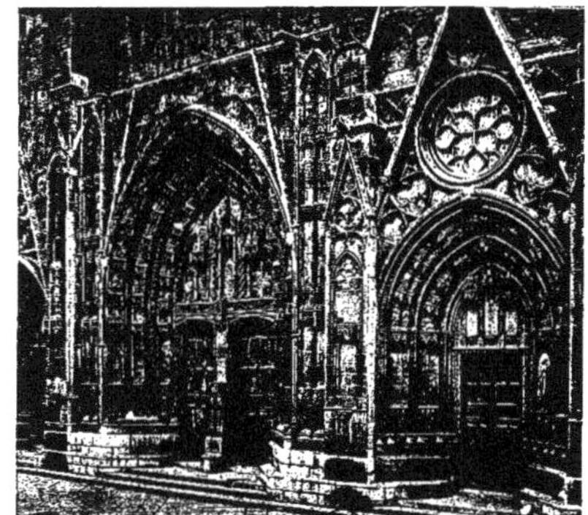

3 — VIENNE (Isère) — Cathédrale — Portail occidental

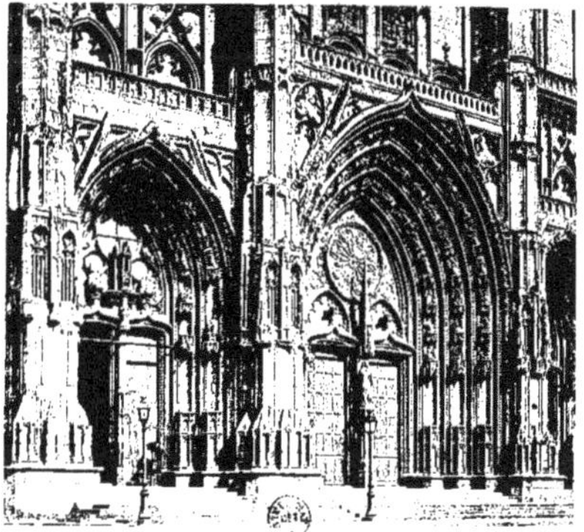

4 — NANTES — Cathédrale — Portail occidental

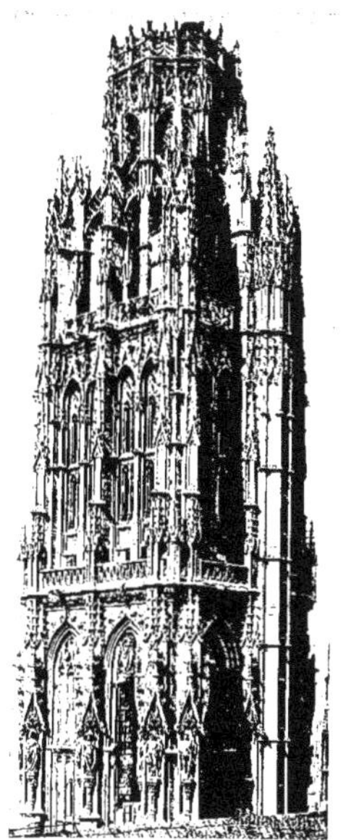

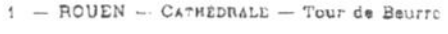

1 — ROUEN — CATHÉDRALE — Tour de Beurre

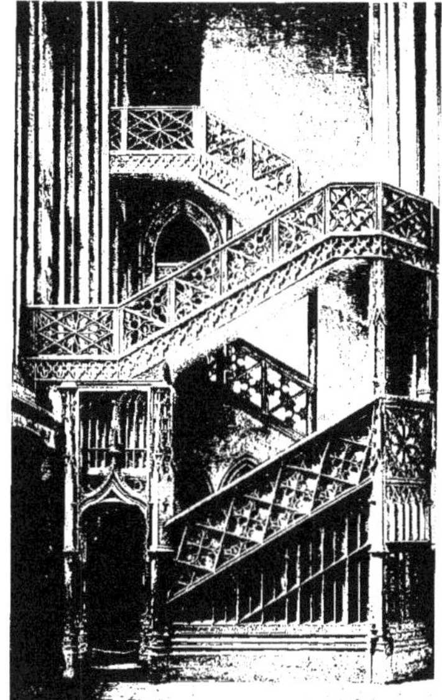

2 — ROUEN — CATHÉDRALE — Escalier de la librairie

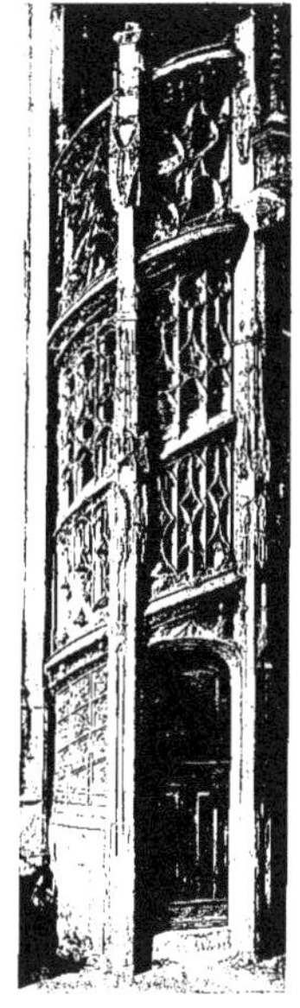

3 — ROUEN — ÉGLISE St-MACLOU — Escalier de l'orgue

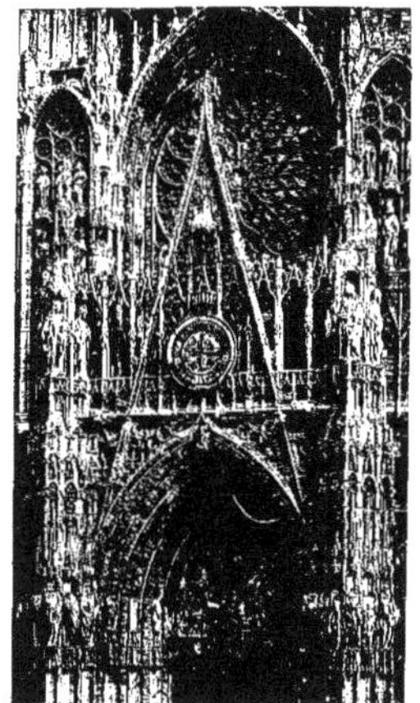

4 — ROUEN — CATHÉDRALE — Portail occidental

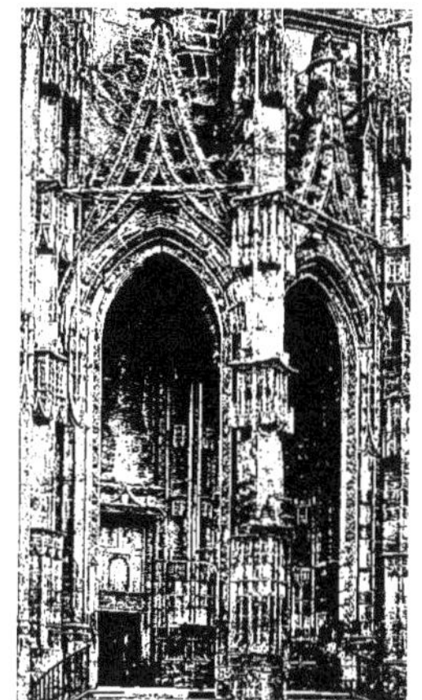

5 — ARGENTAN — ÉGLISE St-GERMAIN — Porche latéral

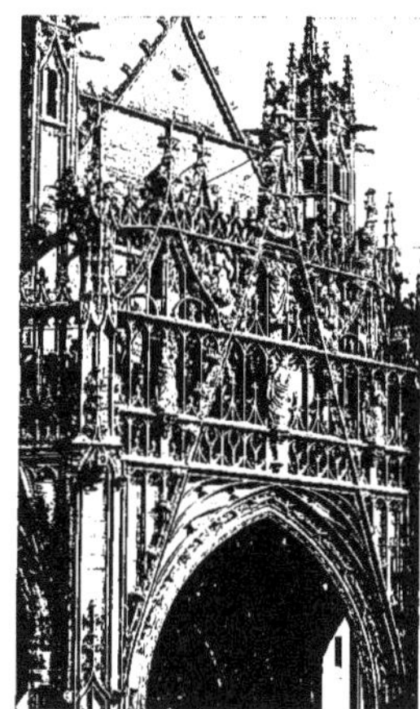

6 — ALENÇON — ÉGLISE NOTRE-DAME — Porche occidental

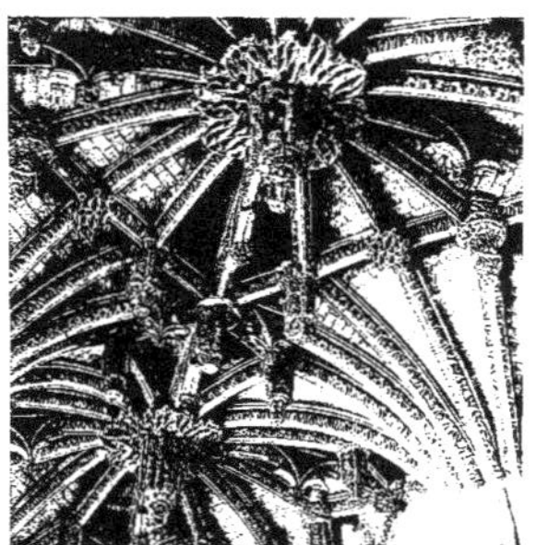

1 — ROUEN — Musée Archéologique

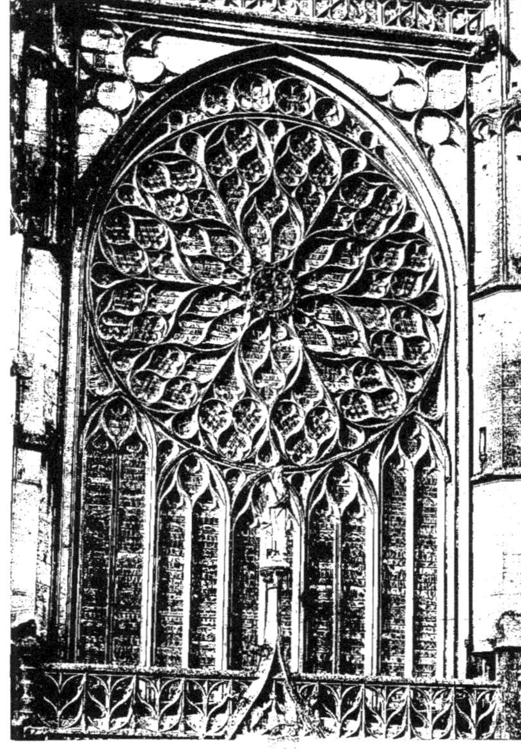

4 — SENS — Cathédrale — Transept méridional

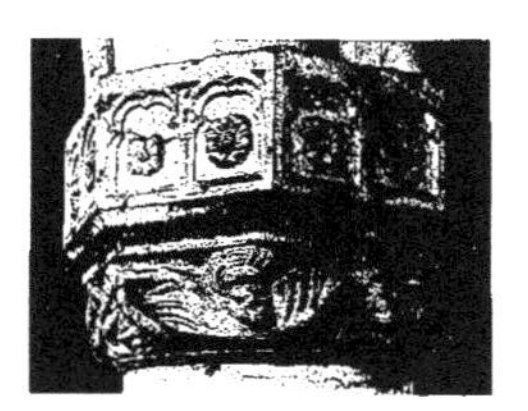

5 — RUE — Chapelle du Saint-Esprit

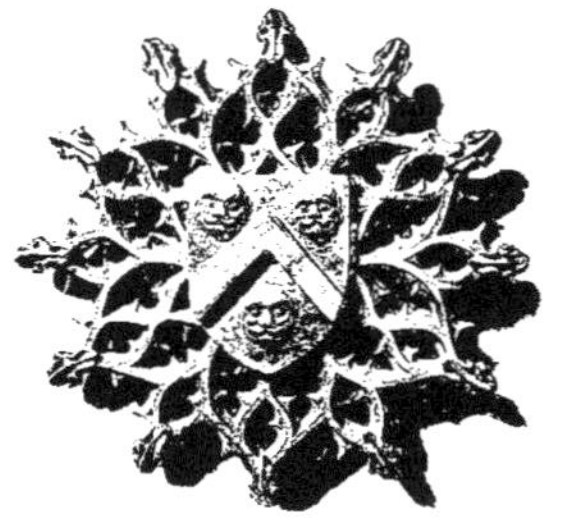

2 — PROVINS — Église Sainte-Croix

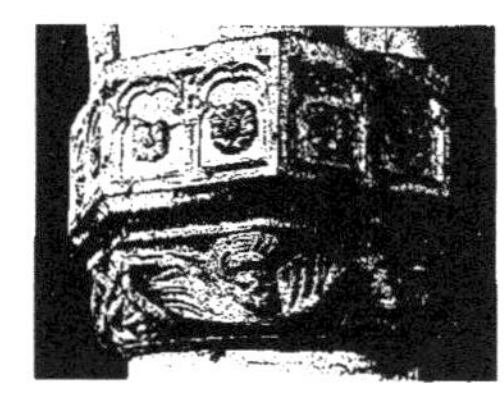

6 — PROVINS — Église Sainte-Croix

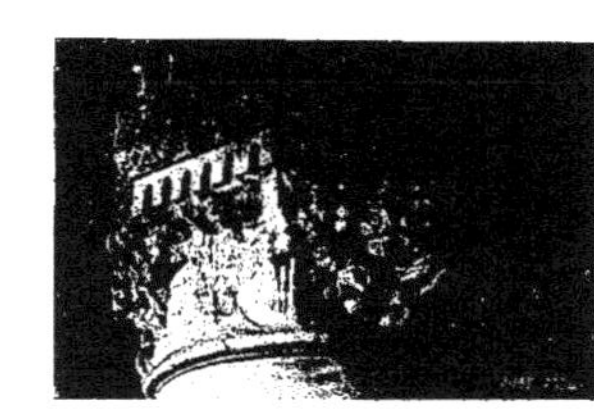

3 — PROVINS — Église Sainte-Croix

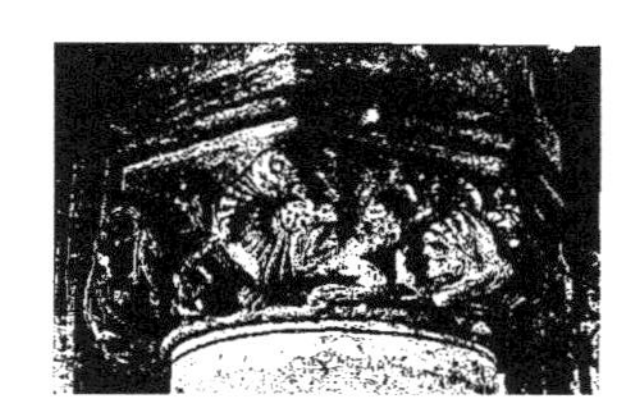

7 — ARCUEIL — Église

Imp. Phot. D.A. LONGUET

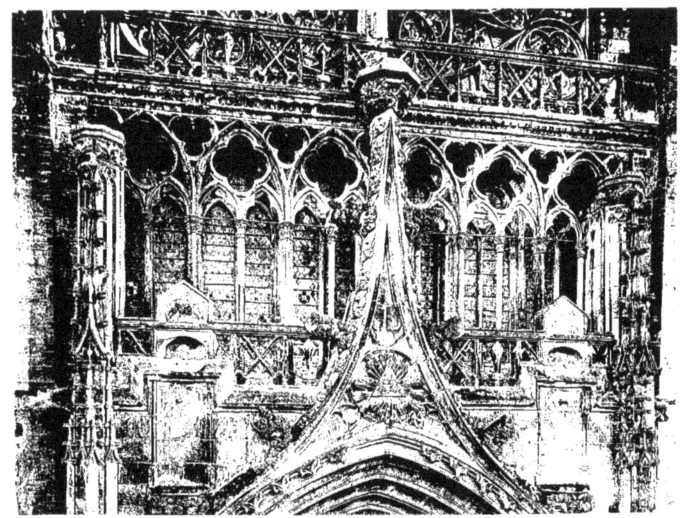

1 — TROYES — CATHÉDRALE — Transept septentrional

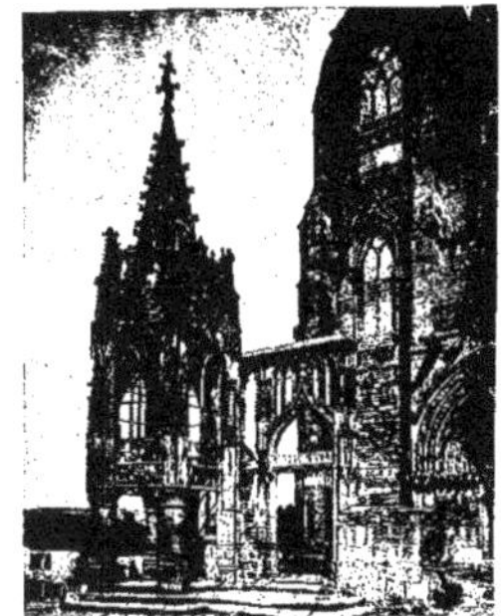

2 — AVIOTH — CHAPELLE DES MORTS

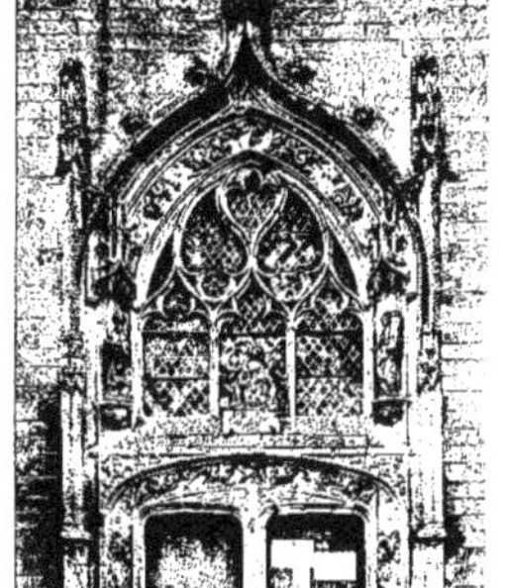

3 — SAINT-ANDRÉ LES TROYES — EGLISE — Porte latérale

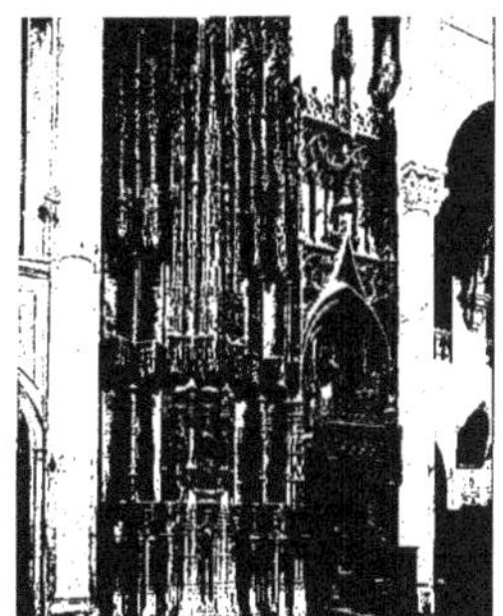

4 — GRENOBLE — CATHÉDRALE

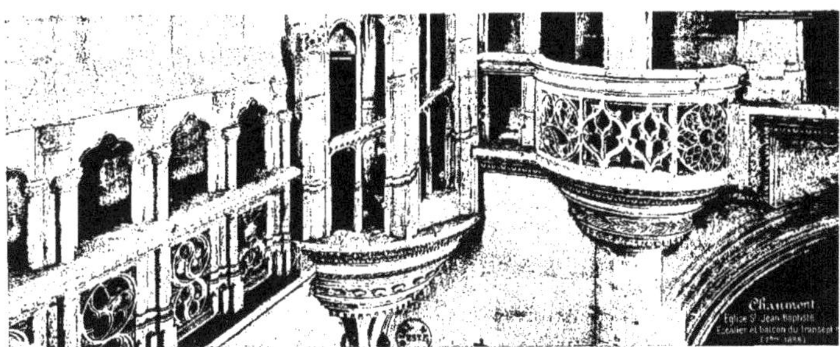

5 — CHAUMONT — EGLISE St-JEAN-BAPTISTE
Transept septentrional — Intérieur

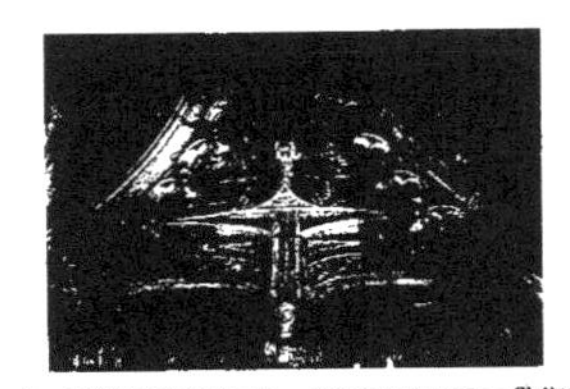

1 — BOURGES — CATHÉDRALE — Façade occidentale

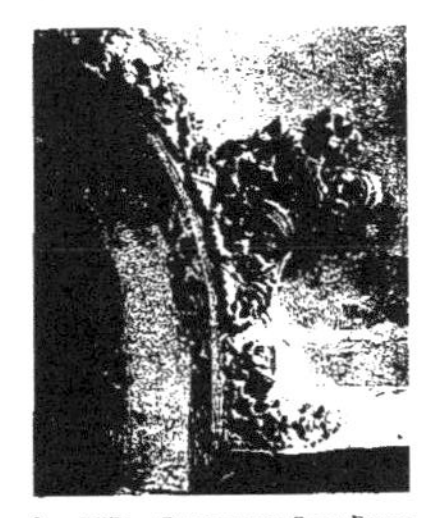

2 — PONT-A-MOUSSON — ÉGLISE St-MARTIN — Ancien jubé

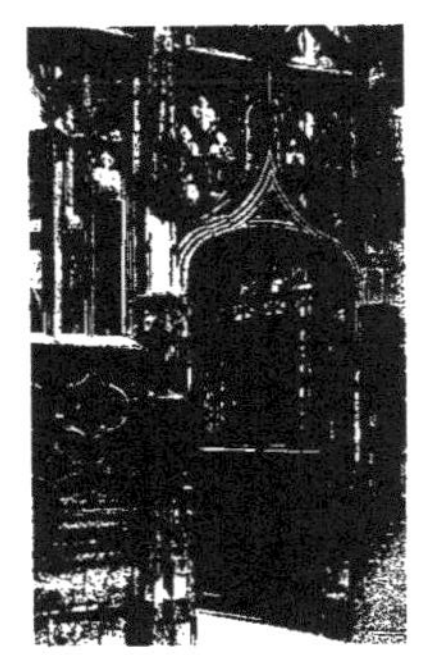

3 — SAINT-WANDRILLE — ANCIENNE ABBAYE — Cloître

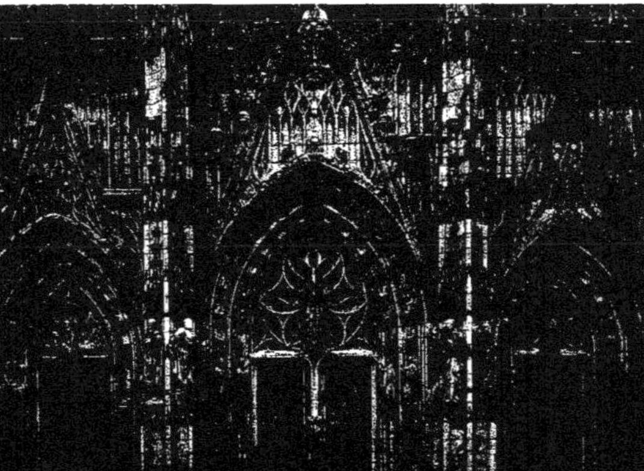

4 — BEAUVAIS — CATHÉDRALE — Portail septentrional

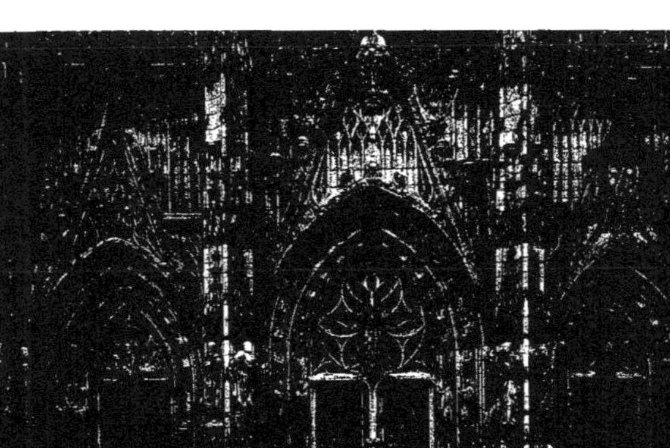

5 — ABBEVILLE — ÉGLISE SAINT-WULFRAN — Portail occidental

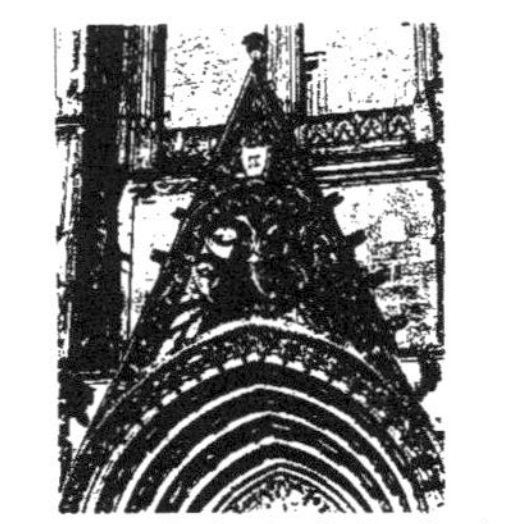

6 — RUE — CHAPELLE DU SAINT-ESPRIT

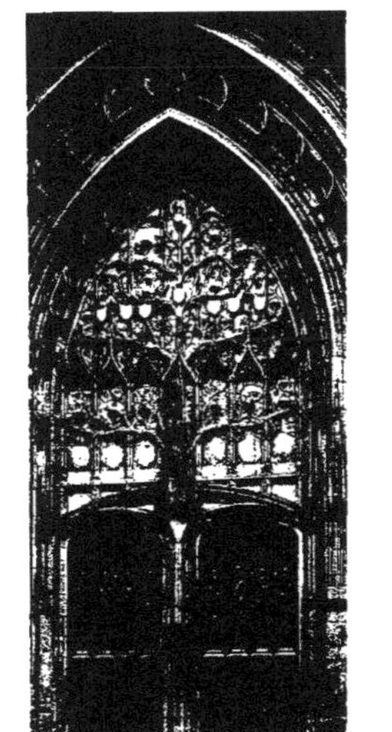

7 — ROUEN — CATHÉDRALE
Clôture d'une chapelle du déambulatoire

Imp. Phot. D.A. LONGUET

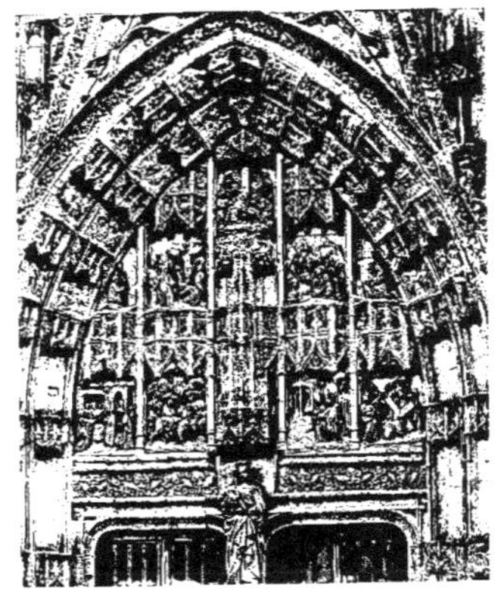

1 — SAINT-RIQUIER — Église — Portail occidental

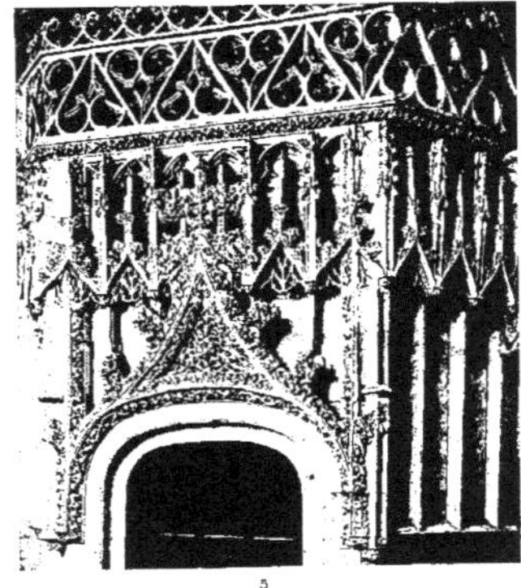

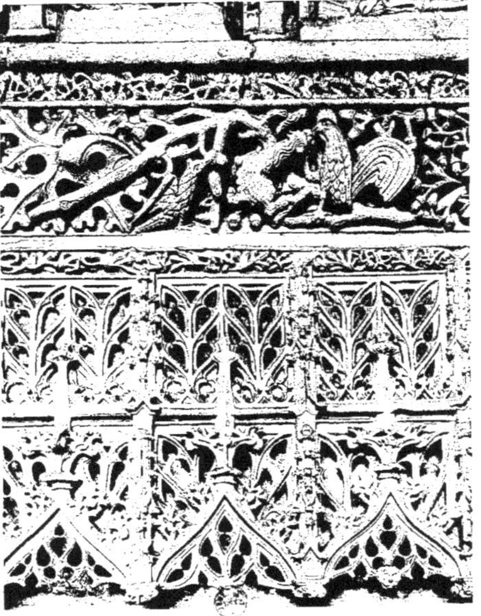

2, 3, 4, 5 — RUE — Chapelle du Saint-Esprit

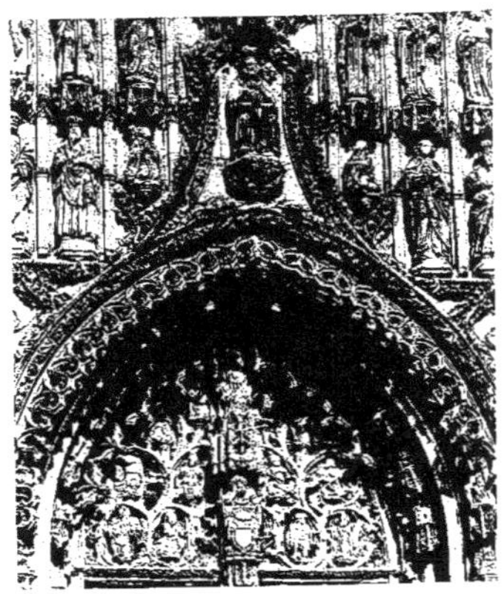

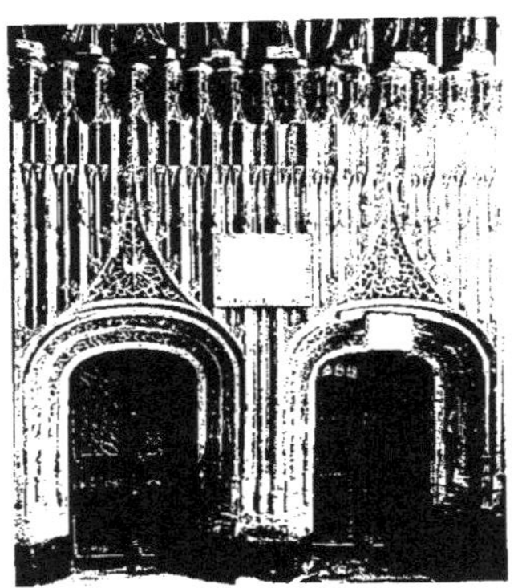

XVIᵉ SIÈCLE

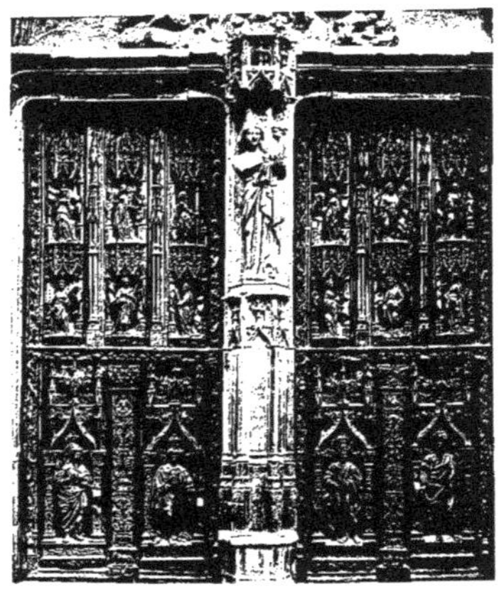

1 — OISORS — ÉGLISE — Portail septentrional

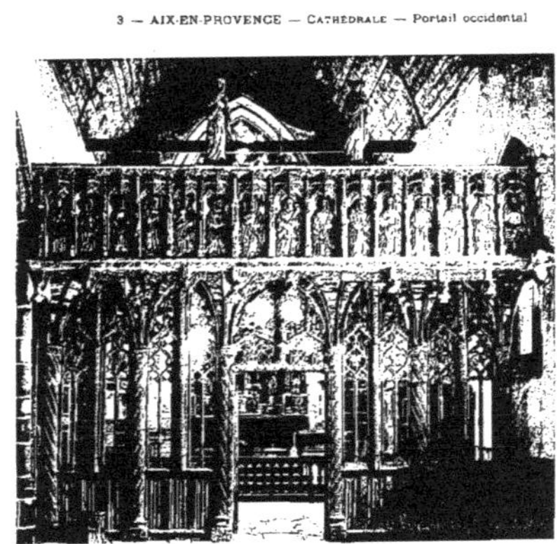

2 — SAINT-RIQUIER — ÉGLISE — Portail occidental

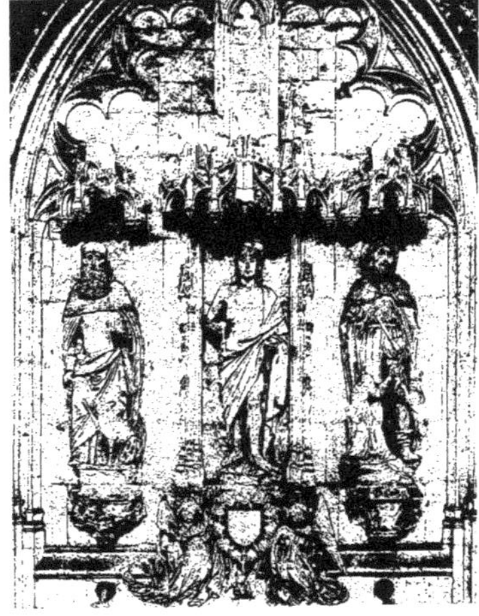

3 — AIX-EN-PROVENCE — CATHÉDRALE — Portail occidental

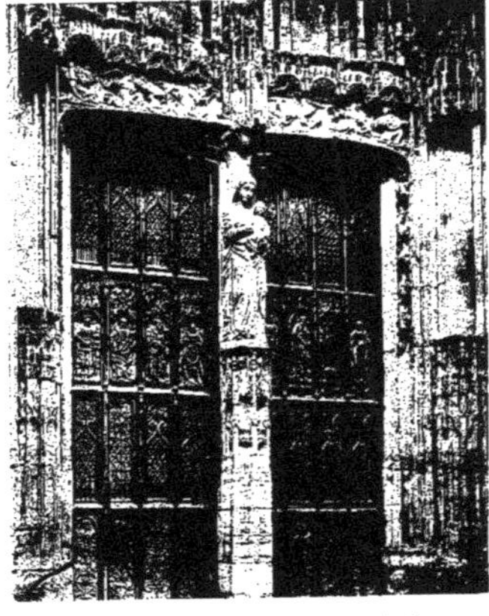

4 — LE FAOUE — ÉGLISE — Jubé

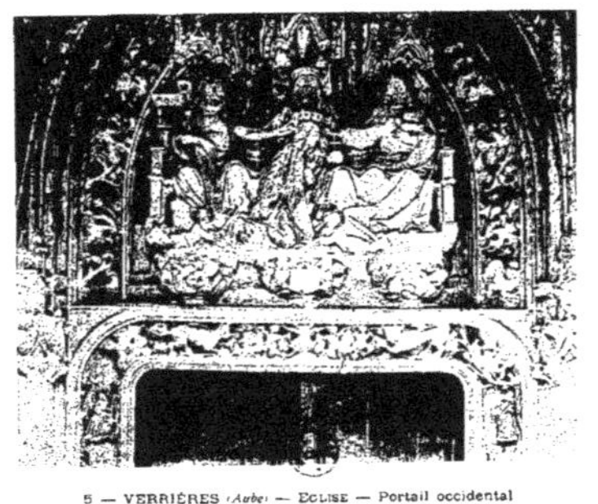

5 — VERRIÈRES (Aube) — ÉGLISE — Portail occidental

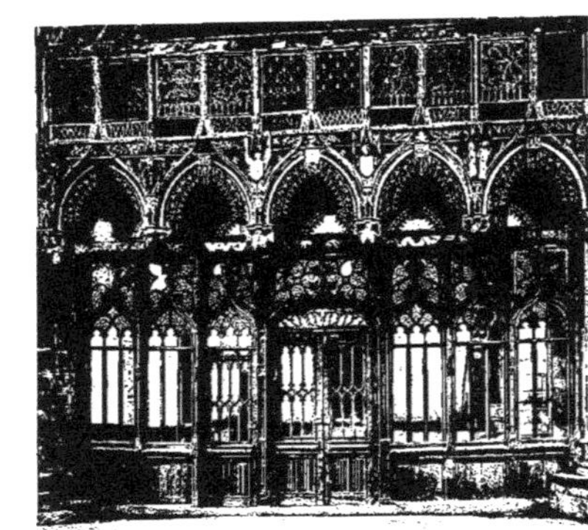

6 — TONQUEDEC — CHAPELLE DE KERFONS — Jubé

Imp. Phot. D.A. LONGUET

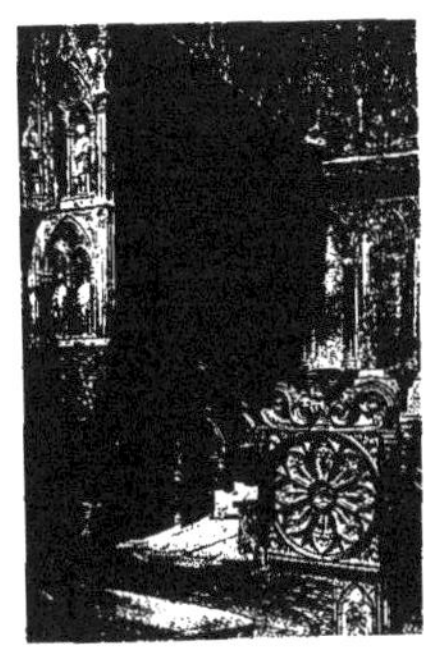

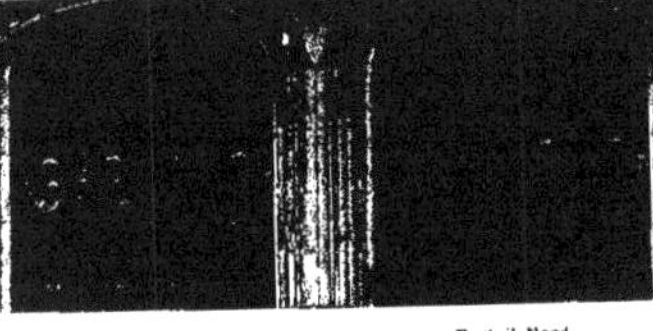

1 — BEAUVAIS — CathÉDRALE — Portail Nord

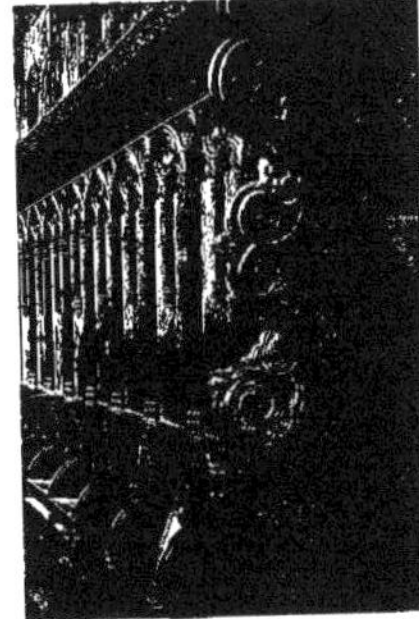

2 — LA CHAISE-DIEU — ÉGLISE — Stalles du Chœur

3 — LA CHAISE-DIEU — ÉGLISE — Stalles du Chœur

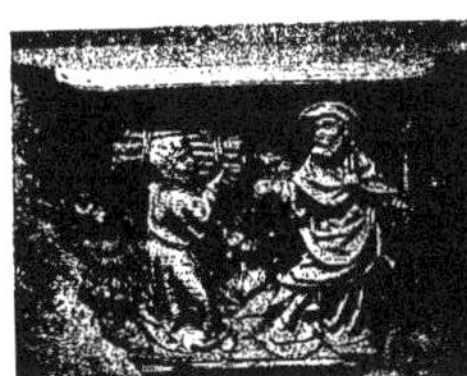

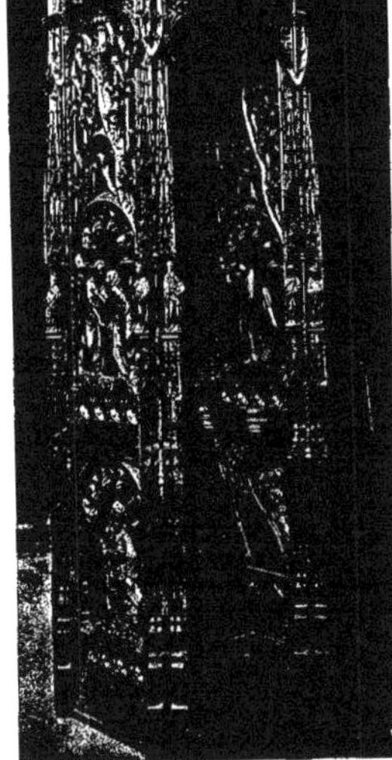

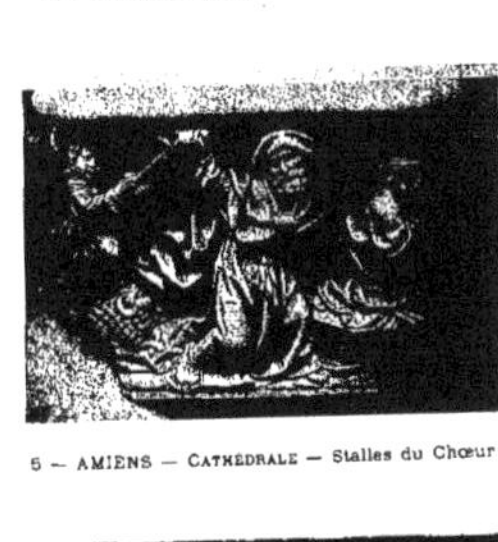

5 — AMIENS — CathÉDRALE — Stalles du Chœur

4 — AMIENS — CathÉDRALE — Stalles du Chœur

6 — SAINT-DENIS — ÉGLISE ABBATIALE — Stalle de Gaillon

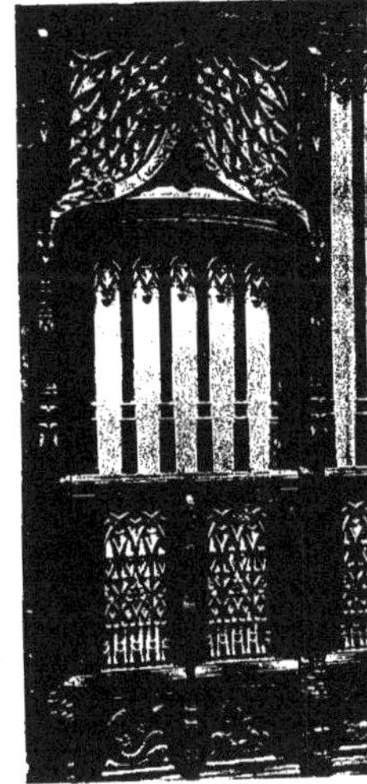

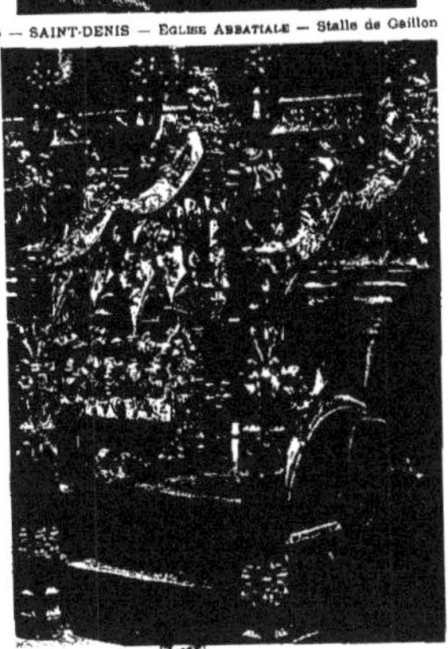

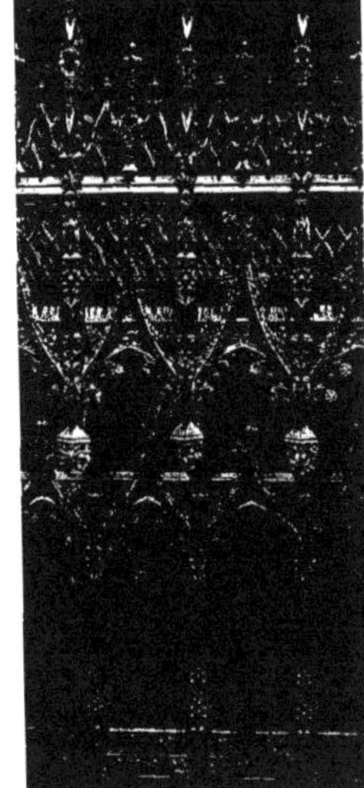

7 — ÉVREUX — CathÉDRALE — Clôture de chapelle

8, 9 — AMIENS — CathÉDRALE — Stalles du Chœur

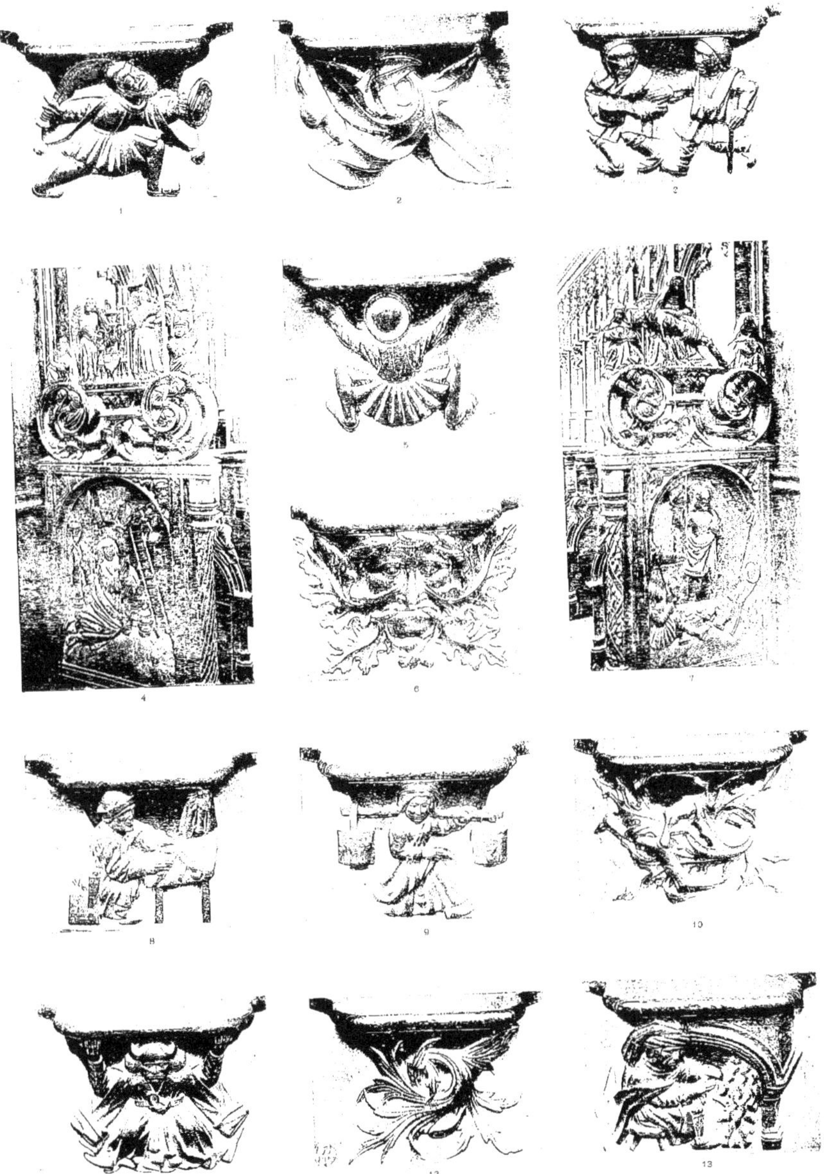

VENDOME — EGLISE DE LA TRINITÉ — Stalles du chœur

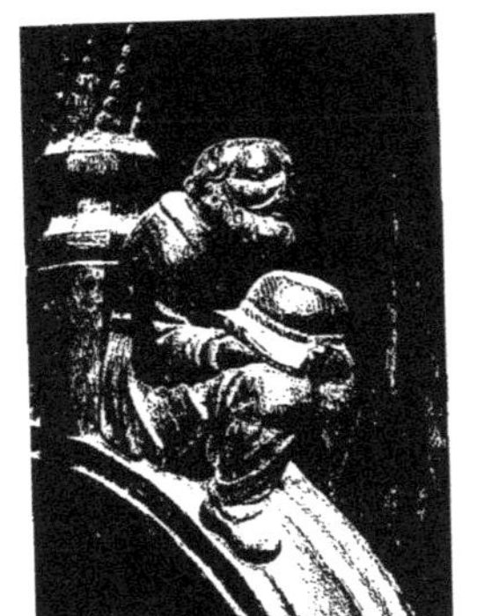

1 — GASSICOURT — Église

2 — CHAMPEAUX — Église

3 — PRESLES — Église

4 — GASSICOURT — Église

5 — PRESLES — Église

6

5 6 — PRESLES — Église

7 — St-SULPICE-DE-FAVIÈRES — Église

8

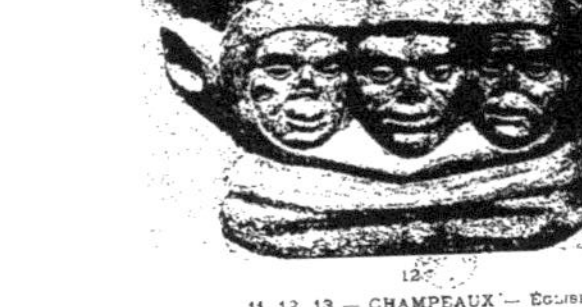

8 9 — PRESLES — Église

9

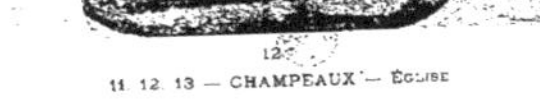

10 — St-SULPICE-DE-FAVIÈRES — Église

11

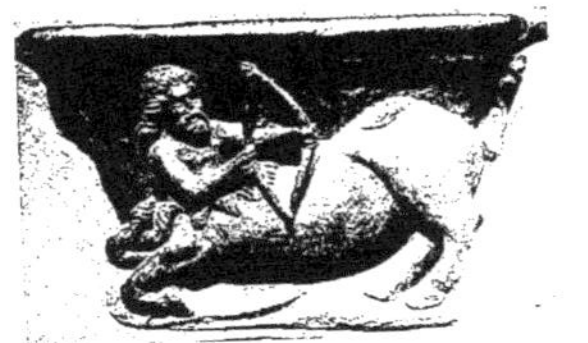

12

11 12 13 — CHAMPEAUX — Église

13

STALLES — Miséricordes et accoudoirs

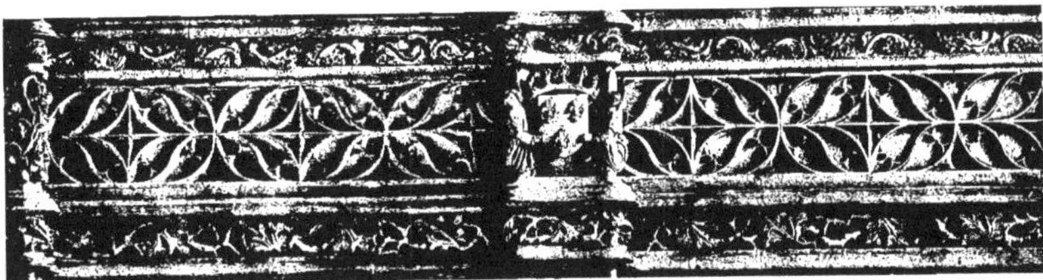

1

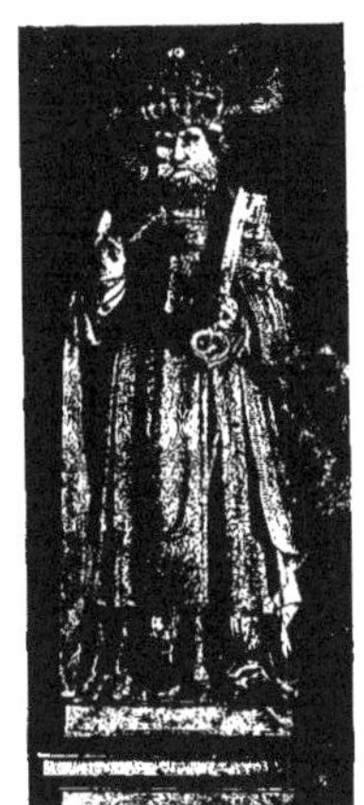

2

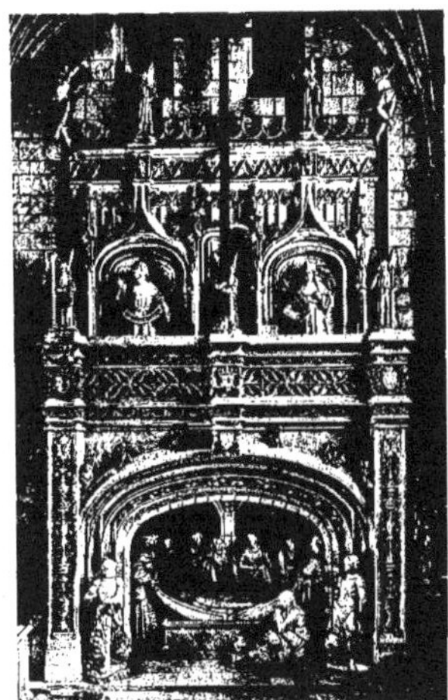

3

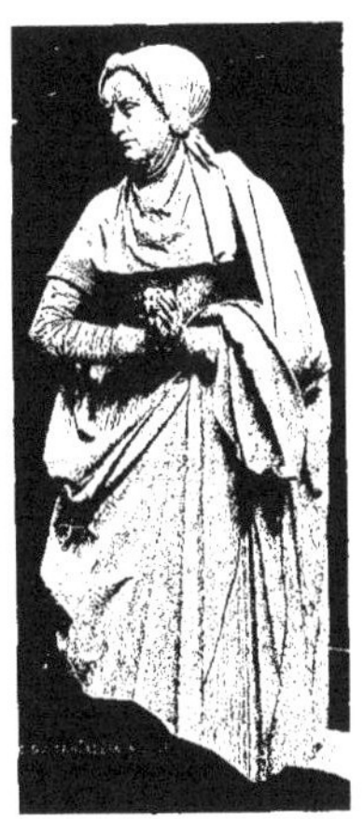

4 — (Moulage)

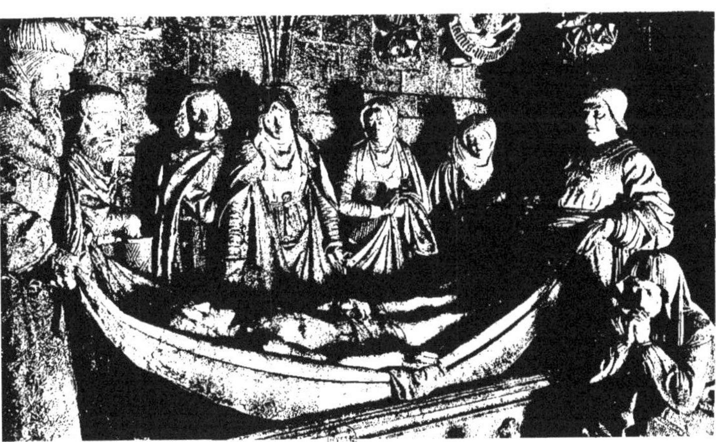

SOLESMES — ÉGLISE ABBATIALE

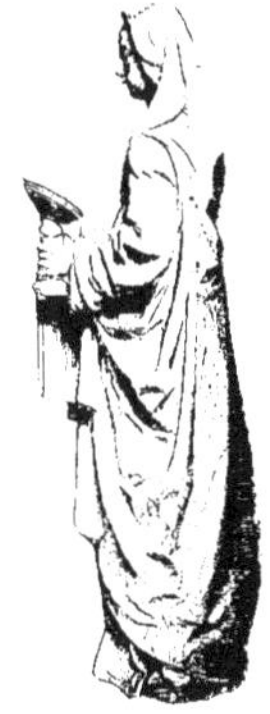

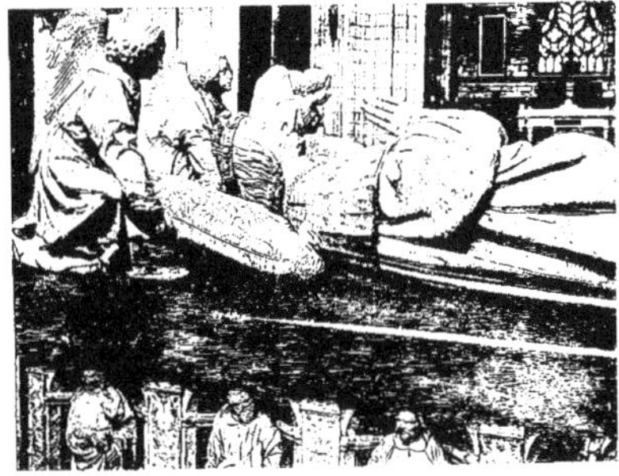

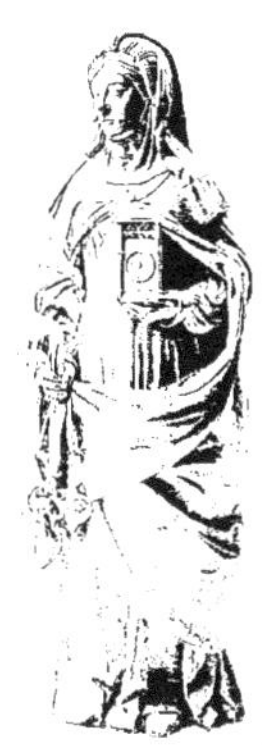

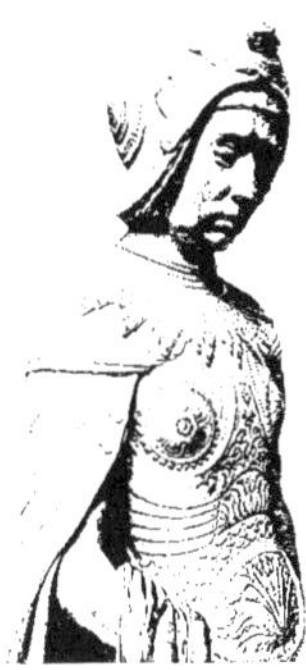

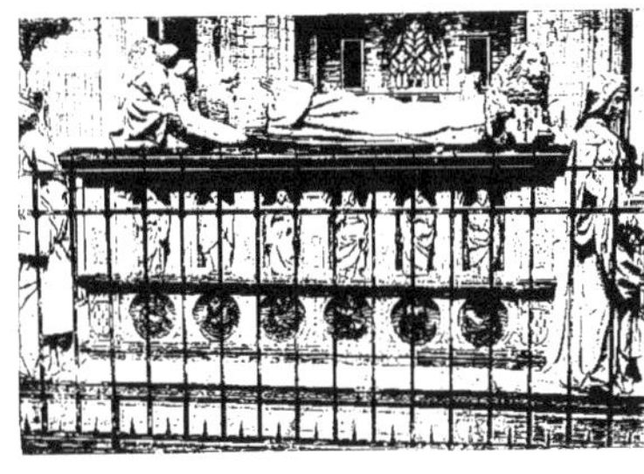

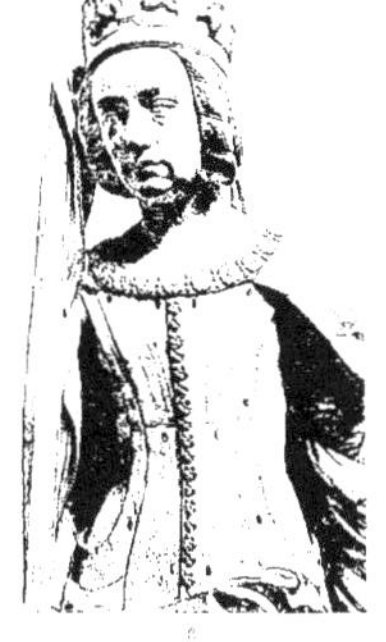

1 — 2 — 3 — 4 — 5 — 6 — 7 — 6   TOMBEAU DE FRANÇOIS II DE BRETAGNE
Ensemble et Détails

NANTES — CATHÉDRALE

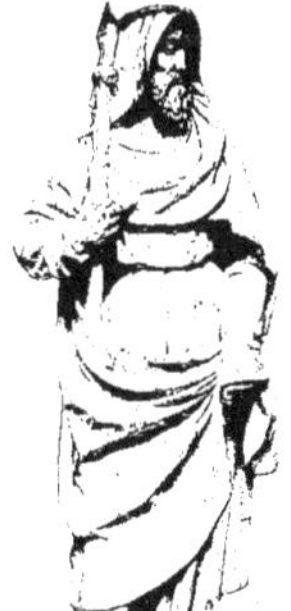

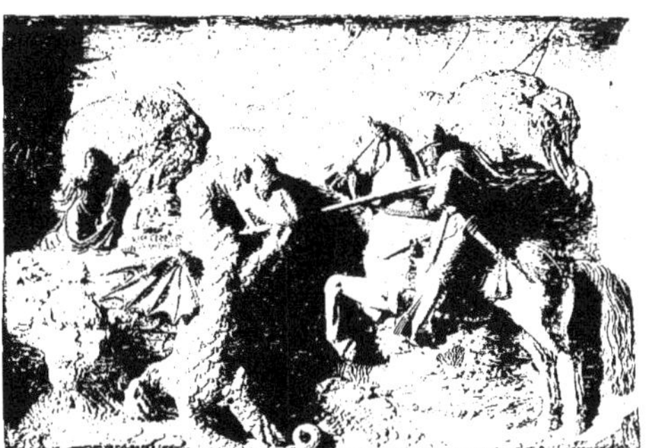

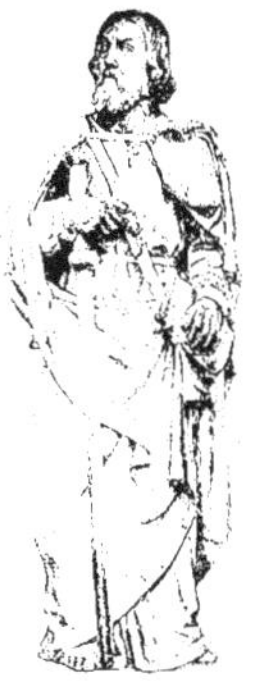

9 — MUSÉE DU LOUVRE — BAS-RELIEF DE GAILLON

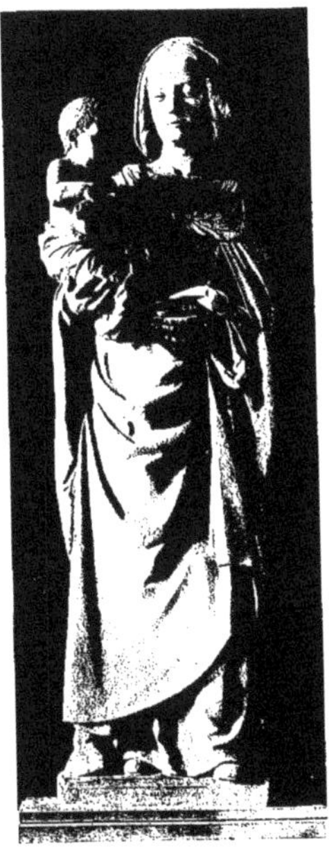

1 — MUSÉE DU LOUVRE - VIERGE D'OLIVET

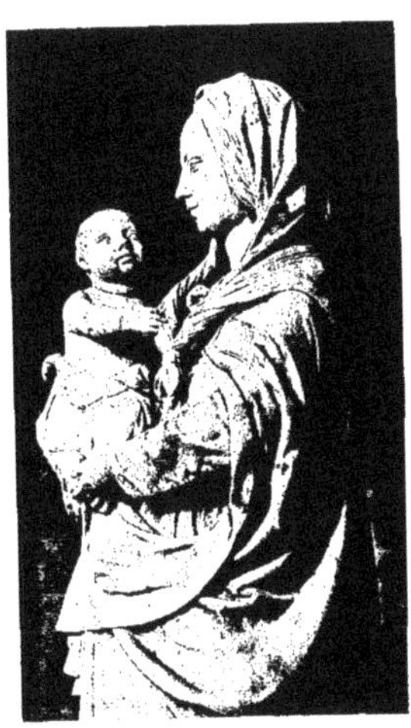

2 MESLAND - ÉGLISE

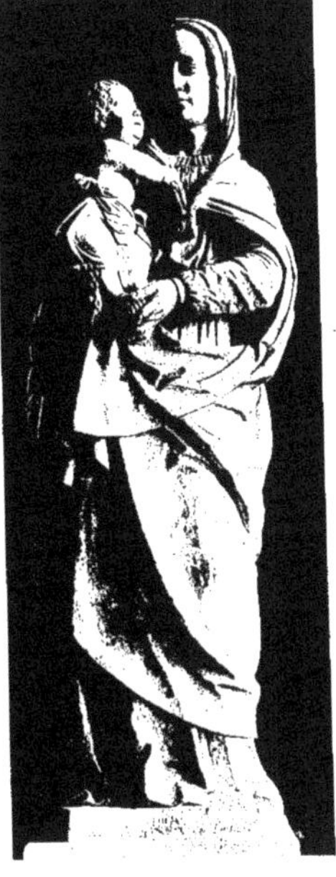

3 — MUSÉE DU LOUVRE - VIERGE D'ÉCOUEN

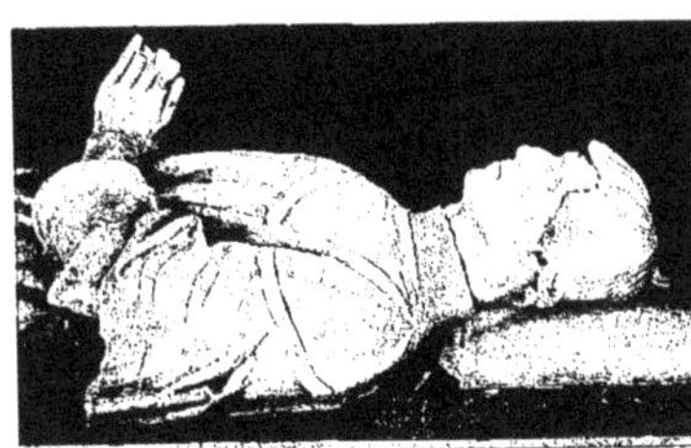

4 — MALICORNE — ÉGLISE

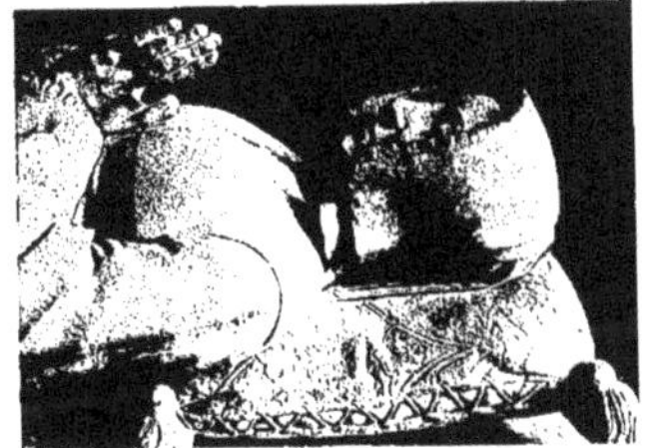

5 - MUSÉE DU LOUVRE — ROBERTE LEGENDRE

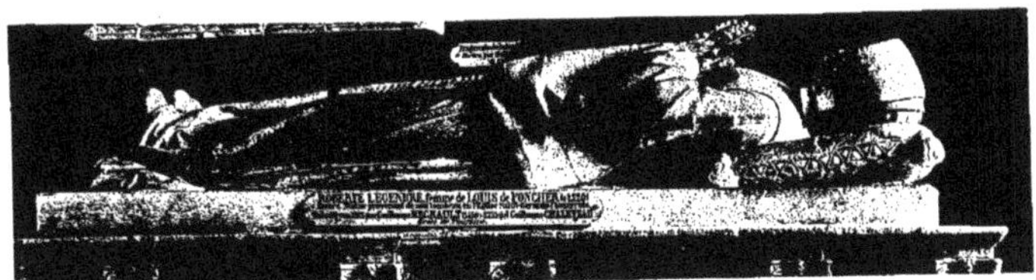

6 — MUSÉE DU LOUVRE — STATUE FUNÉRAIRE DE ROBERTE LEGENDRE

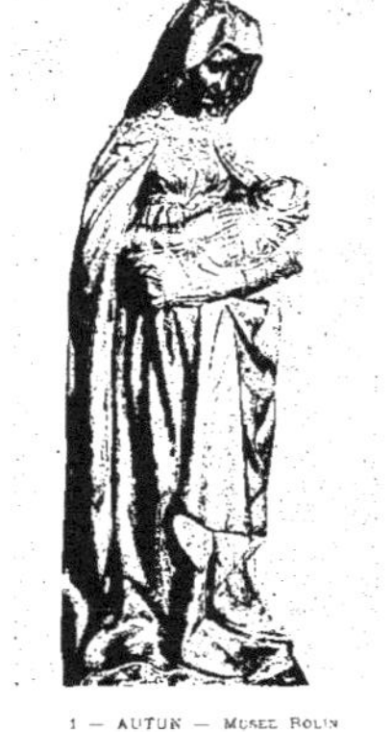

1 — AUTUN — MUSÉE ROLIN
2 — MUSÉE DU LOUVRE 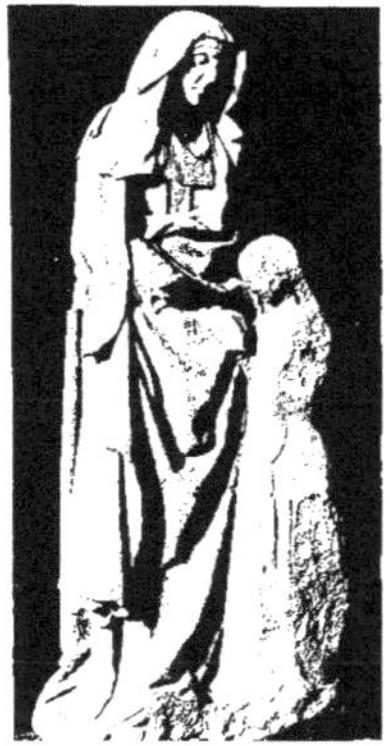
3 — MUSÉE DU LOUVRE 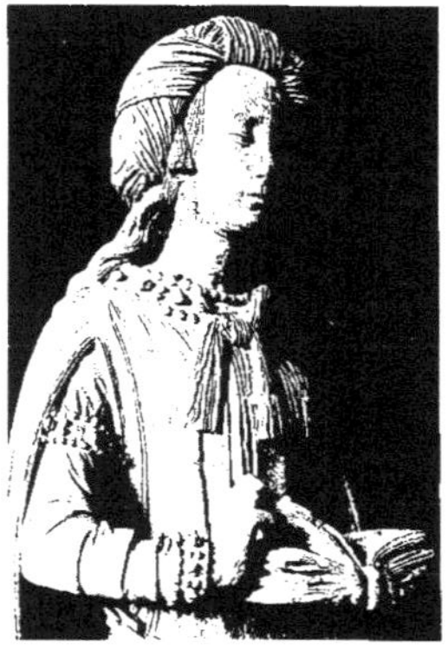
4 — MOULINS — MUSÉE 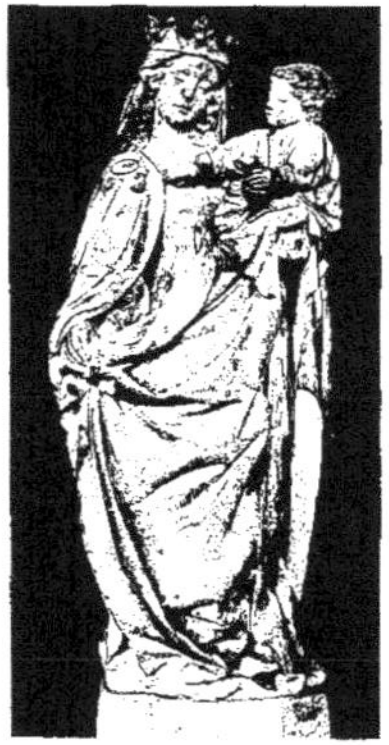
5 — L'HOPITAL-SOUS-ROCHEFORT — ÉGLISE 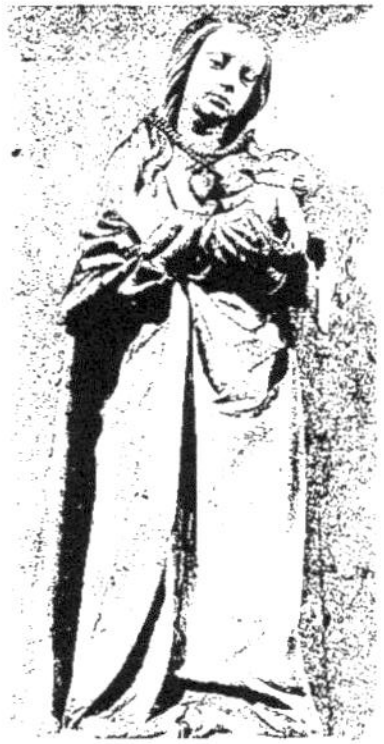

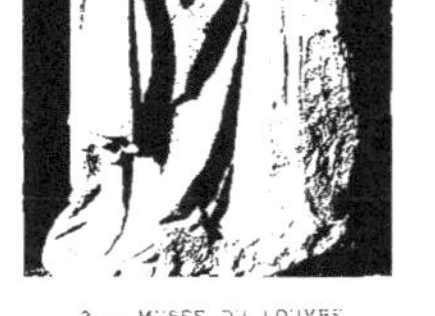

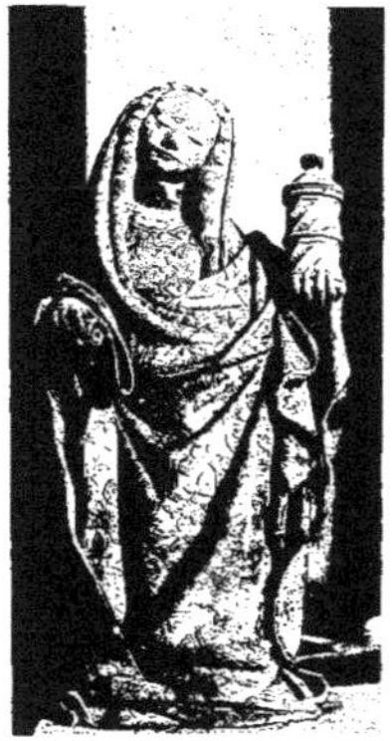

6 — SOUVIGNY — ÉGLISE
7 — SENS — CATHÉDRALE 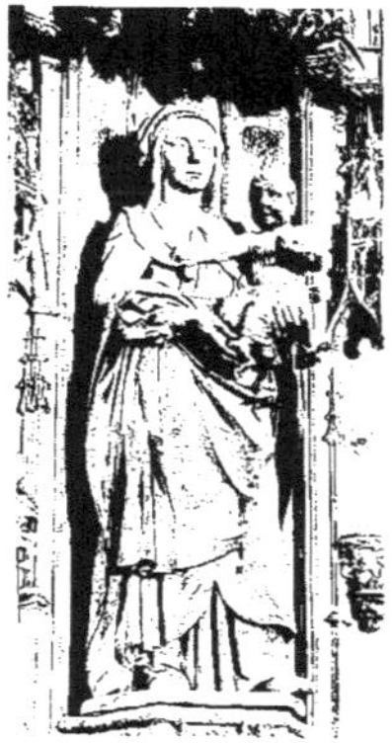
8 — SAINT-GALMIER — ÉGLISE (Montagny) 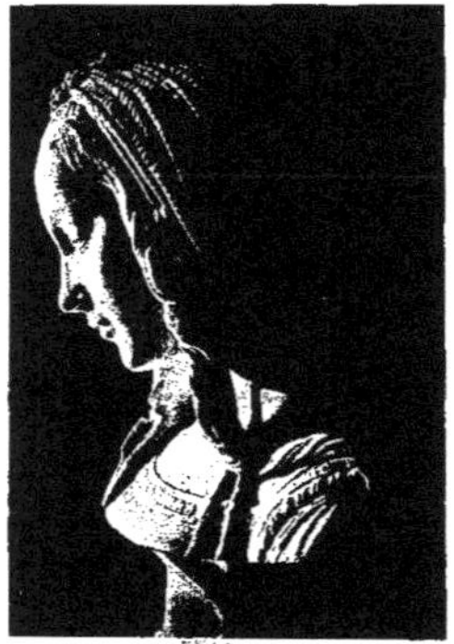
9 — SAINT-GALMIER — ÉGLISE (Montagny)
10 — MOULINS — MUSÉE

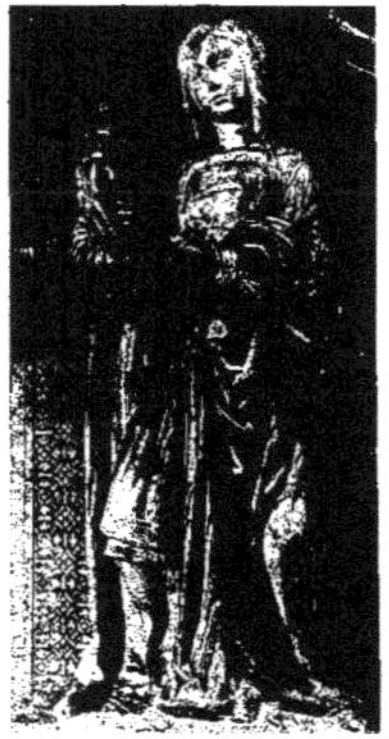

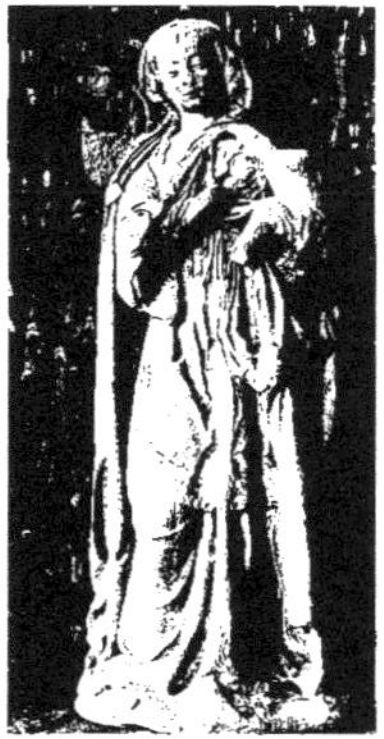

Imp. Phot. J. A. LENOIR

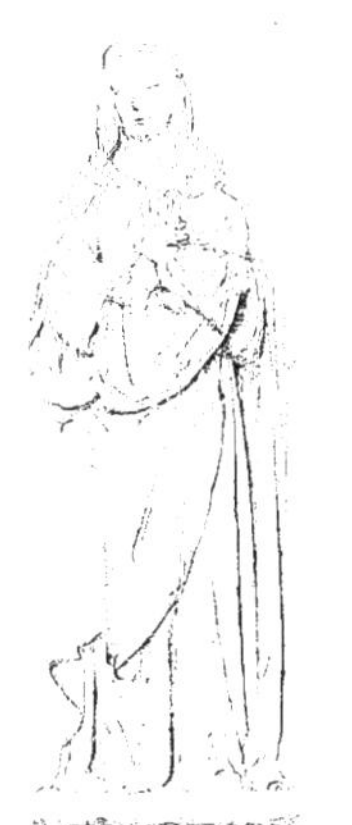

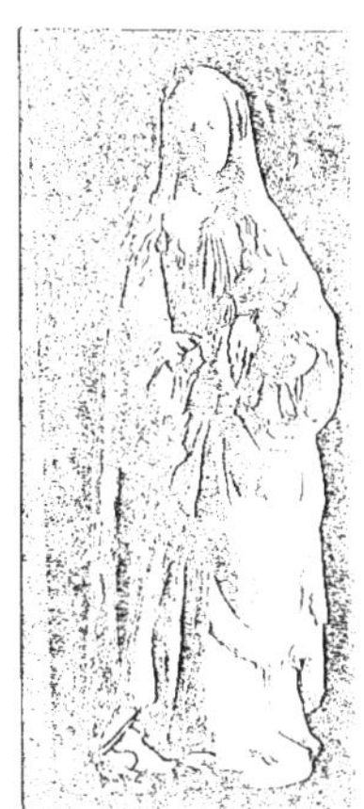

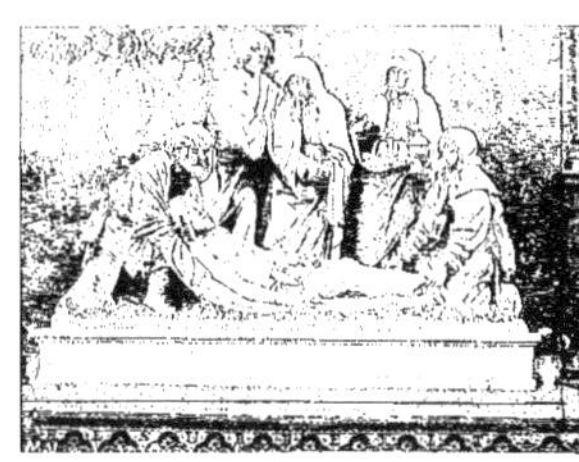

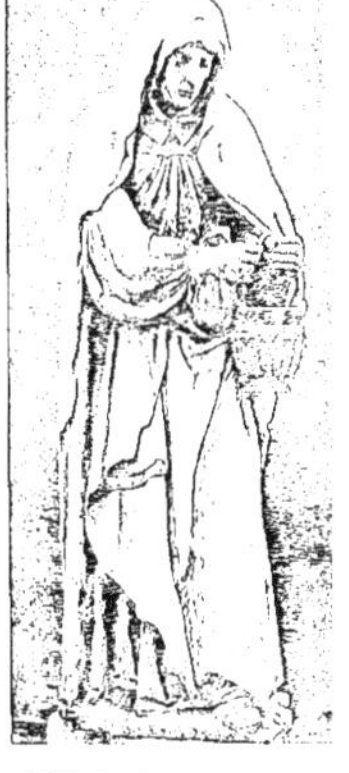

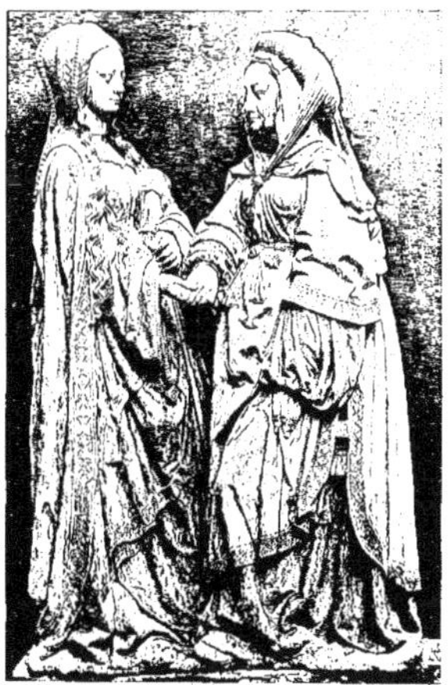

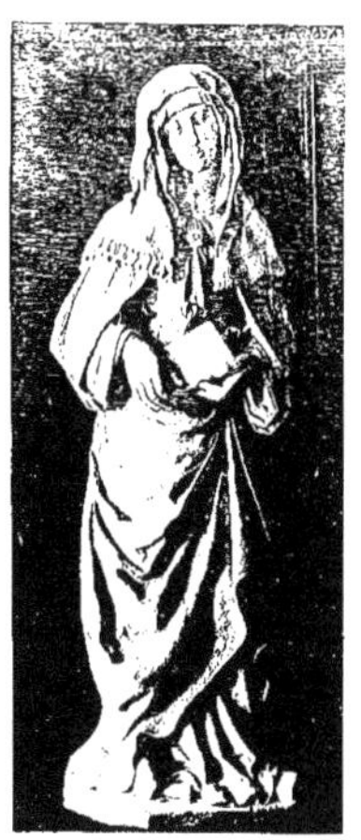

7 — TROYES — ÉGLISE St URBAIN

8 — TROYES — ÉGLISE St JEAN

9 — PARIS — COLLECTION L. GOLDSCHMIDT

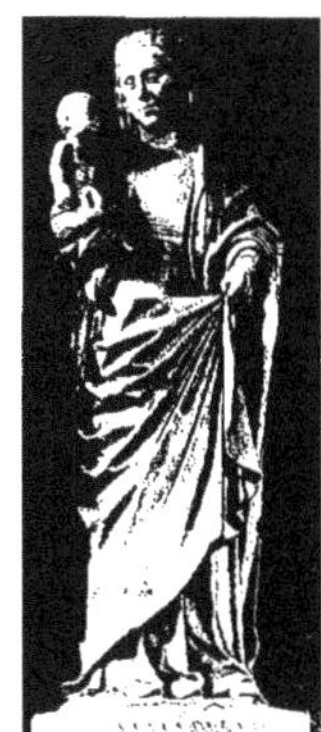

1 — GREZ-SUR-LOING — Église

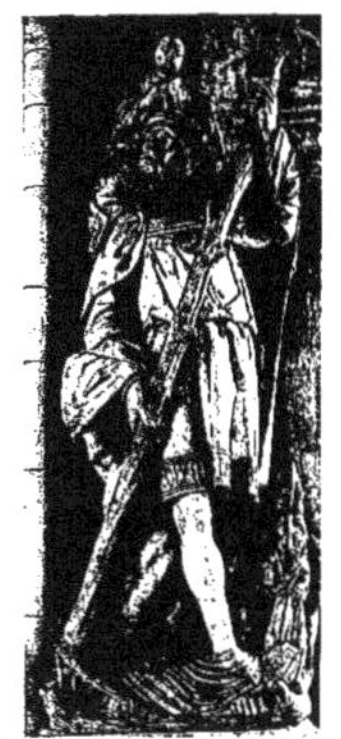

5 — VERNEUIL (Eure) — Église Notre-Dame

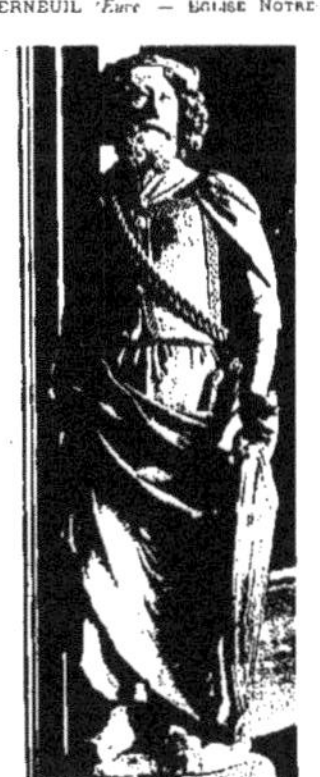

8 — CHARTRES — Musée

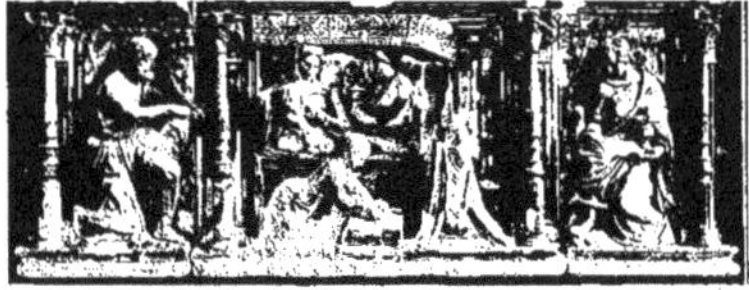

2 — MUSÉE DU LOUVRE

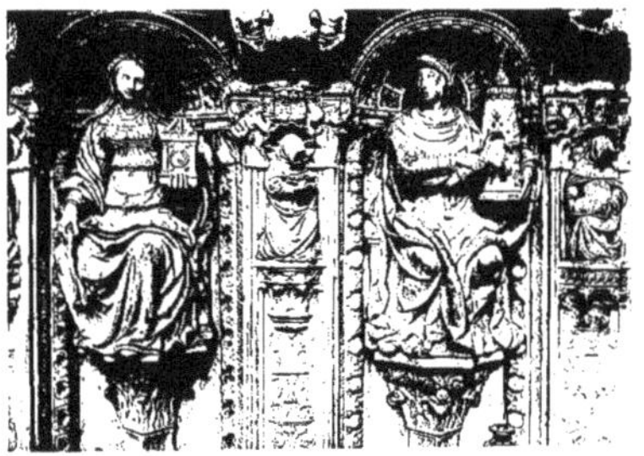

4 — ROUEN — Cathédrale — Tombeau des Cardinaux d'Amboise

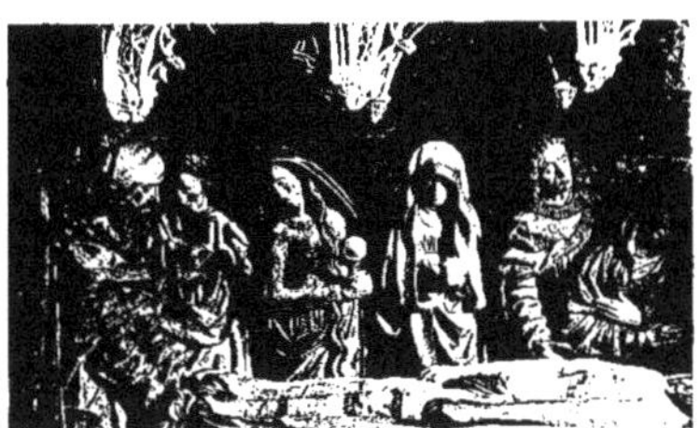

6 — EU — Église

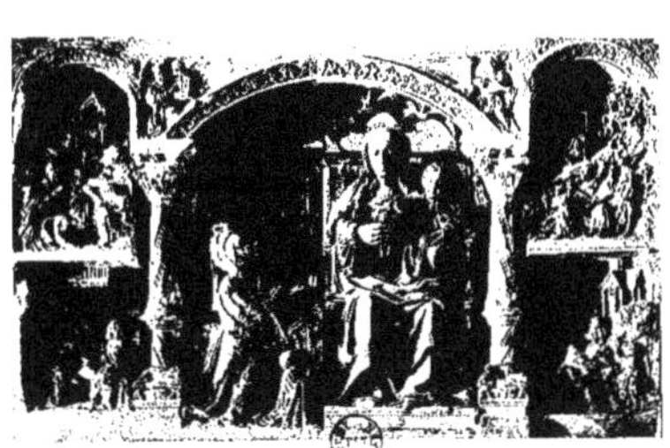

9 — PROVINS — Hospice

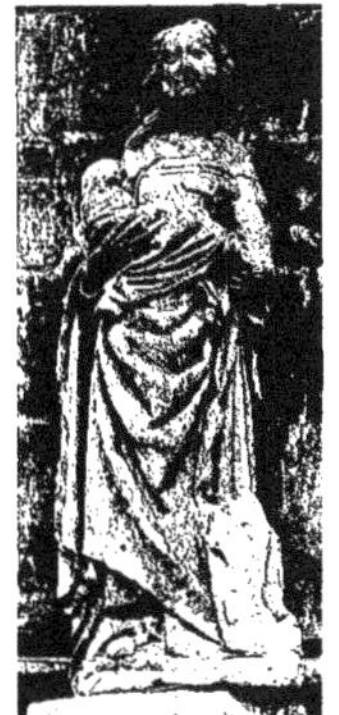

3 — SISSY (Aisne) — Église

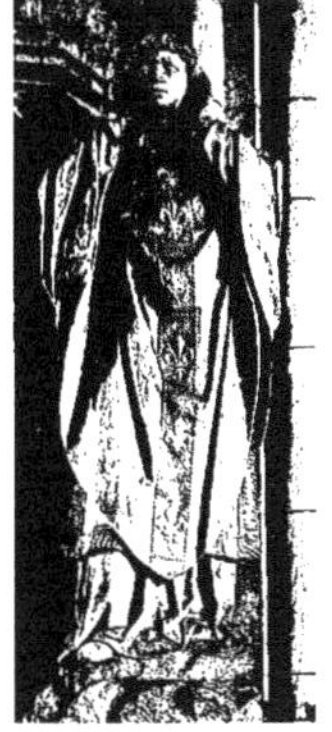

7 — VERNEUIL (Eure) — Église Notre-Dame

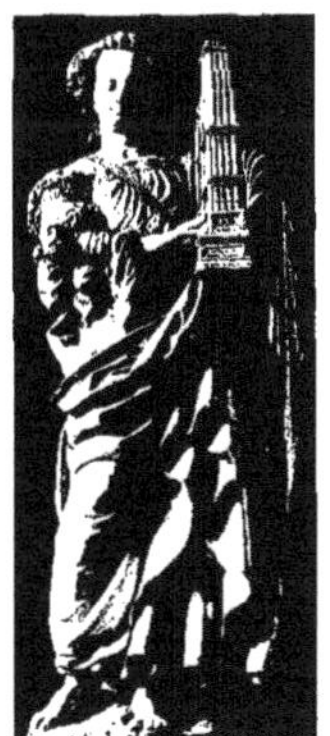

10 — PROVINS — Église Saint-Ayoul

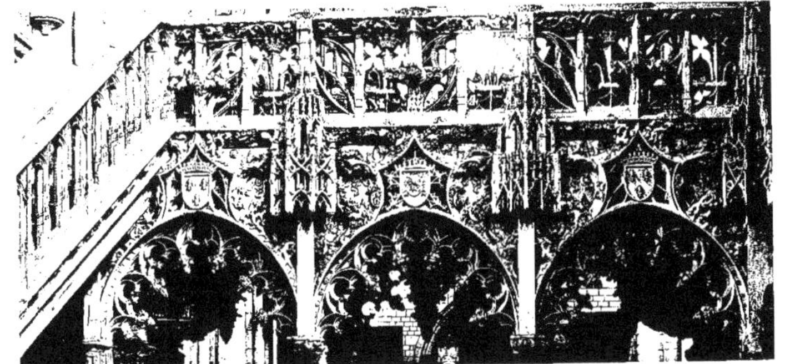

1 — TROYES — Église de la Madeleine — Jubé

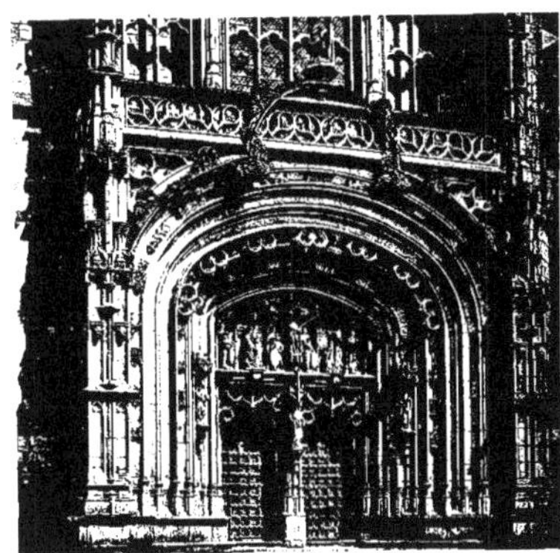

2 — BROU — Église — Portail occidental

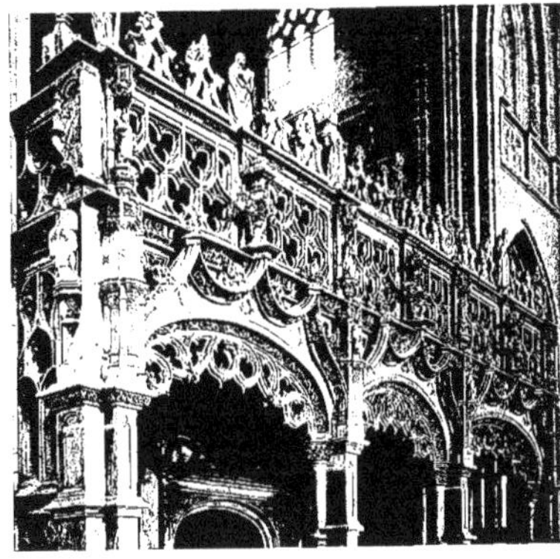

3 — BROU — Église — Jubé

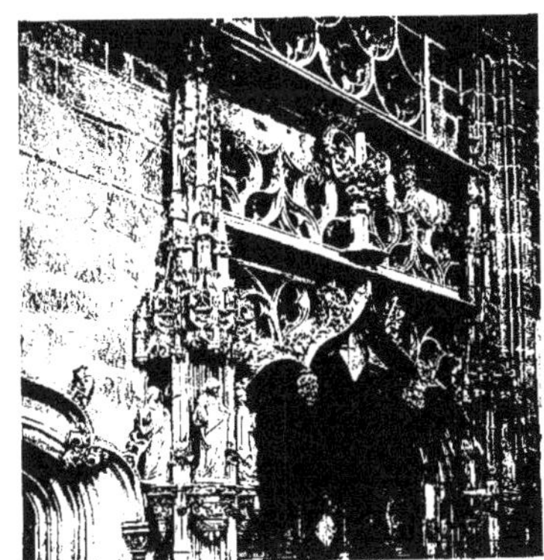

4 — BROU — Église — Tombeau de Marguerite de Bourbon

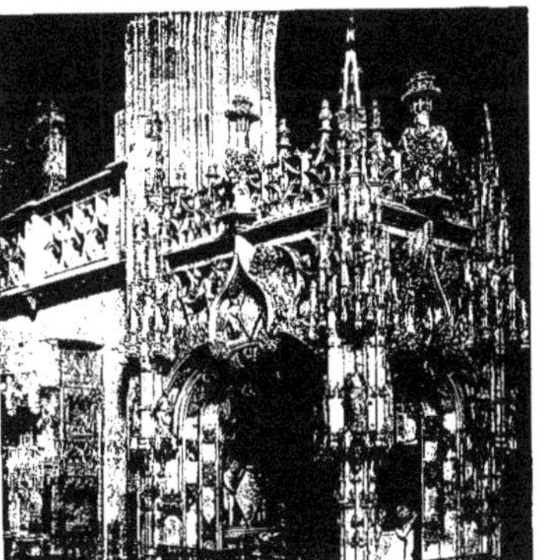

5 — BROU — Église — Tombeau de Marguerite d'Autriche

Imp. Phot. D. A. LONGUET